上海体育大学体育法学研究文丛

体育法律史

吴伟彬　张耀文◎著

法律出版社
LAW PRESS·CHINA
北京

图书在版编目（CIP）数据

体育法律史 / 吴伟彬，张耀文著. -- 北京 ：法律出版社，2024. -- ISBN 978 -7 -5197 -9449 -1

Ⅰ. D922.164

中国国家版本馆 CIP 数据核字第 202441EW62 号

体育法律史
TIYU FALÜ SHI

吴伟彬　张耀文 著

策划编辑 李　军
责任编辑 李　军
装帧设计 李　瞻

出版发行 法律出版社
编辑统筹 法律应用出版分社
责任校对 王晓萍
责任印制 刘晓伟
经　　销 新华书店

开本 710 毫米 × 1000 毫米　1/16
印张 23.75　　**字数** 400 千
版本 2024 年 10 月第 1 版
印次 2024 年 10 月第 1 次印刷
印刷 北京建宏印刷有限公司

地址：北京市丰台区莲花池西里 7 号(100073)
网址：www.lawpress.com.cn
投稿邮箱：info@lawpress.com.cn
举报盗版邮箱：jbwq@lawpress.com.cn

销售电话：010 - 83938349
客服电话：010 - 83938350
咨询电话：010 - 63939796

书号：ISBN 978 -7 -5197 -9449 -1　　**定价**：98.00 元

凡购买本社图书，如有印装错误，我社负责退换。电话：010 - 83938349

目录

第五章 美国体育法律史

第六章 德国体育法律史

第八章 日本体育法律史

第十章 中国近代体育法律史

第十一章 中国体育法律史研究展望

01 第一章

体育法律史研究的意义

第一节　法律与历史的关系

历史唯物主义认为，任何事物均有其起源、发展和消亡的过程。作为意识形态重要组成部分的法律，同样有其发展的客观规律。探究法律制度和法律思想起源、发展和演变的规律，是法律史学科和体育法学科所要解决的问题。

世间万物无时无刻不处在运动之中，这是辩证唯物主义最基本的观点之一。法律作为一种社会现象，同样处于不断运动变化之中，而非静止不变，法律史的任务之一就是去分析和把握法律制度变迁过程中所蕴含的规律及带给我们的启示。

首先，从哲学上看，历史上曾存在的各类法律制度，相互之间必然存在一定的继承、扬弃关系，即存在一种普遍的因素，比如对法律本质的阐述、立法的指导思想、对法律作用的看法等。

其次，从历史上看，具体的法律制度必然处于不断变化之中，在外国法制史上，从罗马法到19世纪初的《法国民法典》，再到19世纪末的《德国民法典》，在我国，从20世纪80年代初制定的《民法通则》（已失效），到2021年开始施行的《民法典》，法律制度必然遵循一定的规律而不断变化发展。

体育法作为一门部门法，同样遵循法律制度发展的一般规律——符合其起源、发展和演变的规律，而对这些规律的研究，便是本书所要解决的问题。

体育法律史，作为体育法和法律史的交叉学科（暂且认为它是一门学科），兼具体育法与法律史的特征，又具有自身特点，其研究对象是体育法律制度的起源、发展和演变的一般规律。笔者认为，体育法律史主要有以下6个研究方面。

1. 体育法律制度的起源、本质和表现形式，即体育法律制度的立法史；

2. 体育法律制度发展过程中，不同时期、不同国家和地区司法行政机关的体育法律实践及其规律和实施特点，即体育法律制度的执法史；

3. 不同历史发展阶段和不同地域内，体育法律制度对社会政治、经济、文化、宗教的影响，即体育法律制度作用的历史；

4. 特定时空内的体育法律制度起源、发展、演化乃至消亡的过程及其规律，即体育法律制度的发展演进规律；

5. 历史上不同类型的体育法律制度之间的继承扬弃关系，不同国家和地区之间如何借鉴参考彼此的体育法律制度，即比较法视野下的体育法律制度史；

6. 同一国家和地区体育政策和体育管理制度的变迁史。

第二节　体育法律史研究的意义

法律史（包括体育法律史）研究的意义，除了能在最大限度上还原历史之外，还在于其独特的现实关怀。

作为法律史分支的体育法律史，研究的意义如下所述。

一、为我国体育法治现代化提供借鉴

党的十八届四中全会提出全面推进依法治国，促进国家治理体系和治理能力现代化，这也为体育法治建设提出了更高的目标。通过对体育法律史的研究，可以把握体育法律制度的内在历史演进规律，深刻理解体育法治的内涵，了解历史上曾存在的体育法律制度、法治思想，为我国体育法治建设提供参考，从而在制度和理念层面推动我国体育法治治理体系和治理能力的现代化。

二、深刻理解体育法的价值定位和历史作用

法律制度和法律思想是人类思想的结晶，它伴随人类社会的产生而产生[①]，并伴随人类社会的发展而发展，是社会存在在意识层面的反映。任何法律制度的产生和发展，一定是在特定时空条件下运行的。为更好促进体育[②]发展，深入研究体育法的价值定位和历史作用，把握其发展的历史规律，可以更好地理解体育法在人类法治发展过程中的独特地位和作用，从价值和历史上深入挖掘，为提高我国体育治理水平提供参考。

三、学说史上的价值

(1)丰富法律史学科的研究范畴。法律史学科早已确立了自己在法学领域的独立地位，并成为我国法学类专业 14 门主干课程之一，其研究

---

① 这里的“法”应扩大解释为“规则”，从广义上去理解，包括宗教禁忌、部落习俗等习惯法及不成文法。

② 这里的体育应从广义上去理解，包括为任何目的而进行的运动，而非狭义上的竞技运动。如赵毅认为对体育应作扩大解释，其内涵不仅包括现代竞技运动，还应将罗马法中涉及战车竞技、斗兽、角斗乃至马戏等方面的立法视为体育法。参见赵毅：《罗马体育法要论》，法律出版社 2017 年版，第 13、99 ~ 109 页。

成果不胜枚举,自不待言。法律史下的子学科,如外国法制史、中国法制史、法律文化发展史、法律思想发展史等,其研究学者人数众多,发展日新月异,成绩斐然。然而国内外对体育法律史的研究相对落后,有大量的空白点等待填补,有很多问题需要去厘清。本书的写作,既是一个系统梳理体育法律史的过程,也是在一定程度上填补这方面的空白,[①]可以丰富和扩展体育法研究的内涵和外延。

(2)丰富体育研究的内涵和外延。随着《体育强国建设纲要》的深入推进,我国体育产业飞速发展,制度建设的重要性日益显现,体育法研究在中国乃至世界范围内迎来新的发展机遇。然而,目前体育法学界的研究成果主要侧重体育法制度与实务研究,如体育仲裁、反兴奋剂、体育知识产权、体育行政法等方面,对体育法理论方面的研究相对较少,对体育法律史的研究成果则更少,仅有赵毅等学者对古希腊、罗马时代的体育法进行了深入而系统的研究。加强对体育法律史的研究,可以从整体上进一步拓宽体育法研究内容,系统、全面地展示体育法学科的全貌。

第三节 体育法律史的内涵

对于体育法律史的内涵,应从“体育”与“法律”两方面入手加以阐释。

一、体育法律史视野下“体育”的内涵

我国《体育法》按照体育领域的不同将体育分为“社会体育”“学校体育”“竞技体育”3 部分,“社会体育”可以近似理解为以健康和娱乐为目的所进行的体育运动,如健身、广场舞、街头篮球、足球等群众体育运动,

---

① 目前国内对体育法律史的研究成果主要为论文,专著有赵毅教授所著《罗马体育法要论》等。

其特点是重视体育的健身效果;“学校体育”可以近似理解为是为了体育教育而在各类教育场所进行的各类体育教学活动,其目的是塑造学生强健的体魄和健康的人格;“竞技体育”则可以近似理解为是以在竞赛中创造优异成绩并夺取名次为目的而进行的体育活动,追求竞技水平的提高。

如果以我国《体育法》对“体育”的分类去规范体育法律史中“体育”的内涵,我们将发现,在这种狭义的体育分类下,历史上曾出现的一些体育活动将不能被包含在“体育”这个概念之内。那么很可能得出古代的一些体育活动不属于“体育”,古代一些调整体育活动的法律规范不属于现代意义上的“体育法”范畴,从而得出“体育法近代产生说”的结论,人为为体育法律史的研究设立障碍。

从体育运动的起源来看,其无疑与宗教、军事和生产劳动密不可分。

（一）体育源于宗教活动

从中国历史来看,《尚书・舜典》曾记载:“於！予击石拊石,百兽率舞。”[①]记载了古代传说人物“舜”任命一位部落首领“夔”掌管音乐,而“夔”则击打石磬,并带领百姓模仿百兽,随击打的节奏舞蹈。这段话描述了上古时代万物崇拜时的宗教舞蹈。而舞蹈,毫无疑问是人类最早的体育运动之一。我国商朝时期也曾出现的祭祀祖先的“大濩”和用于占卜的“巫舞”等舞蹈,也可视作体育运动的起源。

从西方历史上看,体育更是作为宗教的附属品而诞生的。古希腊宗教祭典有两类核心:厄琉息斯秘仪[②]与奥林匹克运动会。作为现代奥林匹克运动起源的古希腊奥林匹克运动会,尽管也包含田径、拳击、摔跤等

① 参见《尚书・舜典》。

② 希腊语:Ελευσίνια Μυστήρια。厄琉息斯教是古希腊黑暗时代位于今天雅典西北部厄琉息斯地区的一种宗教,起源于公元前16世纪的迈锡尼。该教崇拜女神得墨忒耳和其女儿珀耳塞福涅。该教派一直延续到罗马帝国时期,直到公元392年狄奥多西一世下令废除异教为止。

项目，但其本质是一种宗教仪式，目的是纪念古希腊人信奉的神灵。[①] 举办古希腊奥运会的目的，是以宗教信仰为纽带，将所有信奉同一宗教和神灵的希腊人组织和聚集起来，加强彼此的认同感和归属感，塑造希腊人之间的民族意识。

（二）体育源于军事活动

现实的军事需要，是体育另一个重要的起源。

我国商朝时期便出现了最早的军事训练项目——战车训练。商朝至春秋时期的战争模式为“车战”，即马拉战车之间的战斗，由战车上的战士互相厮杀。为了战争的需要，商朝统治者必定会对战车加以训练。而在西方的罗马，马拉战车更是从战争工具演变成一种罗马人热衷的体育竞技项目，这直接表明体育起源之一是军事活动。

古希腊奥运会中的项目，也带有一定的军事训练的性质，带有浓厚的军事色彩，展示健康的身体和高超的军事技能，为战争做准备，如标枪、铁饼等运动直接起源于军事活动。同时，运动在古希腊也被作为德性的象征。古希腊奥运会浓厚的宗教、军事色彩，与现代奥运会重视运动成绩、以夺取名次为荣的特点大相径庭，更无法被包含在我国《体育法》的体育分类之内。

例如，罗马人所热衷的角斗活动，用现代的眼光来看显然是野蛮、血腥和非人道的。角斗士往往源于战俘、奴隶和罪犯。罗马人让角斗士之间互相厮杀，或者让角斗士与猛兽角斗，而作为观众的罗马人则呐喊、助威、投注等。角斗是罗马主要体育运动之一，这种野蛮的活动直到公元前5世纪西罗马帝国灭亡才消失，持续几百年之久。如果用现代“体育”的

① 古希腊奥林匹克运动会的起源有多种说法。根据古希腊神话，大力神赫拉克勒斯（古希腊语：Ηρακλής，英语：Heracles，也翻译成海格力斯）在奥林匹亚赢得一场比赛胜利后，命令今后每4年应举办类似比赛；另一种说法则宣称，宙斯战胜巨人克罗诺斯（古希腊语：Κρόνος；英语：Cronus）后下令举办奥运会；还有人认为古希腊奥运会起源于对维纳斯神的崇拜。393年，罗马皇帝狄奥多西一世以奥运会是异教徒的活动为由，下令予以取缔。以上均可表明，古希腊奥运会浓重的宗教仪式性质。

概念对照角斗，显然这种活动不仅不能被包含在任何体育类别之中，而且是不折不扣的严重刑事犯罪行为。[①]

以上例子说明，虽然以现代的眼光来看，古代竞技运动带有浓重的军事、宗教色彩，是军事、宗教活动的附属品，其中蕴含的道德观念也与现代体育追求强壮的体魄、健康的心灵的目标相去甚远，以现代意义上的"体育"的概念更是无法将其包含在内。但如果就此否定古希腊和罗马存在"体育"，就显得有些荒谬了。

从历史唯物主义的角度来看，任何事物都有其起源、发展、灭亡的过程，体育也不能例外。从体育的起源来看，毫无疑问与军事、宗教密不可分，早期的一些带有体育运动因素的活动，往往是被当作军事训练或者宗教活动的一部分，主要目的是加强军事素养和表达虔诚的宗教信仰。如标枪运动起源于军队的标枪投掷，射箭、射击运动则源于军队射箭、射击。体育法令正是起源于国家出于伦理或者军事的目的而颁布的政令之中。[②] 正如历史学家大卫·波特所认为的，"(古希腊)竞技活动是与宗教庆典和'全副武装'联系在一起的"[③]。

古希腊盲人诗人荷马所做的史诗《伊利亚特》和《奥德赛》中记载了古希腊一些竞技运动，[④]这两部史诗从特定角度看本身就是战争史。《伊利亚特》第 23 卷中记载了特洛伊战争[⑤]最后几星期的一场葬礼，葬礼仪式包含由战车比赛、竞走、拳击、摔跤、投掷石块、长矛对决、投掷长矛等项目在内的"游戏"。游戏的目的显然是纪念死者，但从中我们依稀可见现

---

① 当代也有类似决斗的非法地下拳击活动，以不择手段击倒对方，甚至杀伤对方为目的，并具有赌博的性质。

② 参见张厚福、罗嘉思主编：《体育法学概要》，人民体育出版社 1998 年版，第 18 ~ 20 页。

③ [美]大卫·波特：《胜者王冠：从荷马到拜占庭时代的竞技史》，曹正东译，浙江大学出版社 2017 年版，第 24 页。

④ 参见[美]大卫·波特：《胜者王冠：从荷马到拜占庭时代的竞技史》，曹正东译，浙江大学出版社 2017 年版，第 8 页。

⑤ 传说中斯巴达和特洛伊之间为了争夺美女海伦而发生的战争。据考古证实，特洛伊战争发生在古希腊迈锡尼文化(公元前 1600 ~ 公元前 1100 年)末期，为亚该亚人和小亚细亚沿岸城邦特洛伊之间的战争，时间大致在公元前 13 世纪 ~ 公元前 12 世纪。

代体育项目的影子:竞走、拳击、摔跤保留至今;投掷石块类似于铅球、铁饼运动;投掷长矛类似于标枪运动;长矛对决类似于击剑运动;战车比赛类似于赛车、赛马等运动,同时,这些项目显然与军事训练密不可分,带有浓厚的军事色彩。而《奥德赛》第8卷中同样记载了一些"游戏"项目,包括竞走、摔跤、跳远、铁饼和拳击。

可见,如果坚持狭义的体育概念,以近代乃至现代体育的标准去衡量古代军事、宗教,乃至民间马戏、游艺等社会现象,会将以上这些特定的社会现象排除出"体育"的范畴,从而认为"古代不存在体育",并得出"古代不存在体育法"或者"体育法近代才产生"这样的结论。

(三)体育源于生产劳动[①]

原始人类的生产劳动活动,也是体育重要的起源。

体育作为一种社会现象,是人类物质世界和精神世界发展到一定程度的产物。马克思、恩格斯认为,人生存的第一个前提是维持生命,因此人类的第一个历史活动是生产物质生活本身。[②] 黑格尔则认为人在一定条件下产生需要,需要引起活动(包括体育),人通过活动满足需要。[③]

劳动是人类特有的现象,只有人类才会通过有意识的劳动,改造自然并获得生存资源。在劳动生产的过程中,人类或主动进行某种动作,如捕猎时投掷长矛、石头;或为生存被动进行某种动作,如为躲避猛兽而奔跑、跳跃等;或模仿某些动物的动作,如鱼在水中游动,猿猴在山林中攀爬等。随着生产力的发展,这些动作逐渐脱离生产劳动的范畴,发展成体育运动

---

① 自20世纪80年代以来,有观点对体育起源于劳动这一点做了一定的补充,这种观点认为劳动是体育起源的外因,而非决定性的内因,认为体育起源于劳动这种观点对人的社会性作出了狭隘且片面的理解,并提出"需要说"作为补充。参见何为民、苏益民:《关于体育原点的思考》,载《武汉体育学院学报》2010年第8期。体育起源于人类的需要,这种观点从人的生物性和社会性需求两方面探讨体育的起源,认为体育起源于生产生活的需要和心理需要,并把需要作为体育起源的内因,劳动作为体育起源的外因。参见董时恒、熊晓正:《体育探源》,载《体育科学》1982年第2期。

② 参见中共中央马克思恩格斯列宁斯大林著作编译局编:《马克思恩格斯选集》(第1卷),人民出版社1972年版。

③ 参见[德]黑格尔:《历史哲学》,王造时译,商务印书馆1963年版,第50~59页。

项目，如标枪、铅球、长跑、跳远、游泳、体操等。

二、体育法律史视野下“法律”的内涵

对于“法律”的内涵，有多种观点。如自然法学派的代表西塞罗认为，法律应当体现自然的正当性，自然法的原则是永恒不变的，对所有时代和所有民族都有效，“罗马和雅典之间，不存在不同的法律，现在和将来之间也不存在不同的法律”①。现代自然法学派代表德沃金则认为“法律应包括为规范提供最佳证成理由的道德原则”②。而法律实证主义者奥斯汀则认为法律是主权者的命令，主权者以惩罚为后盾，制定并实施法律。

法律作为一种社会制度，是社会建构的有机组成部分。与习惯、习俗、道德相比，法律的突出特点是其对于社会的控制由制度来执行，法律建立了一个社会规则体系。

承认规则是法律的基础，便可以解释诸多法律现象。法律是社会规则的集合。首先，规则通过给不特定的人设立权利和义务来规范其行为；其次，规则还通过规定如何确定、更改和执行所已设定的权利和义务来指导人具体执行规定。哈特将前者称为“初级规则”，将后者称为“次级规则”，并认为法律由初级规则和次级规则组合构成。③

规则构成了法律，而规则本身也是一种社会建构。遵守规则这一社会实践，之所以被广泛接受，可能是出于习惯（如赡养老人的义务），或者出于社会压力（如违背道德的行为将被社会所唾弃），或出于对被惩罚的恐惧（如可能受到刑事制裁）等。总之，这些规则为官方所承认或支持，违反规则将面临不利的后果，而惯常的社会实践也习惯于遵守而非违反这些规则，那么，这些规则便属于广义上的法律范畴。如果一个规则体系

---

① Cicero, *De Re Republica III*, C. W. Keyes, tr. Harvard University Press, 1943, p. xii. 33.

② Ronald Dworkin, *Taking Rights Seriously*, Harvard University Press, 1978, chap. 4.

③ 参见[英]哈特：《法律的概念》，许家馨、李冠宜译，法律出版社 2018 年版，第 135 页。

能够在实质上规范社会实践,那么这个规则体系便是法律。

如同广义的法律不仅包括国家制定的法律、法规,还包括社会习惯乃至宗教戒律一样,不能狭隘地认为只有体育法典或者体育法规才属于体育法,而将体育政策、规章、管理制度乃至于社会习惯等排除出广义的体育法之外。

体育法固然具备法的普遍特征,但相较其他部门法,体育法具有自身鲜明特点,如体育法规中大量存在提倡、鼓励性质的条文,而禁止性、制裁性的条文较少;体育法的具体实施有赖于体育政策以及其他部门法的配合等。

从以上角度出发,我们认为广义的体育法应包括如下内容。

(一)体育法典、体育单行法及其他法律法规中涉及调整体育关系的条文

这是狭义的体育法的范畴,即体育法规,自不必待言。

(二)体育政策

由于体育事业的飞速发展,狭义体育法在实施过程中不可避免地会出现一定的滞后性,无法完全适应现实需要,而诸如体育产业、运动员培养体系、全民健康等具体问题,狭义体育法往往只能做原则要求,具体实施细节还有赖于体育政策的规定。现代国家,体育政策的制定和执行是否科学有效,直接决定了该国体育发展水平。

一国的体育政策反映了统治阶级的意志,体现本国特定国情、价值观和体育目标。体育政策的制定和执行是高度制度化的行为,是政府为了实现一定体育目标而制定和实施的各种办法、要求、意见等的过程。当代体育政策的重要性甚至不亚于体育法规,体育主管部门也往往将两者合并加以管理,如我国国家体育总局即下设政策法规司。

尽管体育政策一般不具有强制性和惩罚性,不遵循体育政策的导向一般不会导致法律上的不利,但体育政策往往以政府名义发布,带有一定行政命令的属性,下级政府及部门,乃至相关体育组织等,一般均会予以

贯彻实施；且体育政策中含有大量倡导性、扶植性、鼓励性的内容，体育组织贯彻执行体育政策一般会产生正面效应。

综上所述，在实践中，尽管体育政策缺乏强制性和惩罚性的特征，但作为一种社会规则，往往得到社会的认可而非否定，且不执行体育政策可能面临一些不利的后果（如得不到相应财政支持，或者本运动项目的发展落后于其他运动项目等）。因此体育政策应属于广义的体育法范畴。

（三）体育管理制度

传统法律史研究一般包括以下三大部分：法律思想、法律制度和司法制度。体育法相对民法、刑法等主要部门法而言，其法典化历史较短，直到19世纪末至20世纪初，才出现专门的体育法典。而体育法的立法理念和立法思想往往从属于当时主流的法律思想，未形成专门的体育法律思想；同时，体育法的立法理念和立法思想也受到同时期体育思想和理念的极大影响，并与其保持一致。我们认为体育法律思想目前还未达到系统、成熟阶段，故在本书中暂不予以专门篇幅研究。体育法律制度即前述狭义体育法和体育政策，在此不再赘述。

如同法律史研究包含对司法制度史的研究，体育法研究也离不开对体育管理制度史的研究。广义的体育管理制度包括涉及体育管理的体制机制，不仅包括国家对体育的管理制度，也包括法人、非法人组织内部对体育的管理制度。狭义的体育管理制度则特指国家对体育的管理制度，包括体育管理机构的设置和权利义务划分、体育社团的管理权限、政府与体育社团的关系等方面内容。

（四）习惯法

从法律制度的发展历史来看，无论是中西方，最早的法律制度都是由习惯发展而来，大体遵循习惯—习惯法—不成文法—成文法这一发展路径。

通常认为，习惯法是一种历史形成的，并在某一范围内被长期反复使用，且带有一定强制性的，关于行为、义务和责任方面的规则。习惯法应具有长期的历史性、合理性,且不能与现行法律抵触。[①] 一般而言,一项规则要成为习惯法需满足以下条件:该习惯法在实践中被反复适用,为社会所认可,一般人确信其具有法律效果;不违背公序良俗。[②]

体育运动的历史中曾广泛存在习惯法的痕迹,如古希腊的奥林匹克休战习惯[③];我国少数民族体育运动中也广泛存在体育习惯法。[④] 这些毫无疑问是广义体育法所研究的对象。

体育运动的规则不应属于体育法的范畴。[⑤] 体育法作为部门法,应遵循法的普遍适用性这一基本原则。一项具体体育运动的规则,尽管具有一定的强制性,在这项运动的实践中也被广泛遵守,且违反规则会承受一定的不利后果(如被判犯规等)。但这些规则仅在该项运动中才得到认可并被遵守,在其他运动中则遵守其他规则(如篮球规则不可能适用于足球比赛)。由于缺乏法的普遍适用性这一特征,故我们认为体育运动的规则不应被归入体育法的范畴。

第四节 东西方法律制度发展概况

在古代,人们普遍相信法律神创论。目前所发现的最早的成文法典——公元前1776年由古巴比伦国王汉谟拉比颁布的《汉谟拉比法典》

---

① See *Osborne's Concise Law Dictionary 9*, Sweet and Maxwell, 2001, p. 44.

② 法律实证主义否认习惯法属于法律。法律实证主义将法律仅仅视为由国家确定的法律规范,从而将道德、习惯等因素排除出法律的范围。

③ 2021年12月,遵循奥运会休战的惯例,国际奥委会亦通过北京冬奥会奥林匹克休战决议。

④ 参见刘礼国:《少数民族传统体育的习惯法规则》,载《原生态民族文化学刊》2011年第1期。

⑤ 赵毅认为体育运动规范、习惯等也属于体育法的范畴。《罗马体育法要论》中设专章讨论"体育法近代产生说",他认为应对"体育法"做扩大解释,从广义上去理解"体育法",不仅近代以来制定的专门体育法典属于体育法,而且古代体育运动的规范、习惯以及规章制度等均属于体育法的范畴。参见赵毅:《罗马体育法要论》,法律出版社2017年版,第4~11、23~24页。

(Hammurabi’s code)之中,即有太阳神(古巴比伦人信奉的神灵)将业已制定好的法律授予人类的记载。① 而古代印度的代表性法典《摩奴法典》(The Manusmrti Law,也称《摩奴法论》)(《摩奴法典》首先是印度教的宗教典籍,因其记载大量宗教戒律,具有法典的性质),同样记载了摩奴(古印度教的神)之子在摩奴的指导下,向圣贤口述法典的内容。古代以色列的《摩西律法》(Mosaic Law)就宣称律法是上帝通过摩西向以色列人颁布的律令。古希腊早期,法律是宗教礼仪和祷词的总和。中国古代早期同样存在法律神创的思想,如我国夏、商时期的法律即属于神权法。夏朝君主制造所谓“天命”“天罚”理论,将夏朝法律包装成神的意志,从而起到麻痹人民反抗的目的;而商王自称“下帝”,即上帝的儿子,代表神统治人间,在法律制定方面,商王朝迷信鬼神,重视占卜的结果,往往以“天”或者“神”的名义制定法律。

一、法律制度的产生与发展

社会存在决定社会意识,这是辩证唯物主义的基本观点。法律制度作为意识形态的组成部分,随阶级出现而出现,并随国家的发展而发展的,未来将随国家的消亡而消亡。法律制度的产生和发展,与家庭、私有制等因素密不可分。总体而言,包括体育法律制度在内的法律制度的发展与社会制度发展相类似,遵守奴隶制法—封建制法—资本主义法—社会主义法的发展轨迹。

在史前时期,人类尚处于原始社会阶段,阶级和国家尚未出现,也谈不上存在法律。原始人群内部只存在一些个别、零散,且无强制约束力的规则,以道德禁忌、原始宗教习惯等方式存在。

随着生产力的发展,部落和部落联盟逐渐产生,人类进入氏族社会时

---

① 《汉谟拉比法典》由序言、条文和结语 3 部分组成,其中在序言部分宣扬了君权神授的思想,宣称太阳神将法律赐予汉谟拉比国王,并通过国王颁布给古巴比伦人;条文部分是法典的主要部分,包含一些具体的法律规则,如“以眼还眼”等;结语部分再次强调了君权神授思想和汉谟拉比国王的丰功伟绩。

期，社会内部分化产生了一定的等级制度，为了部落或部落联盟的发展，必须对成员的行为加以一定的约束。此时出现了个别具有约束力，并带有惩罚性质的规则。这些不成文的规则往往以部落习俗、宗教禁忌、首领的命令乃至祖先的言行等方式存在。这些规则没有经过系统化整理，处于一种零散状态，缺乏一定的稳定性，对其解释和应用，以及惩罚措施等均依赖部落大会、部落首领乃至祭司、年长者的意志，随意性较大。同时这些规则往往出于集体狩猎的需要，带有浓厚的军事色彩。

当人类进入阶级社会，国家产生之后，法律制度才正式登上历史舞台。

二、奴隶制法

（一）楔形文字法

依据考古资料证明，在约公元前6000年的美索不达米亚平原的两河流域（今伊拉克）形成了一批城市国家，它们是人类历史上最早的国家。公元前3000年前后，两河流域的城邦国家已经制定了一些零星的法律规范，但尚未系统化，这些被认为是人类法律文化的起源。公元前22世纪末，乌尔第三王朝的乌尔纳姆颁布了《乌尔纳姆法典》，该法典除序言部分外，正文部分有29条，以保护私有制和维护奴隶制度为特点。公元前18世纪古巴比伦国王汉谟拉比制定的《汉谟拉比法典》是目前保存的最早成文法典，是楔形文字法的代表，该法典以维护私有制、奴隶制和汉谟拉比国王的独裁统治为目的。公元前6世纪前新巴比伦王国灭亡后，楔形文字法逐渐走向消亡。该法典中未包含调整体育运动的内容。

（二）古埃及法

在人类文明的另一个发祥地埃及，早在公元前4000年左右就出现了习惯法。公元前3200年，古埃及第一王朝缔造者美尼斯奠定了古埃及法的基础，司法和行政部门也相应发展。古埃及法包括从埃及出现第一个奴隶制国家起，至公元前1世纪被罗马征服时为止，这一时期的法律制度的总称。

相较于其他国家的法律制度而言，古埃及法神权法色彩浓厚，主要维护法老的专制统治，突出表现为其发达的财产与契约法律，以及善于调和本土法与外来法的关系。由于时代久远和考古资料的缺失，楔形文字法和古埃及法中是否含有调整体育运动的条文目前尚不得而知。

（三）古希腊法

古希腊法是目前已知最早包含有调整体育运动内容的法律。

公元前 20 世纪，希腊克里特岛上兴起了“米诺斯文化”，开始进入阶级社会，产生了一批奴隶制城邦国家。在吸收古巴比伦和古埃及法律制度的基础上，克里特岛上克诺索斯（Knossos）城邦国王米诺斯（Minoan），制定了古希腊最早的法律。继米诺斯文明后，希腊南部迈锡尼（Mycenaean）文明兴起，据考古证明，迈锡尼文明时期存在掌握立法权和行政权的贵族会议和民众大会。[①] 由于迈锡尼的法律是用刻在泥板上的直线型字母记载的，也被称为“线性文字法”。公元前 12 世纪，多利安人（Dorians）自北向南征服整个希腊地区。公元前 12 世纪至公元前 8 世纪，是古希腊的鼎盛时代，也被称为“荷马时代”。在这期间，出现了一大批奴隶制城邦国家，其政体各异，或为民主政体，或为贵族政体，它们大多制定了一系列的成文法。这一时期主要的立法成就有：①公元前 621 年，由雅典政治家德拉古在汇总、编纂雅典法律基础上制定的《德拉古法典》，其特点是刑罚严酷，几乎所有的罪行都判处死刑；②公元前 594 年雅典执政梭伦制定的《梭伦法律》；③公元前 509 年的《克里斯提尼立法》，首创“陶片放逐法”，以维护雅典民主制度；④公元前 440 年雅典执政伯里克利制定的《伯里克利立法》，有力促进了雅典的政治改革；⑤公元前 5 世纪前后的《哥尔琴法典》，则是古希腊民事立法的典范。随着古代希腊地区先后被马其顿和罗马帝国占领，古希腊法失去其独立性，逐渐被罗马

① 参见崔连仲主编：《世界通史 · 古代卷》，人民出版社 1997 年版，第 189 页。

法所吸收。

古希腊的体育法表现为要求古希腊城邦在古代奥运会期间休战的《神圣休战条约》[①]，以及调整体育赛会举办的一系列规范。[②]

(四) 古印度法

公元前15世纪在南亚地区兴起一系列奴隶制城邦国家，出现一批最早的习惯法。公元前7世纪，出现了一批婆罗门教宗教典籍——《吠陀》和《法经》；公元前6世纪，又出现了佛教宗教典籍——《律藏》；至公元前4世纪，诞生了印度教宗教典籍《摩奴法典》。以上这些宗教典籍，在规定教义的同时，也规范了世俗生活，如《吠陀》第一部分《梨俱吠陀》中涉及对民间部分的规定；《摩奴法典》第3~5章规定家居时期的法，第6章规定了林居期的法和遁世期的法，第7~9章规定了国王的法，第10章则规定了印度社会的种姓制度。古代印度法具有极其强烈的宗教特征，表现在：(1)法律渊源上，由吠陀(婆罗门教最早的经典)、法经(对吠陀的解释)、法典(教法典籍)、佛教经典和国王诏令组成；(2)以维护印度教种姓制度为核心。16世纪莫卧儿帝国征服印度后，古代印度法逐渐衰落。古代印度法曾对东南亚地区的法律发展产生重大的影响。

目前尚未发现古印度法中包含调整体育运动的条文。

(五) 罗马法

存在于公元前8世纪~公元5世纪的罗马国家[③]，对欧洲文明乃至世界文明都产生过重大影响。罗马法是古代奴隶社会最发达、最完整的法律体系，奠定了西方法律制度的基础，今日对世界影响最大的两大法

---

① 参见赵毅教授称为“古希腊的体育国际法”。参见赵毅：《罗马体育法要论》，法律出版社2017年版，第25页。

② 参见赵毅教授称为“古希腊的体育自治法”。参见赵毅：《罗马体育法要论》，法律出版社2017年版，第27页。

③ 罗马国家的国家结构发生过多次变化，公元前753~公元前509年为王政时期，公元前509~公元前27年为罗马共和国时期，公元前27~公元476年为罗马帝国时期。476年西罗马帝国灭亡后，东罗马帝国直到1453年才灭亡。

系——英美法系与大陆法系，均是在继承、吸收罗马法精髓的基础上不断发展和完善，可以说罗马法的精神至今仍然在影响着这个世界。在时间跨度上，狭义上的罗马法仅仅包括西罗马帝国灭亡之前罗马国家的法律制度，而广义上的罗马法则包括查士丁尼大帝统治时期（公元527～565年）东罗马帝国的法律制度。

罗马王政时期（公元前8世纪～公元前6世纪），成文法尚未出现，主要是氏族习惯和惯例，并逐步发展成习惯法。

罗马共和国时期（公元前6世纪～公元前1世纪），是罗马法成型和发展时期。共和国早期（公元前6世纪～公元前3世纪），随着奴隶制经济的发展，罗马贵族与平民之间的矛盾日益加深，王政时期的习惯法逐渐向成文法过渡。平民为了斗争的需要，要求制定成文法，以打破贵族随意解释、应用习惯法的特权。经过斗争，罗马共和国于公元前451年制定了法律十表，次年又制定了法律两表，合称为《十二表法》[①]（Lex Duodecim Tabularum），为罗马最早的成文法。《十二表法》本质上属于民法，[②]规定了罗马公民的权利和义务，涉及土地所有权、债权、婚姻家庭、继承、诉讼等方面。《十二表法》也保留了诸如同态复仇等氏族社会遗留习俗。随着之后一系列立法，罗马公民逐渐得以与贵族共享权利。

罗马共和国后期（公元前3世纪～公元前1世纪）则是罗马市民法和万民法形成和发展时期。随着罗马共和国的扩张，共和国后期的罗马国家实际上已经变成一个由共和国和殖民地组成的复合体，为了区别管理罗马公民和殖民地人民，市民法（*ius civile*）首先发展起来。市民法仅仅适用于罗马公民，是罗马国家固有的法律规定，主要包括民众大会和元老院带有规范性质的决议和习惯法，涉及行政管理及部分程序法。随着经济的发展，市民法已经无法适应私有制的发展。公元367年，罗马设内事

---

① 因法律刻在12块铜牌（也有说是木牌）之上，也称“十二铜表法”。

② ［英］迈克尔·格兰特：《罗马史》，王乃新、郝际陶译，上海人民出版社2008年版，第64页。

最高裁判官一职,通过发布告示和审判实践的方式,弥补市民法的不足,至共和国末期,内事最高裁判官的法令经过长期积累和整理形成了一套独立于市民法的“最高裁判官法”,其形式较市民法更为灵活。

随着罗马共和国境内外国人的增多,为了解决外国人之间、外国人与罗马公民之间的纠纷,罗马国家设立外事最高裁判官,并逐渐形成万民法(ius peregrinus),用以处理罗马公民与非公民以及非公民之间的纠纷。万民法主要处理财产关系,其适用较市民法更为灵活。

罗马帝国时期(公元前1世纪~公元3世纪)是罗马法成型时期。在此时期,罗马法的渊源基本确定,除市民法、万民法和最高裁判官法之外,皇帝的敕令也具有正式法律的地位。帝国后期,进行一系列法典编纂工作,主要有《格里哥安法典》(Codex Gregorianus)和《狄奥多西法典》(Codex Thedosianus),对皇帝的敕令进行了系统性的编撰。

东罗马帝国查士丁尼统治时期(公元527~565年),进行了大规模的法典编纂工作。查士丁尼皇帝对历史上罗马法相关资料进行大规模的编撰,汇编成章节,最后成为共12章的《查士丁尼法典》(Corpus Juris Civilis)。查士丁尼后又对40多位罗马法学家的著作进行整理,编成《学说编纂》(Digesta),并以盖尤斯《法学阶梯》为蓝本,按照“人法”“物法”“诉讼法”的次序重新整理成卷,以《法学阶梯》(Iustiniani Institutiones)之名颁布。查士丁尼死后,后人将其颁布的敕令汇编成册,称为《查士丁尼新律》(Novellae Constitutiones Justiniani)。以上4部查士丁尼时期编纂的法律文献,代表了罗马法的最高成就,也是后人研究罗马法的重要资料。

罗马法中虽无专门的体育法典,但包含大量调整体育运动的条文。如公元前18年颁布的《关于不同阶层婚姻的尤流斯法》(Lex Julia de maritandis ordinibus)曾规定未婚者不能观看赛事;奥古斯都皇帝曾颁布敕令,要求在观赛时,按照观众的社会等级,分配不同位置的座位;公元前286年颁布的《阿奎利亚法》(Lex Aquilia)则有最早涉及体育侵权的内容。

三、封建法

(一)日耳曼法

日耳曼人发源于北欧,后向南发展,至罗马时代,日耳曼部落占据了西起莱茵河,东到波罗的海的中、东欧区域。日耳曼人于4世纪末进入西罗马帝国后,建立一系列王国,历史上称之为"蛮族王国"。日耳曼法主要指这一时期内,在日耳曼诸王国内适用于日耳曼人的法律制度。

日耳曼部落在建立自己国家之前,尚处于氏族社会阶段,没有成文法,主要依靠部落习惯来规范。日耳曼部落建立各自国家之后,纷纷在本部落习惯法的基础上编撰成文法典,比较著名的有西哥特王国的《尤列克法典》、法兰克王国的《萨利克法典》和威塞克斯王国的《阿尔弗雷德法典》。其中《萨利克法典》随着法兰克王国的扩张,影响最大。

在制定成文法典的同时,各蛮族王国也对残存的罗马法进行编纂,其中最著名的为西哥特王国依据罗马《狄奥多西法典》编纂的《西哥特罗马法》。蛮族王国对罗马法的重新编纂,体现了日耳曼习惯法与罗马法相互融合的过程,对欧洲中世纪教会法、城市法和商法的发展产生了重大影响。

日耳曼法具有团体本位和体系凌乱的特点,贯彻属人主义,即日耳曼人适用日耳曼法,罗马人适用罗马法。日耳曼成文法中尚未发现调整体育运动的条文。

(二)英格兰封建法

公元5世纪,盎格鲁、撒克逊、裘特等日耳曼部落渡海来到不列颠群岛,建立了一系列小王国,这些部落的部落习惯逐渐发展为成文法。6世纪之后,英格兰地区的小王国纷纷对原有习惯法进行整理,编纂了一系列法典,较著名的有《埃塞尔伯特法典》《伊尼法典》《阿尔弗雷德法典》等。

1066年,诺曼人征服了英格兰。在加强中央集权的同时,诺曼人也大力推动法律的统一化,在这个过程中,其确立了普通法、衡平法和制定法这三大法律体系。

普通法，指12世纪前后发展起来，并适用于整个英格兰地区的法律制度，是诺曼人统一司法制度，加强中央集权的直接结果。

随着政治经济的发展，内容逐渐僵化的普通法已不能适应社会的发展，加之普通法下只有法官签发的“令状”才可起诉这一缺点，使普通法的作用越来越小。为克服普通法的不足，作为国王“首席大臣”的大法官依靠内心“公平”“正义”的观念判案，并逐渐创造出一套独有的规则，发展成为日后的衡平法。普通法和衡平法依靠之前判例，属于判例法体系，而非成文法典。

在反对国王的斗争中，1215年，英国贵族迫使国王签署限制王权的《大宪章》(Magna Carta)，这是英国早期制定法的主要成就。随着国会实力的壮大，在与国王争夺立法权的过程中，国会制定了一系列的成文法，作为对衡平法和普通法的补充。

英格兰封建法中有部分涉及体育运动的条文，尤其是都铎王朝的亨利八世、斯图亚特王朝国王詹姆士一世与詹姆士二世曾下令禁止平民参与一些专属贵族的体育活动，以维护封建等级制度。以立法形式禁止特定人群参与某种体育运动，为体育法律史上所罕见。

(三)教会法

中世纪西欧主要信仰天主教，天主教会势力庞大，在法律上世俗法与教会法二元并存。教会法规范教会的活动和信徒的日常生活规范，同时也涉及财产、婚姻继承、刑罚、诉讼程序等方面。

教会法起源于公元1世纪的巴勒斯坦地区。公元380年前后编纂的《教规集成》则是第一部为天主教会所承认的教会法规汇编。随着中世纪教会势力越来越强大，罗马教皇的权力达到了巅峰，教皇颁布了一系列的敕令。1582年，教皇格里高利十三世将之前的教令汇编统一修改编撰，称为《教会法大全》。随着工业革命和资本主义的发展，旧的教会立法已经远远不能适应形式的需要，教皇又分别在1917年和1983年两次颁布修订后的《教会法典》,试图使教会法跟上时代的发展。

教会法吸收了大量日耳曼法和罗马法的原则,具有神学性、封建性和体系完备性的特点,对近代私法,尤其是对婚姻、家庭、继承制度产生了重要的影响;其确立的平等原则、二元程序、纠问式审判程序等也对现代诉讼法产生一定影响。

教会法中尚无直接调整体育运动的条文。

(四)城市法和商法

城市法和商法是中世纪西欧特有的法律制度,反映了西欧城市和商品经济的发展。

城市法最早产生于公元10世纪,出现于今意大利地区的自治城市,其主要渊源为特许状、城市立法、习惯和判例,以及部分行会规章。

中世纪商法又被称为“商人法”(Law of Merchant),是调整商人之间法律关系的习惯和法律的总称,是西欧中世纪商品经济发展在法律上的集中体现。其主要渊源为海商法、商事和海事习惯以及行会规章、城市间签署的商业协定等。

城市法和商法中一般不包含涉及调整体育运动的条文。

中世纪时期体育运动尚未从宗教、军事和劳动中彻底分化出来,成为一种独立的社会现象,故封建法中,极少包含调整体育运动的条文。

四、资本主义法

(一)英国法

作为最早爆发工业革命的英国,也是最早产生资本主义相关法律法规的国家。

“光荣革命”后,虽然英国普通法、衡平法、制定法的结构没有被打破,但是资产阶级进行一系列法律改革,使英国法带有鲜明的资产阶级特征。首先,“国会主权”的原则得以确立,国会立法权大大加强,国王的权力被大大压缩;其次,内阁成为最高行政机关,只对国会负责;最后,普通法和衡平法的内容大量增加，以适应形势的需要，同时国会也通过大量制定法，用这种方式将资产阶级的意志转化为法律。

为缓和阶级矛盾，英国统治阶级在19世纪通过了一系列增加工人福利，建设休闲体育设施的法令，在客观上促进了体育运动在英国的发展。

（二）美国法

美国法是目前资本主义世界较为发达的法律体系。得益于美国发达的职业体育，美国的体育法律制度较为发达，具有自身特点，在很多领域对当今世界体育法的发展做出了贡献。

目前，以美国宪法对体育权利的保护为核心，美国已建立包含成文法与判例法在内，涵盖体育知识产权、体育反垄断与反不正当竞争、体育侵权、体育雇佣关系、体育教育等领域在内，区分职业体育与业余体育的，较完整的体育法律制度，并确立了“棒球原则”“公共论坛理论”等具有相当影响力的体育法规则。

02

第二章

罗马体育法律史

罗马帝国是西方历史上第一个稳定的大帝国,对西方乃至世界产生了重要影响。罗马遗留给世界两项精神遗产:基督教与罗马法。罗马法是奴隶社会时期最为完备和发达的法律体系,反映了罗马发达的奴隶制商品经济的特征,一些制度至今仍有一定借鉴意义。罗马法对今天的英美法系和大陆法系产生了重要影响,很多法律制度追根溯源,都能在罗马法那里找到根源。

罗马法对世界产生巨大影响,但罗马时期的体育法制却常常为人所忽略,其原因大致有以下几个。

1. 罗马法的伟大成就“遮盖”了罗马体育法的成就

罗马法以其体系完备、立法科学而著称。尤其是罗马私法,对后世影响更大。罗马私法的很多制度,特别是其物法[①]部分,直接影响了大陆法系和英美法系的相关制度。相比之下,罗马体育法的影响并没有罗马私法那么大,且未对今日各国体育立法产生直接影响。

---

① 罗马物法包括物权法、债权法和继承法三部分,与今日大陆法系的物权法有一定区别。

2. 罗马体育法未得到系统传承

12 世纪以来兴起的罗马法复兴运动,开启了研究并复兴罗马法的进程,但其研究重点主要在罗马私法方面,对后世的影响也局限在民法领域。而近代以来各国体育立法的过程基本上是从“空白”发展而来的,与罗马体育法并无太大的直接传承关系。

3. 罗马体育法的土壤不复存在

一方面,与古希腊体育不同,罗马时代典型的体育运动基本未流传下来,如战车竞赛、角斗士间的决斗、人与猛兽的搏斗等,因其带有极强的伤害性和非人道性而已为现代社会所抛弃,相关法律自然不可能得到传承。另一方面,体育运动在罗马被赋予浓重的宗教和政治色彩,罗马统治阶级往往通过体育立法来进一步巩固和加强其特殊的宗教和政治地位,如《关于剧院的罗西亚法》(Lex Roscia theatralis)和《乌尔索殖民地法》(Lex Ursonensis)规定要把特定座位留给特权阶层,普通人不得染指。显然,这样的立法在现代社会被视作“恶法”而遭唾弃。罗马体育法生存的土壤已不复存在。

4. 罗马并无一部专门的体育法典

整个罗马时期(包括东罗马帝国),从最早的《十二铜表法》开始,制定了一系列的法典,如《格里哥里安法典》(Codex Gregorianus)、《赫尔莫杰尼安法典》(Codex Hermogenianus)、《狄奥多西法典》(Codex Theodosianus)等,东罗马帝国皇帝查士丁尼更是编纂了《民法大全》(尽管它包含 4 个部分)。但罗马从未编纂过一部专门体育法典,涉及体育的法律规范散落在法典、元老院的决议、皇帝的敕令、长官的公告及权威法学家的著作、论述和解释之中。其数量相对于罗马私法而言,极为稀少、不成系统,很容易为人所忽略。

尽管罗马体育法常常被忽视,但不可否认其历史价值。无论是东方还是西方,古代时期都没有专门性的体育立法。即使有一些涉及体育运动的法律、规则,其制定的初衷往往也不是规范体育运动,而是出于军事、宗教等其他因素。而罗马体育法的出发点是直接规范体育运动,甚至在奥古斯都时期出现了管理体育赛事的法律规范[①],法学家乌尔比安也曾论述过如何管理运动员。[②]

第一节 罗马法概述

一、罗马法的形成与发展

罗马法是古代罗马国家所制定的法律规范的总称,既包括罗马共和国和罗马帝国时期的法律规范,也包括罗马帝国分裂后形成的西罗马帝国和东罗马帝国的法律规范。

(一)罗马法的起源

罗马法是伴随罗马国家的产生而产生的。公元前 8 世纪,在今天的罗马城附近的拉丁姆(Latium)居住的拉丁族(Latini)人是罗马人的祖先。在"王政时代",即拉丁族人由原始社会向阶级社会过渡的时期,出现了"库里亚"会议——当时拉丁族人的最高权力机构。而氏族长老则组成元老院,元老院的首领称为"王"。"库里亚"会议的决议、元老院和"王"的决定,作为习惯法具有一定的规范效力,是罗马法最早的起源。

随着拉丁部族的发展,出现了奴隶、平民和奴隶主的区分。奴隶主要由战俘组成,平民则主要是拉丁部族统治的外族人,奴隶主则是拉丁贵族。公元前 6 世纪,经土利乌斯(Tullius)改革后,将人民按照居住地域划分成 4 个部落,并登记人口和财产;根据财产多寡又将居民划分为 5 个等级,不同等级的权利、义务各不相同。这被认为是罗马国家诞生的标志。[③] 随着罗马国家的形成,罗马法正式登上历史舞台。

---

① 参见赵毅:《罗马体育法要论》,法律出版社 2007 年版,第 65 页。
② 参见赵毅:《罗马体育法要论》,法律出版社 2007 年版,第 66 页。
③ 参见何勤华主编:《外国法制史》(第 6 版),法律出版社 2016 年版,第 58 页。

(二)罗马法的发展

1. 王政时代

公元前8世纪~公元前6世纪的王政时代,既是罗马国家形成时期,也是部族习惯、惯例向习惯法转变的时期。

2. 共和国前期

公元前6世纪,经过贵族和平民的不断斗争,罗马建立了共和国,国家权力由执政官、元老院和民众大会共享,罗马进入共和国时期。这一时期是罗马法从习惯法向成文法过渡的时期。《十二铜表法》是罗马时期第一部成文法,反映了罗马奴隶制社会的发展,维护了奴隶主阶级的利益,也在一定程度上维护了平民阶级的利益。该法共105条,涉及土地、债务、婚姻家庭、继承、诉讼程序等内容。

共和国前期还制定了《李锡尼—绥克斯图法案》(Lex Licinia Sextia)、《波提利阿法案》(Lex Poetelia)等成文法。

3. 共和国后期

公元前3世纪~公元前1世纪是罗马政治、经济快速发展的时期。这一时期,罗马国家的版图日益扩大,奴隶制经济日益繁荣,原有的法律已经不能适应形势的发展。除《市民法》(ius civile)外,又出现了《最高裁判官法》和《万民法》(ius gentium)。

《市民法》是罗马共和国原有的法律,适用于罗马公民,包括原有的习惯法、民众大会和元老院通过的规范性决议。《市民法》主要调整罗马共和国行政机关的行政管理行为和部分诉讼程序,具有一定的公法性质。但随着罗马奴隶制经济的发展,罗马迫切需要调整私人财产关系的法律。公元前367年,罗马设立内事最高裁判官,以告示和审判实践的方式,对《市民法》进行修改和补充,最终形成一套《最高裁判官法》。

随着在罗马共和国的外国人越来越多,原有的仅适用于罗马公民的《市民法》已经不能适应现实的需要。公元前242年,罗马设立外事裁判官来处理涉及外国人的事宜,在此基础上逐渐形成《万民法》。《万民法》

主要调整财产关系，尤其重视所有权和债权。

4. 罗马帝国时期

公元前27年，屋大维自称奥古斯都（拉丁语意为神圣、至尊），罗马从此进入帝国时期。随着皇帝权力的不断扩大，其颁布的敕令逐渐替代民众大会和元老院的决议，成为法律的主要渊源。

公元212年，罗马皇帝卡拉卡拉（Caracalla，211～217年在位）颁布《安敦尼努敕令》，授予包括外国人在内的自由人以罗马公民权，从此，《市民法》与《万民法》逐渐融合。

帝国后期和东罗马帝国时期，罗马还开展了大规模的法典编纂工作，编纂了《格里哥里安法典》《赫尔莫杰尼安法典》《狄奥多西法典》。东罗马皇帝查士丁尼时期及死后一段时间编纂的查士丁尼法典（Codex Justinianus），汇编了罗马帝国的主要法律和著名法学家的解释，是罗马法发展的巅峰。

二、罗马法的法律渊源

相比当代法的法律渊源，罗马法的法律渊源较为特殊。

1. 习惯法。这是罗马法最早的渊源，即使到了成文法时代，也并未废除习惯法的效力，这些习惯法仍在一定程度上发挥作用。

2. 民众大会、百人团议会等机构制定的法律。在共和国时期，这是最主要的立法形式。

3. 元老院的决议。共和国时期，元老院是最高权力机关，拥有立法权，并通过其他机构制定法律。但到了罗马帝国时期，罗马皇帝控制元老院，常常通过元老院发布代表皇帝意愿的决议，这类决议也具有法律效力。

4. 长官告示。罗马内事裁判官和外事裁判官的告示，本身就是《最高裁判官法》和《万民法》的组成部分，罗马高级行政长官和高级审判官的告示，也在一定程度上具有法律效力。

5. 皇帝敕令，其形式为敕谕、敕裁、敕示、敕答等。

6. 具有法律解答权的权威法学家的著作、论述、解答等。东罗马帝国皇帝狄奥多西二世和西罗马帝国皇帝瓦伦提安三世颁布《学说引证法》(Lex Citationum),赋予帕比尼安、乌尔比安、盖尤斯、保罗和莫迪斯蒂努斯五大法学家的著作、论述和解答以法律效力。查士丁尼一世更是将盖尤斯的《法学阶梯》等著作收入《国法大全》之中。

三、罗马法的组成

罗马法主要由人法、物法、诉讼法三部分组成。

人法主要包括对人的权利、义务的规定,包括自然人、法人的权利能力和行为能力以及婚姻家庭关系等方面的规定。物法是罗马法的核心部分,也是对后世影响最大的部分,由物权、继承和债三部分构成。诉讼法主要规定诉讼程序,包括公诉和私诉。在罗马法的历史上,诉讼先后呈现出三种不同的形态:法定诉讼、形式诉讼、特别诉讼。

第二节　罗马的体育运动

罗马体育运动的突出特点是出现了以休闲和健身为目的的体育运动种类。罗马人热衷钓鱼、游泳、日光浴、体操及各种球类运动。休闲体育运动的出现在体育运动发展史上具有重要意义——体育摆脱了军事和宗教的因素,开始具有娱乐和健身的属性。休闲体育运动的出现使体育活动成为一种普通的社会活动,为体育法的发展奠定了前提和基础。事实证明,罗马时期出现的体育管理法、赛事组织法、体育侵权法、运动员管理法,正是在此基础上产生并发展起来的。

一、罗马体育与古希腊体育的区别

罗马的体育运动深受古希腊的影响,但又具有自己的特点。

古希腊举办体育运动的动机是宗教和军事。如古代奥运会发源于宗教祭祀，是宗教仪式的一部分。古希腊的体育项目绝大多数与军事有关，如标枪、铅球等投掷运动，战车比赛，摔跤、角斗，射箭等，带有鲜明的军事色彩，有些甚至是直接从军队训练科目中移植过来的。从这个意义上说，古希腊体育的意义就显得不那么“纯粹”，与今日体育的意义有较明显的差别。

罗马人热衷的体育运动则更加强调健身、娱乐等属性，与军事无太大关联。这是由罗马和古希腊的军事制度的不同所造成的。古希腊城邦林立，各城邦往往组织自己的军队。古希腊城邦一般不设常备军，军队均由城邦公民①临时召集而成，自己准备武器装备。一般而言，贵族往往是骑兵，而平民往往是步兵。现实的军事斗争需要与古希腊特殊的军事制度相结合，迫使古希腊城邦的公民在日常生活中经常进行军事训练，从而导致其体育中充满了军事元素。

而罗马在马略改革之后便抛弃了义务兵制度，设置专门的常备军——罗马军团，士兵由职业军人组成，专门从事战争。罗马公民不需要自备武器装备，也不需要进行专门的军事训练。这就使罗马的体育运动缺乏军事动机的驱动，从而更多地回归到健身和娱乐的本性，也没有掺杂过多的宗教元素。

二、罗马主要的体育运动

与古希腊体育多为田径类运动不同，罗马体育运动的种类更为丰富。流行于罗马的体育运动主要有：

1. 战车竞赛。这项运动源于古希腊，具有浓重的军事色彩，其竞技方式是由骑手驾驭 2 匹以上的马拉战车互相追逐。罗马主要在马克西穆斯竞技场(Circo Massimo)举办战车竞赛，并建设了能容纳约 25 万人的观

① 古希腊城邦的公民仅包括本城邦的成年男性，外邦人、奴隶、妇女等不属于公民。

众席。[1] 战车竞赛极具危险性,骑手常常被马推拽而死。

尼禄时期,战车骑手形成自己的组织,如同今日之俱乐部,车手之间可以互相交流,如同今日之转会。观众也分为红、白、蓝、绿四个组织,分别支持自己所喜爱的车手。

2. 角斗和斗兽。这是罗马最为有名的体育运动,也是一种野蛮血腥的体育运动,在人与人、人与兽、兽与兽之间展开。参加者被称为角斗士,主要由战俘或者犯罪的奴隶构成,一般在角斗场进行。最著名的角斗场是目前位于罗马市中心的罗马斗兽场。

3. 田径运动。源于古希腊的田径运动在罗马也相当流行,其内容主要是古奥运会的 5 项全能运动:赛跑、铁饼、标枪、跳远和拳击。

4. 休闲体育运动。罗马人热衷的休闲体育运动和今日相差不大,如钓鱼、游泳、日光浴、体操及各类球类运动。罗马皇帝奥古斯都和哈良德即热衷于钓鱼。

5. 模拟海战。这是罗马时期特有的体育运动,起初被称为 naumachia,传说为恺撒所创立。公元前 46 年,恺撒为庆祝自己夺取政权而在罗马台伯河畔举办了一场规模空前的模拟海战,据说动用了 2000 名战士和 4000 名桨手。罗马皇帝奥古斯都、克劳狄乌斯和尼禄也都组织过规模庞大的模拟海战。后该运动因耗资巨大而被废止。

三、罗马的体育赛事和体育设施

受古希腊人的影响,罗马人也设立了一系列体育赛事。但与古希腊不同,信奉多神教的罗马人为各种不同的神设立了不同的赛事,并反对希腊式的裸体参赛。每个赛事都有自己特定的体育项目。

从每年的 2 月到年底,罗马人将庆祝十几个体育赛事,其中最著名的

---

① 参见[意]约勒·法略莉、赵毅:《在游戏表演与身体活动之间:古代罗马的体育与法》,载《体育与科学》2017 年第 6 期。

是在9月上中旬举办的“大罗马节”和“罗马节”。[①]

在吞并希腊地区后,古奥运会为罗马人所继承,罗马效仿古奥运会的组织形式,组织了一些类似于奥运会的运动会,如为纪念奥古斯都的奥古斯都赛会,为纪念恺撒的恺撒赛会等。公元前2世纪,罗马皇帝哈良德设立了“泛希腊运动会”。

除举办各类运动赛会之外,罗马人也重视体育设施的修建。与希腊人修建跑道、赛车场、田径运动场等功能单一的运动设施不同,罗马人更热衷于修建大量综合性的露天竞技场和休闲体育设施。如著名的罗马斗兽场是这类综合性体育设施的典范,其除了可以用于角斗外,还能举办田径比赛,甚至可以注水举办模拟海战。由于罗马人热衷于洗浴活动,政府修建了大量的公共浴室。在公共浴室附近,往往还有大量的游泳池、田径设施等供人运动。

第三节 罗马的体育法制

罗马法有私法与公法之分。罗马私法包括债权、所有权、家庭和继承方面的法律规范。罗马权威法学家乌尔比安认为,“私法就是与私人利益有关的法律”[②];《学说汇纂》认为“(个人之间)的协议即为法律”。罗马公法包括管理国家机关活动的法律及调节宗教活动的规范,乌尔比安认为“公法是与国家组织有关的法律”[③],《学说汇纂》则认为公法不得由个人间的协议随意更改。这种私法、公法间的划分也体现在罗马的体育法制内,表现为罗马私法中的体育法制,更多地调整体育侵权,而罗马公法中的体育法制则更多地表现为罗马国家对体育活动的行政管理、赛事组

① 参见[德]沃尔夫冈·贝林格:《运动通史:从古希腊罗马到21世纪》,丁娜译,北京大学出版社2015年版,第46~49页。

② 参见何勤华主编:《外国法制史》(第6版),法律出版社2016年版,第64页。

③ 参见何勤华主编:《外国法制史》(第6版),法律出版社2016年版,第64页。

织保障以及对运动员和具体体育活动的管理等。

罗马并未制定一部专门的体育法典，也未曾留下专门体育立法活动的记载，罗马法中涉及调整体育法律关系的内容极为分散，主要体现为习惯法；民众大会、百人团议会等机构制定的法律；元老院的决议；长官告示；皇帝敕令和敕答，其形式为敕谕、敕裁、敕示、敕答等；具有法律解答权的权威法学家[①]的著作、论述、解答等，主要记载在《学说汇纂》中。

一、罗马公法中的体育法制

（一）立法

公元前 18 年颁布的《关于不同阶层婚姻的尤流斯法》（Lex Julia de maritandis ordinibus）规定，未婚者不允许观看赛事。

在赛事的组织和管理方面，公元前 67 年颁布的《关于剧院的罗西亚法》规定要将前 14 排最好的座位保留给“骑士”阶层[②]。罗马诗人贺拉斯（Horatius）[③]曾在诗作 *Epistulae* 中讽刺该法案“真的比童谣还好”（melior est an puerorum nenia）。公元前 44 年通过的《乌尔索殖民地法》[④]则规定，祭司长和占卜师有权与元老院议员坐在一起。奥古斯都也曾颁布敕令，对座位作出规定，要求第一排座位为元老保留，并根据个人的社会地位安排其座位，如将士兵与贫民分开，以维护社会等级观念。由此可见，罗马人通过赛场座位的安排来体现等级观念，刻意维护统治阶级的地位。这类立法同样也从侧面反映体育赛事在罗马是一种重要的社会活动，以

---

① 这 5 位法学家分别是乌尔比安、帕比尼安、保罗、盖尤斯、莫迪斯蒂努斯。东、西罗马帝国于公元 426 年同时颁布《学说引证法》，规定以上 5 位法学家的解答具有法律效力，当法无明文规定时，根据 5 大法学家的解答解决。若他们的解答不一致，则由人数占优的意见决定，若人数相同，则以帕比尼安的解释为准。

② 骑士阶层（the equestrian order）是古罗马一个规模较小的精英阶层。要想成为骑士阶层，除了需要满足一定的财产要求外，还必须拥有“公共马匹”（public house）的特权。

③ Quintus Horatius Flaccus（公元前 65 年 ~ 公元前 8 年），奥古斯都时期著名的罗马抒情诗人。

④ 雕刻有《乌尔索殖民地法》的石板在 1870 ~ 1871 年于西班牙塞维利亚省被发现。恺撒被暗杀后，安东尼要求元老院通过该法。

至于必须要用立法去规范就座的顺序。

(二)元老院的决议

公元前17年,罗马元老院通过决议,决定举行名为“百年节赛会”(Ludi Saeculares)的运动会,并明确负责人、日程和经费来源等细节问题。罗马皇帝奥古斯都在15人祭祀团的授权下,对仪式细节加以扩大和细化。元老院决议的内容包括未婚者被允许观看比赛,关于赛会的记载将被雕刻在铜柱和大理石柱上,赛会的费用从森林税中提取。

塔西陀《编年史》中曾记载,公元59年,由于庞贝城和努凯里亚(Nucerinos)之间的角斗活动出现了骚乱事件,罗马元老院通过决议,禁止庞贝城10年内举办类似赛事,并流放组织者。①

(三)皇帝敕令、敕答

罗马皇帝奥古斯都曾下令,除非有成年亲属陪伴,否则禁止未成年男女在百年节赛会举办期间参加夜晚活动。为遏制角斗比赛日益奢靡浪费的现象,奥古斯都还曾在公元前22年颁布敕令,禁止举办超过120人以上的角斗比赛,并规定角斗比赛只能在冬、春举办。②

奥古斯都也曾颁布敕令,规定体育场第一排座位为元老专有,其他人根据自己的社会地位有自己专门的位置,以实现高低阶级的区分,从而维护社会等级观念。

《查士丁尼法典》曾记载,戴克里先和马克西米安皇帝曾颁布敕令,规定公共赛事经费“专款专用”,禁止挪用公共赛事经费用于修缮城墙,并要求在城墙修缮完成后,保证公共赛事经费不被克扣。③

罗马皇帝戴克里先和马克西米安曾颁布敕答,给予运动员以免税特

---

① 参见[古罗马]塔西陀:《编年史》,王以铸、崔妙因译,商务印书馆1981年版,第249~251页。

② 参见[荷兰]菲克·梅杰:《角斗士:历史上最致命的游戏》,李小均译,广西师范大学出版社2009年版,第25页。

③ C. J. 11,42(41).

权。《查士丁尼法典》收录了一段两位皇帝的敕答①,大意是根据奥古斯都皇帝颁发的一系列命令,免除以下运动员的赋税:参加过神圣赛会并获得过3次桂冠(其中一次必须在罗马或希腊地区获得)的运动员、一生未尝败绩的运动员、未被对手夺取桂冠的运动员。有学者认为,由于罗马时代的赋税并不重,赋予运动员免税的特权,其荣誉的含义更甚于实际物质利益。②

(四)具有法律解释权法学家的著作、论述和解答

关于运动员身份的问题,《学说汇纂》中曾记载,只有天生自由人③才能参加公开竞赛,这一规定剥夺了奴隶和解放自由人参加公开竞赛的权利,他们只能参加角斗等运动。④《学说汇纂》中还记载了乌尔比安引用罗马法学家萨宾和卡修斯的话,⑤其显示当时在罗马,运动员有较高的社会地位。这段话的大意是,在剧场演出的音乐家、运动员、战车手、洗马人、为国家管理比赛的人皆不受社会唾弃。

运动员免除监护义务。《法学阶梯》中收录的乌尔比安在《论监护裁判官的职责》中的一段法言的大意为,获得至少1次神圣赛会桂冠的运动员可以免除监护的义务。在罗马法中,监护是一项比较重的义务。王政时期的《十二铜表法》即在其第5章规定了继承和监护制度。为了鼓励特定职业的人能够发挥更大的作用,罗马法规定,医生、修辞学家、语法教师、运动员等职业可以免除监护义务。从这个规定也可以看出运动员在罗马的社会地位之高。

---

① C. J. 10,54(53).

② 参见赵毅:《罗马体育法要论》,法律出版社2017年版,第75页。

③ 根据罗马法对自由权的规定,罗马法将自然人分为自由人与奴隶。其中,自由人的身份由出生或解放取得,相应为天生自由人和解放自由人。天生自由人身份的取得由母亲决定,母亲怀孕或生产时是自由人,则子女获得天生自由人身份,但如果天生自由人曾丧失过自由身份,即使恢复了自由人身份,也属于解放自由人。解放自由人是指出生时为奴隶,或者曾经是奴隶,后被解放而获得自由身份的人。

④ D. 9,2,7,4.

⑤ D. 3. 2,4pr. .

禁止体育赌博。《学说汇纂》中记载了保罗的一段法言①,元老院禁止对体育运动进行赌博,但标枪、赛跑、跳远、混斗或者拳击运动除外。

二、罗马私法中的体育法制

相比罗马公法,罗马私法的历史地位更为重要,甚至有罗马法仅指代罗马私法的观点,②可见罗马私法在整个罗马法中的地位。罗马私法中涉及体育的规定主要集中在体育侵权领域。

众所周知,体育运动与普通社会活动不同,其高度的对抗性和激烈性极易发生人身伤害等后果,如果依照侵权法的普通原则加以规范,那么很可能导致无人敢于参加体育运动,或者无人敢于在体育运动中采取激烈的动作。无论哪种情况,都将最终使体育运动失去其特有的魅力。

出于以上原因,近现代各国均对发生在体育运动领域的侵权行为予以特殊规定,从而在体育运动的特殊性和侵权行为的普遍性这对矛盾中寻找平衡。我国于2021年1月开始实施的《民法典》也对体育领域的侵权行为予以特殊对待,确立"自甘风险"原则。

罗马私法中对这一问题亦有所规定,充分表现出罗马法的超前性。其主要体现在罗马法对体育运动中发生的人身伤害的处理原则,以及对体育侵权行为的处理。罗马私法涉及调整体育侵权关系的法律主要是《阿奎利亚法》(Lex Aquilia)③。

(一)《阿奎利亚法》与体育侵权

《阿奎利亚法》为公元前286年罗马共和国根据保民官阿奎利乌斯的建议而制定的一部调整财产侵权关系的法律,其目的是补充《十二铜表法》中涉及财产侵权部分的缺陷。该法起初共3条,其中第2条在颁布后不久即遭到废除。

---

① D.11,5,2,1.

② 参见徐国栋:《罗马公法要论》,北京大学出版社2014年版,"序"。

③ 也翻译为《阿奎流斯法》。

《阿奎利亚法》废除了《十二铜表法》中野蛮的同态复仇制度，规定采取损害赔偿的方式承担侵权责任。《阿奎利亚法》制定的初衷是保护财产[1]，其保护的对象为不具备人格的奴隶，不包括参加竞技体育的天生自由人[2]。同时，在保护方式上，最初只有杀害、烧毁、破坏等几类方式的侵权才能适用该法，且要求不法侵害者与财产之间发生了直接接触。用以上的标准来衡量，最早的《阿奎利亚法》显然无法调整体育运动领域发生的侵权关系。

然而，该法在历史发展过程中不断被扩展和修改，最终改变了其最初的立法初衷，从一部只有短短 3 条条文（其中第 2 条还被废除）的法律，发展成在《学说汇纂》占有一章的篇幅，包含损害赔偿、过错责任、因果联系等复杂制度在内的一整套完整的侵权法体系。该法创造性提出了“违法性”（iniuria）的概念，第一次提出过错责任原则，是大陆法系侵权法的渊源。该法的主要内容收录于《学说汇纂》第 9 卷第 2 章。

《阿奎利亚法》在体育侵权领域创造性发展出过错原则这一概念，只有有过错，才存在体育侵权责任；没有过错，即不存在体育侵权责任。这也是该法处理体育侵权关系的核心原则。

《学说汇纂》记载了一段乌尔比安的法言。乌尔比安认为，在三种竞技运动中，如果出现人身伤亡，加害方不应承担责任，因为这种损害结果是“声誉与勇敢而致”[3]的。尽管对于这三种竞技运动为何存在不同见解，[4]但对于乌尔比安认为参加竞技运动的运动员在比赛中彼此造成伤害，加害方免责这一观点是一致的。这一观点已经很接近现代民法中关于参加体育运动“自甘风险”和“当事人同意”原则的规定。该法从体育侵权行为出发，确立了侵权过错责任原则，并在此基础上发展出过错相抵

---

① 罗马法语境下“财产”的概念包括奴隶。

② 如前所述，只有天生自由人才能参加竞技运动。

③ D.9,2,7,4.

④ 参见赵毅：《罗马体育法要论》，法律出版社 2017 年版，第 80 ~ 85 页。赵毅认为这三种竞技运动分别是摔跤、混斗和拳击。

原则、共同过失和比例原则等现代侵权法的基本归责原则。

(1)参加竞技运动风险自负原则

乌尔比安《告示评注》第18卷[①]记载,在摔跤、拳击等剧烈对抗的运动中,一名运动员将另一名运动员杀死,侵权责任如何承担。乌尔比安认为,只有天生自由人才能参加这类公开竞赛,他们互相击打的目的是获得荣誉,而非故意杀死对方,因此不适用《阿奎利亚法》确立的侵权原则。同时,乌尔比安认为,参加者参加这些对抗激烈的运动的行为本身即意味着愿意接受可能发生的风险。他还指出,如果击打受伤者或者退赛者,按照《阿奎利亚法》,击打者将受到制裁,因为此时击打者追求的不是荣誉,而是击伤他人的结果。

根据以上法言的记载,可以归纳出该法"杀伤免责"原则的适用条件如下:①仅适用于摔跤、拳击、混斗这3项运动[②],其他运动不适用;②需为在公开的竞技运动中发生的人身伤亡,参加者必须为天生自由人,非公开的比赛或者由非天生自由人参加的运动中发生的人身伤亡不免责;③运动员的伤害行为需为过失,而非故意,这就排除了比赛结束之后或者一方运动员退出比赛后发生的伤害行为免责的情形。

(2)过错原则

这段法言存在于《学说汇纂》第2卷。[③] 阿尔芬努斯[④]曾举例,在比赛中,如果一人将另一捡球的奴隶推倒,并导致后者骨折,那么受到伤害的奴隶的主人是否可以依据《阿奎利亚法》要求推人者承担责任。阿尔芬努斯认为不可以,因为在体育运动中发生此类伤害,并非因为过失或故意,而是运气不好。《阿奎利亚法》确立了侵权过错责任,即有过错就要承担责任。阿尔芬努斯在此认为不应使用过错责任,因为加害人显然没

---

① D.9,2,7,4.

② 对于这3项运动究竟为何,存在较大争议。

③ D.9,2,52,4.

④ 阿尔芬努斯·瓦鲁斯(Alfenus Varus),公元前1世纪左右的罗马法学家,主要作品有《阿尔芬努斯学说汇纂》(Digesta of Alfenus)。

有过错。

如前所述，只有天生自由人才被允许参加竞技类体育活动，而解放自由人或者奴隶只能参加角斗等“非竞技”类运动。球类运动在罗马属于竞技类运动，奴隶显然无权参与，不可能作为运动员亲自上场比赛，自然也不可能适用“风险自负”原则。这段法言显然指作为观众的奴隶在观赛过程中的意外伤害。

阿尔芬努斯的观点用现代民法诠释便是意外事件。现代民法大多规定，意外事件所导致的侵权，侵权人主观上无过错，一般不承担损害赔偿责任。如《德国民法典》第 823 条第 1 款规定：“故意或有过失地不法侵害他人生命、身体、健康、自由、所有权或其他权利的人，负有向该他人赔偿因此而发生损害的义务。”我国《民法典》第 1176 条第 1 款也有类似规定，“自愿参加具有一定风险的文体活动，因其他参加者的行为受到损害的，受害人不得请求其他参加者承担侵权责任；但是，其他参加者对损害的发生有故意或者重大过失的除外”。

(3)共同过失责任和比例原则

乌尔比安《告示评注》第 18 卷①：如果运动员不慎将球掷向理发师，而理发师此时正为奴隶理发，不慎将奴隶割喉而致使其死亡，理发师是否要因此承担责任。依据《阿奎利亚法》所确立的侵权过失责任，理发师对奴隶的死亡有过失，理应对奴隶的死亡负责。

但对于谁应该承担责任，罗马 3 位法学家对此提出了不同的见解。罗马早期法学家梅拉认为由有过错者承担，这实际上并未回答谁承担侵权责任这个问题；普罗库鲁斯学派创始人普罗库鲁斯从过失责任的角度明确认为理发师应承担侵权责任；乌尔比安认为双方都存在过失，判断过失的程度应取决于谁诱发了近因。② 乌尔比安的见解可以看作罗马法第

---

① D.9,2,11pr..

② 参见［意］约勒·法略莉、赵毅：《在游戏表演与身体活动之间：古代罗马的体育与法》，载《体育科学》2017 年第 6 期。

一次提出“共同过失责任”。

乌尔比安认为,理发师将椅子放置在容易被球影响的位置,本身存在过错;而奴隶明知存在危险仍然去理发,也存在过错。对于损害结果,双方均有过错,应该按照过错比例承担责任。

(4)过失相抵原则

乌尔比安在《告示评注》第 18 卷①中提出,如果若干人投掷标枪,这时一个奴隶经过,不幸被标枪扎中而死亡,谁应该承担侵权责任。乌尔比安认为,根据《阿奎利亚法》确立的过错责任原则,投掷标枪为极度危险的行为,投掷者理应预料到自己行为的危险性,应该由投掷者承担责任。但对于在训练场投掷标枪,且奴隶有意从训练场经过而被标枪扎中的情形,则不应适用过错责任,因为奴隶应知晓投掷标枪的危险性,他不应该从此经过。

尽管乌尔比安并未进一步阐述第二种情况下投掷者不承担责任的理由,但从《阿奎利亚法》确立的过错原则可以推导出,奴隶应该知道从训练场经过这一行为本身存在一定的危险性,尤其是在有人投掷标枪时,但他仍执意经过,则奴隶应为自己受伤负责。由于受害者为奴隶,加害者为运动员,此时不适用风险自负原则。同样,运动员在奴隶经过训练场时理应知晓自己的投掷行为可能造成奴隶的伤害,但他仍然为之。双方均有过错,且过错相抵,因此投掷者不承担责任。乌尔比安的观点已经和现代民法中的过错相抵原则高度接近了。

类似的案例在《法学阶梯》里也出现过,②且进一步细分了加害者的职业和侵害发生的时间、地点。一人用标枪扎伤奴隶是否负损害赔偿责任应分情况讨论。在训练场上发生伤害的,若加害者为士兵,则无责任;如果加害者为非士兵,则加害者应承担责任。在非训练场发生此类伤害的,无论加害者是否为士兵,均应负损害赔偿责任。

---

① D. 9. 2. 9. 4.

② I. 4,3,4.

《阿奎利亚法》是大陆法系侵权法的共同渊源，第一次确立了侵权过错责任原则，并在这个原则下发展出过错相抵原则、共同过失和比例原则等现代侵权法基本归责原则。从以上分析可以看出，《阿奎利亚法》所发展出的侵权归责原则，很大程度上是在研究体育侵权行为的基础上得出的。该法确立的体育运动中的“风险自负”和“被害人同意”原则，已经高度接近现代民法中的体育、娱乐等活动“自甘风险”原则。甚至有学者认为，“被害人同意”原则已经从侵权法领域发展到刑法领域，并认为现代刑法中的“被害人承诺”理论是由《阿奎利亚法》中的“被害人同意”原则发展而来的。无论这种观点是否为刑法学界所普遍接受，其都从侧面说明了《阿奎利亚法》从体育侵权行为出发所归纳出的侵权法基本原则，对现代法律的影响已经远远超出体育侵权领域，甚至是侵权法领域，这是罗马体育法制最大的历史贡献。

(二)对职业运动员的特殊规定

尽管最早的职业运动员和职业运动员组织出现在古希腊，但职业体育真正得到发展还是在罗马时期。至罗马帝国时期，罗马还出现了类似于今日体育俱乐部的专门的体育协会，职业运动员以这些体育协会的名义参加比赛。罗马制定了一系列针对职业运动员的专门法律。除前面提到的免税[①]和免除监护[②]的特权外，职业运动员还享受免服兵役和免向军人提供膳宿的特权。

1. 免服兵役

公元前41年执政官安东尼颁布的法令规定，职业运动员可以豁免兵役。

2. 免于向军人提供膳宿

根据罗马法的规定，罗马军队驻扎在城市或集镇时，有权入住罗马公民的私宅，而罗马公民必须向军人提供住宿和膳食。根据上述执政官安

---

① C. J. 10,54(53).

② D. 27,1,6,13.

东尼颁布的法令,职业运动员被免除此义务。

第四节　东罗马帝国的体育法制

公元284年,罗马皇帝戴克里先将帝国一分为二,从此罗马帝国正式分裂成东、西两个部分。[①] 西罗马帝国于476年灭亡,在其废墟上建立了大大小小的日耳曼“蛮族王国”,这些王国适用日耳曼部落习惯法。自此,罗马法只在东罗马帝国疆域内继续得到适用,并进一步得到发展和完善。公元4世纪左右完成的《民法大全》标志着罗马法发展的巅峰。

与罗马帝国一样,东罗马帝国也未制定专门的体育法典,其涉及体育的法律以多种形式呈现,大多表现为法言和皇帝敕令,少数表现为制定法中涉及体育内容的条文,以上均为《民法大全》所收录。

一、赛会奖品、经费管理

(一)关于奖品的规定

《狄奥多西法典》中有关于赛事奖品的规定。《查士丁尼法典》收录了皇帝瓦伦丁尼安、狄奥多西和阿卡狄乌斯给元老院的敕令,[②]3位皇帝要求除执政官以外,任何人不得颁发金质或象牙质的奖牌;私人不得将丝质礼服作为奖品奖励给运动员;运动员在公开比赛中获得的奖品为一定规格的银币(60枚银币合1磅白银),并提倡和鼓励奖励更低廉奖品。3位皇帝的另一份敕令[③]里规定,除非执政官下令,且皇帝认为运动员做出

---

① 东罗马帝国亦被称为拜占庭帝国,对于其正式成立的时间,主要有以下几种观点:(1)以公元284年戴克里先将罗马帝国分为东、西两部分,进行分治为开端;(2)以公元330年君士坦丁大帝定都君士坦丁堡为开端;(3)以公元476年西罗马帝国灭亡为开端;(4)以公元527年查士丁尼一世即位为开端;(5)以公元8世纪希腊化完成为开端等。

② C. Th. 15,9,1.

③ C. Th. 15,5,2.

了巨大贡献,否则不能将黄金及其制品作为奖品奖励给运动员。公元409 年,狄奥多西二世的敕令规定,奖品价值不得超过 2 罗马币。①

（二）关于节俭举办赛会的规定

随着东罗马帝国国力的恢复和强大,统治阶级和市民阶级逐渐开始奢靡浪费,严重损耗了东罗马帝国的财力,在举办赛会方面尤甚。据记载,当时较流行的运动是战车比赛和斗兽,这些运动无一例外花费奢靡。为防止在赛会上花费过多、消耗国力,东罗马帝国制定旨在节俭举办赛会的规定。

罗马皇帝瓦伦丁尼安、瓦伦斯和格拉蒂安于公元 372 年颁布的一份敕令②显示,皇帝指示大区长官普罗布斯,凡是基于城市管理和古代习俗而举办,并由官员或牧师发起的赛会,城市长官都不应该管理;凡是由城市长官发起的赛会,如果能由花费更低的其他城市举办,则应交给这些城市举办;凡是私人能举办的赛会,应鼓励私人举办,从而节省城市和市民的开销。

（三）关于赛事经费保障的规定

皇帝瓦伦丁尼安、瓦伦斯和格拉蒂安于公元 376 年致阿菲利加省总督的一份敕令③显示,“提倡市民在竞技场上重建与力量和技巧相关的赛事”,同时鼓励城市长官在能够承担费用的前提下开展赛事。这则敕令显示,在东罗马帝国早期,体育赛事在市民阶层中普遍展开,并占有极其重要的地位。同时也从侧面说明举办赛事的经费很大程度上由城市长官本人承担,这与现代体育赛事费用主要靠国家拨款和企业赞助,少数依赖私人捐款和体育彩票收入形成鲜明对比。

这种情况的产生与东罗马帝国早期的国家体制有很大关系。东罗马帝国早期并未实行中央集权制度,而是实行城市自治制度,城市长官由公

① C. Th. 15,9,2.

② C. Th. 15,5,1.

③ C. J. 11,41(40),1.

民选举产生，而非皇帝任命，皇帝或者城市也不负担城市长官的俸禄。据记载，城市举办的各类庆典（也包括体育赛事）的花费要依靠富裕市民，包括城市长官在内的捐款。[①] 在这种体制之下，东罗马帝国鼓励城市长官自筹经费举办赛事显得合情合理。

二、赛事管理制度

东罗马帝国时期沿袭了罗马时代对运动员的崇拜，将其视为英雄。东罗马帝国前期实行城市自治，城市长官常常通过举办各类奢靡的赛会，甚至攫取体育资源来扩大其政治影响力。为遏制这种滥用国家财力扩大私人政治影响力的做法，东罗马帝国出台了一些旨在防止城市长官利用赛会，滥用国家财力以扩大政治影响力的规定。

关于防止城市长官滥用职权的规定。狄奥多西二世曾敕令大区长官安特米乌斯[②]，禁止城市长官在调任他地时，随身带走战车竞赛的车手和马匹，违反者将受到严厉处罚。战车竞赛是东罗马帝国最流行和影响力最大的运动，优胜者往往被当作英雄膜拜。但是此项运动耗资巨大，常常为城市长官讨好市民、扩大其政治影响力所用。在东罗马帝国时代，马匹和车手可谓是不折不扣的“国有资产”，其所有权和使用权理应归属于所在城市。但在东罗马帝国早期，城市长官“私占”马匹和车手，将其视作自己政治资源的情况屡见不鲜，并出现了马匹和车手随城市长官调任而去往其他城市的现象。此敕令的目的即是禁止这种行为。

关于对利用战车比赛获取个人利益行为的处罚。罗马皇帝瓦伦丁尼安、狄奥多西二世和格拉蒂安于公元 381 年给瓦伦里乌斯的敕令[③]显示，对于出于私人目的而使用皇帝或执政官马匹的公开竞赛者，将处以 1 磅黄金的处罚。这则敕令在前述狄奥多西二世敕令的基础上进一步扩大了

---

① 参见［英］爱德华·吉本：《罗马帝国衰亡史》，黄宜思、黄雨石译，商务印书馆 2006 年版，第 390 页。

② C. Th. 15,5,3.

③ C. J. 11. 41(40),2(3).

处罚的范围,处罚不再局限于城市长官,而包括所有出于私人目的而使用公有马匹公开开展战车竞赛的人。从这个敕令也可以看出,在东罗马帝国早期,私自公开开展战车竞赛捞取个人利益的现象不在少数,以至于皇帝要专门发布敕令严惩这类行为。

三、总结

东罗马帝国早期的体育法律制度充分反映了帝国早期的政治、经济形势。东罗马帝国早期,面对波斯人、保加尔人、斯拉夫人以及阿拉伯人的入侵,东罗马不得不实行城市自治和军区制,依靠地方的人力和财力抵抗外族入侵。中央对地方的控制力被大大削弱。地方行政长官往往拥有极大的权力。为了扩大政治影响,地方长官常借助于举办那些奢华而隆重的赛会来取悦市民,赢得他们的支持,从而实现其政治野心。皇帝颁发一系列禁止地方长官借举办赛会扩大影响力、捞取个人政治利益的敕令,从侧面表现出中央限制地方政治势力扩张的尝试。

从关于赛会奖品、经费的规定,又可反映出帝国早期羸弱的财政状况。东罗马帝国早期,持续的军事扩张虽然带来帝国版图的暂时扩大,但军费开支和维持新征服地区的开支使帝国财政捉襟见肘,已无力承担花费巨大的体育赛会。而帝国又需要继续举办各类体育赛会以讨好市民。在这种形势下,皇帝颁发敕令一方面鼓励私人承担赛会费用,另一方面尽量减少举办赛会的各类花费。

03

第三章

希腊体育法律史

希腊是人类早期文明的发祥地之一，也是现代西方文明的源头，奥林匹克运动的发源地。

早在公元前7000年，今天的希腊地区便开始有了人类活动。古希腊最早的文明在公元前3650年左右出现在爱琴海上的克里特岛，被后世称为克里特文明（或称米诺斯文明①）。约公元前16世纪，克里特文明被迈锡尼文明取代，并逐渐扩散到伯罗奔尼撒半岛，文明中心也从克里特岛转移到希腊大陆。

约公元前1200年，属于雅利安人的一部分多利安人②从北方入侵希腊地区，迈锡尼文明灭亡，希腊进入

---

① 米诺斯文明（Minoan Civilization），也被翻译成弥诺斯文明、迈诺安文明、迈诺亚文明、迈诺斯文明。“米诺斯”一词来源于古希腊传说中克里特王米诺斯。20世纪初英国考古学家在希腊克诺索斯发掘出王宫遗址，并认为就是古代米诺斯国王的王宫。

② “多利安”（Dorians）一词源于荷马史诗《奥德赛》，荷马认为多利安人的祖先是赫楞（Hellen）之子多洛斯（Dorus），但荷马认为多利安人居住在克里特岛上，这显然与历史事实不符。

“黑暗时代”①。

公元前 499 年至公元前 449 年希腊与波斯爆发“希波战争”，在雅典与斯巴达的领导下，希腊最终取胜，并进入“黄金时期”。这一时期是古希腊最鼎盛的时代，古典哲学、科技、艺术以及民主政治高度发展。但伯罗奔尼撒战争时希腊各城邦又进入混战状态。公元前 4 世纪末，希腊地区被马其顿亚历山大大帝征服。此后，古希腊文化随亚历山大大帝的征服一直向东传播到印度河流域，这个时期被称为希腊化时期。公元前 146 年，希腊地区被罗马帝国吞并，直到 19 世纪初希腊才再获独立。

古希腊体育运动的历史源远流长。荷马史诗《伊利亚特》第 23 卷中曾记载了涅斯托尔目睹的一场由 8 个项目组成的运动会：战车赛、竞走、拳击、摔跤、投掷、长矛对决、射箭和长矛投掷（直接投掷作为武器的长矛而非标枪）。荷马史诗《奥德赛》第 8 卷中也记载了竞走、摔跤、铁饼、跳远和拳击运动。

古希腊也是奥林匹克运动的发源地。古奥林匹克运动会是希腊运动会的一部分，从公元前 776 年开始举办，一直到公元 394 年被罗马皇帝以禁止异教的名义取消，共举办 293 届。古奥林匹克运动会每 4 年举办一次，举办地为奥林匹亚。古希腊奥林匹克运动会是古希腊的核心宗教祭奠之一②，目的是供奉奥林匹亚国王珀罗普斯③。

---

① 黑暗时代，指从公元前 11 世纪迈锡尼文明被多利安人毁灭开始，至公元前 9 世纪古希腊出现城邦，其又被称为荷马时代（因荷马史诗的故事发生在这个时代）或几何时代（根据当时的几何艺术）。

② 另外一个仪式为厄琉息斯秘仪（希腊语：Ἐλευσίς）。

③ 关于古奥林匹克运动会的起源，也有其他观点：(1)起源于希腊神话人物赫拉克勒斯，他在奥林匹亚的比赛上获得了胜利，并赋予每 4 年举办一次运动会的权利；(2)起源于希腊神话中的主神宙斯，是宙斯击败了提坦神克罗诺斯之后所建立的节庆活动；(3)起源于伊菲托斯，神告诫伊菲托斯举办比赛，并要求斯巴达人在比赛期间停止战争，以此拯救他的人民，这些比赛被称为奥林匹克。

第一节　古希腊的法律

一、古希腊法的产生

古希腊是一个政治概念和文化概念，并不是一个国家。古希腊由多个小城邦组成，从未形成过统一的国家，其时间跨度从公元前20世纪的克里特文明开始，至公元前323年亚历山大大帝逝世为止。在这段历史时期内，巴尔干半岛南部、爱琴海诸岛和小亚细亚沿岸的希腊城邦共同组成了一个希腊文化圈，历史上称这些城邦所在的区域为古希腊。显然，古希腊的地理范围与现代希腊有很大区别。

古希腊法同样不是一个国家的法律，而是指古代希腊各城邦的法律规范的总称。古希腊法的肇始要晚于古希腊文明的出现。考古发现，公元前20世纪的克里特文明中便出现了最早的法律制度。对迈锡尼文明的考古发现，迈锡尼的法律以线形文字的形式刻在泥板上，被称为“线形文字法”。古希腊法从公元前14世纪多利安人进入希腊开始，衰落于公元前4世纪。古希腊法以雅典和斯巴达两个城邦的法律规范为典型。雅典是典型的商业城邦，其法律体现了商业社会开放、包容、自由的特点，尤其是雅典民主制度①，其对后世产生了深远的影响。而斯巴达是一个以农业为基础的奴隶制军国主义城邦，其法律制度保守、落后且充满了残酷和野蛮的因素。

二、古希腊法的发展

多利安人进入希腊之后，希腊进入荷马时代。这一时期，希腊地区城

---

①　所谓“雅典民主”，是一种直接民主，用现代的眼光来看其属于公民自治范畴，与现代民主制度相去甚远。同时，“雅典民主”也是不完整的民主，外国人、女性和奴隶是没有民主权利的，雅典的贫民也往往为了生计而出卖自己的民主权利。

邦林立，法律文明进入高速发展时期。古希腊法最初是宗教的一部分，是仪式和悼词的总和。[①] 在这期间，古希腊先后颁布了一些较有影响的法律，如公元前621年《德古拉法典》[②]、公元前594年《梭伦立法》[③]、公元前509年《克里斯提尼立法》[④]、公元前440年《伯里克利立法》[⑤]、公元前5世纪的《哥尔琴法典》[⑥]、《罗德岛海法》等。

三、古希腊法的特点

（一）缺乏完整的法典

尽管古希腊各城邦都制定了成文法，但除《哥尔琴法典》外，其他法律分散不成体系，未能形成完整的成文法典。

（二）公法发达，私法落后

古希腊城邦政治发达，绝大多数城邦效仿雅典，将政治活动视为社会生活的中心。古希腊城邦的民主政治尤其发达，各城邦的公法也相应较为发达，而调节公民个人之间民商事关系的私法制度相对落后。这与之

---

① 参见何勤华主编：《外国法制史》，法律出版社2016年版，第145页。

② 因由当时雅典司法官德古拉制定而得名，是雅典第一部成文法典，以惩罚残酷而闻名。

③ 雅典执政官梭伦进行法律改革，制定一系列法律，旨在打击氏族贵族、维护奴隶主贵族的利益，主要内容有：废除平民债务，取消一切债务奴役制度；根据财产多寡将公民划分为4个等级，并以等级高低确定相应的政治权利；提高各等级公民皆有权参加的民众大会的地位，并设立新的国家管理机构——四百人会议和最高司法机关陪审法庭；实行有利于发展手工业和商业的措施等。

④ 克里斯提尼是雅典执政官，其实行司法改革，旨在进一步肃清氏族贵族势力，建立雅典奴隶主民主制度，其主要内容有：取消部落制度，将雅典按照地域划分为10个选区；将民众大会规定为国家最高政权机关，各等级公民均有权参加，以享有更多权力的500人会议取代了原有的400人会议。

⑤ 伯里克利是雅典执政官，带领雅典在伯罗奔尼撒战争中战胜斯巴达人。他代表雅典工商业奴隶主和中下层自由平民的利益。其立法主要内容有：执政官及所有其他行政官职对每个等级的公民开放，第三、第四等级亦可通过抽签当选；民众大会成为最高权力机关，定期召开，凡年龄到18岁的男性公民均有权参加，在会上可提出建议或批评公职人员，讨论一切内外政策；500人会议除了为民众大会准备议案外，还负责执行民众大会的决议，监督国家各管理部门的日常事务；使陪审法院的民主色彩更为浓厚，此外，法庭还能参加立法工作，对民众大会的决议有最后的批准权；实行公职津贴。

⑥ 发现于克里特岛，主要为民事立法，是古希腊保存较完整的古代法典。

后兴起的罗马法形成鲜明对比。

(三)法律制度多元化

古希腊始终没有形成一个统一的国家,各城邦相对独立。其反映在立法方面即为各城邦均制定了一套仅使用于本城邦的法律制度。各城邦的法律制度存在较大差异,这导致古希腊地区法律制度缺乏统一性,呈现多元化的发展趋势。尽管古希腊地区各城邦也存在个别大家都遵守的惯例,如奥运会期间停战等,但总体而言,古希腊法律制度是多元化的。

(四)处于法律发展原始阶段

古希腊法尚处于法律发展的原始阶段,表现为未出现法律职业阶层和法学研究著作。

古希腊一直未形成专门的法律职业,如法官、律师等,与法律相关的职业均以兼职形式出现。如古希腊没有正式的法官、检察官及其他专职审判人员,均由其他公民兼任。案件审判的标准也不是法律规定,而是所谓的“正义”。这导致古希腊法院审判过程中,各方的主要精力在寻找所谓的“正义”标准上,但这些“正义”的标准也往往只是个别人心中的“正义”,而非法律的规定。古希腊的法律制度很大程度上发挥不了应有的作用。

古希腊也缺乏法学研究的传统。与后来的罗马国家出现的法学家群体和大量法学著作相比,古希腊在这些方面几近空白。尽管流传下来的柏拉图《法律篇》[①]和亚里士多德《政治学》中存在一些与法律相关的篇章,但整体上缺乏专门的法学著作,也未流传下来法学研究作品。

---

① 《法律篇》(The Laws)严格来说不是法学著作,其主要篇幅为论述城邦政治制度。

第二节 古希腊的体育法制

古希腊的体育法制是人类历史上第一个较系统的体育法律制度体系。尽管在古巴比伦、古埃及乃至中国夏、商时期零星存在过一些与体育有关的法律、规则乃至习惯、惯例,存在过一些与体育有某种程度联系的,与军事和宗教祭祀相关的法律、规则、习惯和惯例,但只有古希腊的体育法制形成了体育法律系统。从城邦内部来看,古希腊出现了体育管理法,对本城邦范围内的体育事务进行管理;为了协调各城邦共同参与的,以古奥林匹克运动会为代表的各类运动会,各城邦之间逐渐形成了带有近代国际法特征的体育"国际法"①。古希腊体育法具有多样性、体育性和实践性的特点。②

一、古希腊的体育法制概述

古希腊不仅是奥林匹克运动的发源地,还是体育运动的发祥地,现代很多体育运动都可在古希腊找到起源。考古资料显示,早在克里特文明时期就出现了类似现代跳马运动的"跳牛"运动,运动者抓住牛角从牛身上跳跃过去,拳击运动的雏形也在此时出现。③ 后来的迈锡尼文明也存在赛车、摔跤等体育运动。

古希腊的体育运动是一种竞技活动,参赛者将追求优胜放在首位。古希腊体育有以下特点。

1. 体育与军事逐渐脱节。原始体育脱胎于宗教祭祀和军事训练,尤其是后者,几乎现代大多数体育运动项目都能追溯到军事体育。而古希

---

① 这里的"国际"是相对于希腊城邦之间而言的。

② 参见赵毅:《古希腊罗马:体育法制文明的先驱》,载《天津体育学院学报》2014 年第 3 期。

③ 参见路光辉:《古希腊体育文化研究》,上海三联书店 2017 年版,第 3 ~5 页。

腊体育虽然也脱胎于军事训练，但古希腊体育极强的竞技性使运动员的训练逐渐专业化，更加适应竞技比赛而非军事训练，从而使古希腊体育的军事色彩逐渐淡化。①

2. 职业体育。职业体育是现代才出现的概念。在古代，几乎不存在职业体育的概念。尽管可能存在依赖体育技能为生的人，但他们很大程度上与民间艺人相类似，靠向公众展示自己的特殊体育技能为生，而非依靠竞技体育取胜进而获得奖金为生。但古希腊体育运动的竞技性使运动员通过竞技体育获得奖励成为可能，从而出现了最早的职业体育运动员。

一些著名的古希腊思想家也将体育运动与国家、社会的发展联系在一起。如苏格拉底认为体育运动能增强人的体魄，从而提高公民保家卫国的能力；亚里士多德认为体育运动能够促进公民美德的形成；柏拉图则认为体育运动是公民教育的重要组成部分②。

二、古希腊的体育立法

尽管奥林匹克运动起源于古希腊，但由于考古资料的相对缺失以及古希腊城邦立法的重心在城邦政治制度方面，涉及民商事的立法较少，直接与体育相关的立法更少。古希腊的体育立法主要包括体育教育、军事体育和古代奥林匹克运动三个方面。

（一）体育教育法制

1. 雅典的体育教育立法

雅典执政官梭伦的立法是雅典体育教育法制的基础。《梭伦立法》废除旧贵族的特权，按照财产多寡将雅典公民分为 4 个等级，并赋予其一定的政治权力，鼓励工商。在此原则的指导下，雅典体育教育法制旨在通

---

① 古希腊哲学家欧里庇德斯（希腊语：Ευριπίδης，英语：Euripides，公元前 480 年 ~ 公元前 406 年）和色诺芬尼（希腊语：Ξενοφάνης ὁ Κολοφώνιος，英语：Xenophánes，约公元前 570 年 ~ 公元前 480 年或 470 年，或公元前 565 年 ~ 公元前 473 年）对职业体育大加鞭挞，认为纯粹的职业体育对城邦没有任何益处。

② 如雅典的传统教育由体育、文法和音乐三部分组成。

过体育运动，培养具有崇高“德性”和政治素养的公民，借助体育、文法和音乐教育发掘智性和提高雅典公民对美的鉴赏能力，以及提高思想和感情的表现能力。

由于出土文献的缺失，我们只能根据后世的描述大致还原雅典的体育教育法制。雅典的学校分为公立和私立。雅典男性公民年满 7 岁必须进入学校学习。与斯巴达体育教育中充斥军事体育内容不同，雅典体育教育的内容除了部分军事训练之外，还包括体态练习、田径、投掷、力量练习以及球类运动等大量非军事项目。雅典男性公民年满 13 岁后进入体操学校①学习，期限为 2 ~ 3 年。在体操学校，这些公民将接受全面的身体教育，包括体育、表演和游戏等。体操学校的学习结束后，雅典男性公民必须接受的体育教育即宣告结束。但一些贵族子弟或高阶层子弟会进入“体育馆”继续接受体育教育。

雅典的“体育馆”属于雅典城邦公有，既是健身场所，又是体育教育场所。体育馆由馆长（gymnasiarchos）和助手（paidonomos）负责管理，两者由雅典执政官任命。体育馆的学习年限为 2 年。

接受体育馆阶段的体育教育之后，绝大多数学生进入军队或者走向社会，个别人则继续进入“埃弗比”团接受为期 2 年的军事体育的训练。“埃弗比”团教育可以视作雅典的高等教育。除了接受体育教育之外，学生还要学习工事修筑和武器使用方面的知识，并在雅典海军服役一段时间。从“埃弗比”团毕业后，学生将成为雅典政治和军事领导机构的核心成员。

2. 斯巴达的体育教育立法

斯巴达的体育教育立法，以吕库古（古希腊文：Λυκοῦργος，公元前 700 年？~公元前 630 年，又译为来古格士、莱库古、雷克格斯）立法为基础。尽管斯巴达是一个军国主义传统占统治地位的城邦，但其体育教育中也不完全是军事训练的内容。

---

① 也称角力学校，是雅典实施全面体育教育的学校。

根据后世的记载，斯巴达按照年龄，将男性公民的体育教育分为4个阶段：儿童、少年、青年、成年。儿童阶段：男童在7岁时必须被送进学校接受体育教育，按照年龄编入不同的小组，接受统一的游戏、学习，以培养男童的集体生活能力。少年阶段：男童在12～17岁时将接受难度更大的体育教育，不仅包括身体训练和体力竞赛，还包括适应野外生活的训练，此阶段很少包含游戏内容。青年阶段：18～20岁的男性公民除了继续接受少年阶段的体育训练外，还要接受野外军事训练，以培养军事技能。成年阶段：21～29岁的男性公民必须服兵役，在军营中接受训练。体育教育主要集中在儿童阶段和少年阶段。

斯巴达规定了体育教育中的管理制度，学校必须严格遵守这些规定，主要包括以下内容①：

（1）定期举行体育比赛，培养男性公民坚强的意志

斯巴达经常定期举行一些体育比赛，以培养男性公民的意志。这些比赛不以夺取名次为目的，而是为了检验体育教育的成效和锤炼意志。

斯巴达规定，在一些宗教节日，如叙阿琴提亚节②、卡尔涅亚节③等，举办体育比赛以检验体育教育的效果。如在裸体运动会上，男孩们裸体模仿摔跤和拳击动作，以展示体育教育的效果。斯巴达还定期举行一些以磨炼人意志为目的的体育比赛，如"悬铃树丛比赛"以先到达目的地的一方为优胜者，比赛过程允许不择手段，甚至杀伤对手，以这种残酷的方法来检验体育教育的效果。

（2）身体训练

斯巴达规定，体育教育以耐力、速度、力量类练习为主，项目有标枪、赛跑、骑马等带有较浓重军事色彩的体育项目。为磨炼意志，斯巴达体育学校还对饮食加以限制。

---

① 参见路光辉：《古希腊体育文化研究》，上海三联书店2017年版，第137～141页。

② 古希腊语：Ὑακίνθια，英语：Hyacinthia，为纪念斯巴达与阿密克利合并而设立的节日，是斯巴达第二重要的节日。

③ 古希腊语：Κάρνεια，英语：Carneal，斯巴达纪念公羊神阿波罗·卡耳涅伊俄斯的节日。

（二）军事体育法制

1. 雅典的军事体育立法

经过梭伦改革之后，雅典军队均由公民组成。与斯巴达不同，雅典军队不是一支职业军队，平时为民，战时为兵。根据财富多寡所划分的 4 个等级中，第 1 等级、第 2 等级可以担任骑兵，第 3 等级担任重步兵，第 4 等级担任轻步兵。这种军事制度要求公民持续参加军事训练，通过军事体育训练，达到保卫雅典的要求。

如前所述，雅典规定“埃弗比”团是专门的军事学校，但只对贵族子弟开放。

2. 斯巴达的军事体育立法

与雅典民主制度不同，斯巴达实行彻底的军国主义制度。斯巴达社会分斯巴达人、庇里阿西人、希洛人 3 个阶级。其中斯巴达人是统治阶级，男子几乎全民皆兵；庇里阿西人是自由民，但无政治权利；希洛人为奴隶，被称为“黑劳士”（农奴）。为了维持斯巴达人对庇里阿西人和希洛人的统治，几乎整个斯巴达城邦都成为一个大军营，军队是城邦的核心。

斯巴达规定年满 20 周岁的男子必须服役，60 周岁退伍。在长达 40 年的服役期间，必须时刻接受诸如标枪、奔跑、角斗等军事训练。

除了规定成年男子必须接受军事训练外，斯巴达的女子也必须接受军事训练，培养健壮的体格以生育健康的下一代，并在必要时能够像男子一样保卫城邦。当时规定女性必须接受的军事训练科目有跑步、竞走、掷铁饼、搏斗等。

（三）古代奥林匹克运动相关法律制度

古奥林匹克运动会是古希腊留给人类的伟大文化遗产。为了维护古奥林匹克运动会的正常进行，希腊各城邦之间达成了一系列条约，形成了一系列惯例。借助古奥林匹克运动会，希腊城邦之间形成了类似现代国际法体系[①]的“古希腊国际法”体系，各城邦均认可和遵守这些规则，并统一行动，惩罚违反规则的城邦。这一法律体系主要包括以下规则。

1. “神圣休战”规则

这一规则的核心要求为，在奥运会举办期间，各城邦应停止一切敌对行动。

古代奥运会是体育与宗教相结合的产物。为了使古代奥运会顺利进行，也为了表达对古希腊人共同信奉神灵的敬畏，公元前 884 年，伊利斯、斯巴达和皮萨等几个古希腊重要城邦的统治者达成奥运会期间停战[②]的《神圣停战条约》。其主要内容包括休战期间各城邦停止一切敌对行动；伊利斯[③]在奥运会举办期间可以随意进入，但严禁携带武器者进入伊利斯；凡是参加和观看奥运会的人，可以自由经过任何城邦，包括敌对城邦；休战期间不得执行死刑。总体来说，“神圣休战”规则为希腊各城邦所遵守，但也有违反的先例。其在公元前 420 年、公元前 364 年和公元前 352 年先后 3 次被违反。

公元前 420 年，斯巴达不遵守《神圣停战条约》的行为受到希腊各城邦的一致谴责和抵制，最后，斯巴达除被取消参加本届奥运会的资格外，还被处以 1000 迈纳[④]的罚款。

2. 古代奥运会规则

公元前 561 年，哲学家卓罗斯为奥运会制定了第一份规则，经过不断发展完善，古代奥运会逐渐形成了一整套自己的规则体系，并为古希腊各

---

① 赵毅认为，《神圣停战条约》是现代国际法的先驱，参见赵毅：《古希腊罗马：体育法制文明的先驱》，载《天津体育学院学报》2014 年第 3 期。但据记载，最早的书面国际条约为公元前 1259 年，由古埃及法老拉美西斯二世与赫梯国王哈图西里三世签订的《卡迭石合约》，主要内容为维持两国间的和平关系。埃及版本的条约刻于拉美西斯二世底比斯神庙的墙上，现已遗失，赫梯版本的条约保存在土耳其东方博物馆。

② 国外有学者认为，停战期限不仅局限于奥运会期间，可能最长能延长到 10 个月，see Donald G. Kyle, *Sports and Spectacle in the Ancient World*, Malden, Blackwell Publishing, 2007, p. 115。

③ 古希腊城邦，位于现伯罗奔尼撒半岛西北，南邻古代奥运会举办地奥林匹亚。

④ 迈纳（Mina），古希腊重量单位，约合 480 克。

城邦所遵守。其主要内容如下。

(1)对于运动员和观众的规定。只有具有希腊血统的城邦公民才有资格参加和观赏奥运会,从而排除奴隶、外国人和女性;运动员需提前一个月来到奥林匹亚,在执法官的监督下进行训练,并要证明自己已经至少经过10个月以上的训练,从而排除贫民;运动员还需经过宗教、道德等方面的审查,并在至少1年前未列入“黑名单”。

(2)所有运动员以个人身份参赛,不允许以城邦名义组队参加。

(3)设立负责审查和决定参赛者资格和观众资格的组织机构以及裁决竞赛纠纷的仲裁机构。

(4)惩罚体育贿赂。对比赛中行贿受贿的行为,不仅处以巨额罚款,还将名字刻在赛场入口处的宙斯神像之下以示羞辱。

(四)其他零星规定

由于时间久远,缺乏相应考古证据,还原古希腊体育立法全貌已无可能,但从后世著作中仍能寻觅到其体育立法的若干片段。

1. 关于体育侵权责任

体育运动中极易发生各类人身伤害事故,若不对体育侵权责任作出特殊规定,体育运动将无法正常开展。鉴于此,世界各国均规定体育侵权为一类特殊侵权行为。我国《民法典》也规定参加体育运动是一种自甘风险的行为,并对体育侵权责任加以特殊规定。

早在古希腊时期便有类似的规定。演说家德摩斯梯尼①曾记载过一条雅典的法律,大意是如果一个人在体育比赛中于无意中杀害了另一个人,他将不会因杀人而被流放。② 这可能是最早规定体育侵权的法律。

---

① 希腊语:Δημοσθένης(公元前384年~公元前322年),是古希腊晚期雅典著名政治家和演说家。其毕生都在从事反对马其顿侵略的事业,亚历山大大帝死后曾返回雅典组织复国运动,失败后自杀。

② 从古希腊德拉古立法开始,杀死任何人(包括奴隶)都要受到惩罚。克里斯提尼立法后,采用“陶片放逐法”,流放那些严重侵害雅典利益和他人人身安全的人。

据普鲁塔克[①]记载，雅典执政官伯里克利也曾与普罗泰戈拉[②]讨论过类似问题，即在运动会中标枪选手投掷标枪，无意中杀死他人，其责任应由标枪、运动员、比赛组织者中的谁承担。[③]

2. 关于运动员奖励

《梭伦立法》规定，地峡运动会[④]的冠军可获得100德拉克马[⑤]的奖金，奥运会的冠军可获得50德拉克马的奖金。据史料记载，当时1德拉克马可以购买1只羊，由此可见这笔赏金价值不菲。

公元前5世纪，雅典公民大会曾通过法令宣布"那些在奥林匹亚、德尔斐、地峡或尼米亚赛会赢得优胜的公民将在市政厅终生享受免费公餐，并享受其他荣誉；那些在奥林匹亚、德尔斐、地峡或尼米亚赛会赢得驷马战车和赛马优胜的公民也将在市政厅终生享受免费公餐"。

自公元前168年希腊被罗马共和国征服后，直到1821年，其间，希腊始终未获得独立，古希腊的体育法制由此终止。这一时期，希腊地区的体育法制分属于罗马帝国、东罗马帝国（拜占庭帝国）和奥斯曼土耳其帝国的体育法制。

---

① 普鲁塔克（希腊文：Πλούταρχος，拉丁文：Plutarchus）（约公元46年～公元125年），主要作品为《希腊罗马名人传》，是罗马帝国早期的一位希腊作家，其作品对文艺复兴时期的作家产生重要影响。

② 普罗泰戈拉（希腊语：Πρωταγόρας，拉丁语：Protagoras，约公元前490年～公元前420年），古希腊哲学家，智者学派的代表人物。

③ 参见［古罗马］普鲁塔克：《希腊罗马名人传》，席代岳译，吉林出版集团有限责任公司2011年版。

④ 又名伊斯特摩斯竞技会、伊斯特米亚竞技会，为纪念海神波塞冬而设立。其每隔两年举行一次，在奥林匹克运动会后的第2年及第4年的春天在科林斯的伊斯特摩斯南部举行，是"泛希腊运动会"之一（另外3个分别是古奥林匹克运动会、皮西安运动会、尼米亚运动会）。据传，柏拉图曾参加地峡运动会的角力比赛并获得优胜。

⑤ 德拉克马（希腊语：δραχμή，英语：drachma），符号为₯、Δρχ或Δρ，古希腊和现代希腊的货币单位。

第三节 现代希腊体育法制

一、现代希腊法律概况

自1821年从奥斯曼土耳其帝国独立出去以来,现代希腊作为一个独立国家登上历史舞台,1828年希腊独立战争结束,并于1833年建立君主立宪制度。直到1974年,除了1923～1927年曾短暂建立共和国外,希腊始终处于君主立宪制度统治之下。"二战"中,希腊加入同盟国阵营,1945～1949年经历内战。1949年希腊加入北约。1974年希腊废除君主制,建立共和国,1981年加入欧共体,2001年加入欧元区。

希腊为传统大陆法系国家,成文法是主要的法律渊源。与其他大陆法系国家一样,希腊区分公法与私法,其中公法包括宪法、刑法、行政法、程序法等;私法则包括民法、商法等。作为欧盟成员国,欧盟法律在希腊得到适用,其地位高于希腊国内法。

按照希腊《宪法》,希腊法院系统分为刑事法院、民事法院和行政法院三类,三类法院之间无权审判其他法院的案件。法院层级分为初级法院、上诉法院和最高法院。希腊没有单独的监察院和检察官,各级监察机构附属于各级刑事法院。最高法院和最高行政法院是希腊的最高司法机构。

二、希腊体育立法概况

希腊作为奥林匹克运动的发源地和首届奥运会的举办地,在奥林匹克运动中占有特殊地位。希腊对体育立法相当重视,除宪法、民法中一些涉及体育的规定之外,还制定了《职业体育运动法》和《业余体育运动法》。希腊是制定专门体育法律较早的国家之一。

1955～1957年,希腊政府开始干预体育,制定了希腊《奥林匹克法》,

其在监管体育运动中发挥主要作用。1975 年颁布的 1 号法令确定了国家管理体育运动的原则。在这个原则的指导下,1979～1980 年通过了旨在管理职业足球和业余足球的法令。1999 年制定的第 725 号法令《体育运动法》涵盖了体育运动各方面,如运动员雇佣合同、运动员转会、体育组织自治、各类体育协会的职权等。1991 年制定的第 1958 号法令则对运动员劳动合同作了规定。

目前,希腊现行《宪法》为 1975 年制定的《宪法》,并在 1986 年、2001 年和 2008 年经过 3 次修改。与各国宪法对体育事业仅作原则性规定不同,希腊《宪法》明确规定国家对体育运动具有保护和最高监督权,国家掌管和控制所有的体育协会和体育俱乐部。尽管这一规定与体育自治的世界潮流存在一定冲突,但其体现了体育在希腊的特殊地位。

1999 年希腊通过《体育法》。该法体现了希腊政府试图监控和掌握体育运动的倾向。与其他国家体育立法较为笼统、抽象的立法技术不同,希腊《体育法》对涉及体育运动的各方面均作了详细规定,甚至细致到对职业足球和职业篮球作出相应的规定——在其他国家,相关规定往往出现在足球协会或篮球协会的规章之中。尤其值得注意的是,希腊《体育法》还规定了一些体育违法行为的刑事责任,这在其他国家的相关立法中较为罕见。

为推进和保护雅典 2004 年奥运村的基础设施建设与维护,希腊于 2000 年通过了《奥运村保护法》,以国家立法的形式保障 2004 年雅典奥运会的顺利召开,这体现了希腊政府对体育事业的高度重视。

三、希腊体育法制的特点

从以上对希腊体育立法的分析中,我们可以看到,体育在希腊的特殊历史和现实地位使希腊体育法制具有自己鲜明的特征。

(一)维护体育运动权利原则

体育运动权利带有健康权和娱乐权的双重属性,毫无疑问,其属于基本人权的范畴。但绝大多数国家的宪法并未直接对体育运动这种基本权利的属性加以规定，而是笼统规定诸如健康、发展、结社自由等权利，需要从对这些权利的解读中推导出相关的体育运动权利。

希腊《宪法》一方面规定了国家尊重基本人权，公民有发展权、结社权，以及各类政治、经济权利等①，与其他国家宪法大同小异；另一方面，希腊《宪法》又规定国家对体育运动的保护权。这种在《宪法》中明确规定国家负有对体育运动的保护义务的方式实属罕见，其充分体现了体育运动在希腊的特殊地位以及希腊对维护体育权利的高度重视。②

(二)体育自由原则

该原则包括两部分：参加体育活动的自由和选择加入体育组织的自由。

1. 参加体育活动的自由

公民享有自由参加体育活动的权利，这是由希腊《宪法》所规定的基本人权原则推导出来的。从积极方面来看，公民有权选择参加或者不参加体育运动，有权选择参加哪一类体育运动。从消极方面来看，参加体育运动不会对他人造成伤害，国家不应以限制言论自由、经济活动自由或其他方式限制人民参加体育运动。

2. 选择加入体育组织的自由

这里的体育组织既包括《体育法》中的业余体育组织，也包括职业体育俱乐部。从积极方面来看，普通公民或职业运动员可以自由选择加入体育组织或者职业体育俱乐部；从消极方面来看，这种自由权利的行使，

---

① 希腊《宪法》第2条规定，国家的主要义务是尊重和保护人的价值；第5条规定，任何人均有自由发展人格权利和自由参加社会、经济和政治生活的权利，但行使权利不得侵害他人权利，也不得违反宪法和公序良俗。

② 希腊《宪法》第16条规定，国家对体育运动具有保护和最高监督权。国家按照法律的规定掌管和控制所有的体育协会和体育俱乐部。有观点认为第16条实际上体现了结束军事独裁后的希腊政府试图掌控一切的倾向，严重损害体育自治原则。参见黄世席：《欧洲体育法研究》，武汉大学出版社2010年版，第338～339页。希腊议会在2006年通过法案，在一定程度上改变了这种倾向。

不应违反法律法规,也不应损害他人合法利益。

(三)区分业余体育和职业体育运动员

尽管绝大多数国家都对业余体育和职业体育进行了划分,并规定两者在权利义务、管理体制、指导方针乃至国家政策方面具有一定的区别,但希腊《体育法》第 33 条严格区分业余体育运动员和职业体育运动员。该条规定,运动员分为业余运动员、与业余俱乐部签约并领取报酬的运动员和与职业俱乐部签约并领取报酬的职业运动员。这种严格区分业余体育运动员和职业体育运动员的做法与绝大多数国家迥异,具有鲜明的希腊特色。

四、现代希腊的体育立法

(一)宪法

希腊《宪法》制定于 1975 年,并经过 3 次较大修改。《宪法》共 120 条,分为 4 大部分:

第 1 ~ 3 条为第一部分,是《宪法》的基本条款,主要规定了希腊的政体为民主共和国,国教为东正教等;第 4 ~ 25 条为第二部分,主要规定了公民的基本权利与基本义务;第 26 ~ 105 条为第三部分,主要规定了国家机构的组织原则和职能;第 106 ~ 120 条为第四部分,规定了特别条款、最后条款和过渡性条款。

希腊《宪法》是在推翻军人独裁政权、废除君主制的背景下制定的。为了防止军人独裁局面的再次发生,希腊《宪法》规定政府有极大的权力,体现了政府试图控制社会生活各个方面的倾向。

希腊《宪法》中涉及调整体育运动关系的内容主要有以下几点。

1. 希腊《宪法》第 5 条规定,在不违反《宪法》和道德的前提下,希腊人民有权自由发展自己的人格,有参与国家的社会、经济和政治生活的权利。该条从根本上规定了希腊人拥有参加体育活动的权利。

2. 希腊《宪法》第 12 条规定,希腊人有结社的权利。该条保障了希腊人可以在不违反《宪法》和法律的前提下，自由组织和参加各类体育组织（尽管该权利理论上受到希腊《宪法》第 16 条第 9 款的限制）。

3. 希腊《宪法》第 16 条第 9 款规定，国家对体育运动有保护和最高监督权。国家按照法律的规定掌管和控制所有的体育协会和体育俱乐部。在世界各国体育自治大趋势之下，希腊《宪法》却规定政府可以深度干涉体育，其结果是希腊体育组织的自治权被大大限制，体育自主权被严重削弱。这样的规定与希腊 1967～1974 年的军事独裁不无关系，军事独裁结束后，希腊政府试图直接掌管包括体育运动事务在内的一切重要事项。① 尽管该条体现了希腊政府对体育事业的高度关注，想把体育运动控制在国家的手中，但在实践中希腊政府通常只是履行监管职责，希腊体育组织仍享有相当大的自治权。②

该条除了规定国家有权深度干涉体育运动之外，还规定"国家应根据法律规定资助各类型的体育协会，接受资助的体育协会应依照法律规定的目的使用该资助"，即要求国家资助体育协会以实现其成立目的。此外，该条还规定了资助款的发放方式。该条在国家和体育协会之间建立了一种"特殊"关系：体育协会可以将国家给予的资助用于实现体育协会成立的目的，国家则可以决定这些目的是否与体育协会的总体目标相关。从这个意义上说，国家通过决定资助体育协会的方式加强对其的控制。

希腊《宪法》第 16 条还规定公民有受教育的权利以及艺术和科学自由。这项权利是主要针对业余体育运动而言的，其内涵为：每个公民都有权选择参加自己热爱的体育运动，国家则有义务为公民参与体育运动提供必要的硬件条件。

希腊《宪法》第 16 条第 2 款规定，教育是国家的一项基本使命。该款

---

① 2006 年希腊议会通过法律修正案后，这种情况有所改变。

② 在此需做说明，尽管该条款一直未被修改，但希腊政府对体育的监管主要为对职业体育范畴内的体育工会和各体育协会、体育联合会的监督，实际上希腊人民仍享有相当大的体育自由。

的内涵为：国家有义务通过教育鼓励公民，尤其是年轻学生参加体育运动，并在教育的过程中实施学校体育教育。在实践中则体现为，国家按照不同的年龄，分别实施不同的体育教育方针。

在大多数国家的宪法中，这种明确规定国家对体育的控制的做法是很罕见的。绝大多数国家仅仅在宪法中规定国家支持和发展体育事业，并在基本人权的框架下保护公民的体育权利。可以说，希腊《宪法》第16条给予的保护足以让国家在保护和发展希腊体育文化方面发挥主导作用。目前，希腊政府试图通过对所有与体育相关的组织和协会进行控制来主导体育运动的发展。这种对体育自治原则的干涉，其利弊如何，是否符合希腊国情，是否最终有利于希腊体育运动事业的发展，还有待观察。

（二）《体育法》（第2725/1999号法律）

希腊《体育法》是目前希腊体育管理方面效力最高的专门法律。

《体育法》的出台有其深刻的时代背景。20世纪90年代，希腊运动员在国际赛场上不断取得佳绩。但在为国争光的同时，希腊国内体育领域却出现一些不和谐的现象，球场暴力、腐败、依靠贿赂赢得比赛等现象屡屡出现。面对这些不和谐的体育现象，希腊体育界发现自己面临无法可依的窘境，而随着时间的推移，上述现象愈演愈烈，严重影响希腊体育的进一步发展。以上因素直接催生了《体育法》的制定和出台。

《体育法》的目的是促进希腊体育运动的发展、促进人民身体健康、强调体育运动给希腊人带来的益处。《体育法》自1999年颁布实施以来已经过多次修订，但该法总体框架、主要内容和指导思想没有变化。[①]

该法共140多条，分为5个部分，主要对业余体育运动和职业体育运动的组织形式、运动员的权利和义务、国家和主管机关对体育运动的管理

---

① 该法于2000～2004年进行了4次较大修改，修改后的《体育法》分别称为第2858/2000号法律、第2947/2001号法律、第3057/2002号法律、第3262/2004号法律。最近一次修改在2012年，修改后的《体育法》称第4049/2012号法律。一些专著、论文中所称的第2725/1999号法律，实际上是指经修改的最新版本的《体育法》，而非1999年制定之初的版本。

等方面作出规定。

1. 关于业余体育运动

如前所述,《体育法》严格区分业余体育运动和职业体育运动,并在管理制度、运动员权利义务等方面作出不同规定。

(1)区分业余体育运动和职业体育运动

《体育法》第1~58条对业余体育运动作出了专门规定。第一章规定了业余体育俱乐部成立的条件。其中第10条规定,业余体育俱乐部是最基层的体育组织,可以参加地方体育协会。地方体育协会是具有独立法人地位的社会团体,可以加入相关单项体育联合会。地方体育协会的任务是在本行政区域内,依照相关单项体育联合会的规则组织和推广体育运动。

(2)业余体育运动教练员职业准入制度

尽管是业余体育运动,但希腊也对业余体育运动的教练员资格做出了严格要求。希腊《体育法》第31条第2款列举了获得教练员执业证书的条件:

①学历要求:持有希腊大学体育和运动科学系的学位或持有希腊以外大学的同等学历。

②刑事无罪证明:证明自己没有因《刑法》第3条第1款第b项、第c项中规定的任何罪行而被定罪,并应取得当地检察院的证明,证明其没有因触犯《刑法》上述条文所述的犯罪行为受到刑事诉讼指控。

③其他条件:提供有关当局的健康证明并支付150欧元的押金(押金数额可根据文化体育部部长的命令予以更改)。

④业余运动员的法律地位和权利义务。

《体育法》第33~36条对业余体育运动员的法律地位作出规定。该法第33条第2款规定,除第85条外,业余体育运动均是无偿的,运动员不能因此从俱乐部获得收益。但无偿不等于运动员不能参加商业活动和从中获取利益。《体育法》允许业余运动员通过商业合同或者以赞助的形式拍摄广告并获得一定的报酬。该法第36条规定,运动员的最高义务是在被国家队应征时及时报道并参加国家队的比赛。

根据《体育法》第33条第2款的规定,参加体育运动基本上不属于有偿职业,第85条除外。每个运动员都有权签署商业合同或赞助协议并参与广告。运动员的最高义务是在被国家队应征时参加国家队。无特殊原因拒绝参加国家队的运动员将被取消国家联赛资格。

2. 关于职业体育

《体育法》第59~118条对职业体育运动作出规定。

(1)职业体育联盟和体育公司

在希腊,单项运动的体育联合会可以向文化体育部部长申请成立职业体育联盟(以下简称联盟)。联盟的主要任务是在体育联合会的领导下组织、开展相应运动的职业联赛。

俱乐部可自愿参加相应运动的职业联赛。由于职业联赛必须由职业体育运动员参加,《体育法》规定,凡参加职业联赛的俱乐部必须设立负责管理运动员报酬的部门,并将部门管理权交由其他自然人或者法人管理。俱乐部也可以根据第2190/1920号法律(希腊《公司法》)和《体育法》直接设立具有独立法人资格的体育公司,负责管理运动员的报酬。

《体育法》第65条对上文所述体育公司的职责作了规定:负责专业体育俱乐部的建立、组织和管理,组织高水平的职业或业余运动会,组织俱乐部参加其他体育比赛,以及组织具有普遍意义的体育赛事。与普通公司一样,体育公司的名号中必须包括其公司名称并标明"法人公司",同时还必须包含所代表的体育俱乐部的名称,体育公司的标志可以使用所代表的俱乐部的颜色和标志。与所有普通有限责任公司一样,体育公司的所有者是股东,公司权力机构为股东大会,股东通过股东大会表决形成公司决议。《体育法》第67~74条列举了可成为体育公司股东的条件及限制条件。

希腊《体育法》关于职业体育联盟和体育公司的规定,是希腊《宪法》中国家对体育监督和管理原则的直接反映。希腊体育政策的目的之一是鼓励私人在国家的监督与控制之下发展体育。为此,文化体育部成立职业体育委员会，以监督和指导体育公司的行为，确保其在《体育法》的范围内开展业务。

（2）职业体育委员会

职业体育委员会是文化体育部的下属机构，负责管理希腊的体育公司。

希腊《体育法》第77A条列举了职业体育委员会的职责，主要包括审核体育公司的财务资料，审查体育公司与雇员、运动员、教练员之间的经济关系。对于体育公司的违法行为，职业体育委员会有责任及时向体育行政和司法主管机关汇报，有权做出1000~30,000欧元的罚款，并上报文化体育部部长。

（3）职业运动员与体育俱乐部、体育公司间的关系

《体育法》第85~96条规定了职业运动员与体育俱乐部、体育公司之间的权利义务关系。

根据《体育法》的规定，职业运动员根据希腊《劳动法》与体育公司或体育俱乐部签订劳动合同并领取报酬。职业运动员和体育俱乐部、体育公司间的权利义务关系及劳动合同受《劳动法》和《体育法》的规制，如《体育法》第87条规定了职业运动员的最低工资，与俱乐部、体育公司间签订的合同类型，与职业运动员权利义务有关的其他问题等。职业运动员和体育俱乐部、体育公司之间的合同有效期在6个月至5年。①

（4）关于足球和篮球运动员的特别规定

各国体育法几乎不涉及对具体体育运动的规定，因此，希腊《体育法》对足球和篮球运动员所作的特别规定就显得尤为特殊。篮球和足球是希腊竞技水平最高和普及率最高的运动，希腊国家队曾在2004年欧洲杯上取得冠军；希腊也是国际篮球协会最早的8个创始成员国之一，希腊男篮多次获得欧洲杯、世锦赛、奥运会的冠军、亚军。

《体育法》第90~112条对职业球员的权利义务作出规定。第90条

---

① 此规定与《国际足联球员身份和转会条例》第18条第2款的规定一致。

第 1 款规定，签约球员需年满 18 周岁，若俱乐部雇用年满 18 周岁的受训球员，则必须签订为期 5 年的合同，否则受训球员自动获得自由身份；俱乐部在 2 年后享有单方解约权，解约后，俱乐部不必赔偿球员，而球员则自动获得自由身份。

职业球员在实习期应与相应的训练学院签约，未经训练学院的允许，禁止转入任何职业俱乐部。实习球员的工资不得低于《体育法》第 87 条所规定的职业运动员最低工资。当球员实习期满正式转为职业球员时，其受训的俱乐部有优先与其签约的权利。

职业球员只能在一家俱乐部注册。《体育法》除禁止职业球员同时在多家俱乐部注册之外，还禁止球员在注册期内私自与其他俱乐部进行谈判，并规定所达成的协议和签订的合同无效，[①]且这些运动员代表俱乐部所参加的比赛成绩也一律无效。俱乐部需为签约球员购买保险并代缴纳相应的税务。

第 108 ~ 112 条为针对职业足球运动所作的特别规定。第 108 条规定，希腊足球职业联赛是由职业足球俱乐部球队组成的职业联赛[②]，并对参加各级别联赛俱乐部的注册资金也作了相应规定：希腊超级联赛俱乐部注册资本不少于 1,000,000 欧元，而参加乙级联赛的俱乐部注册资本不得少于 500,000 欧元。同时，参与希腊职业联赛经营的其他第三方公司的注册资本必须符合希腊《公司法》的最低要求。

第 113 ~ 118 条为针对职业篮球运动所作的特殊规定。篮球运动是希腊第二受欢迎的运动，在希腊的体育文化中占有重要地位，且具有相当大的经济价值。目前，希腊的篮球职业联赛[③]甲级联赛分 A1 和 A2 两组（这种划分类似于我国 1994 ~ 2003 年足球甲级联赛分为甲 A 和甲 B 两组的划分）。参加 A1 组联赛的篮球俱乐部注册资本不得少于 235,000

---

① 此规定与《国际足联球员身份和转会条例》第 6 条第 2 款的规定一致。

② 希腊足球职业联赛分为超级联赛、甲级联赛和乙级联赛。同时还有半职业的希腊足球地区锦标赛，或称德尔塔联赛（希腊语：Δ΄ Εθνική），其是希腊第四等级的足球联赛。

③ 希腊篮球联赛目前分为 4 个等级：甲级 A1 组和甲级 A2 组联赛、乙级联赛和丙级联赛。

欧元,参加 A2 组联赛的篮球俱乐部注册资本不得少于 147,000 欧元。

3. 体育争议解决机制

《体育法》制定的一个初衷便是应对愈演愈烈的球场暴力和体育运动中的腐败现象,因此对体育运动中的违规乃至违法问题给予了更多的关注,并规定了"两级终审制"。

根据《体育法》第 120 条的规定,初审裁判机关负责审理体育贿赂、对比赛结果提出异议、违纪等案件。当事人若对一审裁判机构做出的处理决定不服或者对体育协会内部的纪律机构做出的决定不服,可以向上级机关——体育争议解决最高委员会提出上诉。体育争议解决最高委员会的裁定是终局性的。

希腊国家检察机关在雅典、比雷埃夫斯和萨洛尼卡地区任命了一名特别检察官,由其负责对在体育赛事期间和因体育赛事而犯下的罪行进行刑事诉讼。这种检察机关设置专门处理体育犯罪行为机关的做法,体现了体育运动在希腊的特殊重要地位。

4. 反兴奋剂制度

与其他国家单独制定反兴奋剂规则不同,希腊在《体育法》中规定了反兴奋剂规则。

根据《体育法》的规定,违规使用兴奋剂将面临纪律和刑事处罚。《体育法》第 128 条以列举的方式规定了属于兴奋剂类药物的物质。尽管《体育法》规定违规使用兴奋剂将会受到纪律和刑事制裁,但《体育法》只规定了纪律和行政处罚责任,刑事处罚则由《刑法》规定(下文将会论述希腊《刑法》对违规使用兴奋剂行为的打击)。第 128 条第 H 款规定了纪律处罚的类型。使用兴奋剂的运动员可能面临以下纪律处罚:书面谴责;暂时禁止参加所有体育项目的任何类型的体育赛事和锦标赛;终身禁止参加所有体育项目的任何类型的体育赛事和锦标赛;剥夺由希腊政府或体育联合会给予的各种福利和荣誉,取消各类免税特权,并取消奖学金的发放(如果有);返还自违规之日起给予的所有经济利益;职业运动员使用兴奋剂将被处以最高 100,000 欧元的罚款;剥夺参加任何政府体育管理机构、体育组织或任何与体育相关的委员会的资格。

协助运动员使用兴奋剂的其他人员，将可能面临以下处罚：

暂时剥夺参加任何体育组织和举办体育会议的资格，暂时剥夺在体育赛事中行使相关权力的资格；终身剥夺参加任何体育组织和举办体育会议的资格，终身剥夺在体育赛事中行使相关权力的资格；禁止在任何希腊体育组织中担任的行政职务并禁止出任任何体育机构代表；如果是从事职业体育相关的从业人员，将面临200,000欧元的罚款；转交体育态度委员会，由该委员会根据《体育法》第130条的规定作出其他处罚。

以上处罚既可以单独施行，也可以同时施行。纪律处罚与刑事处罚也可单独或同时实行。

5. 体育联合会的地位和任务

《体育法》第19条第30A款对体育联合会作出了规定。体育联合会是希腊国家一级体育组织，一项运动只能成立一个体育联合会。各地体育协会是各单项体育联合会的下级成员，由体育联合会领导。体育联合会的任务是：在国内，在全希腊推进其所代表的单项体育运动，在国外，宣传推广该单项体育运动的体育文化。

希腊《体育法》的规定无论是在深度还是在广度上，都远远超过其他国家的体育法，其几乎涵盖了体育运动的方方面面，尤其是对职业足球和职业篮球作了相当多具体的规定，而绝大多数国家是在相应的体育协会规章中就这些具体问题作出规定。同时，希腊《体育法》明确规定非法使用兴奋剂会受到刑事处罚，其体现了希腊打击非法使用兴奋剂行为的决心。

希腊《体育法》为体育运动中的暴力和兴奋剂犯罪提供了一套清晰的分级纪律处分和刑事处罚规则。然而，也有人[①]认为《体育法》的规定过于详细，使体育管理制度不必要地更加复杂。根据《体育法》的规定，

---

① Margaritis K., *Greek Sports Law: Professional Sport*, (2021.7.30), https://www.lawinsport.com/topics/regulation-a-governance/item/greek-sports-law-professional-sport-part-29.

希腊设立了过多的体育委员会和理事会,其权限呈不断扩大的趋势,从而导致一个更加官僚化的体育管理系统的形成。

(三)《刑法》

体育运动在希腊蕴含着重大的社会利益和经济利益。在体育运动中,运动员或者其他参加者(如教练员、官员、行政管理人员等)可能会为了某些利益而做出有违体育道德和触犯刑法的行为。

希腊《刑法》对体育犯罪行为处罚的理论基础是“合法商品”理论。希腊刑法理论认为,“体育比赛的正常组织”和“体育比赛的结果”具有某种商品属性,因此,体育犯罪行为构成对“合法商品”的侵犯。这是对体育犯罪行为进行处罚的刑法理论基础。

除《刑法》中规定了体育犯罪行为外,《体育法》中也规定了一些可能构成刑事犯罪的行为。涉及体育的犯罪行为可以分为“真实性”和“非真实性”两类。

“非真实性”体育犯罪是指在《刑法》中有明确规定的犯罪行为,如故意伤害(第 308 ~ 315 条)、欺诈(第 386 条)或者单行刑法中规定的罪名,如贩毒(第 1729/1987 号法律)、非法博彩(第 2433/1996 号法律)等。显然,这些行为可能发生在体育领域,也可能发生在其他领域;可能在任何时间、任何地方,对任何人实施。“非真实性”犯罪并非真正的体育犯罪,即使发生在体育领域,也不具有特殊性。如故意伤害的行为无论是否发生在赛场上,其侵犯的法益——人的健康和身体完整性——并无区别。

“真实性”体育犯罪是指在体育运动过程中或者准备阶段发生的,或是体育运动直接导致的犯罪行为。这些犯罪行为或被规定为特殊种类的犯罪,或被规定为其他“非真实性”犯罪的特殊形态。当犯罪行为与体育运动有关时,《刑法》会以一种特殊的方式进行处理。例如,违规服用兴奋剂的行为对于普通人而言并不构成任何违法犯罪,除非这类兴奋剂物质会造成身体伤害(可能构成故意伤害罪)或者该兴奋剂物质本身即为毒品(可能构成毒品犯罪)。但对于运动员而言,无论何时何地,只要存在违规使用兴奋剂的行为,无论其是否有效、造成何种后果,均构成犯罪(这种规定类似于我国《刑法》上的行为犯,即只要存在犯罪行为和动机,无论是否存在损害结果,均构成犯罪)。

希腊《刑法》中并未对"真实性"犯罪作出直接规定,而是在其他法律(主要是《体育法》)中予以规定,并指向《刑法》。

1. 体育比赛中的暴力行为

《体育法》第 41 ~41Z 条规定,在体育比赛中实施故意的暴力行为将承担刑事责任。显然,这是故意伤害罪在体育领域的特殊表现。

体育比赛中的暴力行为不仅对体育运动造成伤害,还会侵犯到普通人的身体健康权,是最典型的体育犯罪行为。根据《刑法》的规定,不仅直接伤害他人身体的暴力行为可能构成犯罪,朝赛场内投掷物品、燃放烟火而致人损伤的行为同样也可能构成犯罪。其行为主体是赛场上的任何人,包括运动员、教练员、观众及管理人员。从时间范围上来说,可能发生在比赛之中,也可能发生在比赛前后。希腊将体育比赛中的暴力行为列入刑事处罚,有力地打击了诸如足球流氓之类的赛场暴力行为。

第 41 条第 ΣT 款规定,赛场暴力行为将被判处最高 2 年的监禁和罚款。为防止犯罪嫌疑人因其他罪行被起诉而逃脱本罪名的惩罚,该条规定,对赛场暴力的起诉优先于其他罪名,即该条为优先于一般条款的"特别刑事条款"(lex specialis)。

第 41 条第 Z 款规定,体育协会有权对违反第 41 条第 ΣT 款的行为采取纪律措施。相关的体育俱乐部可能会被罚款,教练员和运动员可能会被取消其球队至少 2 场比赛的资格并处以罚款。如果体育俱乐部主席成员或与俱乐部有关的其他代表被判有罪,将被判处体育赛事期间禁止进入体育设施,以及至少 6 个月的降职和至少 20,000 欧元罚款的处罚。

2. 违规使用兴奋剂的行为

《体育法》第 128 条规定,使用兴奋剂的行为可能触犯刑法,会受到刑事处罚。

目前,运动员违规使用兴奋剂的行为屡禁不止,给体育的公平性和运动员健康带来极大威胁。希腊刑法理论认为,违规使用兴奋剂的行为与毒品犯罪存在关联性。某些兴奋剂物质的管理和使用可能既违反了有关兴奋剂物质管理的法律,也触犯了《刑法》对毒品犯罪的规定。① 很明显,立法机关已经考虑到了违规使用兴奋剂对运动员健康造成伤害的危险。然而,希腊相关法律对违规使用兴奋剂行为的处罚较对毒品犯罪的处罚而言,相对较轻,从而消除了将兴奋剂视为毒品犯罪的特殊形态的可能性。

出于同样的原因,违规使用兴奋剂的行为不应被视为故意伤害罪的特殊形态。因此,运动员本人使用兴奋剂类物质的,即使这些物质对他的健康造成伤害,也不应该受到惩罚。同样,教练员、官员帮助乃至胁迫运动员使用兴奋剂并造成其身体损害的,同样不构成故意伤害罪。立法机关惩罚的是使用兴奋剂物质以提高其运动成绩的行为,而非身体损伤。由此可见,其保护的法益是比赛的公平性而非运动员的身体。

从希腊《刑法》"合法商品"理论的角度来看,只有在体育规则框架内进行,且所有运动员基于平等条件所进行的具有独创性和真实性的比赛,才是"合法商品"。而兴奋剂犯罪的基本要素是运动员服用药物或者使用药物,因此,如果兴奋剂的使用者不是运动员,则应排除此类犯罪。在兴奋剂犯罪中,是否造成改变比赛结果的局面,并不影响定罪。只要运动员服用兴奋剂,或者教练员、官员帮助或胁迫运动员服用兴奋剂,哪怕运动员最终没有参加比赛,也可构成本罪,因为比赛的公正性已经受到了威胁。此外,制造、交易兴奋剂类物质也要负刑事责任。

3. 体育贿赂行为

《体育法》第 132 条对体育贿赂行为作了规定,并指出其与《刑法》中的贿赂一样将受到刑事处罚。

希腊《刑法》第 235 ~ 237 条规定了贿赂公职人员罪。体育贿赂行为

① 我国《刑法》称这类两个以上具体罪名的犯罪构成要件同时适用于同一具体的犯罪事实为竞合犯。

符合此罪的构成要件，在实践中，法院往往引用贿赂公职人员罪来处罚体育贿赂行为。要求或接受贿赂以及相应给予承诺构成了体育贿赂犯罪的基本要素，其与普通贿赂罪的区别在于接受贿赂的人和给予贿赂的目的。按照“合法商品”理论，体育贿赂犯罪——接受贿赂以伪造比赛结果——侵犯的是体育比赛的公正性这一“合法商品”，而普通贿赂行为所侵犯的法益是“公正性”。由此延伸到体育领域，在贿赂犯罪中——接受礼物以伪造比赛结果，受保护的法益是裁判、运动员和管理人员的“公正性”。这里的危害在于，一项具有显著利益的社会活动（如体育活动）成为受贿对象，从而改变了其社会归宿和制度功能。贿赂是一种损害体育公正性的行为（因为即使没有任何改变结果的意图，体育比赛的公正性仍然损害或者存在被损害的威胁）。尽管在希腊《刑法》中，是否出现不公正的结果并非贿赂犯罪的成立要件，但在体育贿赂犯罪的成立要件中，必须存在不公正的比赛结果。根据希腊《体育法》的立法精神，体育贿赂是一种有目的的犯罪，而篡改比赛结果的意图是一个必不可少的要素。因此，只要不存在该要素，就不会构成体育贿赂犯罪。此外，受贿者可能是与运动员、裁判员或与体育比赛有关的任何人。

（四）《奥运村保护法》（第 2189/2000 号法令）

《奥运村保护法》于 2000 年通过，旨在推进和保护雅典 2004 年奥运村的基础设施建设与维护。根据该法，希腊政府成立独立法人公司“Olympic Village 2004 SA”，其目的是根据第 2730/1999 号法律（政府公报 130 A）的规定，建设、监督、组织、协调、维护和综合利用奥运村。

第四节　体育管理体制

希腊文化体育部是希腊政府管理体育事务的最高权力机关。以希腊奥委会和希腊国家体育联合会（The Hellenic National Federations）为代表的机构则依照《体育法》的规定为民间体育管理机构。

一、文化体育部

文化体育部是目前希腊管理体育的最高权力机关,其职责是受托维护国家的文化遗产、推广艺术、监督体育运动。其下属机构——体育总秘书处负责管理全希腊的体育运动事务。

文化体育部的前身为1971年设立的文化科学部,其于1985年被重新命名为文化部,并于2009年与旅游发展部合并,成立文化观光部。2012年,文化观光部与教育、终身学习和宗教事务部合并成立教育、宗教、文化和体育部。2013年文化体育部单独设立。

二、希腊奥委会

希腊奥林匹克委员会(希腊语:Επιτροπής Ολυμπιακών Αγώνων,英语:Hellenic Olympic Committee)成立于1894年1月,是国际奥林匹克委员会和欧洲奥林匹克委员会的创始成员国之一,曾参加首届现代奥运会。目前希腊奥委会总部设在雅典。

1899年,希腊政府赋予希腊奥委会与其他体育联合会合作传播奥林匹克精神的职责,其下属的12个部门由希腊国王直接领导。

各单项体育项目联合会是希腊奥委会的下属组织,负责具体项目的训练和参加各类比赛事宜。

三、希腊国家体育联合会

希腊国家体育联合会是协调其单项体育运动的组织,受希腊奥委会的领导,负责体育的训练、比赛和发展。目前,希腊有26个夏季奥运会项目体育联合会和1个冬季奥运会项目联合会。① 这些单项体育运动联合

---

① 这26个夏季单项体育联合会分别是射箭、田径、羽毛球、篮球、足球、拳击、独木舟——皮划艇、自行车、马术、击剑、高尔夫、体操、手球、柔道、空手道、现代五项、登山、赛艇、帆船、射击、游泳、乒乓球、跆拳道、排球、举重、摔跤,以及1个冬季运动联合会。

会同时也是相应运动国际组织的成员。体育联合会管理相应运动的职业联盟,并负责管理职业联赛。

四、职业体育委员会

职业体育委员会是文化体育部的下属机构。根据《体育法》的规定,职业体育俱乐部可设立体育公司,负责管理职业运动员。职业体育委员会的职责是在文化体育部的领导下,监督和管理这些体育公司,确保这些体育公司遵守《公司法》和《体育法》的规定。职业体育委员的设立,直接体现了希腊的体育政策——国家试图控制所有的体育组织和体育活动。

《体育法》第77A条规定了职业体育委员会的主要权限,即审核体育公司的财务状况以及其与运动员、教练员和其他雇用人员的经济往来情况;向行政当局和司法当局举报体育公司违反《体育法》的行为,并有权在司法决定作出之前,首先处以1000~300,000欧元罚款。文化体育部部长可以上报罚款。

五、希腊全国反兴奋剂委员会

与其他国家一样,希腊也受到愈演愈烈的违规使用兴奋剂行为的困扰,兴奋剂问题成为希腊体育管理当局急需解决的主要问题之一。运动员为了获得更好的成绩而使用对身体有危害的兴奋剂类物质,不仅违反了体育运动的规则和价值观,还可能构成诈骗等刑事违法行为。

为打击体育运动中非法使用兴奋剂的行为,希腊成立了全国反兴奋剂委员会。该委员会的职责如下:负责制定反兴奋剂政策,并与各体育联合会合作监督反兴奋剂政策的实施情况;宣传反兴奋剂政策,解释滥用药物对运动员造成的损害和服用兴奋剂对体育公平造成的影响;及时审视希腊反兴奋剂政策和立法,并作出相应调整,以使希腊的反兴奋剂政策和立法与国际和欧盟的反兴奋剂政策和立法保持一致。

六、体育争议解决最高委员会

根据《体育法》的规定，对于体育运动中违反纪律和刑法的行为，管辖机构有权做出处罚决定，而被处罚的一方也有权提起申诉。类似于诉讼中不同级别的法院设置，《体育法》也设计了一个“二审终审”制的申诉结构，即一审管辖机构和体育争议解决最高委员会。

《体育法》规定了一审管辖机构负责审理体育贿赂、对比赛结果提出异议、违纪等案件。而体育争议解决最高委员会的地位类似于一审管辖机构的上诉机构。被处罚方可以对一审管辖机构的处罚决定或者体育组织、纪律处理部门的处罚决定提出申诉。

04

第四章

英国体育法律史

英国由英格兰、苏格兰、威尔士和北爱尔兰 4 个地区组成,没有形成统一的司法体系和司法管辖权。其中,英格兰、威尔士和北爱尔兰属于英美法系,而苏格兰的司法体系是大陆法系与英美法系的混合体。

在司法机构方面,英格兰和威尔士的民事审判机构按级分为郡法院、高等法院、上诉法院民事庭、英国最高法院①;刑事审判机构按级分为地方法院、刑事法院、上诉法院刑事庭、英国最高法院。英国最高法院是英国所有民事案件的最高审判机关,也是英格兰、威尔士和北爱尔兰刑事案件的最高审判机关。苏格兰高等法院则是苏格兰刑事案件的最高审判机关。

在英格兰和威尔士,最权威的法律是法定立法,包括议会立法、法规和细则。在没有任何法定法的情况

---

① 英国最高法院(Supreme Court of the United Kingdom),系根据 2005 年《宪制改革法》所设立,并在 2009 年正式运作。此前,英国实际上的最高法院为枢密院司法委员会(Judicial Committee of the Privy Council)。

下，基于司法判决并依据遵循先例原则形成的普通法（Common Law）、习惯和惯例构成了其法律来源。普通法是法官造法，衡平法（Equity）则是法官造法的另一个历史渊源，其中普通法可以由议会修改或废除。

第一节　英国法制史概述

英国法是当今世界两大法系之一的英美法系的渊源，英美法系很多重要概念、制度均可以在英国法的历史长河中找到原型。

一、英国法的起源

英国法起源于盎格鲁－撒克逊部落的习惯法。

现在的英格兰地区最早的居民是布立吞人（Britons），为凯尔特人的分支。公元1世纪时英格兰地区为罗马帝国所吞并。公元5世纪起，起源于今天丹麦日德兰半岛的盎格鲁－撒克逊部落开始迁徙到英国，并征服当地居民，建立了一系列小王国。随着盎格鲁－撒克逊国家的发展，原有的部落习惯法逐渐发展成为法律。

最早的盎格鲁－撒克逊国家的法律深受罗马法、日耳曼法和基督教的影响。受到公元7世纪欧洲大陆日耳曼"蛮族"王国法典编纂运动的影响，当时的盎格鲁－撒克逊各王国也纷纷对原有不成文法、习惯法等进行汇编，编纂属于自己的法典。其中主要的法典有：公元5世纪前后肯特（Kent）王国编纂《埃塞尔伯特法典》、公元5世纪末西塞克斯（Wessex）王国编纂的《伊尼法典》、阿尔弗雷德大帝（Alfred the Great）时期的《阿尔弗雷德法典》等。严格来说，这一时期各王国编纂的法典仍属于日耳曼法范畴，尚未形成自己独特的法律制度。

二、英国法的形成和发展

1066年诺曼底公爵"征服者"威廉入侵英格兰，建立诺曼王朝。"诺曼征服”后，英国法进入快速发展时期，并形成自己与众不同的特点，现代英国法三大渊源：普通法、衡平法和制定法就是在这一时期形成的。现代英国法真正起源于“诺曼征服”之后。

1. 普通法

普通法是产生于12世纪前后，通行于英格兰全国的法律制度。随着诺曼王朝在英格兰地区统治的稳固，“征服者”威廉开始着手加强中央集权和统一司法制度，普通法就是上述措施的直接产物。

威廉将其在欧洲大陆诺曼底地区的统治方式带到了英格兰，宣布没收旧盎格鲁－撒克逊贵族的土地，并重新分封给自己的臣民，作为交换，臣民必须宣誓效忠威廉，并纳税和服兵役。同时，为了防止封建主逃税，威廉还在全国调查土地和财产情况，并编制了被后世称为“末日审判书”（Domesday Book）的详细调查资料。通过两项措施，威廉大大加强了中央集权。

威廉着手统一司法机构。盎格鲁－撒克逊王国时期，英格兰地区并无统一的司法机构，而是由郡法院、百户法院以及领主法院、教会法院依据习惯法和教会法来审判。威廉要求这些法院在取得国王令状和以国王名义审判的前提下开展司法审判，从而将以上各类法院纳入诺曼王朝统一管辖之中。同时，他还建立一个名为“御前会议”（the King’s Council）的机构，行使最高审判权。后世的“民事诉讼高等法院”（the court of Common Pleas）和“王座法院”（the court of King’s Bench），即是从“御前会议”分离出来的。为更好地发挥这些法院的作用，扩大管辖权，法官又开始在英格兰地区巡回审判，这是后世巡回法庭的起源。亨利二世时期，将巡回审判制度固定下来。巡回法庭的法官在各地审判后回到威斯敏斯特，彼此交流法律意见，约定彼此承认其他法官的判决结果并在将来的审判中予以采用，从而形成了普通法。

2. 衡平法（Equity）

衡平法是起源于14世纪大法官审判实践总结的法律规则。经过长期的发展，普通法的一些原则已经不能适应时代的发展，于是大法官们发展出一套标榜“公平”“正义”的规则,作为对普通法的补充。

最初,对于一些靠普通法得不到公正审判的案件,当事人会依据习惯,向作为“公平”“正义”化身的国王申诉,而国王往往将这些案件交由大法官审理。大法官审理这些申诉案件时,并不遵循普通法的惯例,而是完全依照内心的正义观念来审判。随着形势的发展,大法官们组成了专门的“大法官法院”(the Court of Chancery),由此建立起一套依据内心公正观念的规则,并发展成后与普通法体系迥然不同的衡平法体系。

3. 制定法(Statute Law)

上述普通法和衡平法属于不成文法,其在审判实践中依赖于“先例”。而制定法则是由国家制定并明文规定的法律规范。

英国制定法的历史最早可以追溯到1215年的《大宪章》。但一开始,制定法的地位实际上低于普通法和衡平法。直到13世纪开始,议会立法权逐渐加强,其通过的制定法逐渐增加,这种情况才有所改变。尤其到光荣革命之后,确立了议会主权的原则。议会才开始大量批准制定法,制定法由此与普通法和衡平法“平起平坐”。

三、近现代英国法的新发展

17世纪英国资产阶级革命后,英国法的发展呈现以下所述的特征。

1. “议会主权”原则确立,国会成为最高立法机关,制定法数量大增,地位提高,英王成为名义上的最高统治者。内阁从对国王负责转变成对国会负责,并成为实际上的最高行政机关。

2. 衡平法和普通法的内容大大扩展,加入很多大陆法的因素,随时间和形势的变化而自我修正。

3. 社会立法活跃。第一次世界大战后,为缓和阶级矛盾,刺激经济增长,英国加强了社会保障、劳动、教育、环境等领域的立法,以保障劳工阶级最基本的福利。这部分立法已成为当代英国法的重要组成部分。

4. 欧盟立法成为英国法的重要渊源。1972年英国加入欧共体后,欧盟立法自动在英国产生法律效力,英国修改了大量与欧盟立法不一致的法律,尤其是1993年《欧洲共同体法》和《欧洲联盟条约》被批准后,英国法律依据这两个条约对国内法做出一系列的修改。尽管英国已于2020年1月启动脱欧进程,但欧盟法律对英国的影响将会持续很长一段时间。

第二节 英国的体育立法

一、英国近代体育的发展

英国是近代体育发展较早的国家,早在17世纪便出现足球、马术、网球等现代体育运动的雏形。同时,从中世纪流传下来的击剑、游泳等运动,在近代早期的英国也十分流行。

(一)英国近代体育发展的基础

近代早期英国体育的蓬勃发展,有其政治、经济和统治阶级的提倡因素。

1. 政治上,文艺复兴和宗教改革之后,包括英国在内的整个西欧摆脱了中世纪天主教对人性的束缚。新兴资产阶级从自身利益出发,鼓吹以人文主义为核心的新价值观,主张重视人性,反对神性,以人为本,认为人有追求幸福和快乐的权利。在这种观念指导下,体育作为一种娱乐的方式逐渐流行起来,16世纪晚期到17世纪早期,伦敦最流行的娱乐活动是斗鸡、斗狗以及各种球类运动。

2. 经济上,文艺复兴和宗教改革之后,生产力得到极大的释放,以前束缚生产力发展的中世纪因素荡然无存。英国依托其优越的地理条件,一方面在国内大力发展毛纺工业,向欧洲大陆大量出口毛纺产品;另一方面,大力发展航海事业,积极开拓海外贸易,在以上因素共同作用下,英国经济迅速发展。经济基础的加强,为体育的蓬勃发展打下坚实物质基础。

3. 统治阶级的提倡。英国贵族,尤其是王室对体育的热衷,使平民纷纷效仿,推动了体育的发展。据记载,都铎王朝第二任国王亨利八世热衷狩猎,每次狩猎活动都要大张旗鼓;亨利八世的女儿,都铎王朝最后一位君主伊丽莎白一世则喜爱跳舞,经常举办通宵达旦的舞会;斯图亚特王朝国王查理一世热爱赛马。在王室的影响下,贵族和平民也纷纷参加王室热衷的运动,如查理一世热爱赛马,导致在当时的伦敦,观看和亲自下场参加赛马成为一种时髦的活动,赛马运动成为当时伦敦市民生活的重要组成部分。

(二)英国近代体育的特征

近代英国体育与现代体育有着本质的不同,表现为以下所述特征。

1. 体育的阶级性

与现代体育提倡全民参与,公平竞赛不同,英国近代早期的体育具有强烈的阶级属性,并在一定程度上成为维护等级社会秩序的工具。为了显示自己与平民的不同,英国统治阶级热衷于一些花费昂贵,平民阶级负担不起的运动,如高尔夫球、狩猎、马术等。高尔夫球需要大面积的草地作为球场,且草坪本身需要长期的维护,土地本身的价值以及长期维护的费用将平民排除在外;狩猎运动需要大片山林作为狩猎区域,需花费饲养马匹、猎狗的费用,以及昂贵的狩猎装备的费用;马术则需要负担昂贵的饲养和训练马匹的成本,这些都不是平民阶级能够负担得起的。平民阶级只能参与那些不需要太大花费的运动,如足球、棒球,以及各种斗狗、斗鸡等运动。贵族们甚至故意抬高猎枪等体育用品的价格,以垄断对体育的参与权。

2. 具有明显的乡野特性

与现代体育活动大多在城市开展不同,近代早期英国的体育活动多在乡野开展,如狩猎,必须在森林、草原上开展,只有那里才可能有足够的野生动物供狩猎。而平民所热衷的斗鸡、斗熊等活动,也往往在乡村更为流行。

3. 无规则性和伤害性

体育运动本身带有一定的风险,因此各国大多规定参加体育活动“自甘风险”原则或类似原则,现代体育运动通过制定一系列科学的规则,力求把不利影响降到最低点。但在近代早期的英格兰,各类体育运动尚处于萌芽阶段,规则很不完善,甚至没有规则。以早期足球运动为例,此类运动几乎没有任何规则可言,球赛几乎变成一场聚众斗殴,给社会秩序、人民生命财产安全造成极大的伤害。

二、近代早期到 19 世纪早期英国的体育立法

这一时期,体育运动开始在英国发展起来,但体育具有鲜明的阶级性特征,表现为:统治阶级热衷于一些花费昂贵的体育运动,如高尔夫球、狩猎等;而普通平民只能参加一些不需要太多花费的体育活动,如足球、斗鸡、斗狗等。体育在一定程度上继续成为划分阶级的工具。

为了维护等级制度,这一时期英国出台了一些法律,禁止平民参加一些贵族专属的体育运动。1541 年,都铎王朝国王亨利八世下令,禁止平民参加当时由贵族专享的保龄球运动;1618 年和 1633 年,斯图亚特王朝国王詹姆士一世[①]和詹姆士二世分别颁布法令,禁止平民阶级参加与其身份不相符的体育活动,并将体育活动分为合法与不合法两类。

由于英国早期体育运动的无规则性和无理性,体育运动往往会造成社会秩序的破坏甚至人身伤亡,严重影响英国统治秩序。鉴于此,同样在 1618 年和 1633 年,斯图亚特王朝两位国王颁布法令,试图对体育运动加以规范,但实际效果不佳。

这一时期的体育立法不多,主要为一些对体育运动加以限制的立法,体现了将体育作为维护阶级统治工具的倾向,体育运动等级化趋势明显。

三、19 世纪早期至“二战”结束英国的体育立法

随着工业革命的不断深入,英国社会生产力显著提高,社会财富大量积累,人民的物质生活水平不断提高,普通人的闲暇时间相对以前大大增

---

① 詹姆士一世(James Ⅰ),为苏格兰女王玛丽之子,1567 年成为苏格兰国王,称詹姆士六世,1604 年伊丽莎白一世去世后,兼任英国国王,称詹姆士一世。他在任期间,开创了英格兰、苏格兰和爱尔兰邦联时代。

加,为了娱乐消遣或是追求健康的目的,各类体育运动逐渐兴起。英国政府逐渐意识到,对体育运动加以规范和引导,不但有利于人民身心健康,并且有利于维护稳定的统治秩序。在这一背景下,英国开始逐渐有意识地制定专门体育法规。

(一)1780~1840年

工业革命早期,大量失地农民进入城市工厂成为产业工人,沉重的工作之余,他们沉迷于饮酒以及一些野蛮和血腥的体育运动。为了减少早期体育对社会造成的破坏,防止工人因体育娱乐而旷工,更为防止工人聚集在一起造成社会不稳定,这一时期英国通过了《禁止血腥运动法案》和《道路法案》等,试图用法律来规范体育休闲活动。

1833年,为了遏制当时流行于英国民间的斗牛、斗鸡、斗狗等一些较血腥和野蛮的体育运动项目,英国政府出台《禁止血腥运动法案》,禁止这类血腥的游戏。1849年又专门立法禁止斗鸡游戏,1854年则立法禁止利用血腥的动物斗殴进行赌博的活动。

1835年通过的《道路法案》旨在规范英国的交通秩序,其中第72条规定,如果在道路的任何部分踢足球或者进行其他体育活动,而惹恼行人的话,将被处以不超过40先令的罚款。这是英国第一次以法律的形式明文禁止无规则的足球运动。

(二)1840年至20世纪初期

这期间,英国政府重视休闲体育的发展,鼓励地方政府、社会组织兴建休闲体育设施,尤其是各类公园,以增加休闲场所。同时,这一时期英国政府允许公共基金用于体育事业,但英国中央政府并不想主动介入体育发展事宜。这一时期的立法大多聚焦于加大休闲体育设施的供应和改善工人福利,增加休闲时体育运动项目。

加大休闲体育设施供应方面:1852年通过《娱乐业用地法案》,1866年通过《公共卫生法案》,1872年通过《公园管理法案》,1874年通过《许可证法案》,1879年通过《大都会法案》。这些法案客观上增加了休闲体育运动设施和空间，尤其是公园的面积，在一定程度上起到引导工人阶级理性休闲的作用，缓和了社会矛盾。

改善工人福利方面：1867 年通过《工厂法案》，1871 年通过《银行假日法案》等。这些法案的通过，客观上改善了工人的福利状况，并在一定程度上增加了工人的休闲娱乐时间。

1870 年通过的《初等教育法案》(Elementary Education Act 1870)①要求初等学校按照军队训练形式开展体育教学。

(三)20 世纪初期至 1945 年

这一时期，英国经历两次世界大战后，其殖民地纷纷独立，国力从极盛走向衰落。20 世纪初期，自由民主党政府上台，实行社会改良，此时中央政府介入经济和福利领域已成为国家共识，英国政府越来越多地主动干涉体育事务，尤其是在休闲体育领域。

1909 年通过的《城镇规划法案》使英国政府第一次可以依法介入休闲体育设施的建设。该法规定，在城市建设中，政府必须规划并建设一定面积的娱乐活动空间。

1937 年通过的《体育运动与娱乐法案》(Physical Training and Recreation Act 1937)规定支持体育与娱乐活动是政府的责任，英国政府依据该法案拨款 200 万英镑用于支持体育与娱乐事业。

1944 年通过的《教育法案》则规定，所有教育机构均要为学生提供充分的体育锻炼场所和设备。

四、现代英国体育立法

1. 争议解决法

英国未设置官方的专门解决体育争端的机构，如果不能在国家管理机构(National Governing Bodies，NGBs)内部或者仲裁机构解决体育领域

① 因该法案由下议院议员福斯特推动通过，又称《福斯特教育法案》(Forster Education Act)。

的纠纷,那么只能适用《1996 年仲裁法令》(Arbitration act 1996)。

首先,对于简单的违纪、违规,不属于重大民事纠纷,NGBs 通常会通过内部设置的争议委员会解决该争议。其次,如果争议问题涉及民事赔偿等,NGBs 会要求会员单位或运动员通过预先根据《仲裁法令》签订的仲裁条款,组成仲裁机构解决问题,仲裁机构通常一裁终局。除了由NGBs 组成的仲裁机构仲裁外,会员单位或运动与还可以诉诸国际体育仲裁院(Court of Arbitration for Sport,CAS),CAS 也曾在英联邦运动会上设立了仲裁分院受理争议。如果会员单位或运动员并不想通过仲裁方式解决争议问题,它们可以通过《1996 年仲裁法令》第 9 条的条件来终止仲裁程序。最后,如果问题并不适合通过仲裁方式解决,或者会员单位或运动员如果执意通过法院解决争议问题,那么将由争议问题的具体性质决定管辖法院的级别、种类。可见,NGBs 通过与会员单位签订约定条款,倾向于在内部解决争议问题,这实质上扩充了 NGBs 的机构权限。

NGBs 获得了对争议问题的管辖权限后,以强制执行力保障来自NGBs 自身的竞赛规制权限。换言之,如果会员单位或者运动员不遵守NGBs 罚款、禁赛的处理决定,可能受到更严厉的制裁措施。参与竞赛涉及会员单位及运动员的根本利益,从这个意义上说,这种内部的制裁措施比起来法院的外部制裁更具效力。可见,NGBs 的管辖范围极大,公权力机关通常不会干涉其决定,例如,法院通常不会审查 NGBs 临时仲裁机构的仲裁决定,只有在 NGBs 的决定严重违反了公共利益时才会加以审查。NGBs 亦规定了内部的上诉程序,法院通常无法进一步审查其裁决的合法性。根据《1996 年仲裁法令》的规定,只有在法庭缺乏实质性管辖权、裁决受到严重违规行为的影响或裁决因法律程序问题被上诉时,法院才能审查。

以英国足球仲裁制度为例,典型代表性案例是托特纳姆热刺足球队仲裁案(tottenham hotspur F. C. Case)。热刺队因为涉嫌在 20 世纪 80 年代欧文 · 肖勒(Irving Scholar)任主席期间发生的财务违规行为而受到调查。1994 年 6 月，该俱乐部被认定为非法向球员付款，被罚 60 万英镑，在 1994～1995 赛季被扣除 12 个联赛积分，并被禁止参加当赛季足总杯。经过上诉，热刺队虽然减少了扣分，但罚款提高至 150 万英镑，随后经过仲裁小组决定，保留了热刺队的罚款，撤销了扣分和足总杯禁令。

对于特殊体育人员，由行业特殊法庭管辖，代表性案例是 Richard Freeman 案。[①] 2021 年 3 月，法庭还认定弗里曼在 2011 年为一名自行车运动员订购睾酮（一种受世界反兴奋剂机构和英国反兴奋剂条例限制的兴奋剂），认定弗里曼知道或相信帮助一名自行车运动员服用了兴奋剂。判决后，弗里曼被英国医疗总会（General Medical Council，GMC）从医学登记册上永久除名，弗里曼由此断送了医生职业生涯。两年后，弗里曼又面临独立于 GMC 的医生审裁处（Medical Practitioners Tribunal Service，MPTS）的指控；2021 年 2 月，英国反兴奋剂组织（UKAD）指控弗里曼违反两项反兴奋剂规则："持有违禁物质"和"篡改或试图篡改兴奋剂控制的任何部分"。弗里曼表示，他打算对部分指控提出异议，并要求举行听证会，如果事实为真，他可能会被禁赛 4 年。弗里曼案展现了英国全方位的体育争议解决程序，具有制度成熟、行业自律和多方规制的特点，同时也表明了英国法律设置了巨大的体育违法成本。

2. 侵权法

自甘风险规则是体育世界的天然法则。英国具有悠久的体育历史，著名的自甘风险或称自愿冒险（Assumption of Risk）规则即起源于英美法。所谓自甘风险，指的是当事人预知将参加的活动具有风险而自愿冒险，那么当风险导致损害时，就应由自己承担责任和损害后果的原则。

自甘风险规则在英美法上十分发达，学理上分为约定和未约定情形两种情况。未约定自甘风险免责的情形也被称为"默示自甘风险"

---

① 弗里曼是一位前体育医生，一直服务于 British Cycling 和 Team Sky。在曼彻斯特的一个医疗法庭上，弗里曼被 GMC 指控其有协助自行车运动员服用兴奋剂及其他不当行为，他承认了 22 项指控中的 18 项。

(Implied Assumption of Risk),包括主要的默示自甘风险(Primary Assumption of Risk)和次要的默示自甘风险(Secondary Assumption of Risk),其区别在于前者不要求责任人有安全保障义务和注意义务,而后者通常要求责任人具有这些义务。通过合同条款约定的方式,免除主办方的安全保障义务,在学理上,这被称为"约定自甘风险"(express assumption of risk),该类条款免除的主要是组织者和经营者的责任,通常与体育参与者无涉。因此,通常竞技行为导致的意外伤害并不能构成承担责任的基础,但是,这并不意味着体育运动参加者获得了完全的豁免,其也有可能承担其他民事或刑事责任。

在安全保障义务方面,涉及体育活动的组织者、体育场馆的管理者和经营者的责任和监管问题。1957 年《占用人责任法》(The Occupier's Liability Act)为体育义务确定了基本框架,其一般性地规定明确,任何场所的占用人或控制者必须确保进入者在其场所内处于符合合理标准的安全状态。

NGBs 对体育活动的组织者、体育场馆的管理者和经营者设定了更多健康、安全相关的具体安保义务要求,1975 年《运动场安全法》(Safety of Sports Grounds Act)规定,超过一万人的大型运动场的管理者和运营者必须遵守一些全面、具体的场馆硬件、审查等规定。主办方还必须考虑到 NGBs 的要求,如座位规格、场馆内品牌和广告、媒体和竞赛官员的通道和设施等。此外,还要考虑到残疾设施、酒水销售、广告宣传合法性的问题。

在民事责任方面,体育参加者对其他参加者负有注意义务,其注意程度并没有统一的标准,而是取决于每项运动的比赛等级、项目特征、比赛惯例等要素。负有注意义务意味着,体育参加者主观上不能存在过失(Negligent)、疏忽(Reckless)乃至故意(Intentional)。在刑事责任方面,因为与民事责任具有不同的成立标准,通常当事人承担刑事责任的可能性小于承担民事责任的可能性。以违规行为为例,一般的违规行为不会导致行为人承担任何责任,即使是严重的违规行为也很难达到刑事责任的标准,但是,如果没有尽到合理注意义务,那么行为人就有可能承担民事责任。

在英国,体育活动伤害所导致的民事诉讼并不罕见,不仅涉及职业运动员,也涉及业余运动员和观众。常见的诉讼原因有,球场基础设施不完善或维护不及时、拉力赛中偏离轨道的汽车、暴力行为、不合理铲球等。在 Collett v. Smith and Middlesbrough Football and Athletics Company (1986) Ltd. 案①,法院判决受伤的年轻运动员可得到高额赔偿;Cleghorn v. Oldham 案②则涉及观众侵权的责任承担。

3. 人格权与赞助法

将肖像(Image)、荣誉(Honorable Reputation)授权他人用于产品推销、活动推广等商业活动,是运动员获取赞助最常用的方法。同为英美法系的美国发展出了隐私权等人格权,但是英国没有发展出类似肖像权等人格权。在英国,运动员"肖像权""荣誉权"等人格权的保护需要与传统的诉因相联系,法律实践中往往通过迂回的方式保护相关权利。由于相关法律规范的空白,而授权又与权利保护、合同效力、国家税收等问题密切相关,英国学者开始寻求从知识产权等方面保护相关权利,比如将肖像视为一种商标,或者尝试建构相关的人格权体系完善保护。

肖像权授予的方式包括:运动员自己或聘请经纪人授权、授权 NGBs 代理、授权 NGBs 转授权第三方专业运营机构。经过授权后,被授权者就可以制作商品或进行活动宣传。在这种情况下,运动员虽然获取了收入,但要面临被商业组织过度宣传甚至反向宣传的问题。比如,使用运动员肖像制作一些违法违规宣传,使用运动员的姓名、荣誉等开展虚假宣传。

① [2008] EWHC 1962 (OB). Collect 在 2003 年 5 月的一场足球比赛中受伤,此时他 18 岁,正在曼联的预备队踢球。然而,事故发生后,他丧失踢球的能力,随后放弃了职业生涯。初审时,他获得的赔偿总额超过 450 万英镑,其中包括 380 万英镑的未来收益损失,虽然之后被告提起上诉,但法院驳回了上诉。这个案例的亮点在于,法院认可了原告高额的诉讼赔偿要求,以及原告未来成为优秀运动员的机会的损失。

② 43 T. L. R. 465 (1927).

为了缓解这种现象及可能产生的道德问题，运动员、NGBs、商业组织间通常会在授权协议中添加道德条款(Morality Clause)，具体内容取决于合同主体的特征、授权的内容、活动的性质等要素。运动员希望通过道德条款来收紧授权范围、预防道德风险，而商业组织则希望获得最大的授权张力、自由空间和尽可能少的限制。

运动员、NGBs 的授权并非完全自由，由于体育授权类型的多样和广泛的影响力，授权内容通常关涉国家利益和社会公共利益，并受各种限制，且这种限制并非固定不变，而是随着项目、观念、风俗等因素而不断变化。这种限制通常由前述 NGBs 各种规范规定，但是监管机构，如英国广告标准局(Advertising Standards Agency，ASA)或通信办公室也会颁布一些限制授权内容的规范。有关烟草、酒类和赌博等营销产品的法律规范相对严格，法律规范一般会特别限制向未成年人的销售。比如，英国有悠久的体育博彩传统，随着越来越多的人通过手机和平板电脑等移动设备下注，在线博彩广受欢迎并持续增长，通常英国法会禁止博彩商发布有关于儿童的赌博广告。赌博法的重点不是限制赌博，而是确保赌博业务公平对待其客户，并确保 18 岁以下的青少年不得参加赌博活动。英国足协制定了足球专项规定，禁止青少年和俱乐部球队在球衣上印制赌博赞助商的名称。

2019 年新百伦诉利物浦足球俱乐部案①(New Balance Athletics,

① [2019] EWHC 2837 (Comm). 新百伦与利物浦足球俱乐部(LFC)于 2011 年缔结赞助合同，并于 2012 年和 2014 年修订了合同内容。赞助合同第 16 条规定了续约的问题，明确在“第一次交易期间”双方应真诚协商合同的续签问题，如果未达成续签协议，LFC 可与新百伦的第三方竞争对手进行赞助商谈，如果确实从第三方收到了可接受的报价，LFC 必须向新百伦提交此类报价的具体条款，在新百伦可以提供与第三方竞争对手同样的赞助内容时，LFC 应当与新百伦而非第三方续签赞助合同。但是，当 LFC 与耐克商谈后，LFC 给新百伦的并非常年的报价条款，而是与耐克签订好的合同。由于 LFC 在 2019 年取得了好成绩，商业价值暴增，耐克的报价是每赛季向 LFC 支付 3000 万英镑，外加除鞋类外所有许可产品净销售额的 20% 和许可鞋类净销售额的 5% 等一系列优厚赞助条件，此外耐克还将发动品牌优势邀请勒布朗·詹姆斯等至少 3 位非足球巨星代言，在全球不少于 6000 家(其中 500 家将由耐克拥有或控制)商店销售授权产品。新百伦表示将提供同样的条件，但是 LFC 认为新百伦不能达到与耐克一样的报价条件，并未与新百伦续约。

Inc. v. The Liverpool Football Club and Athletic Grounds Limited)是体育赞助纠纷的典型案例。新百伦声称利物浦俱乐部违反了合同的续约条款并要求其赔偿,法院认为新百伦无法邀请到相匹配的巨星代言并非利物浦俱乐部违约所致,判决新百伦败诉,新百伦的上诉也被驳回。

4. 品牌保护

由于品牌对于体育组织建立深入人心的形象、吸引粉丝和创造收入至关重要,体育组织通常采用多种方式保护其品牌的名称、徽章和徽标等内容。

(1)注册网站域名。抢先注册网站域名是体育组织常见的品牌保护方式,此外,抢先注册类似域名也逐渐成为一种常用的反向保护方式,注册域名后,体育组织通常会向搜索引擎购买排名靠前的位置。除了注册网站域名,体育组织通常会在脸书、推特等社交媒体上注册账号,以最大限度地扩大公共领域的保护。

(2)商标与版权保护。注册商标实际上采用的是知识产权的保护方式。在体育领域,版权存在于书籍、文章、博客、电影和其他视觉镜头等一系列原创材料中,这些都可以增加品牌价值。因此除了注册商标,还可通过版权保护品牌。擅自使用体育组织未经授权的注册商标或者版权的行为,体育组织可采取多样的救济措施,比如,体育组织可以提出损害赔偿、法院颁布禁制令等诉讼请求。商标并不能像版权一样自动获得,这意味着在未注册前,体育组织或个人并没有相关的品牌权利,存在被其他组织、个人抢先注册的可能性,可能发生侵权,并且抢注的风险并不能被完全避免,因为注册域名、商标都需要大量成本。此外,公开程度更高的品牌存在被抢注的可能性更大。如果域名、商标不幸被抢注,可以通过租赁或购买方式使用域名、商标,或者寻求互联网名称和号码分配公司(Internet Corporation for Assigned Names and Numbers,ICANN)等机构的帮助,通过争议解决程序解决问题。

(3)假冒经营制度。英国法上的"假冒经营"制度为体育组织权利救济提供了专门方式,其行为指的是一种销售商品或经商时所使用的名称、符号、说明等足以使公众误认为是另一人的商品或商业运作的行为。被假冒的人有权起诉请求赔偿损失并禁止被告继续假冒行为。

(4)特殊保护。个人品牌的保护不仅包含前述注册域名、注册商标等方式,还包括特殊保护方式。著名的职业体育运动员通常会创办自己的体育运动品牌,比如前世界拳击冠军伯纳德·哈特(Bernard Hart)创办了龙狮戴尔(Lonsdale)品牌。其特殊性体现在,如果该品牌如运动员的姓名相关联,运动员可以诽谤为诉因起诉品牌侵权者。与个人品牌相关联的通常还有肖像,运动员还可通过肖像保护有关的诉因保护自己的品牌。

5. 体育自然人移动

体育领域中,多国籍球员组成队伍的情况非常普遍。以英格兰足球超级联赛(以下简称英超)传统强队利物浦为例,除本土知名球员外,其拥有大量来自世界各国的知名球员,如巴罗什(Milan Baros)来自捷克,哈维·阿隆索(Xabi Alonso)来自西班牙,这种现象被称为做体育自然人移动(Sport Movement of Natural Persons)。该词借用了国际经济法上自然人移动的概念,指的是运动员、教练员、行政人员的体育服务提供者向另一成员方的自然人提供服务,在这种情况下,运动员等服务提供者发生移动,但服务接受者并不移动。

体育自然人移动首先应当考虑的是工作许可证和签证的问题,但该问题须视体育自然人的性质和英国脱欧分别讨论。第一,由于运动员、教练员、行政人员的工作性质存在差异,其审批手续亦存在差异。通常而言,英国内政部要求引入运动员必须能提高国内的竞技水平,如果能首先通过 NGBs 内部事务机构的认可,开具赞助证明,再通过内政部的认定,运动员会被认为是“有技能的人”,得到工作许可签证。此外,英国还设立了一个特别豁免小组,负责审议特殊情况。相较而言,教练员和行政人员通过认定的难度要大一些。第二,英国的相关法制很大程度受到脱欧的影响,脱欧前后的证照办理存在差异。脱欧前英国的相关制度主要采用欧盟法,欧盟或欧洲经济区国家的运动员、教练员、行政人员能够相对容易地办理证照;随着英国脱欧,以后的证照办理将主要依据英国国内法。当然,由于新冠疫情的影响,脱欧迎来了一定期限的缓冲期,欧盟法在英国还将在未来一定期限持续发挥作用。获得签证后,对于想要获得永久居留的体育主体,它们通常需要满足在英国持续居住满 5 年的条件,如果 5 年内较有长时间不在英国,这将影响其获得永久居留资格。此外,根据欧盟法,体育主体也可以携带家属,但家属的权利取决于体育主体的工作及权利性质。

脱欧及英国与欧盟间的谈判对英国乃至欧洲的体育法制的影响注定是深刻的。2016 年 6 月 23 日,英国公众投票决定退出欧盟。英国脱欧后体育自然人移动会受到多大程度的影响还不清楚,但是,可以肯定的是,对体育自然人移动可能产生的影响有如下两点:①足球等传统优势项目仍将在很长时间内保持高水平能力并吸引世界上优秀的运动员,但是监管政策的改变可能会导致俱乐部球员引入成本的升高,影响本土球员。②国内不同机构的态度并不相同。英国的体育机构不必适用欧盟法律,可以更容易地采用国籍配额制度加强运动员的挑选。英格兰足球总会等体育机构甚至可能会认为对己有利,可以增加本土球员参加联赛的比例,提高国家队水平。但对于英超等体育品牌而言,限制海外球员的交流可能对其有害,主要是可能会在赛事水平、品牌价值和国际影响力等方面落后于欧洲其他联赛。总之,英国脱欧对英国体育法制的影响将取决于英国政府与欧盟谈判关系的性质。

五、英国体育法的新发展

2019 年 6 月,《英联邦运动会法案》出台,该法案为在伯明翰举办的 2022 年英联邦运动会提供支持,同时提供总额为 7.78 亿英镑的一揽子公共资金。

2019 年 10 月召开的关于英国国家反兴奋剂政策变更的协商会,规定了英国国内体育委员会、NGBs 和国家反兴奋剂委员会的作用和责任。

随着 2020 年 Sportradar v. Football Data Co. ,Betgenius And Genius

Sports Group 案[①],2021 年红牌计划(Project Red Car)和类似计划的启动和进展,运动员数据权属的问题引发了越来越多的争议。Sportradar 案充分表明,运动员数据的权属问题已经延伸到公法领域,影响到了其他类型案件的正常审理。

2021 年红牌计划启动,400 名英国职业足球运动员签署了该计划。这些运动员计划对电脑游戏开发商和博彩公司等公司采取法律行动,这些公司在未经同意或补偿的情况下使用了他们的表现和跟踪数据,并将这些数据用于商业用途。可以预见,《欧盟通用数据保护条例》(GDPR)确立的核心原则——知情同意原则将对本计划产生影响。虽然运用专业数据公司分析球员的数据客观上有助于球员的进步,但是如果有公司想要传播、使用运动员的数据,需要运动员签署同意书才能使用这些数据,而且让运动员知情的过程应当简明易懂,运动员的授权同意应当清晰准确。

除知情同意规则外,运动员们还可诉诸其他原则:(1)信息处理的透明度和公平性原则。GDPR 要求以"公平和透明"的方式处理数据,如果这些数据处理实体没有明确告知运动员如何使用数据,这将是缺乏透明度和公平性的证据。此类索赔的力度将取决于参与数据处理的实体的实际情况及其与此类参与者的隐私协议。(2)数据处理合法原则。GDPR 要求有合法数据处理依据,贯彻知情同意原则是满足合法性的要件之一。(3)敏感数据特殊处理原则。GDPR 为任何正在被处理敏感数据的个人

---

① [2020] CAT 25. Sportradar 案中,Sportradar 在竞争上诉法庭(Competition Appeal Tribunal,CAT)对足球数据公司(Football DataCo,FDC)、Betgenius 和 Genius Sports Group(合称 Betgenius)提出索赔。该索赔质疑 FDC 授予 Betgenius 的长期独家权利的合法性,该授权给予 Betgenius 收集、整理和提供英超联赛、英格兰足球联赛和苏格兰职业足球联赛球场数据的权利,以支持博彩公司的现场博彩。作为回应,FDC 和 Betgenius 表示,他们打算对 Sportradar 提出反诉,并对部分 Sportradar 的数据员提出索赔,反诉到涉及关乎下游市场竞争的 Sportradar 的场内球探业务。由于第一被告人 FDC 提出将 Sportradar 的诉讼移交给高等法院,虽然第二被告人和第三被告人都支持第一被告人的申请,但 CAT 认为,处理竞争法问题前应当明确有关财产权属等私法问题,将私法问题和公法问题相分离,因此拒绝了将诉讼移交给高等法院的申请。

提供更高级别的保护。运动员的医疗数据、健康信息,例如脂肪含量或心血管指标,可能被认为是个人的敏感信息,该类信息的保护就不同于经由比赛广播等形式收集的一般个人数据。(4)数据画像(profiling)保护原则。博彩公司和网络游戏公司参与创建完整的运动员画像,并以此为基础提供服务和产品。GDPR 保护数据主体的数据画像权利,并保护运动员不成为此类画像主体的权利。如果未经过严格的知情同意,运动员可以要求相关公司删除自己的数据画像。

在诉讼中数据公司可主张合法利益(Legitimate interests)寻求豁免。数据公司可以通过证明数据处理对合法利益是必要的,为了履行合同或为了处理实体或第三方的合法利益而确有必要,并且这种利益比足球运动员的权利更为重要,GDPR 允许处理数据。在个案中应当考虑以下因素:实体在处理过程中应具有合法利益;处理对于该利益是必要的;该利益优先于个人的权益。足球俱乐部可能会辩称,根据 1974 年的《工作健康和安全法案》,为了维护球员的健康,他们有足够的合法利益处理运动员数据,甚至是处理敏感数据,例如医疗和生物特征数据,以确定运动员是否有患心血管疾病的高风险。但是,视频游戏开发商和博彩公司可能被限制解释其对此类医疗数据的使用和商业化。

据“运动员”(The Athletic)网站介绍,英国足球运动员中的英超顶级球星的个人统计数据价值可能超过数亿英镑,随着该信息价值的上升,关于运动员数据权属的争议会越来越大。红牌计划是里程碑式的运动员数据保护案例,具有相当大的示范意义,红牌计划将对包括俱乐部和其他权利持有人使用和利用球员数据产生何种间接影响,值得期待。与此同时,俱乐部、博彩公司、游戏开发商在获取、收集和利用运动员数据时需要仔细考虑 GDPR 的规定。

第三节 英国的体育政策

英国体育政策的历史，以“二战”结束为界限，可以明显划分为两个阶段：从18世纪中叶工业革命开始至1945年“二战”结束；从1945年“二战”结束至今。在前一阶段，英国政府并无一个脉络清晰的体育政策，对于体育，政府并不鼓励其发展。即使有一些涉及体育的政策法令，也是从社会福利、治安乃至城市建设、公共卫生等角度出发制定的，并非专门针对体育。“二战”之后，英国政府才真正开始有意识地制定体育政策，其体育政策经历社区体育—竞技体育—社会体育的发展。

一、“二战”前英国的体育政策

（一）工业革命早期

如前所述，从工业革命至“二战”结束前，英国政府并未意识到体育是一种独立的社会现象。这种观念的存在，加之早期英国体育运动无规则性所导致的破坏和伤害，使政府认为部分体育活动是一种对社会有害的活动，于是予以禁止和打击，如制定了《禁止血腥运动法案》《道路法案》，禁止斗鸡、斗狗等野蛮血腥的体育活动。

这一时期英国政府的一系列举措，尽管确实起到了管理体育的效果，但与传统意义上的体育政策有很大区别，其出发点是为了维护社会正常秩序、减少无谓伤害，而非促进体育运动的发展。

（二）19世纪至20世纪早期

这一时期英国体育政策经历从较少干涉到支持、鼓励体育运动的转变。19世纪是工业革命高速发展时期，也是英国经济快速发展时期，英国在这一时期一跃成为头号强国。这一时期的英国，深受亚当·斯密及其《国富论》的影响，信奉“市场万能论”，实行自由主义的政治、经济政策，认为市场能够解决一切问题，管的越少的政府才是好政府。在这种观念影响下，英国政府对于体育也采取较少干预的态度，除非体育活动影响社会秩序、伤害他人，否则一律不加干涉。

然而，随着工业革命的深入，经济得到迅速发展，物质条件大大改善。随之带来人民生活水平的提高和劳动时间、强度的相对降低，这一切使劳动人民休闲娱乐的时间大大增加。无论是从缓解阶级矛盾、维护社会稳定的角度，还是从维护最基本身体健康的角度出发，对体育运动持放任态度已经不符合英国统治阶级的利益。一方面，英国兴建了大量的公园，以促进劳动人民的休闲体育活动；另一方面，出台了一些旨在保护劳动人民最基本福利的法律，以法律的形式保护劳动人民的体育运动权利。但这一时期的体育政策缺乏独立性，属于社会福利政策的附属产物。

这一时期兴起了所谓"理性消遣"，其主要内容为提倡健康的休闲娱乐方式，反对那种危害社会稳定的休闲娱乐方式（如英国早期那种无规则的足球运动）。"理性消遣"促进了体育规则的进一步完善，最终使英国政府从正面看待体育，意识到发展体育重要性。

1870 年的《教育法案》要求学校效仿军队训练，开展军事体育。这是英国最早的学校体育法律，标志着英国政府开始意识到学校体育的重要性。

（三）20 世纪早期至"二战"结束

由于两次世界大战的爆发，英国经历两次全国动员，在现实军事需求的压力下，英国政府不得不重视国民的身体锻炼，以充实潜在的战争资源。体育与娱乐中央委员会（Central Council of Physical Recreation，CCPR）的成立，标志着英国开始有意识制定独立的体育政策。

CCPR 于 1937 年颁布《体育训练与娱乐条例》，该条例在英国历史上第一次肯定体育和娱乐是一类独立的社会现象，英国政府也破天荒第一次拨款 200 万英镑资助体育运动。英国政府在这一时期也建设了大量体育基础设施。

二、“二战”后英国的体育政策

纵观“二战”后英国体育政策发展的历史，可以清晰划分成两个阶段：“二战”后至20世纪90年代后期和90年代后期至今。前一阶段，英国体育政策主要聚焦于社区体育，将发展社区体育视为一种公共福利，甚少关注竞技体育的发展；后一阶段，英国政府将体育政策重心转移至竞技体育，以夺取更多的奥运金牌为目标，实质上是“以金钱换金牌”的策略。

“二战”后，受到20世纪40年代贝弗里奇（Beveridge）提出的福利国家学说的影响，英国社会政策着眼于建立一个福利国家。体育政策也相应更多着眼于发展社会体育，尤其是社区体育，将体育视为社会福利的一部分。集中体现了“民本主义”的思想。这一时期英国政府制定体育政策的着眼点是社会体育和学校体育，很少兼顾竞技体育，竞技体育几乎处于边缘化地位。这种状况一直持续到1992年以梅杰为首相的保守党政府上台。

1992年梅杰政府上台后，一改以往忽视竞技体育的传统，开始把竞技体育放在优先发展的位置，先后颁布《21世纪体育纲要》（Sports for 21th Century）和《体育：竞赛的提升》（Sports：Rising the Game）两个政策性文件，并新组建了国家遗产部（Department of National Heritage，DNH），负责体育政策的制定。

1997年布莱尔担任首相后，更是颁布《奥运会计划——推广政府体育与健身活动战略》（Game Plan：A Strategy for Delivering Government's Sport and Physical Activity Objectives）和《全民未来体育计划》（A Sporting Future for All）两个文件。其中，前者直接宣布英国政府将投入大量资金，提升竞技体育，尤其是奥运项目的水平，目标直指奥运夺金；后者则着眼于竞技体育训练人才的培养。这两项政策收到了较好的效果，2012年伦敦奥运会，英国金牌总数仅次于美国、中国列第3位；2016年里约奥运会上金牌总数更是仅次于美国列第2位。

进入21世纪,英国体育理事会承担了发展竞技体育的任务。该理事会于2007年颁布《2012使命》(Mission 2012),以促进竞技体育发展,并与文化、传媒与体育部共同颁布《黄金赛事系列》(Golden Event Serious),力图在伦敦奥运会之后,继续保持英国竞技体育水平。

(一)"二战"后至20世纪50年代末

这一时期英国主要任务是医治"二战"创伤,恢复经济,进行大规模基础设施建设和改善人民生活条件,制定新的体育政策尚未被列入英国政府议事日。这段时间内,英国未颁布新的体育政策,体育主要依赖于非营利机构的组织和发展,政府很少直接介入。

(二)20世纪60年代:社区体育优先

1957年,英国政府成立了沃芬顿(Wolfenden)体育委员会,标志着英国政府开始重视社区体育,也标志着英国政府开始筹划制定战后第一个体育政策。1960年,沃芬顿体育委员会发表报告,指出应大力发展社区体育。以沃芬顿报告的发表为契机,英国政府开始制定战后第一个体育政策——要求在中央政府的领导下,地方政府以发展社区体育为主要任务。

(三)20世纪70年代:"福利国家"观下矛盾的体育政策

尽管在1965年英国政府已成立中央体育委员会咨询委员会,但在整个20世纪70年代,英国的体育政策呈现相大的矛盾性,显得杂乱无章。表现为在发展社会体育的政策导向下发展竞技体育。

受福利国家观念的影响,英国政府将发展体育视为打造"福利国家"的一部分,将体育纳入社会福利范畴看待。这个观念带来的结果便是英国政府选择优先发展社会体育。

继承20世纪60年代发展社区体育的政策,英国政府先后于1973年、1975年和1977年颁布《体育与休闲》《体育与娱乐》《城市的政策》3本白皮书,集中体现了英国政府把体育视为休闲和娱乐手段的观念。在这种观念的主导下,英国的体育政策与其说是社会体育优先发展,不如说是将体育资源向特定人群(主要是青少年和弱势群体,如少数族裔)倾斜的政策。

这一时期,资源分配向竞技体育倾斜。不列颠体育理事会成立后,被赋予了咨询和分配政府体育资金的权力。尽管在整个20世纪70年代,英国实行社会体育优先的政策,但不列颠体育理事会开始把资金分配向竞技体育倾斜,这种倾向在20世纪80年代更为明显。

1972年,英国政府颁布《体育供给计划》,承诺到1981年将建设一定数量的体育场馆和其他体育基础设施。

(四)20世纪80年代:新自由主义下体育政策的转变

1979年撒切尔首相上台后,保守党政府开始奉行被称为"撒切尔主义"的政治、经济政策,新自由主义观念对这一时期的体育政策产生了重要影响。

1. 实质上的竞技体育优先

撒切尔政府上台后,提出要重视体育政策实施各环节的问责制和考察体育政策的收益。而在20世纪60~70年代,尽管大量资金被用于优先发展社会体育,但是政策的实施杂乱无章,其效果也难以衡量,这导致保守党政府不得不反思社会体育优先的政策。

在"福利国家"的口号下,保守党政府暂时还不能公开宣布竞技体育优先的政策,甚至不列颠体育理事会还在1982年推出其政策性文件《社区体育:未来的十年》,声称在未来10年内,英国政府还将延续关注社区体育的政策导向,但是英国政府通过不列颠体育理事会,将资金不断投向竞技体育领域。

由于社会体育优先政策和资金倾向投入竞技体育领域的矛盾,这一时期英国体育政策仍然是模糊不清的,政策制定与实施协调性明显不一致。

2. 体育领域私有化

从20世纪60年代英国政府有计划制定体育政策以来,政府通过大量投入资源,基本建成覆盖全国的体育场馆网络,这些体育场馆完全是福利性质的;加之不列颠体育委员强调社会体育领域的非营利化,在大量资金投入的前提下,体育场馆总体上属于国有,且具有公益性质。

1979 年撒切尔夫人所在的保守党上台后,改变了英国“福利国家”的政策,大规模削减预算,并推行私有化。这一政策反映在体育领域便是对体育场馆实行私有化和强制招标(Compulsory Competitive Tendering, CCT),以降低成本。

伴随撒切尔政府的改革,以及政府将重心倾斜至竞技体育,这一时期英国社会体育总体上原地踏步,甚至有所倒退。

3. 社区体育继续得到发展

尽管这一时期英国体育政策在竞技体育和社会体育之间摇摆不定,但英国政府还是出台一系列改革社区体育的政策,社区体育在这一时期得到较大发展。

除上面提及的《社区体育:未来的十年》之外,1988 年,英国政府还出台多项改革法案,直指社区体育改革。根据教育改革法案的规定,以前由合作方式建设的社区体育设施,现改为社区自行负担;《运动和休闲设施的竞争规则》对运动和休闲设施的建设提出强制性招标的要求;《儿童法案》要求必须为儿童提供游戏场所;《城镇和乡村规划法案》要求城乡规划必须包含社区休闲体育设施等。

以上政策进一步推动了英国社区体育的发展。

(五)20 世纪 90 年代至 2010 年:大力发展竞技体育

尽管在整个 20 世纪 80 年代之前,英国竞技体育处于被政策遗忘的境地,但大不列颠体育理事会仍然在发展社会体育和学校体育的同时,试图兼顾竞技体育。该理事会成立时的目标即“提高竞技体育水平,发展休闲体育运动”。20 世纪 80 年代,该理事会又分别出台《社区体育:未来十年规划》(Sport in Community:the Next Ten Years)与《90 年代社区体育展望》(Sports in Community:into the 90's),这两项重要的体育政策中均包含对竞技体育的规划,政府也开始意识到竞技体育的重要性,并加大资金投入。①

自 1992 年梅杰所在的保守党政府上台后,英国竞技体育政策迎来转机。梅杰政府首先成立国家遗产部,专门负责制定体育政策,并宣布"未来国家的体育发展重点将由社区体育和休闲运动逐渐转向竞技体育"。并于 1994 年和 1995 年先后颁布《21 世纪体育纲要》和《体育:竞赛的提升》,明确宣布将把竞技体育放在优先考虑的地位。

1997 年布莱尔担任首相后,将国家遗产部改名为媒体、文化与体育部,并先后颁布了《奥运会计划——推广政府体育与健身活动战略》(Game Plan:A Strategy for Delivering Government's Sport and Physical Activity Objectives)(以下简称《奥运会计划》)和《全民未来体育计划》(A Sporting Future for All)(以下简称《未来体育计划》)两个政策性文件,目标直指提高英国竞技体育水平。1999 年布莱尔政府促成《地方政府法案》通过,其中规定提供体育服务是地方政府的义务之一。

20 世纪 90 年代以来,英国越来越重视竞技体育的发展。1995 年,英国政府颁布《体育:竞赛的提升》,终于将体育政策的重点放在竞技体育方面,尤其是奥运会项目上,一改以往在体育政策上模糊不清的倾向。受 1996 年亚特兰大奥运会成绩不佳的影响,在社会舆论的压力下,英国政府开始重视竞技体育,并颁布一系列政策鼓励和发展竞技体育。在 2012 年伦敦奥运会上,英国金牌和奖牌数均排在美国、中国之后,列第三,超过了传统体育强国俄罗斯;2016 年里约奥运会上,英国金牌和奖牌总数仅次于美国,列第二。可见,英国竞技体育优先的政策收到了良好的效果。

1.《奥运会计划》

鉴于英国长期以来在竞技体育领域,尤其是奥运赛场上的表现不甚理想,社会舆论认为这与英国的国际地位不相匹配,加之通过销售体育彩

---

① See Barrie Houlihan & Mick Green, *Elite Sport Development: Policy Learning and Political Priorities*, Routledge, 2005, p. 54.

票，英国政府获得一笔可观的收入。上述两方面的因素促使英国政府于1994年出台了《奥运会计划》。

《奥运会计划》以提高英国代表团在奥运赛场上夺取的金牌数量为直接目标，以建立系统化和专业化的竞技体育发展政策为核心，企图用加大资金投入的方式，提高英国能获取奥运金牌的数量。同时，《奥运会计划》也没有完全忽略社会体育，在一定程度上鼓励民众参与体育运动。

该计划也重视体育人才的培养及政府与学校、职业体育俱乐部间的合作。英国政府认识到，竞技体育人才在选拔和发展上存在脱节现象。政府的体育部门必须与学校和职业体育俱乐部之间建立良好的协作关系，资助学校中优秀体育人才成长，并借助职业体育俱乐部成熟的培养体系，更好地培训竞技体育人才，打破竞技体育人才在选拔和发展上的脱节现象，从而建立一个统一和高效的人才培养体系。

《奥运会计划》所提出的2012年伦敦奥运会上金牌总数位列前5名的目标已经超额实现，甚至在2016年里约奥运会上英国金牌数排名第二，从这点来看，《奥运会计划》无疑是非常成功的。但该计划的实质是“用金钱换金牌”，具有极其强烈的功利性，一旦离开大量的经济支持，奥运金牌数量便立刻下降。这在2020年东京奥运会上已经显现。尽管在该届奥运会上英国获得22枚金牌，排名第4，但与第一名美国39块金牌、第二名中国38块金牌相比，已经拉开明显差距。可见随着该计划的效果在伦敦和里约奥运会上达到顶峰后，英国竞技体育水平已开始回落。

2.《全民未来体育计划》

1997年英国工党政府执政后，仍然以竞技体育和学校体育为其政策的重点，社会体育的地位相对较低。

2000年工党政府提出《未来体育计划》。《未来体育计划》旨在继续发展学校体育，强调体育的游戏性和娱乐性，并激发民众参加体育的兴趣；重点是培养更多体育训练人才，充实竞技体育的培训基础。

工党政府在《未来体育计划》中描绘了一个宏大的体育发展战略，其核心是发展学校体育，包括改善学校体育硬件设施、提高学校体育教学质量;分配体育彩票收益时向学校体育适当倾斜;建立专业体育学校等。《未来体育计划》的重点是加强体育人才培养,以更好地服务于竞技体育。为此,《未来体育计划》要求设立专业的体育院校,培养大量专业体育训练人才,从而充实学校体育教育和竞技体育训练。同时,《未来体育计划》还建议体育专家深入介入竞技体育训练,提供科学、专业的训练指导。

《未来体育计划》将政策分解成三个次要目标:提高青少年参加体育锻炼的比例、延长人的运动年龄、培养体育训练人才。①

为促进《未来体育计划》的实施,工党政府规定了地方政府和英国体育理事会的职责。对于地方政府,工党政府要求其承担管理和维护地方体育基础设施的责任,提供相应的服务,并支持非营利性体育俱乐部的发展。对于英国体育理事会,工党政府则要求其重视经济体育人才的培养。为此,工党政府给予英国体育联合会以广泛的支持,并从电视转播权的收益中划拨 5% ~10% 用于支持体育基础设施建设和基层体育人才培养。

3. 体育可持续发展概念

20 世纪 80 年代末,不列颠体育理事会提出体育可持续发展的概念。该概念揭示了不同领域的体育和相应的体育政策之间的逻辑关系。该计划引进一个金字塔模型,位于金字塔底层的是儿童和青少年体育及基本体育技术,位于塔尖的则是竞技体育运动员的运动水平和国际赛场上的成绩。该金字塔模型阐述了体育可持续发展的原理。

此外,工党政府还在加强竞技体育科研、加强教练员培养及培养优秀青少年运动员方面制定了其他政策。

20 世纪 90 年代至 2010 年,是英国竞技体育水平提高最快的时代,这与英国政府明确而持续的体育政策不无关系。这几十年内,无论英国政

---

① See Margaret Talbot-House of Commons Culture, Media and Sport Committee & Culture, Media and Sport Committee, *Evidence. Community Sport*: *Oral and Written Evidence Stationery*, Office Books, 2005, p. 25.

府如何更迭，也无论执政党信奉“新自由主义”还是“第三条道路”，其对竞技体育的重视都持之以恒，并围绕奥运夺金这个目标展开。

（六）2010年至今：竞技体育与社会体育并重的年代

2010年之后，英国开始重视社会体育，英国政府在反思社会体育政策不足的基础上，颁布《2010—2015政府政策：体育参与》（2010—2015 Government Policy：Sports Participation，以下简称《2010—2015政府政策》）等政策性文件，促进社会体育的发展，堪称英国版“全民健身计划”。这份文件集中反映了2010～2015年保守党和自由民主党联合政府的社会体育政策。

尽管战后一段时期，在“福利国家”观念的影响下，英国政府将发展社会体育视为建设“福利国家”整体政策的一部分。20世纪60年代之前，英国的社会体育得到一定发展，但随着新自由主义思潮的影响，撒切尔政府开始实行体育场馆私有化和评估社会体育的收益的政策，尤其是1994年《奥运会计划》的出台，使英国体育政策向竞技体育倾斜。2000年工党政府抛出的《未来群众计划》又聚焦于发展学校体育。实际上近半个世纪以来，英国社会体育处于被忽视状态，同时，当人们离开学校后，往往由于各种原因，会停止体育运动，并可能伴随不健康的生活方式。

鉴于以上原因，英国体育理事会制定了《2010—2015政府政策》，帮助普通人能够经常性参与体育运动，形成终身运动的习惯，并防止因为经济原因造成的体育运动权利的缺失。

《2010—2015政府政策》主要规定了两大举措：赞助英格兰体育①（Sport England）组织和赞助Sainsbury's学校运动会。

---

① 英格兰体育（Sports England）是一个独立的政府机构，负责发展和发展基层体育运动，让更多的人参加体育活动。它的前身为体育理事会，是国家遗产部下属的一个独立机构，于1972年根据皇家宪章成立。依据修订的1996年皇家宪章，于1997年1月成立英格兰体育理事会。原体育理事会则重组为联合王国体育和本土体育委员会，1999年更名为英格兰体育。

英格兰体育致力于决定如何使用政府和国家彩票资金，帮助英格兰各地的人们养成终生运动的体育习惯。2012～2017年，英格兰体育从政府和国家彩票中获得10亿英镑的资金，用于投资以下项目：帮助更多人养成终身运动的习惯、为年轻人创造更多运动机会、培养和发展人才、支持体育设施建设、支持地方当局并释放地方资金、确保为社区提供真正的机会。① 英格兰体育还致力于协助文化、媒体和体育部实施"青少年战略"（Youth Sport Strategy）计划，该计划旨在采取一系列措施提高14～25岁青少年的体育参与度。

赞助Sainsbury's学校运动会是该政策的另一个任务。Sainsbury's学校运动会是一个全国性的计划，旨在激励和鼓舞英格兰数以百万计的年轻人参与更具激励性的体育运动。该运动会由政府、英格兰体育和青年体育基金（Youth Sport Trust）共同创办，Sainsbury's是该活动的主要赞助商，运动会的主要资金来源为国家体育彩票的收益。

Sainsbury's学校运动会对所有中小学生开放，旨在使参赛者有机会与最高水平的国家级运动员在学校和地区层面开展比赛。比赛对所有人开放，鼓励年轻人参加各种能力和经验水平的竞技运动。显然，该运动会并非指望参赛者能够击败高水平职业运动员，而是着眼于为所有年轻人提供运动机会。该运动会还重视残疾人的参与，每个类别的比赛都包括残疾人运动项目，以此来为有特殊教育需要和残疾的年轻人提供更多竞技体育机会。

该运动会运营由青年体育信托基金（Youth Sport Trust）负责，正在与50多所学校合作，通过培训、当地体育机会和学校俱乐部活动改善残疾学生的体育运动。

---

① See U. K. Goverment, *Policy Paper*, 2010 *to* 2015 *Govermenet Policy*: *Sports Participation*, https://www.gov.uk/government/publications/2010-to-2015-government-policy-sports-participation/2010-to-2015-government-policy-sports-participation # appendix-1-funding-sport-england.

三、英国体育政策的特点

(一)政策逐渐清晰,目的性逐渐加强

20世纪60年代之前,英国体育政策几乎一片空白,政府也未意识到制定体育政策的重要性。随着1957年沃芬顿委员会的成立和沃芬顿报告的出台,英国政府开始出台一些促进社区体育发展的计划。但此时的体育政策仍然是不完整和不完善的,表现为:完全忽略学校体育和竞技体育的发展;对于社区体育的政策缺乏连续性和可操作性,很大程度上属于较笼统的方针性政策指引。整个20世纪60年代,是英国体育政策的萌芽时期。

20世纪70年代后,受到"福利国家"观念的影响。英国政府开始在打造全民福利国家的框架下制定体育政策,首先便是继续发展社区体育,将其作为"福利国家"的一部分。尽管这一时期社区体育优先的观念主宰了体育政策的制定,但英国政府开始通过不列颠体育理事会,将体育资金向竞技体育领域倾斜。这一时期的体育政策及其实践,充分显示出体育附属于社会福利的地位,以及英国政府在发展社区体育和竞技体育间摇摆不定的心态。

20世纪80年代,随着保守党政府的上台,在新自由主义价值观的指导下,政府提出了体育领域私有化和问责制改革,使这一时期的体育政策显得更加功利化。撒切尔内阁认为,以往的体育政策模糊不清,自相矛盾,大量资金投入社区体育不但难以衡量政策效果,而且对政府造成了极大的负担,于是,撒切尔内阁明确提出发展竞技体育的政策。尽管这一政策较为激进,并不利于英国体育的均衡发展,但这是英国政府第一次清晰提出自己的体育政策。

20世纪90年代至2010年,是英国体育均衡发展时期。梅杰所在的保守党政府和布莱尔所在的工党政府尽管在政治理念上存在差异,但在体育政策上却一脉相承:在发展竞技体育的同时兼顾社会体育和学校体育。梅杰政府提出的《21世纪体育纲要》和《体育:竞赛的提升》两个文

件,清晰展现了发展竞技体育的规划;而布莱尔政府出台的《奥运会计划》更是将奥运夺金作为衡量政策成败的标准。这一时期的其他体育政策也兼顾社会体育和学校体育,并提出为竞技体育培养专业训练人才的要求。这些政策在伦敦奥运会和里约奥运会上受到了极好的效果,振奋了英国国民的自信心。

(二)以社区体育为核心

发展社区体育是英国体育政策的出发点,也是英国体育政策的落脚点。英国体育政策几乎都是以社区为最基本单位实现的,体现出英国体育政策的实用主义、经验主义和保守主义倾向。

英国有意识地制定体育政策,便是基于沃芬顿报告中大力发展社区体育的建议而出台的。社区是英国社会的基本单位,融生活、教育、行政管理、公共服务等因素为一体,英国居民也更倾向于与自己所在社区的邻居一起进行体育活动,从社区出发制定体育政策无疑能够迅速产生政策效果。

20 世纪 70 年代福利国家观念下的体育政策,以发展社会体育为重心,政策的落脚点依旧放在社区体育上。英国政府在这一时期发布的《体育与休闲》、《体育与娱乐》和《城市的政策》3 本白皮书,将体育视为一种休闲手段和社会福利,其本质也是围绕社区而开展。

20 世纪 80 年代开始,在新自由主义观念的影响下,英国体育领域私有化和功利化倾向明显,但政府仍然进一步发展社区体育—这实际上与新自由主义的观念相矛盾。正是这种矛盾,体现出英国体育政策以社区体育为重这一一以贯之的传统。以《社区体育:未来的十年》为代表的一系列政策体现了这一根深蒂固的政策传统。

20 世纪 90 年代至 2010 年,在竞技体育优先的政策导向下,社区体育在一定程度上被忽视,但是随着英国版"全民健身计划"的全面实施,在反思"经济体育优先"政策的前提下,社区体育得到了空前的重视。地方政府被要求将预算投入社区体育设施建设和人才培养上。

可以说,在未来若干年,社区体育将依旧是英国体育政策的重点。

（三）体育政策的实用主义

纵观英国体育政策的制定历史，可以清楚地发现其受实用主义思想影响较大。每一项政策都是为解决当前一个具体的问题而制定，政策很少聚焦较长远的目标（《奥运会计划》除外）如最早的沃芬顿报告，直指英国社区体育的荒废，迫使英国政府不得不出台政策加强社区体育。实际上当时英国学校体育和竞技体育也存在许多问题，但矛盾相对不突出。

20 世纪 70 年代的体育政策，是为了配合建设“福利国家”而出台的，其目的并非从发展体育出发，而是作为“福利体育”观念下的一种福利政策而推行。

20 世纪 80 年代，撒切尔政府的体育政策更是实用主义当先，直接以效益来衡量体育政策的得失，在体育领域大规模推行私有化，其实质是试图减少开支，将资源集中于可以用比赛成绩去衡量的竞技体育。

20 世纪 90 年代至 2010 年，梅杰政府和布莱尔政府的体育政策，实际上是“以金钱换金牌”，直言不讳地提出体育政策的最终目标是夺取更多的奥运金牌，扩大英国的国际声望。尽管这一政策在伦敦奥运会和里约奥运会上取得了不错的成效，但东京奥运会上英国代表团金牌总数的退步，显示出英国实用主义体育政策的不可持续性。

英国竞技体育政策的另一个重要特点是试图通过鼓励民众参与，以获得正当性，避免因政策过度向竞技体育倾斜而招致的舆论批评；希望通过鼓励民众大量参与竞技体育，使竞技体育获得与社会体育一样的群众基础，而不是仅仅是职业运动员参与其中。

第四节　体育管理体制

尽管英国是近代体育运动开展最早的国家之一，但早期英国体育管理体制几近空白。早期自由资本主义思想认为，政府不应该过多干涉私人领域的事情,信奉“管的越少的政府才是好政府”的理念。受到这股思潮的影响,英国政府认为体育是纯私人的事情,应完全交由市场解决,对体育采取放任的态度,当时英国几乎不存在体育管理。

在体育管理体制上,英国严格奉行不干涉主义,英国并未建立政府管制下的体育管理机构,保守的英国议会及其下级立法机关也未制定体育管理体制的专门立法。简言之,英国体育管理几乎全部依赖于体育自治机构。在英国,这种体育自治机构即 NGBs,其中包括足球协会(The Football Association, The FA)、草地网球协会(The Lawn Tennis Association,LTA)和英格兰田径(England Athletics,Athletics)等组织。这些体育自治机构的合法性和权威性来自机构之间和机构内部成员的自愿协商,因此这些机构几乎可以自主决定所有本领域内的体育事务。一方面,它们可以制定监督规则,管理俱乐部、赛事和人事;另一方面,它们还可以决定经费的使用、政府和英国体育委员会投资的使用、电视转播收益、彩票补贴等收入。总之,由各项目自治机构组成的 NGBs,可以决定谁可以参加体育运动以及以何种方式参加体育运动,是守护英国保守的法制传统的重要体育机构。

即使是对于 NGBs 的财政问题,英国也并没有制定专门的法律进行规制。NGBs 的财务、会计自治规则主要仿自公司法(Company Law)的规则。英格兰橄榄球超级联赛(Premiership Rugby)、英格兰足球总会女子超级联赛(FA Women's Super League)等赛事采用了薪酬限制的方法,防止俱乐部亏损。英超和英格兰足球冠军联赛(English Football League)则引入了财政平衡政策(Financial Fair Play,FFP)防止足球俱乐部的支出大于收入导致的俱乐部停摆。

虽然 NGBs 自治性较强,但是并不意味着其可以完全不受政府管制。当政府认为 NGBs 的自治措施违反了公共利益时,可能采取措施干预机构自治。比如,英国国会颁布《足球观众法》(Football Spectators Act 1989)的直接原因是机构和警察组织不力导致的希尔斯堡惨案(Hillsborough Disaster)。1989 年 4 月 15 日,英格兰南约克郡谢菲尔德市发生了英国体育史上最严重的希尔斯堡惨案。当日对阵队伍是利物浦和诺丁汉森林，由于主办机构、警察等对C大门分流措施的失误，造成96人死亡和766人受伤，C大门也被称为“地狱之门”。事件发生后，大法官泰勒（Peter Taylor，1930～1997年）被任命参与调查，他的第一份报告写明了当天的事件和结论，第二份报告则对足球场的安全提出了建议。泰勒的报告，特别是第二份报告对英国体育馆的安全建设产生了深远影响，确保英格兰职业足球排名前两位的所有俱乐部都必须在体育场提供所有座位，以合理控制人群、提高场馆安全性。该事件及泰勒报告也对1989年国会出台《足球观众法》产生了影响，对球迷的不当行为进行了法律规制。可见，只有在关乎重大公共利益时英国国会才会介入体育机构自治。

随着英国体育的发展，出现了一些体育组织自发管理相关运动项目，如橄榄球联盟等组织。

一、政府管理机构

长期以来，英国政府并没有一个专门的体育管理机构，对体育采取放任自流的态度。1961年，英国教育部向下拨了一笔预算，以支持体育事业的发展，这可以看作英国政府首次正式管理体育。此后，英国政府下拨更多的资金加强对体育的资助。

（一）由其他部门分管时期

20世纪60年代以来，英国政府认识到体育的重要性，开始改变对体育不加干涉的态度。

1962年，英国政府在教育部（独立前附属于环境部）下设体育副大臣一职；1964年，英国内阁又设立艺术大臣一职，由这两名官员负责管理体育事务，并无专门机构管理。1962年，上院领袖兼枢密院议长海尔什姆勋爵[①]兼任体育管理大臣，体现了英国政府对体育的重视。

---

① 昆汀·麦加勒尔·霍格（Quintin McGarel Hogg，1907～2001年），圣马里波恩的海尔什姆男爵（Baron Hailsham of St Marylebone），通称海尔什姆勋爵（Lord Hailsham）。

(二)数字化、文化、媒介和体育部

文化、媒介和体育部的前身是于1992年成立的国家遗产部,1997年更名。其下设体育和娱乐处,负责管理体育和娱乐事务,主要职责为:发展社会体育,尤其是确保儿童、老人和残疾人能平等享有体育权利;发展竞技体育,通过与英国体育理事会的合作,指导竞技体育工作;发展学校体育,包括审查学校体育大纲、开展学校体育活动,并保证每个儿童平等获得接受体育教育的权利。

在2010年之前,文化、媒介和体育部负责管理包括奥运会在内的一切体育事务。尽管2010年后文化、媒介和体育部不再管理奥运会相关事务,但其部门首长仍称文化、奥运、媒体和体育大臣。2017年文化、媒介和体育部又更名为数字化、文化、媒体和体育部(Department for Digital, Culture, Media and Sport, DDCMS),仍然是英国体育管理最高机构。DDCMS由体育大臣直接领导,下设体育和娱乐处负责体育管理事务,该处又下设三个部门,分别为竞技与表演部、经济与国际部、青少年与终身部。其中,竞技与表演部主要负责反兴奋剂、体育彩票事务,英国奥委会也属于该部管理;经济与国际部则主要负责国际体育赛事、企业赞助以及大型运动场所的管理;青少年与终身部主要负责管理学校体育,体育与娱乐CCPR也属于该部管理。DDCMS不追求直接管理体育,而是通过与其他部门合作,对体育进行宏观管理。

2008~2011年,DDCMS制定了具体战略目标,其中涉及体育的内容为:创造更广泛的体育运动机会;支持体育人才的发展;充分利用伦敦奥运会的财富,发展体育产业;让更多年轻人参加并享受高质量体育运动带来的快乐;提高体育教育水平和学校体育的质量。

(三)体育咨询委员会

英国政府于1965年成立体育咨询委员会(Sports Advisory Council)。起初,该委员会作为政府咨询机构而存在,1972年,根据《皇家许可法》,该委员会得到英国王室认证。

二、民间体育管理组织

（一）体育与娱乐中央委员会及“沃芬登委员会”

1935 年，体育与娱乐中央委员会（Central Council of Physical Recreation，CCPR）的前身“娱乐与体育训练联盟中央委员会”成立。起初，CCPR 只管理英格兰范围内的体育事务，后其职权逐渐延伸到苏格兰、威尔士和北爱尔兰。1957 年，为更好履行职权，CCPR 设置一个内部委员会，作为其执行机构，该内部委员会因其主席沃芬登爵士而被称为“沃芬登委员会”。沃芬登委员会的主要职责为：（1）向 CCPR 提出建议和意见，包括依照法律和实际情况 CCPR 应采取的，引导志愿机构开展的措施，以促使体育活动造福社会；（2）研究影响体育和户外活动发展的因素，沃芬登委员会在英国体育管理史上具有重要地位，尤其是 1960 年，该委员会以 CCPR 名义向英国政府提交被称为“沃芬登报告”的建议。该建议共有 50 多条，对英国体育管理、体育政策等方面提出了详细的意见和建议，尤其是建议英国政府应改变“不干涉”体育事务的态度，建立一个专门的体育管理机构，并成立一个体育理事会，由该理事会合理分配政府下拨的体育经费，以促进英国体育的协调发展。

1961 年，英国教育部向 CCPR 下发资助，这是英国历史上第一次以政府的名义正式资助体育。

目前 CCPR 属于 DDCMS 下属的体育和娱乐处管理。

（二）不列颠体育理事会

不列颠体育理事会是根据“沃芬登报告”的建议设立的。1965 年，根据“沃芬登报告”，英国政府决定设立一个咨询性质的“全国理事会”，以配合英国体育部发展业余体育运动和休闲体育运动，并促进政府管理机关与个体与各体育组织之间的合作。

1972 年不列颠体育理事会成立，并在政府支持下，行使部分原属于政府的行政管理职能。不过，该理事会仍然是个民间体育组织，其地位仅仅是协助政府机构开展体育管理活动。该理事会成立后，CCPR决定在1972年年底将其所属的工作人员和财产转移给理事会，而理事会则提供CCPR一定的活动经费。通过这种方式，该理事会成为英国民间最具权威的体育管理机构。

目前，理事会下辖4个分会，分别管理英格兰、苏格兰、威尔士和北爱尔兰的体育事务。

（三）英国奥委会

英国奥委会成立于1905年，是世界范围内成立较早的国家奥委会。

目前，英国奥委会由DDCMS下属体育与娱乐处管理。相对于前述体育组织而言，英国奥委会的独立程度最高，体现在以下两个方面：首先，英国奥委会完全独立于英国政府，并且不接受任何政府资金资助，其运作资金完全来自自我筹措和企业赞助；其次，与其他体育组织是相互协作的关系，不隶属于任何组织，即使在选拔英国奥运代表团人选的事宜上，也是与英国体育理事会合作，共同选拔。

英国奥委会设主席1人、副主席2人，作为最高领导人；常设机构为执行委员会，由秘书长1人、秘书6人组成；成员由33名奥委会代表组成。英国奥委会下设4个专业委员会，分别为：医学委员会、不列颠奥林匹克医学基金会、运动员佣金委员会、投资委员会；还下设6个职能部门，分别为法律部、运动会服务部、公共关系部、市场经营部、技术部和财务部。

英国奥委会的职责是：促进奥林匹克运动在英国的发展；为体育组织、教练员和运动员参加奥运会提供全面服务；与英国体育理事会合作，选拔英国奥运代表团；促进竞技体育和社会体育在英国的协调发展。

自1905年成立以来，英国奥委会在促进奥林匹克运动在英国的发展方面做了大量的工作，为运动员、社会和政府提供了良好的服务。主要体现在：服务运动员，帮助其提高竞技水平；为英国政府制定体育政策提供咨询、帮助政府实施和推进政策的执行；为英国举办奥运会和其他大型国际赛事提供全方位支持。

（四）英国体育理事会

1997年，英国体育理事会成立，取代原不列颠体育理事会，同时又成立英格兰体育理事会。UKS是目前英国规模最大的民间体育管理组织，主要负责推进竞技体育的发展。

UKS直接受DDCMS管辖，与4个地方体育理事会（英格兰、苏格兰、威尔士和北爱尔兰体育理事会）协作，推进英国体育事业的发展。主席是UKS的最高领导人，董事会是UKS的最高领导机构。目前UKS董事会共有13名董事，分别来自4个地方性体育理事会、英国奥委会、运动委员会及赞助商代表。董事会下设3个专门小组，负责协助董事会处理具体事务，分别是大型赛事小组、审计小组、薪资小组。UKS的宗旨是发展英国的体育运动，使其达到世界先进水平，其职责是：发展英国的竞技体育；为运动员提供各类服务、资助高水平运动员，从而促进竞技体育人才的培养；在政府授权下分配体育彩票收益和政府资金；反兴奋剂工作；国际宣传。UKS下设6大部门，分别是：①反兴奋剂部；②竞技表演部；③投资与管理部；④政策交流与国际影响部；⑤国际发展部；⑥商务支持部。

UKS善于运用经济手段来促进经济体育发展，包括：游说地方政府承担更多的体育责任，并对体育领域减税；积极向英国政府申请更多的体育拨款和专项资金。

（五）区域体育理事会（以英格兰体育理事会为例）

不列颠体育理事会在被英国体育理事会替代之前，曾下设4个地方体育理事会，分别管理各地方的体育事务。不列颠体育理事会在被英国体育理事会取代后，各区域体育理事会仍在发挥一定的作用，其中，英格兰体育理事会最具代表性。

英格兰体育理事会的角色，带有半官方、半民间的性质。首先，英格兰体育理事会通过DDCMS向英国国会负责，理事会主席由国务秘书任命,并且英格兰体育理事会还负责向其他英格兰地区的体育组织分配体育彩票收入和国家下拨的财政资金。这使英格兰体育理事会带有一定官方性质。其次,在体制上,英格兰体育理事会又是一个民间机构,它不属于任何政府机关,也没有行政权力,并作为民间智囊为政府制定政策、规划提供咨询,这又令该理事会体现出极强的民间组织的特点。

英格兰体育理事会下设6个部门,分别为国家理事机构和运动部、群众体育部、儿童和青年部、研究与政策部、设施和规划部、企业服务和商业部。同时还在地方设立若干办事处。

与UKS不同,英格兰体育理事会的主要目标是促进社会体育发展,尤其是为基层群众创造参与体育活动的机会。为此,该理事会开展一系列的资助计划,以期推动社会体育的发展。

该理事会的职责是:分配体育彩票收益和政府下拨的体育预算资金;发展和保护社会体育;为社会体育开展提供专业意见和咨询;与企业合作,以各种方式筹措社会体育发展所需资金。

英格兰体育理事会曾指定如下一系列目标。

1. 精英计划。该计划预计将1/4的预算投入包括运动员、教练员在内的竞技体育人才培养。

2. 延续计划。该计划预计将60%的预算用于维持目前已参加体育运动的人群,以提高其运动的满意度和效果为手段,达到鼓励其继续运动的目的,从而有效减少参加体育运动人员的流失。

3. 发展计划。该计划预计将15%的预算投入到经常参加体育锻炼的成年人身上,以带动更多的人,尤其是青少年、儿童也参加经常性的体育锻炼。

(六)各单项体育协会

各单项体育协会是英国体育运动组织实施的最基本单位。英国政府通过和单项体育协会的合作来具体实施体育政策;英国体育协会通过与单项体育协会合作来发展竞技体育;以英格兰体育理事会为代表的区域性体育理事会通过与各单项体育理事会的合作来发展社会体育。同时，各单项体育理事会还是政府项目计划委托实施的最终执行者。

尽管理论上单项体育理事会与英格兰体育理事会并不存在行政隶属关系，但要成立单项体育协会除需满足该项目在英格兰有75,000人参加和属于奥运会或残奥会项目之外，还需被英格兰体育理事会认定为“具有发展潜力”。这使英格兰体育理事会实质上拥有批准单项体育协会成立的“特权”。英格兰体育理事会还通过下拨和审核资金使用效果的方式，对单项体育协会施加影响。通过评估单项体育运动对英国体育理事会发展目标的促进程度，英格兰体育理事会下拨给各单项体育协会不同的经费。资金使用过程中，英格兰体育理事会也会密切注意资金使用的效果，并定期评估，及时沟通，保证资金的使用能达到预期效果。一般来说，英格兰体育理事会每6个月与各单项体育协会举行会议，讨论受资助项目的推进情况，并根据推进情况适时调整预算，对于进展较慢的项目，会要求单项体育理事会做出书面说明并修改实施计划。

在英国各类单项体育协会中，英格兰足球总会（以下简称英足总）[①]最为著名。英足总成立于1863年，是世界最早成立的足球协会，负责英格兰地区的足球赛事，其中，名气最大的是英超。

英足总的职责主要是：管理和经营以英超联赛为代表的英格兰足球联赛，普及足球运动；对英格兰职业和业余足球俱乐部及球员进行管理；制定足球规则，监督赛事公平、公正举行；监督裁判员工作；组织各级别的英格兰国家队参加各类足球赛事。

在发展以英超为代表的职业足球的同时，近年来英足总亦致力于采取以下举措来发展业余足球。

1. 组织职业足球俱乐部进入社区，帮助社区业余足球的发展，普及校

---

① 英足总（The Football Association），其名称中并无“England”。

园足球文化。如社区盾杯前身慈善盾杯[①],最早便是由职业联赛冠军与业余联赛冠军对决,比赛收入全部用于慈善事业。

2. 将出售转播权等经营收入部分投入业余足球的发展。

3. 促进媒体和社会对业余足球的重视。

(七)其他体育组织

1. 英联邦体育研究院

英联邦体育研究院(U. K. Sports Institutes, UKSI)成立于 1997 年,隶属于英格兰体育联合会。2006 年,转由英国体育理事会管理,成为该理事会下属的科研机构。UKSI 旨在为英国竞技体育提供科研支持,促进其发展。

UKSI 在组织上是一个网络结构,在英国体育理事会的统一领导下,分别设立英格兰、苏格兰、北爱尔兰、威尔士 4 个地区性体育研究院,并纳入 UKSI 的统一发展计划内。

2. 青年体育基金会

该基金会成立于 1994 年,为非营利性慈善组织,旨在促进英国青少年参与体育锻炼,从而增强体质,减少青少年不断增长的肥胖率。

青年体育基金会主要职责为:介入学校体育,主要包括参与制订学校体育标准、为学校体育提供培训支持、制订一系列旨在鼓励学生参加体育锻炼的计划;鼓励青少年体育发展,主要包括为具有竞技运动天赋的青少年提供支持、组织和支持青少年成为合格志愿者和领导者、促进英国青少年对外体育交往等。

3. 不列颠大学体育联合会

早在 1918 年,英国大学联盟会议决定成里一个旨在促进大学间体育

---

① 慈善盾杯(Charity Shield)最早可以追溯到 1908 ~ 1909 赛季,规定由职业联赛冠军和业余联赛冠军参加,考虑到双方实力相差悬殊,后改为不指定比赛球队;1974 年开始,由顶级联赛冠军对阵足协杯冠军;2002 年,慈善盾杯改为社区盾杯(The Football Association Community Shield)。

交流的组织。1919 年，由英格兰和威尔士地区 9 所大学共同决定成立一个“大学校际赛事计划”，这个“计划”是不列颠大学体育联合会（以下简称大学体育联合会）的雏形。3 年后，即 1922 年，英足总、游泳协会等 4 个单项体育协会加入该计划。随着该计划的实施，迫切需要成立一个正式组织来管理计划的实施，在此背景下，在 1930 年，英国高校体育联盟成立，这是大学体育联合会的前身。

不列颠大学体育联合会的成立，是整合一系列英国高校体育组织的结果（见图 1）。

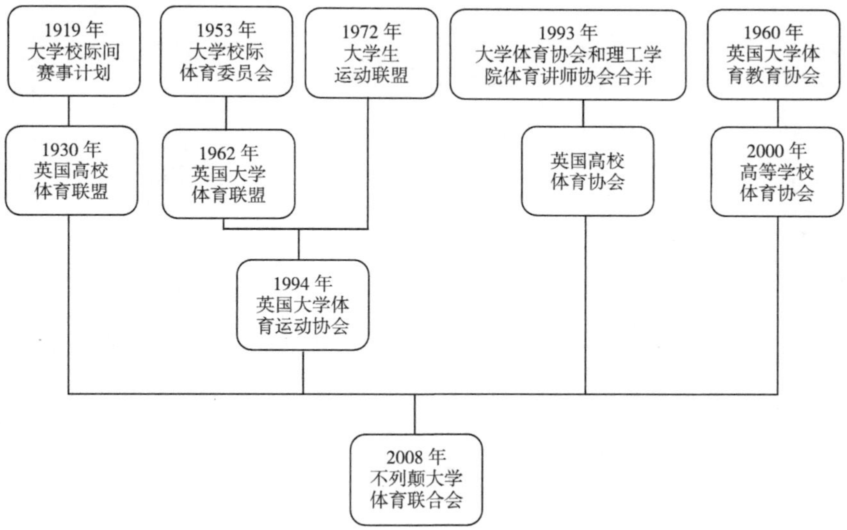

图 1　不列颠大学体育联合会组织沿革

1953 年，另一个协调高校间体育运动的组织——大学校际体育委员会成立，并在 1962 年为英国大学体育联盟所取代。

1993 年，大学体育协会和理工学院体育讲师协会合并，成立英国高校体育协会。

1960 年，英国大学体育教育协会成立，2000 年改名为高等学校体育协会。

1972 年，大学生运动联盟成立。1994 年，大学生运动联盟与英国大学体育联盟合并成立英国大学体育运动协会。

2008 年,英国高校体育协会、英国大学体育运动协会等组织合并成立不列颠大学体育联合会。

目前,不列颠大学体育联合会的执行机构为董事会,设主席和执行主席各一人、非执行董事 3 人;董事会下设顾问团、纪律委员会和运动管理部等机构。

05
第五章

美国体育法律史

第一节　美国法律体系及法制史概述

美国在法律体系上属于联邦制普通法系国家。[①]与其他普通法系国家类似,美国的法律体系由判例法与成文法构成,其中成文法的渊源主要有宪法、制定法、条约、行政法律法规。

一、普通法

在继承和吸收英国普通法体系的基础上,美国在实体和程序上对英国普通法做了大量修改,使之更适应美国的国情。为此,美国各州均制定了“接受法”(或类似法案),以总体承认的方式,赋予英国普通法在美国具有法律效力(仅适用英国本土的普通法和与美国法律相悖的普通法除外[②])。在美国司法实践中,为各州所

---

① 除路易斯安那州,该州为大陆法系地区。

② 如美国宪法排除了英国普通法中存在的普遍搜查令、褫夺公权法案。

承认的英国普通法(包括独立战争之前即在北美殖民地适用的部分英国普通法)具有法律效力。

二、联邦法律

根据美国《宪法》的规定,美国是一个联邦制国家,各州理论上拥有完整的主权。联邦政府仅在宪法授权范围内行使权力。各州根据宪法建立了本州的法律体系,包括州的宪法、法律和法院、司法审查体系等。

各州间相互独立的法律体系不可避免地造成了各州间的法律冲突。为此,美国致力于制定适用于全美的联邦制定法。根据美国《宪法》的规定,联邦法律由以下部分组成:国会通过的制定法、参议院批准的国际条约、联邦政府制定的行政法规、联邦司法机构作出的判例法。

国会是美国最高权力机关和最高立法机关,其通过的制定法效力仅次于《宪法》,高于各州法律。国会通过的制定法被收录在定期出版的《美国法典》中。

根据《宪法》等法律的授权,联邦政府可以制定行政法规,这些行政法规收录在每年更新的《联邦法规汇编》之中。除此之外,联邦政府颁布的其他规则、决定等仅有说服力而无强制性。

联邦最高法院具有强制力的判决是联邦法律的另一个重要渊源。根据《宪法》第 3 条的规定,联邦法院拥有司法审判权。但只有联邦最高法院做出的,与《宪法》和法律相衔接的判决才具有强制力,各州必须遵守。

20 世纪之前,联邦制定法主要集中于外交、军事、货币、关税、专利与版权等领域,同时还体现在国际条约之中。其依据为美国《宪法》所规定的联邦立法权。但 20 世纪之后,随着联邦政府权力的扩大和各州权力的缩小,联邦制定法逐渐扩展到反垄断、医疗、航空、通信等领域,大大压缩了各州立法的适用空间。尤其在铁路、航空领域,联邦制定法完全排除了各州立法的适用。

大量联邦制定法的存在,使美国法律呈现出联邦法律和各州法律平行有效的局面。

三、美国法律史概述

美国作为一个新兴资本主义国家,其历史可以追溯到16世纪初欧洲殖民者在北美殖民时期。至18世纪中后期,英国打败其他欧洲殖民国家,独占北美殖民地,并划分出13个小殖民地。美国法中英国普通法的渊源即来自英国的殖民统治。美国法正是在吸收、继承和改造英国法的基础上发展而来。

(一)萌芽时期(16世纪初至1776年)

1492年哥伦布到美洲后,欧洲殖民者纷纷在北美建立自己的殖民地,并将本国的法律制度带到北美;这一时期北美殖民地曾短暂出现法律多元化的局面。随着18世纪中后期英国独霸北美之后,英国普通法开始在北美取得支配地位,这一时期北美殖民地的法律制度,主要还是英国普通法体系。

(二)形成时期(1776年至19世纪中期)

1776年美国独立后,美国法开始摆脱英国殖民统治的影响,走上独立发展的道路。早在北美殖民地时期,一些殖民地已经制定了宪法性文件,[①]如1639年康涅狄格殖民地的《基本法规》、1641年马萨诸塞湾殖民地的《自由典则》、1668年卡罗来纳殖民地的《根本法》等。

18世纪中后期,英国完成工业革命,资本主义经济高速发展,英国普通法此时也开始向资本主义法过渡。英国法的资本主义性质,与美国资本主义经济的迅速发展高度契合,信奉“拿来主义”的美国很快便效仿英国普通法建立了自己的法律制度。一些法学家,如肯特(James Kent,1763~1847年)、斯托雷(Joseph Story,1779~1845年)等,也纷纷对美国法进行阐释。这些法学家的工作,为建立具有美国特色,并区别于英国法的美国法律制度打下了基础。

---

① 参见何勤华:《外国法制史》,法律出版社2016年版,第186页。

这一时期,美国还兴起了法典编纂运动,试图将作为判例法的普通法法典化,并在此基础上编纂一部美国法典。

(三)发展时期(19 世纪中期至今)

19 世纪中期之后,随着工业革命和南北战争的结束,美国资本主义经济迅速发展,原有的英国普通法已不能满足美国政治经济的需要。为此,从 19 世纪中叶开始,美国开始对原有英国普通法体系进行改造,以使其更符合美国国情,主要包括法律的统一化和系统化,以及对法律进行现代化改造。

为解决美国各州间法律冲突和普通法法典化的问题,从 1878 年开始,美国律师协会(American Bar Association,ABA)开始致力于法律统一化工作。1892 年又成立了美国统一州法律全国委员会,对各州制定法和判例法进行整理和编纂,制定出大量"标准化"法典,如《统一提单法》《统一商法典》等,以促进全美法律统一化和法典化,其中《统一商法典》在大多数州得到实施。

进入 20 世纪后,美国法进入现代化改造时期。表现为行政命令增多,委托立法出现;经济立法和社会立法得到加强,成文法的地位进一步上升;法律的民主性和科学性得到加强。[1]

第二节 美国体育法制

与世界部分国家相比,美国体育法具有较长的发展历史,即使是较晚起步的学校体育法制也经历了 100 多年的发展,体育问题几乎渗透所有的传统法律领域。比如,涉及体育伤害的侵权法,体育经济相关的合同法,运动员资格、运动员保护相关的劳动法,体育行业协会相关的反垄断

① 参见何勤华:《外国法制史》,法律出版社 2016 年版,第 190 页。

与反竞争法,有关男女体育运动权利平等的宪法条文,有关兴奋剂惩罚的刑法条文,体育知识产权等领域。在体育法的分类上,依据体育种类,美国体育法可以大致分为职业体育法(Professional Sports Law)和业余体育法(Amateur Sports Law)。美国体育法的发展主要有两条路径:一是通过判例确立经典体育法规则,二是通过联邦和各州行使立法权进行专门体育立法。因此,本部分将结合重要的体育法案例与制定法,梳理美国体育法律史的发展历史,以期概观美国体育法律史中的二元体系与多个领域。

美国的体育政策相对其他国家而言较少,尤其在较为发达的职业体育领域,完全遵循市场规律,联邦政府和各州政府基本不予干涉,在其他体育领域,也往往仅起到建议、指南作用,行政色彩较少。

一、美国体育法的框架

(一)主要立法示例

1.《教育法第九修正案》(Title IX)

1972 年美国国会通过的《教育法第九修正案》是在男女教育不平等的背景下产生的,这项修正案被视为以平等保护不同种族为立法目的的《民权法》(Civil Right Acts)的延续。该修正案颁布前,由于教育偏袒和招收限制,学校很少有女学生运动员参加体育运动,而相关的抗议活动有力地促进了该修正案的出台,并改变了这种现象。

2.《学生运动员权利法案》(Student-Athlete Bill of Rights)

2012 年 7 月 27 日,加利福尼亚州州长 Jerry Brown 签署了《学生运动员权利法案》,该法案成为美国历史上第一部保护学生运动员权利的专门法案。该法案在内容上规定了学生运动员的奖学金制度、医疗救助和司法救济等,对于保障学生运动员的权利具有重要的现实意义。对此,我国研究者提出,"有必要推出一项专门针对学生运动员权利保障的立法,通过专门立法的形式将学生运动员的权利保障纳入国家社会保障体系……

保证我国体育事业顺利发展”[①]。在大学体育快速发展的背景下，立法将学生运动员的权利作为重点问题对待，对于保护学生运动员、预防可能的赛事、商业风险具有积极的社会意义。

3.《业余体育法》(Amateur Sports Act)

1978 年时任美国总统卡特(Jimmy Carter)签署了《业余体育法》，[②]经国会通过，成为美国法典的一部分。该法案 1978 年版本分为两章，分别是“美国奥委会”和“全国管理机构”，共 21 条。它赋予美国奥委会(United States Olympic Committee，USOC)管理美国业余体育发展的所有权利和义务，目的是促进和协调美国业余体育活动，承认和保障美国业余运动员的基本权利，并规定解决争端的机构。该法案于 1998 年被修正，由于是议员泰德·史蒂文森(Ted Stevens)发起的，该法案又被称为《泰德·史蒂文森奥运和业余体育法案》或《泰德·史蒂文森修正案》。《业余体育法》出台的主要背景是行政机构效率低下导致美国业余体育运动受到了损害，业余体育管理机构需要进行行政脱钩，提高自治能力与管理效率；队医未对运动员用药进行严格把关导致游泳运动员里克·德蒙特(Richard James Demont)在 1972 年慕尼黑奥运会被取消了金牌；运作与管理效率低下也导致了美国代表团在慕尼黑奥运会金牌数落后于苏联代表团。

(二)其他部门法框架

美国体育法涉及各领域与各部门的法律，以下以体育侵权法、体育劳动法、涉体育宪法条文为例说明其他部门法的框架。

1. 体育侵权法

17 世纪初，清教徒和体育运动一起来到美洲大陆，体育在美国南北

---

① 罗小霜：《对加利福尼亚州〈学生运动员权利法案〉的解读与启示》，载《湖南工业大学学报(社会科学版)》2017 年第 6 期。

② 相关细致论述参见郭树理主编：《外国体育法律制度专题研究》，武汉大学出版社 2008 年版，第 1～44 页；赵东平：《美国业余体育法及其对中国的启示》，载《暨南学报(哲学社会科学版)》2011 年第 3 期；金涛、王永顺、高升：《美国〈业余体育法〉解读与启示》，载《体育学刊》2014 年第 2 期。

战争中经历了飞速的发展，划船、射击、骑马、下棋等体育项目持续火热，如1864年抽奖赛马活动首次在纽约举办，1895年在马萨诸塞州首次排球比赛举办。尽管体育常伴的运动伤害经常发生，但侵权行为进入体育法的视野较晚。其中，较早的体育侵权案例为Nabozny v. Barnhill案①，该案奠定了美国体育侵权的处理原则。②

"棒球规则"（Baseball Rule）并非指棒球的比赛规则，而是美国侵权法上的一项重要规则。棒球规则（Baseball Rule）的基础框架是由Crane v. Kansas City Baseball & Exhibition Co. 案③和Edling v. Kansas City Baseball & Exhibition Co. 案④确立的，其规定了观众权利受侵害时主办方免责与担责的基本规则。⑤ 棒球规则将主体扩大到了观众，随着体育比赛的发展，体育侵权的责任主体逐渐扩展到队医、教练员、裁判员等体育主体，各方责任与注意义务逐渐通过判例和相关规则明晰。

2. 体育劳动法

美国工会势力强大，与政治选举存在密切联系，在美国社会具有重大的影响力。⑥ 直到1967年，国家劳工关系委员会⑦（National Labor

---

① Nabozny v. Barnhill, 31 Ill. App. 3d 212, 334 N. E. 2d 258 (Ill. App. Ct. 1975).

② 该案的原告是一支高中年龄业余足球队的守门员，被告是对方球队的前锋，原告提起了过失（Negligence）诉讼。原审法院认为，不应给青少年自由和积极参与体育运动施加不合理的法律负担，然而，上诉法院认为"有组织的体育比赛并不是在真空中存在的"，上诉法院意在表明，应当对体育比赛施加一定限制。该法院认为："在侵权诉讼中，如果一名球员的行为是故意的、故意的或不顾后果地无视另一名球员的安全，从而对该球员造成伤害，则该球员应承担损害赔偿责任，这也是一个由陪审团决定的事实问题。"最终原审判决被撤销并发回重审。

③ Crane v. Kansas City Baseball & Exhibition Co., 153 S. W. 1076, 168 Mo. App. 301 (1913).

④ Edling v. Kansas City Baseball & Exhibition Co., 168 S. W. 908, 181 Mo. App. 327 (1914).

⑤ 此规则的确立见后文详述。

⑥ 工会组织劳动罢工在美国非常多见，以著名的汽车城底特律为例，其破产的一大原因即罢工。底特律汽车工会组织的加薪、减少工时等罢工活动让车企生产成本攀升继而纷纷退出该市，最终导致底特律的支柱性产业毁灭。

⑦ 其职责包括实施主要联邦劳工法例，如《国家劳工关系法》（National Labor Relations Act），保障员工成为工会会员、行使工会内的权利等。

Relations Board,NLRB)才承认运动员有组建工会或运动员协会的权利。1994 年,球员因工资上限问题而罢工,美国职业棒球大联盟(Major League Basketball,MLB)失去了半个赛季和季后赛。联邦劳动法规定雇员和雇主必须真诚地协商有关工作时间、工资和工作条件等问题,这些内容构成劳资协议条款(collective bargaining agreements,CBAs)的必要条款,其他一些问题则不必然成为其条款。在 CBAs 缔结后,运动员应当承诺不得罢工,雇主也不应当随意解雇运动员;但如果 CBAs 无法缔结或者协议到期,极容易导致赛季报销,比如,2005 年全国曲棍球联赛因双方 CBAs 期满,雇主停工而取消。随着体育运动的发展,CBAs 条款的主要内容有所变化,最初最低工资、自由转会权是重要协商内容,如今,随着体育运动竞争的激烈化和科技发展的高精尖趋势,关于提高运动表现的药物问题成为 CBAs 协商的重要内容。

3. 涉体育宪法条文

在美国,体育规则的形成和发展与宪法具有密切的联系。以体育运动中的抗议问题为例,说明美国《宪法第一修正案》与公共论坛等理论在体育中的适用。

纵观历史,美国运动员习惯于通过体育运动对社会事件抒发情绪和表达意见,尤其是 1968 年墨西哥城夏季奥运会期间发生的握拳抗议事件,[①]其影响延续至今。在美国经常发生专业体育运动员在比赛的进行前、进行中或比赛结束后的抗议活动。比如在美国职业橄榄球大联盟(National Football League, NFL)以及美国职业篮球联盟(National Basketball Association,NBA)中,专业运动员在播放国歌时经常以各种形式的和平抗议活动表达自己对种族歧视、性别歧视等社会不公

① 田径冠军得主汤米·史密斯(Tommie Smith)和他的队友,同时也是铜牌获得者的约翰·卡洛斯(John Carlos),在颁奖仪式播放美国国歌时低头并举起了他们的拳头,用来表达非洲裔美国人的团结和支持受歧视的各种族低收入的家庭。这一抗议活动在世界范围内受到关注,握拳抗议的手势从而被称为“黑色力量”。

的情绪。[①] 在美国国歌奏起时，职业运动员的举动经常被视为模范而引起其他运动员追随，如卡佩尼克带来了所谓的“卡佩尼克效应”，许多大学甚至高中的学生运动员为表示支持卡佩尼克，也在演讲、播放国歌时以握拳或下跪的方式表达抗议；2016 年 9 月，加菲尔德高中女子橄榄球队及其行进乐队和啦啦队在国歌奏响时集体下跪，在该赛季随后的比赛中仍然如此；[②]2017 年 10 月，密歇根州兰辛天主教高中的 4 名橄榄球运动员计划在国歌奏响时跪下和平抗议年轻黑人运动员的不公遭遇。[③] 学生运动员的抗议活动很大程度上受到 NBA 和 NFL 等联盟职业运动员的影响，在形式上主要体现为播放国歌时握拳、拒绝站立并下跪和在学校公共体育场所发表抗议演讲。

然而，无论是汤米·史密斯、约翰·卡洛斯还是卡佩尼克，他们都在之后被所在俱乐部停用，几乎断送了职业生涯，甚至收到死亡威胁。学生运动员在表达抗议后也往往会遭到教练、行政管理人员的排斥，受到学校训练机会减少、停赛、开除出球队等各种形式的处罚，有的学校专门制定规则禁止学生运动员抗议。而为了保障学生运动员的抗议权利，美国学者通常以公共论坛理论和《宪法第一修正案》证成抗议权利。

---

① 2016 年 8 月，美式橄榄球旧金山 49 人队的四分卫科林·卡佩尼克（Colin Kaepernick）在 2016 年季前赛和常规赛中多次跪下表达抗议，并吸引了 NFL 其他队伍的球员参加抗议。站立以表达对国旗的敬意，是自第二次世界大战后形成的象征自由的仪式。虽然美国没有颁布“国歌法”或类似制定法，但 1923 年在华盛顿举办的国旗会议制定了有关国旗的规定，其中有涉及国歌的规定，要求在国歌奏响时，美国人民应当站立面向国旗，并将右手置于左胸心脏处。但卡佩尼克没有站立，赛后采访他说自己的行为是在抗议警察暴力和种族歧视：“我并不想站立去表达对国旗的赞美，因为这个国家压迫黑人和其他有色人种，在街上有尸体，有人带薪休假，有人谋杀却逍遥法外。”在此之后，他又在几场比赛前奏国歌时“单膝下跪”，继续表达自己的抗议。See Steve Wyche, *Colin Kaepernick Explains Why He Sat During National Anthem*, http://www.nfl.com/news/story/0ap3000000691077/article/colin-kaepernick-explains-why-he-sat-during-national-anthem.

② See Jesse Hagopian, *A High School Goes on Bended Knee for Black Lives*, https://progressive.org/public-school-shakedown/high-school-goes-bended-knee-black-lives.

③ See Chris Cwik, *Beto O'Rourke Invites High School Football Players Who Kneeled During National Anthem to Debate*, https://sports.yahoo.com/beto-o-rourke-invites-high-school-football-players-who-kneeled-during-national-anthem-to-debate-205105638.html.

(1)公共论坛理论与抗议权利证成

公共论坛的概念由哈里·卡尔文(Harry Kalven Jr.,1914～1974年)在《公共论坛的概念:考克斯诉路易斯安那州》[①]一书中总结以往审判经验后正式提出的。在1964年的一篇文章中他提出:"对公共论坛的发言者施加一种'自我审查'。"[②]首次提出了公共论坛的概念。公共论坛理论将发表言论的公共场所视为一种论坛,"尽管宪法第一修正案具有绝对的语言特征,但言论权利却并非绝对,政府可以限制发表言论的地点、方式和内容,言论需要符合法院确立的具体标准"[③]。

通过司法判例,公共论坛发展为三种等级的论坛。传统公共论坛的形成原因具有历史性,即该地点是否具有长期被用来表达意见的传统、惯例。该规则由1939年黑格案[④]和施耐德案[⑤]确立。作为第一级的论坛,政府对其施加的限制是最少的,表现形式为街道、公园等,在这些场所发表演讲、表达意见被视为正当的,除非损害必要的国家利益,否则政府不能对公民基于《宪法第一修正案》的言论自由权利进行限制。

指定的和有限的公共论坛都是第二级的公共论坛。指定的公共论坛

---

① Harry Kalven Jr., *The Concept of the Public Forum*: *Cox v. Louisiana*, 1965 SUP. CT. REV., p.1,32 (1965).

② Harry Kalven Jr., *The New York Times Case*: *A Note on the Central Meaning of the First Amendment*, 1964 SUP. CT. REV., p.191,222 (1964).

③ Steven D. Jamar, *Constitution Law*: *Power*, *Liberty*, *Equality*, Wolters Kluwerp, 1st ed., 2017, p.897.

④ Hague v. Committee for Indus. Org, 307 U.S. 496 (1939). 在该案中,警方依据禁止公众在没有城市许可的情况下在街道聚会的条例,不允许社团成员在该组织总部外讨论劳动改革,随后这一条例被法院裁定违宪。法院确立的规则是,街道、公园等作为公共论坛,"它们自古以来都是为公众的利益而被代管,而且它们还被用于集会、公民之间的思想交流和讨论公共问题"。

⑤ Schneider v. State of New Jersey, 308 U.S. 147 (1939). 在该案中,法院废止了声称为了避免乱丢杂物和保持街道卫生而禁止在城市街道分发传单的条例。该案的争点是在街道发传单的行为是否违背宪法。法院认为,"保持街道清洁和整洁的目的不足以证明禁止在公共街道上的人将文学作品交给愿意接受的人的法令是正当的……城市当局在清洁和照料街道方面所承担的任何负担,都是由于宪法保护了言论和新闻自由","有明显的方法可以防止街头乱扔垃圾,例如惩罚那些实际在街上扔纸的人"。

是政府有意建立和保持的财产，即原则上并非为演讲所建造，但是政府允许公共交流，限制以必要的国家利益为前提，[1]公共图书馆、市政剧院就是指定的公共论坛。有限的公共论坛指政府指定公共场所作为公共论坛，但对演讲的主体、类型施加限制，限制以合理和观点中立为前提。[2]非公共论坛指通常不对公众演讲开放的公共论坛，如军事基地、公立医院、政府大楼等，具有行政的和运作的特征。在非公共论坛中，政府只要具有合理和中立的观点就可以规制演讲行为，如在法院审判庭中，律师的发言受到审判规则的限制，不能自由地发言。虽然有的非公共论坛可以由公众随意进出，如人们通常有在法院旁听审判的权利，但并不代表他们可以随意演讲。

大学校园并非传统意义上的公共论坛或非公共论坛，公众在此有一定的演讲权利，属于第二级的公共论坛。“概念上它们（指定的和有限的公共论坛）可以被区分，但是法院却没有精确和一致的对待术语。”[3]在司法实践中，大学校园的教室、体育设施、报纸等常被视为有限的公共论坛，类似判例还有罗森伯格（Rosenberger）案[4]等。体育设施在司法实践中极易被认为属于有限的公共论坛，在哈伯德广播公司诉大都会体育设施委员会案[5]中，法院认为“不是一个公共论坛，因为它只是为了提供体育设施，而不是作为言论自由的空间”。但是，根据斯图尔特案确立的规则，确立一项公产是否为公共论坛需要考虑三点：“政府对场所提供资金时所阐述的目的、场所与有争议的表达活动的兼容性，以及场所在规制此类表达

---

① See Pleasant Grove City v. Summum, 555 U. S. 460, 469 (2009).

② See Rosenberger v. Rector & Visitors of the Uni. of Va., 515 U. S. 819, 829 (1995).

③ Monique T. Curry, *Get that Son of a Bitch off the Field: Regulating Student-Athlete Protest Speech in Public University Sports Facilities*, 61 Howard L. J. 669, 698, 678 (2018).

④ Rosenberger v. Rector and Visitors of the Uni. of Va., 515 U. S. 819, 829 – 30 (1995). 该案中，弗吉尼亚大学学生活动基金赞助的报纸被法院认为是有限的公共论坛。

⑤ Hubbard Broad, Inc. v. Metro. Sports Facilities Comm'n, 797 F. 2d 552, 555 (8th Cir. 1986).

活动时是否使用了一致的政策和做法。”[1]就第一点而言，大学体育设施的建设目的是学校体育课程的开设，最根本的还是满足大学生的需求，“现阶段，人需要体育，如大学生对体育的需要不仅仅是要增强体质，还需要通过体育达到健身、健美、健心、娱乐、社交和健全人格的目的”[2]，在大学体育设施中演讲、抗议是学生表达需求的实现，这一点在论证上较为容易。就第二点而言，体育作为锻炼身体、宣泄情绪的积极方式，体育场所自然成为人们有序表达自己意见的合理场所，体育场所从本质上含有容纳抗争的特征。最重要的是第三点，体育场所一般以民众健身和竞赛活动为目的建设，而美国社会经常出现反对战争、警察暴力、枪击事件等抗议活动，在体育场所中已经成为常态。此外，商业赞助、啦啦队活动同样作为体育馆常态保留了下来。因此，大学生在体育场馆内的抗议活动是符合体育馆运行实践和惯例的，大学体育设施应当被认为是指定的公共论坛，而并非有限度的公共论坛。

(2)《宪法第一修正案》与抗议权利证成

学生抗议活动引起了学校管理部门的关注，由于担心抗议引起比赛秩序受扰以及安全问题，它们通常会制定公告禁止学生运动员参加抗议活动。但根据美国《宪法第一修正案》，人们有新闻、言论和抗议的自由。此规定确立的方式不限于书写、公开演讲或者音乐、舞蹈等象征性的表达。如果学校禁止学生参加抗议活动，可能引发大量的宪法诉讼而给司法部门带来巨大压力，也不利于学校体育和竞赛活动的开展。对于学校管理者和学生运动员而言，在宪法上论证学生运动员的抗议权利具有必要性。

学生运动员具有进行抗议活动的便利。一方面，“在美国大学界，自由的本质几乎是不言而喻的。任何人都不应低估指导和训练我们青年的人在民主中所扮演的重要角色。把任何刻薄的外衣强加给我们学院和大

---

① Stewart v. D. C. Armory Bd. (Stewart II), 863 F. 2d 1013, 1016 – 17 (D. C. Cir. 1988).

② 王大中:《当代大学生体育需要的研究》,载《北京体育大学学报》2004 年第 6 期。

学里的知识分子领袖,都会危及我们国家的未来……在怀疑和不信任的气氛中,学术不能蓬勃发展。教师和学生必须始终保持自由,去探究,去学习,去评估,去获得新的成熟和理解,否则我们的文明就会停滞和消亡"[①]。美国学校相对宽松的言论环境是由一系列判例确立和强化的。"伟大的异议者"霍姆斯(Oliver Wendell Holmes, Jr.,1841～1935年)在1919年的艾布拉姆斯诉美国案的反对意见中提出,"大学是意见交换的集市"[②]。"没有地方对宪法自由的警觉的保护比美国校园重要"[③],"我们的国家深刻的承认对学术自由的保护,这对我们所有人都具有超越性的价值,而不仅仅是对有关教师,因此,自由是第一修正案的一个特别关注点,它不容许法律在课堂上蒙上正统的面纱"[④]。在教室和公开体育设施中演讲,对于传播观念有重要的意义,学生的抗议演讲在学校里能有较多的自由和相对宽松的环境。另一方面,美国国家教育统计中心(National Center for Education Statistics, NCES)发布的《2026年教育统计预测》(Projection of Education Statistics to 2026)报告显示,2001～2015年,美国高等教育机构在校生人数从1590万增加到2000万,预计到2026年秋季达到2260万人,对于美国2018年3.27亿人[⑤]的总人口而言,具有相当的影响力。此外,大学体育在美国具有广泛影响力的原因有两点,一是因为赛事水平高,职业联盟的专业运动员很多出自大学联盟;二是参与人口多,涉及大学生群体及其家人。由于赛事的高曝光度,学生运动员在赛场的抗议活动常能引起整个社会的讨论,并产生广泛的影响。

"'合理的限制'是一个应然问题。"[⑥]言论自由立场包括相对自由论(有限度的言论自由)和绝对自由论。即使持绝对自由论的人也不认为

---

① Sweezy v. New Hampshire, 354 U. S. 234, 250 (1957).

② Abrams v. United States, 250 U. S. 616, 630 (1919).

③ Shelton v. Tucker, 364 U. S. 479, 487 (1960).

④ Keyishian v. Bd. of Regents, 385 U. S. 589, 603 (1967).

⑤ *U. S. Population Up 5.96% Since 2010*, The Census Bureau, https://www.census.gov/library/visualizations/interactive/population-increase-2018.html.

⑥ 侯健:《言论自由及其限度》,载《北大法律评论》2000年第2期。

所有的言论都是自由的,而是指某些言论享有绝对自由。“自由之所以需要限制,是为了也仅仅是为了协调其他的社会利益和个人利益。”①可以看出,美国宪法也并非允许绝对的自由,在为了保障安全利益和社会公序良俗时是可以对《宪法第一修正案》规定的权利进行限制的。“尽管第一修正案具有绝对的语言特征,但言论的权利并非绝对的,政府可以限制言论的施加、地点、方式和内容,言论需要符合法院确立的具体标准。”②学校通常被视为国家行为人,于是学生作为学校的成员应受到宪法完整的保护。学校是否有权惩罚学生的抗议活动需要从实践中寻找有关宪法的标志性判例。

廷克案是美国最高法院所作的巩固学生在公立学校自由演讲权利的标志性案例,明确了美国公立学校学生《宪法第一修正案》涉及的权利。③依据廷克案,学生基于《宪法第一修正案》的言论自由权利在随后的判例

---

① 李昌道:《美国言论自由的法律尺度》,载《政治与法律》2001 年第 2 期。

② Steven D. Jamar, *Constitution Law: Power, Liberty, Equality*, Wolters Kluwerp, 1st ed., 2017, p. 897.

③ 玛丽·贝丝·廷克(Mary Beth Tinker)是一名初中生,1965 年 12 月,她和一群学生决定戴着黑色臂章去学校抗议越南战争。学校董事会听到了抗议的风声,通过了一项先发制人的禁令。当玛丽贝丝 12 月 16 日到达学校时,她被要求摘掉臂章,然后被停学,另外 4 名学生也被停学,其中包括她的弟弟约翰·廷克和克里斯·埃克哈特。学生们被告知,在他们同意移除臂章之前,他们不能回学校。圣诞假期后,学生们没有戴臂章就回来了,但为了抗议,他们在学年的剩余时间里都穿着黑色的衣服,并提起了一项依据《民权法案》(Civil Rights Act)第 1983 条的诉讼。学生们和他们的家人开始了一场为期 4 年的法庭辩论,地区法院驳回了他们的起诉,“在这种情况下学校官员的行为本质上是为了防止教学纪律被干扰,因此是合理的”。该案上诉后美国第八巡回庭确认了地区法院的判决,最后在 1969 年 2 月 24 日,该案以具有里程碑意义的最高法院判决告终,法院以 7 比 2 裁定,学生不会“因在学校而放弃言论或表达自由的宪法权利”。法院的多数意见是由亚伯·方特斯(Abe Fortas,1910～1982 年)法官撰写的,该意见进一步确认了青年人在宪法中享有的自由:“在我们的体制中,公立学校可能不是极权主义的飞地。学校官员对学生没有绝对的权威。学生……拥有国家必须尊重的基本权利,就像他们自己必须尊重对国家的义务一样。在我们的系统中,学生不可能仅仅被视为国家选择交流的闭路接受者。他们可能不局限于表达那些官方认可的情感。在没有具体说明符合宪法的合理理由来规范他们的言论的情况下,学生有权自由表达自己的观点。”在公立学校里,学生能做什么仍然是有限的。在这项裁决下,学生不能违反那些不以表达为目标的规则——比如考勤政策——只要他们的学校平等地应用这些规则,不管学生是为了抗议还是其他原因而违反了这些规则。学生不能“实质性地扰乱”学校的运作,尽管被认为具有扰乱性的东西可能取决于具体情况。

得到扩展，希利诉詹姆斯案[①]中美国最高法院认定康涅狄格州中央大学拒绝承认该校民主社会学生促进会[②]分会是违宪的；1973 年 3 月 19 日，帕皮什诉密苏里大学管理委员会案[③]中，美国联邦最高法院在一份法庭意见书（未签署）中裁定，因为在校园内分发一份报纸，该报纸上刊登了该大学认为具有"猥亵言论"的内容而将一名学生开除出公立大学，侵犯了《宪法第一修正案》规定的学生言论自由权。简言之，廷克案确立的规则是，《宪法第一修正案》适用于公立学校，学校官员不能审查学生的言论，除非它确实扰乱了教育进程。在廷克案中佩戴黑色臂章的行为不具有破坏性，法院认为《宪法第一修正案》保护学生佩戴臂章的权利，学生的抗议是对社会利益的忧虑，具有正当性。

黑泽伍德案以及较早的廷克案，被认为是确定公立学校学生表达权的具有里程碑意义的判例。黑泽伍德案确立的规则是，对于公立学校赞助的报纸、活动等涉及的学生的言论，应当符合学校要求的秩序和通常的社会道德准则，否则学校有权不予资助此类活动。虽然后来法院的规则与黑泽伍德案确立的规则有所不同，但该案件在论证学生言论自由权时仍具有广泛意义，是学生言论监管的一个重要先例。[④]

---

① U.S. LEXIS 160,33 L. Ed. 2d 266,92 S. Ct. 2338,408 U.S. 169 (1972).

② 学生民主社会促进会（SDS）是美国的一个全国学生积极分子组织，是新左派的主要代表之一。该组织成立于 1960 年，在 20 世纪 60 年代中期迅速发展壮大，1969 年最后一次大会在全国范围内召集了 300 多家分会。

③ 331 F. Supp. 1321 (W.D. Mo. 1971),410 U.S. 667 (1973).

④ 美国密苏里州圣路易斯市黑泽伍德东部高中新闻学 2 班的学生们写了一些关于同龄人怀孕经历和离婚影响的故事。当他们在学校支持和赞助的报纸《光谱》上发表文章时，校长在出版之前删除了包含该故事的版面而没有告诉学生。学生声称学校侵犯了他们《宪法第一修正案》的权利，于是向美国密苏里州圣路易斯市东区地方法院提起诉讼。该初审法院裁定校长有权删除作为课堂一部分的文章。于是学生们向美国第八巡回上诉法院提出上诉，第八巡回上诉法院撤销了下级法院的裁决，认为该报纸是一个"公共论坛"，应当延伸到学校的控制之外，它决定学校官员只能在极端情况下审查文章内容。学校向美国最高法院提出上诉，在 5 比 3 的裁决中，美国联邦最高法院认为校长的行为没有侵犯学生的言论自由权。法院指出，该文件是由学校赞助的，因此，学校有合法的利益来阻止其认为不适当的、可能会被学校审查的文章的出版。美国联邦最高法院特别指出，该报纸并非旨在成为一个人人都可以分享观点的公共论坛；相反，对于新闻系学生来说，它是一个有限的论坛，可以在学校编辑的前提下撰写符合其新闻学 2 班课程要求的文章。

(3)总结

对于学校处罚行为的管辖,公立学校由于被视为国家行为人,其对学生运动员的处罚行为被视为是国家行为,因而可以在联邦法院系统提起诉讼。对于私立学校的处罚行为,私立学校无法当然被视为国家行为人,需要理论的论证。私立学校如果加入了太平洋海岸联盟(Pacific Coast Conference,PAC12)、十大联盟(Big Ten Conference,BIG10)等学生体育联盟,此时学校对学生运动员实施处罚行为被视为国家行为,学生得以依据《民权法案》(Civil Rights Act)起诉。廷克案和黑泽伍德案确立了公立学校学生言论自由的两种基本规则,但言论自由作为公民基本权利本身具有适用和论证的复杂性,即使法院在援用先例时也面临着论证和说理的困难。对于学生运动员抗议活动,援引不同的先例将带来不同的判决结果。对于学生运动员在国歌奏响时的握拳、拒绝站立甚至跪下的和平抗议行为,或者发表抗议演讲的行为,如果适用廷克案规则,法院需要审查抗议行为是否确实扰乱了教育进程。在廷克案规则下,学生和平的抗议行为很难被认定为造成了校园、教学秩序实质破坏,学生的忧虑并非暴力,学校因此无权惩罚学生的抗议行为。学生运动员的抗议行为在黑泽伍德案规则下则不同。法院需要审查比赛是不是由校方赞助,学生的行为是否扰乱了学校要求的合理秩序和一般道德。就比赛而言,学生运动员的参赛场地一般都在本学校或其他学校的体育场馆,学校负责比赛的举办、秩序维持和赞助,因此学生运动员参加的比赛一般都是有校方赞助的。在这个条件下,根据黑泽伍德案确立的规则,学校只要证明学生损害了学校的教学秩序和教学目标,比如学校期望通过国歌奏唱传达给学生爱国爱校的目的被损害,就可以获得惩罚学生的正当理由。在黑泽伍德案规则下,学生运动员的抗议行为受到学校惩罚的可能性很大。

司法实践中大多将大学体育设施作为有限度的公共论坛,公共论坛理论可以充分证成大学体育设施属于有限度的公共论坛,学生运动员拥有在大学体育设施中抗议的权利。在廷克案和黑泽伍德案确立的不同规则下,法院的不同倾向性适用会产生不同的判决结果。但无论是公共论坛理论还是前述规则,都是美国第一宪法修正案的精神体现,当然这其中包含不同的价值抉择。学生运动员表达抗议拥有校园环境言论的包容性、学生运动员的高曝光率和支持群众基础广泛的独特优势,是社会意见表达的重要方式。学生运动员的国歌抗议活动如握拳、拒绝站立、跪地是平静和非暴力的,即使演讲活动本身带有煽动性但本质上仍然是希冀和平的。因此在公共论坛理论证成前提下,司法实践和立法需要对学生运动员的抗议权进行保护。以社会公共利益为标准审视学生运动员的抗议活动的情况下法院对学生运动员的抗议行为不能仅因为抗议对比赛和商业赞助造成了短暂的负面影响而作出否认评价。在美国,抗议活动涉及的社会价值包含种族、性别平等,反抗战争和警察暴力,抗议活动展现出的社会忧虑是积极的和负有正能量的,这样的抗议活动带来的社会影响是深刻的。因此,在审查学生运动员的抗议行为时应当重视抗议的社会利益和潜在影响。

二、美国业余主义理论与学校体育法的发展

美国学校体育法部分相对其他国家更为发达,其核心理论——业余主义(Amateurism),涉及宪法、反垄断法、劳动法、侵权法、教育法等方面。该理论在国内研究尚少,因此此部分予以着重介绍,以期概观美国体育法的多面。

(一)业余主义

业余主义主要体现为学生运动员的无薪和少薪,学生运动员不参与赛事的盈利分配和其他商业化活动以赚取收入等方面。资本的逐利特征使商业公司和学生体育联盟会通过门票、转播和广告等方式从竞赛活动中获利。学生运动员代表学校参加竞赛,没有工资并且不参与盈利分配,即使那些走在商业化前列的学生运动员也只能获得一些学校奖学金和少许补贴。随着学校体育赛事盈利的增多,学生运动员的薪酬问题开始得到重视,试图解决学生运动员的薪酬问题与学校体育的业余性之间存在

的矛盾，并对《谢尔曼反托拉斯法》（以下简称《谢尔曼法》）和《克莱顿法》等反垄断法框架下对奥班农案①和阿斯通案②等开创性判例进行分析，以获得该问题的最新司法动向。

美国大学体育秉持的业余主义经历了长时间的发展和变革，分析NCAA 出现之前的限制规则、NCAA 关于业余主义的改革和法院判例的规则整合，对于理解当今美国司法关于业余主义的薪酬、自营规定的态度，以及反托拉斯法和卡特尔的法律适用具有根本意义。

（1）20 世纪前的校际竞赛概况

大学校际体育比赛的最早记录是 1852 年起举办并延续至今的哈佛和耶鲁组织的划船比赛（Harvard-Yale Regatta）。19 世纪 70 年代以来，校际足球、棒球比赛也纷纷出现，随之而生的是以运动类别为区分的校际竞赛的委员会。但校际竞赛委员会对校际比赛所面临的业余运动员资格、商业化、薪酬和奖金和规则一致性等问题，缺乏经验且无法有效处理。

“美国体育对经济的关注程度远远高于欧洲……美国体育是‘经济人’。”③伴随大学体育的快速商业化，大学体育的负面影响凸显，赌博、学生运动员资格造假、体育暴力、向教练行贿等行为引起社会的广泛关注。此时业余主义的问题虽然已经出现，但未得到足够重视。19 世纪 90 年代出现了 3 个新型的校际体育组织，分别是南部校际运动委员会（Southern Intercollegiate Athletic Conference）、校际联盟（Intercollegiate Conference）④和缅因州校际田径协会（Maine intercollegiate track and field association）。

---

① Edward O'Bannon, et al. v. National Collegiate Athletic Association; Electronic Arts Inc.; and Collegiate Licensing Company, No. 09 – 3329 (N. D. Cal. 2014), No. 14 – 16601 (9th Cir. 2015).

② In re NCAA Athletic Grant-In-Aid Cap Antitrust Litig. (Alston), No. 14 – 02541 (N. D. Cal. 2019).

③ 韩勇：《美国体育法学发展及对中国的启示》，载《体育与科学》2015 年第 3 期。

④ 14 所大学组成的校际体育联盟十大联盟（Big Ten Conference）的前身，建立于 1892 年。

这三个团体为统一校际体育运动的 NCAA 提供了运行经验和规则基础，为 NCAA 业余主义相关规则的建立打下基础。

(2)20 世纪后的业余主义规则

“我们的主要兴趣不应放在体育运动的伟大冠军身上，相反，我们应该关心的是拓宽体育运动的基础，这个基础就是让最大群体的学生有机会参加到充满活力的户外运动会之中。”[①]1905 年校际足球比赛有 18 名学生运动员死亡，时任总统西奥多·罗斯福召集主要的校际足球项目管理人员举行会议以应对足球暴力问题，会议期间，西奥多·罗斯福还致力于解决学校体育业余性的问题。会议最终商讨成立了 NCAA 的前身：美国校际体育协会（Intercollegiate Athletic Association of the United States, IAAUS）。

IAAUS（1910 年更名为 NCAA）在成立之初致力于建立学生运动员招募和业余主义等校级运动比赛规则，推动联盟冠军赛事的商业赞助、比赛组织等事宜。商业化在推动比赛举办的同时带来了规则破坏的影响，形成了“不惜牺牲一切获胜的环境”[②]，规则的破坏特别是非业余运动员的招募使比赛无法实现公平价值和大学体育的本质目的。这样的现实情况要求 IAAUS 对“业余”的概念作出准确界定。

1909 年 IAAUS 初次对业余和专业运动员进行定义：“业余运动员是指因为参加比赛的冲动或纯粹为了满足比赛动机，并为获得锻炼、训练和社交乐趣而参加体育比赛的人。参加比赛的动机决定了业余性；专业运动员是指出于除满足纯粹的运动冲动以外的任何其他动机而参加体育比赛的人，并为获得运动、训练或社交乐趣，或渴望并从其技能中获得某些东西，或接受观众、支持者的某些东西，或者获得其他利益，任何物质或经

① President Theodore Roosevelt, *Speech Before the Harvard Students* (*Feb.* 23, 1907), in Spalding's Offical Foot Ball Guide, Aug. 1907, p. 9.

② J. Wade Gilley, et al., *Administration of University Athletic Programs*, Internal Control & Excellence, 1986, p. 17.

济利益或报酬。”[①]IAAUS 定义的区分重点在于参加竞赛的动机,专业运动员参加比赛的目的主要在于获得一些收入,业余运动员则是为了纯粹的竞赛目的而非物质目的。

2019 年 8 月生效的 NCAA 一分区指南规定,学生运动员应是校际运动的业余爱好者,应主要由教育和出于获得身体、心理和社会效益目的推动其参与。大学生参加校际体育是一项业余爱好,应保护学生运动员不受专业企业和商业企业的利用。[②] 职业运动员指直接或间接接受任何形式的体育参与报酬的运动员,不需要协会的管理法规允许。[③] 虽然在两类运动员定义的表述方式上有所不同,但 NCAA 区别的核心还是是否获取报酬。

(3)NCAA 相关规则

为了维持学校体育的业余性,NCAA 制定了大量的规则,其中大多数规则关系到学生运动员的薪酬,因而经常会受到学生运动员起诉。

NCAA 的 NILs 规则禁止学生运动员通过使用自己的名字(Names)、图像(Images)和肖像(Likenesses)获取商业利益,并规定以上权益由 NCAA 和各大联盟使用,学生在资格认证时必须同意该规则才能获得参加 NCAA 举办赛事的参赛资格,该规则经常会因涉嫌违反《谢尔曼法》第 1 条规定的禁止垄断行为而受到挑战。外来福利资助规则规定,如果一名学生运动员被允许参加外部比赛,并且从合法的来源(如活动赞助商、俱乐部团队)获得的费用超过了其实际和必要费用 300 美元及以下,则该学生运动员的资格不受影响,并且该机构不需要提交违规的自我报告;拨款限额(Grant-in-Aid)规定如果拨款为由教育机构管理的补助金,则不被视为支付或承诺支付体育技能的报酬行为,但前提是数额不超过协会规

---

① Wladimir Andreff, Stefan Szymanski, *Handbook on the Economics of Sport*, 1st ed. Edward Elgar Publishing Inc. ,2006, p. 42.

② See Ncaa, 2019 – 20 Division I Manual, Article 2, 2.9 The Principle of Amateurism, Effective August 1 2019, p. 3.

③ See Ncaa, 2019 – 20 Division I Manual, Article 12, 12.02.11 Professional Athlete., Effective August 1 2019, p. 63.

定的财政资助限制。几经修改，美国通过 Williams v. University of Cincinnati，Taylor v. Wake Forest University 等判例建立起来的规范学生运动员经纪人行为的法律体系效果显著。在美国，管理大学生体育经纪人的权力不属于联邦政府，而由 NCAA 负责。NCAA 规定，经纪人必须通过认证程序，大学生运动员不得与经纪人直接签约，否则将失去业余运动员的资格。这些规定的目的在于防止大学生运动员通过体育经纪人盈利。

除了这些规则外，NCAA 还严格限制大学生运动员外出参加商业活动的时间和大学招募资金援助的条件，想要获得夏季财政援助必须在该学校常驻最少一年。简言之，业余含义在 NCAA 规则上体现为限制学生运动员的薪酬。

（二）《谢尔曼法》与奥班农案对业余性的“突破”

1. 美国反垄断法的基本框架

根据《谢尔曼法》第 1 条和 1991 年 Bhan 案[①]确立的规则，确定市场主体构成垄断需要 3 个条件：①存在“契约、合并或共谋”；②前述协议要求构成“不合理的贸易限制”；③前述限制“影响了州际商业”。有观点仅从《谢尔曼法》第 1 条的两个要件进行分析，是不全面的。[②] 对于第一个条件而言，学生想成为一名学生运动员，必须经过资格检验、签署承诺协议并遵守由 NCAA 及其各协会、联盟的主要成员制定的操作指南，而业余性规则的条件都包含在操作指南之中，因此 NCAA 的行为显然符合该条。对于第三个条件而言，NCAA 和它的各个协会、联盟遍布美国各州和加拿大的部分地区，其商业行为不可避免地会影响州际贸易。对于挑战

---

① Bhan v. NME Hosps.，Inc.，929 F. 2d 1404，1410（9th Cir. 1991）.

② 周青山认为，“要证明某一行为违反了这一条，需要证明：第一，存在着共谋行为。第二，这一行为产生了限制竞争的效果，也就是说限制竞争的效果大于促进竞争的效果，就是通常所说的合理分析方法”。参见周青山：《论反垄断法对美国大学体育业余性的挑战》，载《体育科研》2017 年第 5 期。殷春宇从法律和理论两个方面分析反垄断法对业余性的挑战，仅从《谢尔曼法》第 1 条提出反托拉斯法的分析框架。参见殷春宇：《高校体育商业化过程中的学生运动员报酬问题——基于〈谢尔曼法〉的考察》，载《武汉体育学院学报》2017 年第 6 期。

NCAA 业余性规则的学生运动员，重点在于第二个条件即不合理的贸易限制的证成。

就 NCAA 与学生运动员间的协议是否不合理地限制贸易的问题，美国法院通常借助 3 种方式进行分析，分别是本身违法规则（Per Se Rule），合理规则（Rule of Reason），快速分析（Quick Look Analysis）。第一，本身违法规则，也称单独认定规则，即如果某一商业行为总是或几乎总是限制贸易，则无须考虑其对市场竞争造成的实际损害即可直接认定其违反托拉斯法，此规则是由司法发展出的垄断认定规则。第二，合理规则。这一规则要求法院必须综合考虑相关产品和地理市场的定义，被告在相关市场中的市场力量，限制竞争导致的影响。在举证责任上，原告承担证明这些要素事实的责任后，由被告证明其行为的正当性。适用合理规则时排除本身违法规则的适用。在合理规则下，如果存在更少限制竞争的行为方式，则基于合理规则论证而属于正当的规则也将被视为违反反垄断法。第三，快速分析。作为简化的合理规则分析，法院不需要对市场进行严格的分析，也不需要对合理规则所要求的反竞争效应进行严格的分析。原告只需要展示存在市场损害的形式。如果被告的行为虽然本身不违法，但很可能产生反竞争效应，法院可能会采用快速分析法，判定被告构成垄断市场的行为。在 NCAA 诉俄克拉荷马大学董事会案①中，美国联邦最高法院提出，快速分析有时可以适用于"一眨眼"的简单案件。

2. 奥班农案②与业余主义的突破

对于该案诉讼请求，NCAA 提出动议，认为法院应当根据 NCAA 诉

---

① National Collegiate Athletic Ass'n v. Board of Regents, 468 U. S. 85 (1984).

② Edward O'Bannon, et al. v. National Collegiate Athletic Association; Electronic Arts Inc.; and Collegiate Licensing Company, No. 09 – 3329 (N. D. Cal. 2014), No. 14 – 16601 (9th Cir. 2015). 奥班农（O'Bannon）是前加利福尼亚大学洛杉矶分校的篮球运动员，他在一款电子游戏中发现了自己的形象被使用。根据 NCAA 的 NILs 规则，学生运动员不得以自己的名字、图像和肖像获取商业利益，相关权益由 NCAA 及其各联盟享有。在该案中，奥班农代表 NCAA 的一级足球和篮球运动员提出诉讼，他认为 NCAA 将自己形象授权商业使用侵犯了自己的肖像、财产等权利，请求法院判决 NCAA 给予补偿。

董事会案[1]中确立的业余主义规则终结该诉讼,[2]"该诉讼请求只是对NCAA业余主义规则的挑战,因此应当基于NCAA诉董事会案驳回该诉讼"[3]。令人意外的是,法庭并未接受该动议,并给出了几点理由:关于诉讼程序,法庭认为所谓的对竞争的损害和损害的正当性的诉讼请求本质上是事实性的,因此不适合在诉答阶段驳回;关于先例规则的问题,法庭提出NCAA诉董事会案的规则重点是限制性的电视计划,而不是限制性的资格规则,法庭没有就禁止给予学生运动员额外补贴是否真的具有促进竞争的作用完成事实调查。除此之外,NCAA诉董事会案后的相关案件[4],类似于奥班农的诉讼主张,所提出对NCAA的有效的反托拉斯诉讼,均未依据该案被驳回。

该案中,诉讼双方当事人均提出简易程序的动议,在奥班农根据NCAA的规则特别是限制竞争的规则事实提出进行简易程序审判的动议中,对于NCAA不合理的限制贸易的行为,法院依据合理规则(Rule of Reason)要求NCAA对其行为正当性进行说明。[5]

---

① National Collegiate Athletic Ass'n v. Board of Regents of university of Oklahoma, 468 U. S. 85 (1984).

② NCAA诉董事会案确立的规则是,业余主义规则的前提条件是学生运动员不应当被支付报酬,奠定了NCAA业余主义相关规则与反垄断法的一般关系。该案是NCAA因业余主义规则被诉垄断时提出动议最常依据的案件。

③ In re NCAA Student-Athlete Name & Likeness Licensing Litig., 990 F. Supp. 2d 996, 1001 (N. D. Cal. 2014) (internal quotations and citations omitted).

④ Agnew v. Nat'l Collegiate Athletic Ass'n, 683 F. 3d 328, 347 (7th Cir. 2012); Rock v. Nat'l Collegiate Athletic Ass'n, 2013 WL 4479815, p. 14 (S. D. Ind. 2013).

⑤ NCAA提出了五个限制学生运动员获得补偿的理由。第一,保持大学体育的业余主义;第二,促进一分区队伍竞争的平衡;第三,保持教育和运动的整体性;第四,增加对女性运动和非主导的男性运动的支持;第五,增加一分区足球和篮球项目的产出。法庭否认了其中的第4条,并且禁止其在后续审判中以此作为正当性依据。其理由是,对一个市场的限制不因另一个市场的受益而获得正当性,因此在教育市场中对足球和篮球的招募限制不能因女性运动和非主导的男性运动的受益而获得正当性;社会福利受益不能使反竞争的限制正当化,支持女性运动和非主导的男性运动的更广阔的社会目的与反竞争无关;法庭认为可以通过不限制竞争的方式支持这些运动的发展,比如发给这些少数项目更多部分的收入。

在审判程序中,同样基于合理规则,法庭对前述被告剩余的4项正当性的抗辩理由分别进行判断。第一,NCAA援引董事会案的规则表达,提出其对于补贴的限制有利于保持业余主义的传基于合理规则,NCAA 的行为不合理地限制了贸易,符合垄断的一般条件,该案中,针对原告提出的诉求,地区法院基于业余主义和教育、运动整体性的考虑,判决允许学校给予学生运动员每年最多 5000 美元的现金补贴,并可以为保持业余性推迟发放。此外,FBS 橄榄球运动员和一分区男子篮球运动员在 4 年中可以分享大概 3 亿美元的收入,各学校也可以出价招募优秀运动员。这样的判决无疑彻底推翻了作为 NCAA 根基的业余主义,NCAA 立刻向第九审判庭提起上诉。

与地区法院不同,第九审判庭严格依照董事会案确立的规则进行了论证。首先,指出董事会案所确立的业余主义规则的适用范围,"董事会案确立的业余主义规则是基于合理规则的应用,而并非基于本身违法规则",也就是说董事会案确立的规则并非适用于所有案件,因为有些规则(比如下文将要讨论的 NILs 规则)如果自始无效,或违反强制性法律规定,则不能通过董事会案的规则论证正当性。其次,如果存在更少限制竞争的方式,那么 NCAA 依恃的董事会案确立的禁止补贴学生的规则将违反反垄断法,法庭因此将重心放在更少限制竞争的替代方式,而不是严格按照董事会案确立的禁止补贴规则,以保持业余主义与促进观众需求。

对于更少限制竞争的替代方式,第九审判庭基于对业余主义的认同,

统和大学体育的独特性继而促进消费者需求。法庭认为,首先,董事会案"一定不能被支付"的规则表述并非为了解决任何法律争点的冲突,也没有基于任何事实材料,是一种"附带表达",并非建立了学生运动员不得被补贴的规则,"这并不意味着彻底禁止学生运动员因为其姓名权、肖像权、形象权的商业使用而获得任何金钱性补偿"。除此之外,由于该案为时间久远的 1984 年的案件,说服力和适应性有所欠缺,法院认为,使大学体育区别于其他体育的业余主义也并非所谓的传统,NCAA 的规则实际上一直处于变化之中。第二,对于 NCAA 提出的保持一分区橄榄球和篮球运动平衡的正当性抗辩,原告援引了许多学者的经济学论证予以反驳,认为并没有促进运动项目平衡的作用。法院则认为 NCAA 并没有足够的证据支撑这一抗辩,在实践中 NCAA 允许大学自由出价的聘请教练并且给予表现良好的大学运动队伍更好地回报更是阻碍了运动项目的平衡。第三,关于保持教育和运动整体性的抗辩,法院承认 NCAA 禁止学生运动员补贴的规则在一定程度上有助于学生运动员学习和体育的兼顾,但保持整体性的抗辩并不能论证禁止补贴规则本身的正当性,事实上,一定程度上的补贴依然可以保持学习和体育的整体性,甚至更好地促进二者的兼顾。第四,关于保持业余性有利于吸引更多球队参加一分区比赛的抗辩,法院认为并不能证明补贴限制是吸引球队参加的原因,即使没有补贴限制的规定,很多队伍仍然会选在留在一分区,促进产出也并非业余性的作用。

否决了地区法院关于学校应给予学生运动员每年最多5000美元现金补偿和分享受益的判决。这一方面是基于第九审判庭对业余主义的认同；另一方面，第九审判庭担心这样的判决将导致“诉讼爆炸”，引发大量要求废除5000美元限额的诉讼。

第九审判庭提出了替代方案，改变以前NCAA的Grant-in-aid[①]奖学金政策，要求学校提供全额奖学金（Full cost of attendence Scholarships）。相较于地区法院的判决，第九审判庭判决的影响更为深远。2016年联邦最高法院拒绝了NCAA的调卷令申请，自此第九审判庭确立的全额参与支出奖学金发展为业余主义的一般法律规定，学生运动员仍然不能获得除奖学金外的其他补贴。而阿斯通案中，法院则允许学生运动员获得其他补贴。

3. 阿斯通案对业余主义的最新突破

对于奥班农案，地区法院判决的5000美元限额的补贴，第九审判庭认为将会引起大量诉讼要求解除限额规定。基于如此考虑，第九审判庭判决不允许学校给予5000美元以下的补贴，但此判决仍然导致了对禁止补贴判决的诉讼挑战。

以阿斯通为首的许多学生运动员向同一法院起诉，要求裁定NCAA禁止补贴学生运动员的规定违反反垄断法，并签发禁制令（Injunction）。[②]NCAA提出动议，要求法院遵循奥班农案形成的先例（Stare Decisis）[③]驳回起诉。奥班农案的同审法官维尔肯否决该动议并发表了自己的意见，她认为奥班农案确立的规则仅是学生运动员不能获得教育补贴之外的现

---

① NCAA的“Grant in aid”奖学金政策规定各学校给予学生运动员的奖学金应当覆盖其参加大学的主要费用。

② See In re NCAA Athletic Grant-In-Aid Cap Antitrust Litig.（Alston），No. 4：14-md-02541-CW，2017 BL 437266（N. D. Cal. 2017）.

③ 遵循先例（因循先例）的原文为拉丁动词短语，意为遵照执行已决之事项（to stand by things decided），该原则被看作英美普通法制度的核心，其理论基础或者说其存在的正当理由在于承认人的知识不完备，法官们可以吸纳前辈法官们的智慧，并使同案中法律的适用达到前后一致，满足了人们对于形式公正的要求，保证法律的确定性和可靠性，使法律变得可预测。

金补贴。①

动议提出之后，双方仍然围绕业余主义是否具有正当性申请简易程序。②

4. 加利福尼亚州《公平竞争薪酬法案》(Fair Pay to Play Act)

加利福尼亚州是美国体育法改革的先锋。2019年9月30日，加利福尼亚州州长加文·纽瑟姆(Gavin Newsom)签署了《公平竞争薪酬法案》(2023年1月1日生效)，主要围绕学生运动员的商业补偿问题，即大学生运动员可以通过授权他人使用自己的姓名权及肖像权，合法地获得补偿，这一规则直接推翻了NCAA的NILs规则。此外，大学生运动员还可以聘请律师及经纪人协助处理相关事项，不会因为获得补偿或者聘请律师、经纪人而丧失NCAA一、二级联赛的奖学金资格及业余运动员身份。加利福尼亚州率先以立法形式向NCAA基础原则——业余主义发出挑战，其效果还有待施行检验，但毫无疑问，这一法案会触发其他州及美国国会考虑是否采取同样或近似的立法。

(三)美国体育法的特点

1. 体育法研究领域的二元体系

美国体育产业发展比较均衡，业余体育特别是其中的学校体育法制

---

① See Order Denying Motion for Judgment on the Pleadings, No. 14-md-2541-CW, 2016 WL 4154855 (N. D. Cal. 2016), p. 2.

② 该案中，原告认为业余主义只是被“神化”了，无法证明限制补贴的正当性；被告则相反。法官否决了双方的动议，运用合理规则分析NCAA限制补贴的方法是否违反反垄断法。首先，在原告举证NCAA违反反垄断法后，NCAA应承担证明业余主义正当性的责任。NCAA获得法院初步认可的理由有两点，第一是保持学术和体育的一致性，第二是业余主义促进了NCAA产品的流行(促进了观众需求)。但法院认为，两项正当性理由需要事实材料的支撑，因此需要依照合理规则继续论证。针对第一点，法院的意见与其他NCAA被否决的正当性理由一致，即缺乏事实证据的支撑；针对第二点，NCAA认为，促进NCAA产品销售的抗辩应当考虑相关市场的定义，奥班农案中相关市场界定仅仅停留在男子FBS橄榄球和一级篮球市场，而相关市场不仅应限于此，首先应扩大为包含前述市场在内的教育市场，其次还应当包括商业市场。因此，市场主体应扩大到包括学生运动员、毕业校友、观众以及各类相关市场主体。但法院的意见是，相关市场并不与产量的增加有所联系，最终否决了该正当性抗辩。至此NCAA的抗辩全部被否决。[In re Nat'l Collegiate Athletic Ass'n Athletic Grant-in-Aid Cap Antitrust Litig., No. 14-md-02541-CW, 2018 WL 1524005, p. 8 (N. D. Cal. 2018)]

尤其发达，形成了业余体育和职业体育法制并行研究的模式。我国对美国学校体育法制的研究较少，究其原因，首先，美国的判例法传统与制定法传统不同，其制定法相对少而获得的关注不多；其次，我国作为大陆法系国家，对判例规则整合和解读研究少，并且目前国内研究重点之一是体育立法，在立法方面欧洲部分具有体育成文法传统的国家对我们创建新型具有中国特色的体育法的意义更直接；最后，两国产业发展的重点不同。1995 年我国《体育法》规定体育运动分为社会体育、学校体育和竞技体育（职业体育）三部分，我国对应的研究亦以此三分体系展开，并以竞技体育法制为研究重点。

2. 宪法思维融入体育法研究

由于宪法的最高特性等原因，宪法在成文法国家通常不被引入其他部门法制度的讨论之中，宪法条文一般也不被案例引用。但是，美国的体育法研究则充分将宪法思维引入体育法研究。1620 年 11 月 11 日，登陆北美的清教徒决议制定和实行"五月花号公约"，形成了美国最早的宪法渊源。该公约对美国历史产生重大影响，也是现在美国信仰自由、宪法、法律的渊源，影响了后来包括体育法等众多法律规则与理论的研究，如有学者指出，"美国体育法研究重点更倾向于'体育与法'，如职业体育与反垄断，性别平等与第九修正案，都是与国家法密切相关的"[①]。为了保护女性在学校、学院和大学中免受歧视，《教育法第九修正案》于 1972 年颁布，此后棒球等拒绝女性参加的运动、大学体育的规章制度建构等体育平权问题成为美国体育法的热点话题，引发大量讨论。有学者指出，《教育法第九修正案》在男女平等参与体育方面产生了显著作用，应当继续施行；通过对棒球运动的分析，学者指出棒球不属于该修正案豁免的部分接触型运动，故应当允许女性平等参与该项运动。[②] 还有学者认为，应当延

① 韩勇：《美国体育法学发展及对中国的启示》，载《体育与科学》2015 年第 3 期。

② See Brittany K. Puzey, *Title IX and Baseball: How the Contact Sports Exemption Denies Women Equal Opportunity to America's Pastime*, 14 Nevada Law Journal, p. 1000, 1017 (2014).

续《教育法第九修正案》追求的性别平等的目标，高校不应当为满足《教育法第九修正案》的规则而减少体育项目，应当具体分析高校各体育项目，在平等对待女性运动员的前提下，发现并改善个别不平等的项目，以此平衡男女运动员、大学以及社会的竞争利益。[①]

3. 以判例研究法作为主要方法

美国法律体系属英美法系，其法律体系的构建主要依赖于判例形成的规则，即判决以遵循先例的方式保证法律的稳定性和一致性。案例是美国法学研究中最直接的素材来源，而大陆法系国家学者以成文法为主要研究对象。美国体育法的研究以案例为基础，形成了一些有判例效力的案件和规则，典型案例与规则的确立须要经历漫长的司法过程。棒球规则[②]是体育侵权领域的代表性案例，探析该规则得以管窥典型案例规则的生成。棒球规则首先由克兰(Crane)案[③]确立，后在埃德林(Edling)案[④]得到发展。克兰案中，法官援引了密歇根州最高法院的一个判例，“众所周知，在这些比赛中，棒球被迅速地抛出和击打；棒球很容易被错过或击打到或被扔到棒球场内野线外，而站在这些球可能到达的位置上的参观者了解情况并自愿处于该位置并承担风险”[⑤]。多数法官并未支持克兰的请求，法官约翰逊认为，“棒球队有责任为观众提供一些在比赛中

---

① See Brandon Kai Golden, *Evaluating Opportunity in College Sports (Title IX)*, 22 Cardozo journal of law. & Gender, p. 313, 335 (2016).

② 棒球规则(Baseball Rule)：棒球队或者其业余层次的赞助组织，在大多数情况下，只要该队伍在界外球最容易造成伤害的区域提供了保护性座位，就不对被打到座位上的界外球伤害的观众承担责任。该规则是由棒球运动建立的美国侵权法规则，并非专指棒球运动具体的规则，也是美国体育侵权法重要的规则之一。

③ Crane v. Kansas City Baseball & Exhibition Co., 153 S. W. 1076, 168 Mo. App. 301 (1913). 该案大致案情为：克兰观看了堪萨斯城蓝军棒球队的主场比赛，在售票处，他可以任意选择外场防护栏之外的露天看台座位，或内场具有防护栏的看台座位，他选择了前者，但被比赛中的界外球击中导致受伤。克兰认为棒球队疏忽大意，其合理照顾义务要求他们为所有看台座位设置防护栏，但最终法院判决支持了棒球队。

④ Edling v. Kansas City Baseball & Exhibition Co., 168 S. W. 908, 181 Mo. App. 327 (1914).

⑤ Blakeley v. White Star Line, 154 Mich. 635, 118 N. W. 482, 19 L. R. A. (N. S.) 772, 129 Am. St. Rep. 496 (1908).

不受界外球影响的座位,但并不需要为所有座位设置防护栏;在存在有保护栏的座位时,选择坐在无保护座位上的观众对自己因界外球造成的伤害存在疏忽大意,无法得到救助”。另一位法官杰克逊写道:“某人被邀请到一个有两种可选位置的地方,其中一个比另一个更不安全,如果他充分了解风险和危险并选择了更危险的地方,就不能说他具备合理的谨慎。这是过失法的基本规则。”在埃德林案中,原告埃德林选择内场有防护栏的座位,但比赛进行中,球穿过了防护栏上破洞击伤了埃德林,法院最终支持了埃德林的诉求,确立了克兰案形成的棒球规则的例外。约翰逊法官认为,与克兰案不同的是,埃德林选择的是内场具有防护栏的位置,而克兰选择的内场位置并未设置防护栏,“棒球队并未及时修护阻止界外球进入看台区的防护栏,当球穿过破洞击伤观众时,观众即使未能躲开球,也不存在过失”。棒球规则通过克兰案和埃德林案得以确立,在随后类似的棒球伤害案件中,法官一般会援引这两个判例作为断案的依据。之后棒球规则并未停止发展,而是在基本规则上继续发展完善。①

可见,美国体育法中,体育法案例规则的形成,首先由法官援引先例,共同讨论规则的合理性,最终在判决书中确立普通法的基本规则。此外,在判决书的附带意见(Dictum)部分,持反对意见的重要论理也被收录,这种做法极大地促进了体育法的规则创制和发展。针对判例,学者也在一些法律评论杂志上作出解读,共同丰富了体育法规则的研究。例如,对于棒球规则,Gordon Hylton 认为,“令人惊讶的是,第一批达到上诉法院级别的案件(Crane 案和 Edling 案等案件)直到 20 世纪 10 年代初才出现,这是商业化棒球诞生近半个世纪之后的事”②,为了探寻目前棒球界

---

① 如 Kavafian v. Seattle Baseball Club Association, 181 P. 679 (1919)案件中,华盛顿州最高法院根据克兰案推翻了先前支持坐在防护栏之外而受伤的观众的判决;Wells v. Minneapolis Baseball & Athletic Association, 142 N. W. 706 (1913)案件中,明尼苏达州最高法院提高了球场告知义务的标准,对于不懂得棒球场基本情况的观众,棒球场应给予危险说明。

② J. Gordon Hylton, *A Foul Ball in the Courtroom: The Baseball Spectator Injury as a Case of First Impression*, 38 TULSA L. REV. 485 (2003).

外球伤害的司法源头,作者在分析克兰案和埃德林案时代背景的基础上,对案例进行了评述。正是法官、学者和律师对体育法案例的重视和共同研讨,使美国体育法学研究不断进步,为体育发展做出了贡献。

4. 体育法教材、课程概况、研究群体丰富

(1)教科书的案例设置方法

主流教科书中,《体育法:案例与材料》1990 年第 1 版①出版,2020 年则已经出版到第 9 版②,这本流行的案例教科书,第 9 版仍然遵循了先前版本的体例,分为业余体育、职业体育、体育活动的刑事与民事责任三部分撰写,该本教科书以实践问题为中心,重视通过案例培养学生体育法行业技能。《体育法导论》③作为一本入门教科书,全面介绍了美国的体育法律体系,与普通教科书不同的是,该书重视案例的作用,同时收录了 93 个精选的删节版法庭案例,并对每个案例设置了复习问题,促进学生了解体育法的实践情况。《体育与法律:文本、案例与问题》2022 年出版第 7 版④,该版主要通过案例形式探讨职业和业余体育运动的法律问题,增加了体育诚信、体育公平的章节,还更新了如学校体育的章节,包括联邦最高法院的判决(NCAA 诉阿尔斯通案)和其他影响大学体育的变化,包括反垄断和就业法对业余运动的挑战。这些多次再版的体育法经典教材都重视案例在体育法研究中的重要作用,案例通常在一本教科书中是最核心的内容。

案例教科书考量到不同读者的知识背景与理解水平,特别关照到了非法律专业学生的学习难度。《体育法案例研究》⑤为学生提供了体育法

---

① Ray Yasser et al. ,*Sports Law: Cases and Materials*, Anderson Publishing Co. ,1st edition, 1990.

② Ray Yasser et al. ,*Sports Law: Cases and Materials*,Carolina Academic Press. ,9th edition, 2020.

③ John O. Spengler et al. , *Introduction to Sport Law With Case Studies in Sport Law*,Human Kinetics,3rd edition,2022.

④ Paul Weiler et al. , *Sports and the Law: Text, Cases, and Problems*, West Academic Publishing,7th edition,2022.

⑤ Andrew T. Pittman et al. , *Case Studies in Sport Law*,2nd edition,Human Kinetics,2016.

中一些最重要案例的解读，语言通俗易懂，作者尽可能地不使用专业法律术语，以使读者更好地理解这些案例的实际应用。教科书在案例的分类设置上也不尽相同，《体育法：案例与材料》按业余、职业体育等不同的体育类型划分案例类型，按照不同的法律问题分类。《棒球与法律：案例与材料》[①]则按照运动领域划分案例，广泛引用包括判决、裁决、法律评论、新闻报纸和博客文章等内容。《自行车运动与法律：你作为骑行者的权利》[②]亦如是，围绕着骑行主题，提供了关于路怒族、动物袭击、道路障碍、性骚扰等法律知识。

（2）美国法学院与体育学院课程概况

隶属于马凯特大学法学院的全国体育法协会，自 1998 年起，对美国法学院的体育法情况进行了调研，具体包括 5 个方面：提供的体育法课程、全职或兼职的课程教师、学生组织、期刊或法律评论、实习机会以及学生可利用的其他活动或机会，迄今已经发布 1999 年、2003 年、2009 ~ 2010 年、2011 年 4 次调研结果。

根据最新调研结果，课程情况方面，全美大多数法学院开设了至少一门体育法课程。具体而言，被调查的学校中有 84%（167/198）提供至少一门体育法课程。未开设体育法课程的学校中，很多学校选择通过学生组织或竞赛的方式为学生提供体育法的学习机会。同时，一些学校开设多门体育法课程，1999 年比例为 11%（13/116），2003 年这一比例上升至 21%（17/80），2010 年则为 25%（14/55）。2011 年的互联网调查显示，17%（34/198）的学校开设两门及以上的体育法课程，但 34 个的学校数量是前期调查的两倍。[③] 体育学院体育法课程开设更加普及，主要原因在于，

---

① Louis H. Schiff & Robert M. Jarvis, *Baseball and the Law: Cases and Materials*, Carolina Academic Press, 1st edition, 2015.

② Bob Mionske, *Lance Armstrong, Bicycling and the Law: Your Rights as a Cyclist*, VeloPress, 2007.

③ See National Sports Law Institute, *2011 Sports Law Internet Survey*, https://law.marquette.edu/national-sports-law-institute/2011-sports-law-internet-survey.

美国体育教育协会(National Association for Sport and Physical Education, NASPE)专门设立了体育法课程的开设要求,规定体育法课程应当作为体育管理专业本科和硕士学生的必修课。[①] 任课教师方面,自 1999 年以来,提供由全职教师授课的体育法课程的学校大幅增加。2011 年的互联网调查显示,比例从 1999 年的 27% (29/116)增加到了 49% (81/167)。

2011 年互联网调查显示,马凯特大学法学院等 3 所法学院(6%)为学生提供获得体育法专业证书的机会;12 所法学院(6%)出版体育法律评论或期刊,佛罗里达州沿海法学院还出版在线期刊 NCAA 合规性。170 所学校(84%)有学生体育法学会;托马斯·杰斐逊法学院等 5 所法学院设有体育法学院或中心;20 所法学院(40%)组织学生参加体育法模拟法庭竞赛,2003 年则为 16% (13/80),增幅明显。[②]

(3)法官、学者、律师构成研究群体

体育法研究群体的构成广泛。以体育法核心杂志《马凯特体育法评论》(Marquette Sports Law Review)为例,它广泛吸收了各方研究群体。在 1990 年创办之初,其研究群体仅包括教师和学生,对国家体育前沿事件编辑和发表评论(Comment)。为凸显专业性,该刊物定位为专注体育法的杂志,而非综合性的体育或法律杂志,但这同时也导致了该刊物领域限制、优质稿件匮乏、以及受众面窄的问题。在期刊发展问题上,通常要么是扩大杂志的领域,扩展到娱乐法等领域[③],要么坚持本领域,广泛吸引从事体育法实践的律师、法官共同参与期刊建设,以提高期刊质量和增

---

① See NASPE. Sport Management Program Standards and Review Protocol, Oxon Hill, MD: AAHPERD, 2000.

② See National Sports Law Institute, *2011 Sports Law Internet Survey*, https://law.marquette.edu/national-sports-law-institute/2011-sports-law-internet-survey.

③ 如创办于 1999 年的弗吉尼亚体育法杂志(Virginia Journal of Sports and the Law)2001 年后更名为《弗吉尼亚体育法和娱乐法杂志》(Virginia Sports and Entertainment Law Journal)延续至今;也有的娱乐法杂志通过更名为娱乐法与体育法杂志这种扩展领域的方式发展杂志,如华威大学(University of Warwick)主办的《娱乐法》(Entertainment Law)更名为《娱乐法和体育法杂志》(Entertainment and Sports Law Journal)。

加关注群体。《马凯特体育法评论》选择了后者，发展成了美国如今最重要的专业体育法杂志之一。可见，兼容并蓄、广泛吸收体育法研究人员，可以更好地发展体育法。

第三节　美国的体育政策

一、发展期间

以主要政策和标志性的事件为分界，美国体育政策经历了 1776 ~ 1885 年的自由放任时期，1885 ~ 1930 年的平稳发展时期，1930 年至今的政策成熟时期。

（一）自由放任时期

在这一时期，美国很少专门制定并颁布体育政策。[①] 究其原因，美国作为移民国家，主要移民来自欧洲，而美国又曾是英国、法国的殖民地，美国的体育发展也必然有着欧洲文化特别是英国文化的深刻烙印。英国直至 1870 年才颁布的《初等教育法》，规定 5 ~ 10 岁儿童必须接受义务教育，是最早实行义务教育政策的国家之一，但在该法颁布前，英国奉行父母对子女并无教育义务的自由放任传统。毫无疑问，美国的教育包括体育教育政策也奉行这一传统，在该传统下，体育显然在教育中被忽视，政府整体上也就没有制定政策的需求与动力。

这一时期虽然难觅政府主导制定的体育政策，但美国继承了欧洲大陆重视体操的文化传统，加之若干重要体育事件特别是美国职业棒球的发展促进了美国体育政策的制定。

对欧洲体操的改进是促进政策制定的动力之一。19 世纪 30 年代，

① 参见龚正伟、肖焕禹、盖洋：《美国体育政策的演进》，载《上海体育学院学报》2014 年第 1 期。

查尔斯·贝克(Charles Beck)、查尔斯·福林(Charles Follen)和弗朗西斯·利伯(Francis Lieber)等移民将体操引入美国及其学校体系。在美国,业余体育联合会于1883年接管了体操和大多数其他业余运动。在此之前,体操锦标赛是由各种俱乐部和组织举办的,接管更好地促进了项目统筹开展,促进规则、政策的明确。

职业棒球的发展是促进政策制定的动力之一。18世纪中叶,英格兰南部出现了一种包括击打投球、跑垒动作在内的游戏,英国殖民者把这种游戏带到了美国。19世纪中旬,纽约的业余球类俱乐部对这项运动进行了较大的改革,经过重大演变,在美国发展出现代棒球运动。1858年,美国成立了国家棒球运动员协会(National Association of Base Ball Players),并着手制定协会章程以管理会员俱乐部、运动员、竞赛等事项。1869年,美国出现了第一个完全职业化的棒球俱乐部——辛辛那提红袜俱乐部,自此美国职业棒球迅速发展。棒球运动职业化的发展推动了棒球运动普及,但职业化的弊端也随之而生,金钱交易、赛事造假、官员贪腐成为当时体育界无法回避的难题。

这一时美国总体上缺乏明确的体育政策,但若干体育实践极大地推动了体育政策的制定。除了体操改进、职棒发展的因素外,业余或职业体育协会建立、职业体育俱乐部解散或破产也是重要因素。

(二)平稳发展时期

1885年,体育被逐步纳入美国教育体系。1891年,美国全国教育协会(National Education Association,NEA)将体育正式确认并纳入学校课程,改变了1885年之前"美国学校中没有体育"的传统。[①] 随着这一措施的推进,美国体育政策进入发展期。

从1888年开始,美国针对日益严重的垄断情况出台反垄断法。1890年,美国国会颁布了第一部反垄断法——《谢尔曼法》。《谢尔曼法》的出

① 参见杨波、杨文轩、龚建林:《美国体育学科发展历程及现状》,载《体育学刊》2007年第7期。

台,标志着职业体育反垄断开始有法可依,该法保障了职业体育的健康发展。依托该法,职业体育反垄断案例涌现,陆续出现的代表性案例有 Flood v. Kuhn、Piazza v. Major League Baseball, Toolson v. New York Yankees 等。

这一时期美国体育政策进入发展阶段,开始有意识在体育教育和职业体育领域引入相关规则,但总体而言,美国体育仍然欠缺明确、具体的政策。

(三)政策成熟时期

1929 年美国发生经济危机,美国体育发展陷入倒退状态。这一时期,为了应对体育暴力、假赛受贿等行为,罗斯福施行新政,对体育产业产生了积极影响,《工资公时法》《社会保障法》等法案极大地推动了体育组织、基础设施的建设。

1935 年,美国通过《劳工关系法》,规定球员及球员工会有权为维护自身正当权利而罢工、罢赛;1936 年,通过《鲁滨孙－帕特曼法》,规定包括职业体育联盟在内的各类职业体育组织,有权按照一定比例,将其收益的部分或者全部返还运动员和管理人员。

进入 20 世纪 60 年代,美国通过一系列涉及职业体育的法案,进一步维护职业体育及相关权利。

1961 年,通过《体育反托拉斯转播法案》,规定职业体育联盟垄断电视转播权的行为不触犯《反托拉斯法》;1976 年,通过《版权法》,规定职业联盟体育比赛的电视节目可得到版权保护;1998 年,通过《柯特·弗勒德法案》,允许棒球运动反垄断豁免,并允许棒球运动员使用《反托拉斯法》解决纠纷。

进入 20 世纪 90 年代,体育政策开始向精细化方向发展。例如,美国国家运动与体育教育协会(National Association for Sport and Physical Education, NASPE)于 1995 年颁布了《走向未来——国家体育标准:内容和评价指南》,这是美国第一个学校体育国家标准。

二、美国体育政策的分类

（一）老年体育政策

美国自20世纪40年代进入老龄化社会，[①]为了应对老龄社会可能出现的问题，白宫老龄会议（White House Conference on Aging）制定了相应的政策和建议，1950～2015年，美国已发布7次《白宫老龄会议最终报告》（以下简称《老龄会议最终报告》），内容涉及老年人诉讼支持、公共投入等重大问题，其中包含了不少老年体育政策。

7次《老龄会议最终报告》关于老年体育政策的关注点并不相同。比如，2005年《老龄会议最终报告》决议“提高联邦和地方开展协作一体体制推行就地养老”，认为老年人应在“适合居住的社区安度晚年”，应使老年人在经济稳定性、健康、体育活动、志愿服务等方面得到保障。2015年《老龄会议最终报告》提到，健康老龄化主题中，体育活动是促进健康防治疾病和受伤的首要预防措施，也是最有效的措施之一；体育活动可以减少老年人的早逝、中风、糖尿病、各类癌症、摔倒等疾病或损害。

关于美国老年体育政策的发展阶段，有学者提出，美国老年体育政策主要经历了萌芽阶段（1950～1960年）、定位阶段（1961～1995年）、专门化阶段（1996～2004年）和联合推进（2005～2015年）四个阶段。[②]

（二）幼儿、青少年体育政策

自20世纪70年代以来，美国幼儿肥胖率激增，肥胖成为影响幼儿健康乃至社会发展的重要问题。幼儿缺乏体育锻炼是这一问题的主要原因，2/3的青少年每天参加体育活动的时间不足60分钟，[③]因此，围绕肥

---

① See US Depth of Health and Human Services, *Healthy People* 1979: *Conference edition*, Washington: US Depth of Health and Human Services, 1979, p. 9.

② 参见湛冰：《从〈白宫老龄会议报告〉管窥美国老年体育政策的演进特点》，载《体育与科学》2017年第3期。

③ See Jacqueline Kerr, *Designing for Active Living Among Children*, active living research (2007), https://folio.iupui.edu/handle/10244/602.

胖问题,美国不同机构出台了大量关于加强体育锻炼的政策。

联邦政府颁布了总统青少年健身计划(PYFP)、社区改造补助计划。各社会团体也颁布了相应的政策,例如全美幼儿教育协会(NAEYC)制定的美国0~8岁幼儿适宜性教育(DAP);美国数据政策研究所制定的"我运动,我学习(IM/IL)"等政策。

(三)大众体育政策

大众体育政策是美国体育政策的重要组成部分,以增强青少年体质为重点。以政策制定主体为分类依据,具体包括:第一,总统委员会的政策。例如,1977~1981年卡特任期内,将委员会成员扩大至15名,并通过了《业余体育法》;2009~2017年奥巴马任期内,委员会成员扩展至25名,更名为"总统健身、运动和营养委员会",开展了百万"健身生活方式总统奖"挑战、"学校早餐项目"等活动与政策。第二,美国卫生和公共服务部(HHS)的政策。在政策制定与实施方面,HHS是更为专业的机构。HSS出版的《国家身体活动指南》的主要作用是评估健康危机、倡导各类人群特别是患病群体进行体育活动。第三,美国公共卫生署军官团(PHSCC)的政策。PHSCC主要负责美国的公共健康,出版的《健康公民》的主要目的是,证明运动对于减轻死亡概率的巨大作用,并倡导通过体育运动减少国家面临的糖尿病、心血管病、肥胖病等慢性疾病。

三、美国体育政策发展的特征与启示

(一)完整的政策充分发挥了软法作用

美国在联邦和各州层面奉行三权分立政策,各机构有保持权力克制的自然属性,美国国会、政府各机构、法院往往以"管得少""守门人"为定位,作为法律的硬法较少延伸到体育领域中。这样的特征给了各机构充分的空间,除了官方的体育政策,不同社会团体和机构也制定了不同的体育政策,形成了体系完备、内容全面的体育政策。作为软法的体育政策,发挥更多的是建议、倡导的作用,可以较好地介入体育各领域,从各方面激励人们进行体育运动。

（二）体育政策整体上兼顾全社会的健康，以促进青少年健康为重点

由于清教徒的传统，美国建国之初并未重视体育。政策缺位导致美国青少年总体上与同时期欧洲青少年体质相比较差，因此美国体育政策的制定起点就是将体育纳入教育，重视青少年的健康。以总统委员会的政策为例，从艾森豪威尔时期创建青少年体适能委员会，到奥巴马时期的总统体育、健身和营养委员会，青少年体质始终是政府关注的首要重点。随着福利国家政策的进一步发展，体育被纳入国家统筹之中。

（三）体育政策的制定与基本国情相适应

国家的发展特别是经济的发展是开展体育活动、制定体育政策的基本前提。美国在自由放任政策期间，人们的体育活动意识有限，这一时期也被称为“肌肉崇拜时代”，人们对体育的认识还相当有限，这背后的经济因素就是美国建国初期国力有限。进入政策成熟期，美国的经济实力大增，成为超级大国，体育政策的发展也迈入科学化、精细化的路径。体育组织开始如雨后春笋般涌现，体育组织自治为主、政府指导为辅，各类体育政策开始增多。

第四节　美国的体育管理体制

1787 年美国《宪法》并未就教育作专门规定，对体育更无直接相关规定。在立法上，1791 年 12 月 15 日通过的宪法前 10 条修正案（《权利法案》）也并未规定体育权益的问题，却在一定程度上决定了美国体育的管理体制。《宪法第十修正案》规定：“将宪法未授予美国联邦政府的权利保留给各州。”这奠定了美国体育管理体制的分权特征。在经济上，美国奉行市场经济体制，随着资本主义市场经济的逐步发展，美国体育的管理

体制也受到深刻影响,政府不愿也不能过多对体育进行行政管理,行业自律特征明显。分权和行业自律构成美国体育管理体制的两大突出特征。

美国的体育管理完全由市场主导,商业化运作痕迹明显,尤其是职业体育和休闲体育,更是商业化运作的典范。美国体育产业占 GDP 的比重常年维持在约 3%,成为国民经济的重要支柱产业。为此,美国政府对体育的管理往往使用经济手段,从经济角度考虑,表现为:政府一般不提前介入体育事务,其采取的管理措施具有补救性和事后性的特点,并且着眼于解决体育中的经济利益纠纷。

与其他各国设立国家级体育管理机构不同,美国没有设立专门的国家级体育管理机构,涉及体育管理的职能由联邦政府各部门共同承担。联邦政府和各州政府主要管理社会体育事务,尤其是开发各类体育资源和建设体育场馆,以向大众提供尽量多的体育资源。

宏观上,美国政府通过制定各项法律法规,对体育,尤其是职业体育进行规范:(1)在经济方面,一方面,制定了《休曼法案》《克莱顿法》等法律,对职业体育中的不正当竞争行为进行规制,以防止职业体育联盟形成垄断,损害运动员和体育消费者的正当利益。其中,《休曼法案》规定对于一切可能存在托拉斯行为的企业,美国政府均有调查和起诉的权利,其中包含职业体育联盟;《克莱顿法》规定即使不正当竞争行为尚未产生损害结果,但只要合理预期会产生损害结果,即要承担法律责任;《柯特·弗勒德法案》则对棒球领域的反垄断豁免进行限制,允许运动员提出反垄断诉讼。另一方面,对于职业体育给予适当的反垄断豁免,并保护电视节目的版权。如 1961 年通过的《体育反托拉斯转播法案》授予橄榄球联盟等适当的电视转播反垄断豁免,规定俱乐部、职业联盟之间的电视直播联合协议不违反反托拉斯相关法律;1976 年通过的《版权法》明确规定比赛电视节目具有版权。(2)在维护运动员权益方面,美国政府将其纳入劳动保护法的范畴,明确运动员与职业俱乐部之间是雇佣劳动关系,在《劳工关系法》中规定,运动员与其他劳动者一样,有罢工、罢赛的权利。

一、联邦和地方政府体育管理模式

如前所述,美国联邦与各州层面没有专门的体育管理机构,涉及体育管理的职责由政府各部门分享。这种管理模式特点如下所述。

(一)在联邦和各州管理职能有所侧重

联邦层面,主要聚焦社会体育方面,表现为联邦政府承担公共体育设施的建设和修缮费用,即使联邦政府此举可能是为了促进就业,或者建设完毕后交由地方政府运营。①

各州政府则承担了更多的管理职责。一些州政府设立名为"公园娱乐部"(Park and Recreation Department,PRD)的部门承担部分休闲体育管理职责。PRD 通过出售特许经营权的方式管理休闲娱乐设施(包括休闲体育设施);同时,PRD 还积极与非政府机构合作,为大众提供休闲体育服务。

(二)间接管理

在管理体制方面,无论是联邦还是各州层面,在体育管理上实行以市场为主导的间接管理模式。在体育管理和政策制定方面,政府机关不直接参与,而与各类非政府机构(如职业联盟、学校体育组织等)展开合作,充分尊重非政府机构的意见。

在管理措施方面,美国政府参与体育管理的主要方式是修建体育场馆。通过开发各类体育资源,向大众提供各类体育服务,以这种方式组织和管理体育事务,尤其是休闲体育事务。

(三)涉体育管理权力分散

美国政府不直接管理体育,但在联邦层面,不可避免地会涉及一些体育管理职能的划分。联邦政府除了设置咨询机构——总统体育、健身和

---

① 参见周兰君:《美国政府参与体育管理方式之研究》,载《西安体育学院学报》2009 年第 1 期。

营养委员会之外，其他涉体育管理职能均由政府其他部门共同承担。目前，美国联邦政府中涉及体育管理职能的部门多达70多个，包括内政部、教育部、农业部、劳工部等部门，[①]主要承担社会体育管理职责。

二、总统体育、健身和营养委员会

总统体育、健身和营养委员会（the President's Council on Sports, Fitness & Nutrition, PCSFN）成立于1956年，是美国总统下属众多委员会中的一个。PCSFN由总统任命的运动员、医生、健身专业人士和企业家组成，卫生与公共服务部部长担任顾问。PCSFN并不是一个具有行政管理职能的政府机构，主要职责是为社会体育的发展提供咨询、制定政策、监督和评估政策执行。

与PCSFN对应，美国近50个州也对应建立了类似的机构，其中有21个州建立了休闲体育管理机构。

三、地方政府体育管理机构

在美国中央—地方分权治理模式之下，地方政府对体育管理承担更大的职责。

表现为相对于联邦政府，地方政府介入休闲体育管理的程度更深。

美国地方政府通常将休闲体育与娱乐活动一并管理，地方各级政府设立PRD或类似部门，此类部门通过管理自然资源和为公立公园提供服务，介入休闲体育管理事务。

20世纪60年代后，PRD所能得到的财政预算逐步减少，这迫使其不得不采取收费经营、特许权转让、民间募集等方式维持自身运营。

四、非官方体育组织管理

受美国特殊历史和国情的影响，在体育领域，尤其是职业体育和休闲

---

① 参见赵爱国：《中美体育管理体制比较研究》，载《体育文化导刊》2010年第11期。

体育领域,主要由非官方体育组织管理,这些组织在各自领域内发挥体育管理职能。美国的非官方体育组织主要有:美国奥林匹克与残疾人奥林匹克委员会(United States Olympic & Paralympic Committee,USOPC)及各单项体育协会、全美运动与体育协会(The National Association of Sport and Physical Education,NASPE)、NCAA,以及职业大联盟。

以上体育组织是完全独立的体育社团,根据相关法律,联邦政府除给予部分财政援助之外,理论上无权干涉这些组织的活动。

1. 美国奥委会

美国奥委会成立于1894年,总部位于科罗拉多州科罗拉多泉市。美国奥委会负责管理美国国内涉及奥林匹克运动的一切事宜,在国际奥委会代表美国。根据1978年颁布的《业余体育法》的规定,授予美国奥委会通过下属各类体育组织管理全美竞技体育的权力。

除以上管理职责外,美国奥委会还承担美国国内业余体育运动的协调组织工作;监督和管理奥运会项目和泛美运动会项目的日常训练和管理工作。

尽管在理论上,美国奥委会具有独立地位,但实际上每隔4年,美国奥委会都会向国会递交一份报告,并接受国会的调查和质询。

2. NCAA

NCAA管理着全美约1200多所大专院校、联盟或个体体育组织,同时还负责组织美国和加拿大大学或学院的体育比赛,为涉及各类大学体育赛事的48万名大学生运动员提供注册、审核、赛事报名等服务。NCAA的目的是“挖掘业余竞技体育的教育价值,实现大学体育与大学教育相结合,促进学生运动员的全面发展”①。虽然是非营利机构,但NCAA具有惊人的创收能力,2014年收入近10亿美元。

NCAA实行三级治理结构:(1)最上层由NCAA通过制定各项规章

---

① 彭国强、舒盛芳:《美国体育制度治理研究热点与展望》,载《成都体育学院学报》2018年第1期。

制度进行宏观管理；(2)第二层级为大学体育联盟，通过管理大学校际的体育比赛，实现对加入 NCAA 高校的体育管理；(3)加入 NCAA 的高校则负责对本校运动员和运动队的管理。以上三个层次的管理结构并行不悖，既避免管理的空洞化导致的高校体育管理失控，又避免越层管理导致的体育管理无序局面的发生，实现了公共利益的最大化。

3. NASPE

NASPE 是美国健康、体育、休闲和舞蹈联盟(The American Alliance for Health, Physical Education, Recreation and Dance, AAHPERD)下属 5 个组织中最大的一个，为非营利性机构。NASPE 总部位于弗吉尼亚州的雷斯顿，其宗旨为“增强知识，改进专业实践，并增加对高质量体育、运动和体育活动项目的支持”。NASPE 的主要任务是为体育教师、研究人员(包括大学体育研究人员)、体育管理人员以及专业体育教练、体育专业指导和培训人员提供包括专业支持在内的各类支持。

制定相应国家标准和建议是 NASPE 另一项重要职能。NASPE 负责制定关于体育、体育教练和体育教师教育的国家标准，并制定了 5～12 岁儿童体育活动指南和中小学体育教学建议。

除制定各类标准、指南、建议，并为从事体育教育和科研的人员提供各类支持外，近年来 NASPE 将工作重点放在提倡健康生活方式，增进国民体质。如 NASPE 近年来与 AAHPERD 合作，发起旨在解决儿童肥胖、增进儿童健康的“let’s move active school”活动，帮助中小学校制定体育训练计划，并提倡“课前、课中与课后”体育运动。该活动得到包括 PCSFN 在内的全美各界广泛支持，并有约 40 个国家非营利性组织与其合作。[①] 如 2011 年 5 月，NASPE 与世纪理事会(The Century Council)合作，提倡有氧运动，改善情绪，降低压力，从而避免因酗酒而引发的各类问题。

---

① See AAHPERD, *Improving Health and Academic Performance*, http://www.aahperd.org/letsmoveinschool.

4. 职业体育联盟

美国是职业体育最为发达的国家之一，职业体育在美国占有举足轻重的地位，是美国体育产业的重要组成部分。目前全美共有 18 项运动项目成立了职业联盟，涵盖 792 个俱乐部，[①]其中，四大职业大联盟有 119 家俱乐部加入。

美国职业体育俱乐部制度起源于英国的业余体育俱乐部制度。早在北美殖民地时期，一些英国移民便效仿英国本土的业余体育俱乐部制度，建立体育俱乐部，1876 年成立的国际棒球俱乐部是最早成立的职业体育俱乐部。进入 20 世纪之后，随着美国职业体育的发展，一系列职业联盟纷纷建立，如 1900 年成立的职业棒球大联盟、1917 年成立的冰球职业联盟（LNH）、1922 年成立的美国职业橄榄球大联盟、1946 年成立的 NBA 等。

美国职业体育联盟从性质上看，通过各俱乐部间的协议，统一职业联赛的安排和相关体育商品的销售价格，但各俱乐部之间互不隶属、互相独立，以实现利润最大化，属于卡特尔性质的垄断组织。职业体育联盟在法律上独立于美国政府和其他体育组织，两者无权直接干涉职业体育联盟的内部事务，美国政府仅能通过制定法律和政策对其进行宏观管理。

对于职业体育，美国更是实行彻底的市场化管理和行业自治。在管理模式上，职业联盟采取企业制运作模式，使用公司制治理方式，表现在各职业联盟所有权与经营权相分离，采取委托专业经理人运作的方法，最终决定权掌握在董事会手中。美国较少采取直接行政命令管理的方式，而是在完全商业化操作的基础上，运用市场经济手段调节和规范职业俱乐部的行为，主要包括以下 3 类制度。

（1）经济方式。职业联盟通过平衡各俱乐部经济收益的方式，实现对下属俱乐部的管理。职业联盟通过对包括电视转播、赛事经营、赛事周边产品销售在内的收益的分配，平衡各俱乐部间的经济收益，防止个别俱

---

① 参见秋红：《美国体育发展的特点及启示》，载《体育与科学》2012 年第 6 期。

乐部收益过高或过低局面的产生。

（2）平衡赛制。为保障职业联盟俱乐部比赛的质量，并防止个别球队实力过分强大而导致的实力失衡，职业联盟通常会制定一些“平衡”制度，以保持联盟内俱乐部实力相对平衡，从而保持比赛的质量。这些制度主要有设立职业联盟准入制度和职业联盟运动员薪资制度。如NBA设立了进入壁垒制度，有效控制了联盟内俱乐部的数量、质量和规模；NBA始终把联盟内俱乐部控制在30个左右，有效防止联盟内俱乐部数量过多而导致的水平下降问题，同时，NBA的选秀制度也保证了新球员的水准。

（3）争端解决机制。各职业体育联盟下的各俱乐部实行市场化运作，同一联盟的俱乐部之间不可避免地会产生利益分配的纠纷；而俱乐部内部，实行企业化运作，俱乐部与球员、管理人员等雇员之间也经常出现各类劳资纠纷。对于这些纠纷，职业联盟的态度是尽量将纠纷在联盟和俱乐部内部加以解决，为此，联盟内部往往设置仲裁机构。

当然，美国奥委会、NCAA、职业联盟三者之间并非完全隔离的状态，三者间是互相协助的关系，表现在：NACC所属大学生运动员要参加奥运会赛事及其他世界级单项竞赛时，需要经过美国奥运会及单项运动协会的同意；NACC的大学生运动员也可以通过诸如NBA选秀等方式成为职业联盟下俱乐部的运动员；同时，各职业联盟也不断加强与美国奥委会及单项运动协会的合作，参与训练和体育科研。

五、总结

与其他体育大国不同，美国体育管理制度呈现强烈的市场化和商业化特征，尤其在职业体育和休闲体育领域，彻底贯彻了体育自治的理念。在管理体制上，美国政府秉承不直接干涉的原则，在机构设立上，在联邦层面仅设立PCSFN作为专门咨询机构，其在法律上并无体育管理的权限；涉体育管理权力则由联邦各相关部门分享，并无最高体育管理机构。地方政府的体育管理职责体现在为体育活动提供资金、后勤、咨询保障层面,也不直接干预体育事务。

美国体育管理的职责更多由非政府组织承担。按照竞技体育、学校体育和职业体育领域的划分,分别由不同体育组织管理,重视市场的作用。美国奥委会负责竞技体育管理、NACC 负责全美大学院校间的竞技体育管理、NASPE 负责全美学校体育教育事务、职业体育联盟则根据运动种类不同实行体育自治,这些非政府组织在体育管理上相互独立,在业务上互相交流。

06

第六章

德国体育法律史

第一节　古代德国体育法制

现代德国人的祖先起源于北欧的日耳曼游牧民族。公元前5世纪开始,日耳曼人往南迁徙,逐渐占据了今天中欧绝大部分区域,并与罗马帝国不断发生战争。据塔西佗《日耳曼尼亚志》的记载,当时日耳曼人尚处于氏族公社晚期,实行原始的军事民主制。

公元4世纪,日耳曼部落开始向西罗马帝国境内迁徙,这直接导致西罗马帝国的灭亡。在西罗马帝国的废墟上,日耳曼部落建立了大大小小的王国,历史上称之为“蛮族王国”。在这些日耳曼王国中,以法兰克王国最为强大,后分裂,其中的东法兰克王国便是现代德国的雏形。此后,东法兰克王国发展成为神圣罗马帝国,并一直延续到1806年被拿破仑推翻为止。

日耳曼人的部落习惯、不成文规定等规则逐渐发展成为具有约束力的法律,被称为日耳曼法,与罗马法、教会法一起构成西方法律的三大渊源。较著名的日耳曼法典有《尤列克法典》《西哥特法典》《撒里克法典》《伦巴德法典》等。但是这些法典体系凌乱、注重形式,多规定人身、财产制度的内容,维护西欧封建制度,其中基本没有涉及体育运动的条文。

但从恺撒《高卢战记》和塔西佗《日耳曼尼亚志》的记载中,我们可以看到日耳曼人有一些带有规范性的军事体育习惯。如《高卢战记》中记载,苏威皮人(一个日耳曼部落)每年将部落的人分为两批,一批负责训练和征战,另一批人负责耕种和其他生产,第二年则轮换。用今天的眼光来看,苏威皮人的这项制度毫无疑问属于军事体育的范畴。恺撒还记载日耳曼人有训练抗寒能力的部落习惯,并且在冬天有洗冷水浴的传统。《日耳曼尼亚志》则记载了日耳曼人中存在军事训练的规则,并按照此规则训练军队。

第二节 19世纪至20世纪初德国体育法制

1806年,拿破仑终结了古老的神圣罗马帝国,建立了受法国控制的莱茵联盟;1871年普法战争后,德国得到统一,建立了由普鲁士王国主导的德意志帝国。以上两个历史事件是德国近代历史的关键转折点。拿破仑战争唤醒了德意志人民的民族精神,使"自由、平等、博爱"的法国大革命思想深入人心,而德国统一则增强了德国人民的"国族"意识。

1871年德意志帝国建立后,统治者十分重视法律在统治国家中的作用,很快便制定并颁布了《宪法》《刑法》《民事诉讼法》《刑事诉讼法》等基本法律,1900年又颁布了德国《民法典》,建立了特色鲜明、体系完整的法律制度,成为近代大陆法系国家法律的典范。由于德意志帝国脱胎于旧普鲁士王国所主导的王朝统一战争,德国法中难免有一些封建残留和君主专制的色彩。

这一时期,德国的体育法制也得到一定程度的发展,其原因有以下两个方面。

一方面,作为“后起之秀”的德意志帝国,发现自己在各方面均落后于英、法等老牌帝国主义国家,德国非常重视体育在增强国民体质、塑造国民精神方面的作用,尤其重视大众体育。德国容克贵族试图用带有强烈军事色彩的体育活动(如军事体操),将军国主义的观念通过体育灌输给国民。这种思想在一定程度上对东亚的中国和日本等国家产生了影响。

另一方面,德意志帝国建立之后,德国进入工业时代。德国资产阶级为了榨取更多的利润,纷纷扩大生产。繁重的体力劳动和工业导致的环境污染使德国工人阶级的身体状况每况愈下,纷纷为改善生存状态而抗争,引起经济和社会的动荡。为了缓和阶级矛盾,德意志帝国政府颁布了相关法令(如德国首相俾斯麦主导并颁布的《社会保障法》),增加工人福利,以行政命令建设大众体育场所,鼓励大众参加户外体育活动。

一、体育立法

1.《果斯列尔游戏训令》①

德国统一后,户外运动开始得到普及,并为广大德国人民所喜爱。尤其是一些学校把外国的户外体育运动,如足球、棒球等引进德国。户外运动的蓬勃发展对运动场地的数量和质量提出了新的要求,人民纷纷要求政府新建运动场地以满足运动需要。这场体育改革运动(Die Spielbewegung)开始在德国蔓延,并传播到奥地利和英、美等国。

在上述背景下,1882 年,普鲁士文化大臣果斯列尔(Gustav Konrad Heinrich von Goßler, 1838 ~ 1902)颁布《果斯列尔游戏训令》(Goßler'schen Spielerlaß)。该法令主要内容包括设立青少年运动会、建立公共体育场和运动场、开放学习操场以进行体育运动、设立体育节、开

① 既有文献所谓《果斯列尔游戏训令》疑为误译。该令原文为 Goßler'schen Spielerlaß,“Spieler”意为运动员,而非与“运动”(Spiel)同词不同意的“游戏”(Spiel),且“果斯列尔”(Goßler)的翻译并不完全符合德语读法,译为戈斯勒似更为合适。综上,该法令翻译为《戈斯勒运动员训令》更为合适。

展校园内的军事训练以及建立体育俱乐部。1894 年,该法令的范围进一步扩大到鼓励妇女参与户外运动。

2.《德意志帝国游戏场及体育义务法》

1916 年,德意志帝国政府颁布《德意志帝国游戏场及体育义务法》(Das Deutsche Reichsspielplatz- und Sportpflichtgesetz)。该法旨在提高国民的健身意识,增强其体育锻炼的兴趣,并进一步督促地方政府新建并修缮体育场地和体育设施,以更好地满足国民体育锻炼的要求。但因该法颁布于一战期间,德国忙于战争,无暇顾及体育建设,且颁布仅 2 年后德意志帝国便在一战中败北,为"魏玛共和国"所代替,故未得到持续施行。

3. 体育知识产权立法

德国一向重视知识产权保护,最早的知识产权立法可追溯到 1837 年普鲁士王国政府颁布的《普鲁士著作权法》(das Preußisch UrhG),1870 年又颁布了新《著作权法》。但由于时代与技术的局限性,以上两部法律并未涉及体育知识产权的保护。

1901 年,德国颁布了《与文学作品与音像作品有关的著作权法》(das Gesetz vom 19. 6. 1901 betreffend das Urcheberrecht an Werken der Literatur undTonkunst,LUG),1906 年又颁布《与造型艺术作品及摄影作品有关的著作权法》(das Gesetz vom 9. 1. 1907 betreffend das Urheberrechat an Werken der bildenden Künste und der Photographie,KUG)。以上两部法律由于增加了对音像作品和摄影作品的保护内容,理论上可以为体育摄影摄像作品提供保护。

二、体育管理制度

德国奥林匹克委员会[①]是德国最大、最权威的体育组织,其可以追溯到 1895 年成立的"德国参加雅典奥运会委员会"(Komitees für die Beteiligung Deutschlands an den Olympischen Spielen zu Athen)。1895 年,

① 德国奥林匹克委员会一直存续到 2006 年 5 月与德国体育联合会合并为止。

为了筹备参加1896年第一届现代奥林匹克运动会,德国成立了“德国参加雅典奥运会委员会”,这是个临时性的体育组织。在第二届巴黎奥运会和第三届圣路易斯奥运会前,德国又陆续成立了“德国参加巴黎奥运会委员会”和“德国参加圣路易斯奥运会委员会”。直至1904年,德国奥委会才成为正式的永久性体育组织,其全称为“德意志帝国奥林匹克委员会”(Deutscher Reichsausschuss für Olympische Spiele,DROS)。

1917年一战期间,奥林匹克运动为当时的协约国集团所控制,排斥作为同盟国成员的德国参加,为更好地参加奥运会,DROS更名为“德意志帝国体育运动委员会”(Deutscher Reichsausschuss für Leibesübungen,DRL)。

1918年德意志帝国在一战中败北,成立魏玛共和国,但德国运动员仍然未获邀请参加奥运会。为改变为国际奥运大家庭所排斥的局面,DRL更名为“德国奥林匹克委员会”(Deutscher Olympischer Ausschuss,DOA),致力于重返奥运会。1928年荷兰阿姆斯特丹第九届奥运会,德国运动员终于重返奥运赛场。

三、体育政策

1. 德意志帝国建立之前的体育政策

从19世纪初到1871年德意志帝国建立的这段时间,德国并无一个明确而持续,并受到官方支持的体育政策。这一时期德国体育的发展主要依靠民间力量,而这一时期的民间体育主要由“博爱运动”和“德国体操运动”推动。①

早在16世纪,著名宗教改革家马丁路德便反对中世纪天主教禁欲主义教义对人身体的束缚,主张通过体操增强德意志人民的身体健康,并主张把体操列入学校课程之中。

随着卢梭的博爱思想在18~19世纪的德意志大地的传播,博爱主义思想深刻影响了德国的体育教育思想,一些德意志思想家,如古兹姆茨等

① 参见刘波:《德国体育政策的演进及启示》,载《上海体育学院学报》2014年第1期。

主张体育在教育中的重要地位,其中体操的发展最为迅速。19 世纪早期,以弗雷德里希·路德维希·扬为代表的一批德意志爱国主义者开始将爱国主义思想融入体操教育之中,通过体操教育增强德意志人民的民族意识和反抗侵略的爱国意识。尤其是在德意志西南部,体操运动已经与争取国家独立和民族解放的斗争紧密结合在一起。①

这一时期的德意志地区尚未统一,处于分裂状态,还没有提出明确的体育政策,爱国主义者将体育作为爱国主义教育的一部分。

2. 德意志帝国的体育政策

德意志帝国的体育政策最早可以追溯到德意志帝国的前身普鲁士王国时期。19 世纪 40 年代,受到当时席卷德意志地区的体操运动的影响,普鲁士王国政府开始有意识地将体操融入学校教学之中。1842 年,普鲁士王国政府委托施皮斯制定学校体操方案,这标志着普鲁士王国政府第一次有意识地介入体育管理,开始主动参加体育管理事务。但直到 1882 年普鲁士文化大臣果斯列尔制定《果斯列尔游戏训令》,德国都并未制定明确的体育政策,其对体育的指导主要还是在学校教育的范畴内进行。

19 世纪末期,德意志帝国开始重视体育在国家生活中的地位,有意识地制定明确的体育政策,其中对后世意义最为深远的是“德国体育奖章”和“黄金计划”两项措施。

(1)“德国体育奖章”②制度

1913 年,德国国家体能训练委员会(Deutscher Reichs AusschuB für Tauglichkeit,DRAT)③制定了“德国体育奖章”(Deutsches Sportzeichen)制度。该制度是效仿瑞典 1907 年的“瑞典体育奖章”制度制定的,堪称德国版的“全民健身计划”,历史最为悠久,覆盖面最为广泛,影响最大,其目的在于鼓励德国人民积极参加体育运动,增强德国人民的体质。1913

① 参见颜绍泸、周西宽:《体育运动史》,人民出版社 1990 年版,第 242 页。

② 其也被称为“德国国家体能奖章”或“DRL 体育奖章”。

③ 该委员会成立于 1891 年,一直持续活动到 1916 年,后为 1917 年成立的“德意志帝国体育运动委员会”所取代。

年,该奖章仅仅颁发了22枚。但随着时间的推移,该奖章发放标准不断降低,至1944年,已有130万德国人获得过该奖章。该制度是德国持续时间最长、影响最广泛的体育制度。

(2)"黄金计划"

1918年,德意志帝国在"一战"中彻底失败,领土被分割,人民遭受摧残,国家实力被极大削弱。德国奥林匹克协会于1920年提出"黄金计划"(Goldener Plan)的构想,旨在促进全民健康,并在全国范围内建设体育基础设施。该计划对体育场地的面积、要求和规格做了具体要求。

尽管由于魏玛德国政治、经济形势的混乱以及20世纪30年代初纳粹党的上台,"黄金计划"很大程度上未得到充分执行,但其意义影响深远。战后联邦德国继续实施该计划,以及德国统一后联邦政府在德国东部地区实施的"东部黄金计划"也是该计划的历史延伸。

第三节　纳粹德国时期的体育政策

纳粹德国时期是德国体育法制被破坏、践踏乃至倒退的时期。

1933年纳粹党攫取德国政权后颁布了一系列法律,剥夺了德国人民最基本的权利,建立了以希特勒个人独裁为核心的纳粹党法西斯专政。纳粹党法西斯法制的特点是:维护德国垄断资产阶级利益,排斥魏玛德国资产阶级民主制度,建立以军国主义、种族主义为核心的法西斯反动独裁统治。

纳粹德国时期出台了一系列旨在维护纳粹党专政和希特勒独裁统治、灭绝犹太人及其他少数民族的法律,但并未出台专门的体育法律法规,其对体育的控制和利用多以纳粹党政策的形式达成。

一、体育政策指导思想

纳粹德国时期体育政策的核心可以被归纳为"政治性的身体教育",

其主要原则可以总结为所谓的国民意识、军事意识、种族意识、优化意识和领袖意识。在这种政策的指导下，体育运动完全被纳粹党所控制，成为其实现自身政治野心的工具。从1937年起，“政治性的身体教育”成为纳粹德国时期中小学体育教育的指导方针。

希特勒非常重视体育在实现和巩固纳粹独裁统治过程中的重要作用，并将体育看作“国家事务”7点要求中的第4点，即“国家必须将体育运动提升至一个前所未有的效率与广度”①。

纳粹德国时期体育政策的基础是种族主义。希特勒认为“雅利安人”是最优秀的民族，其在智力和体力上优于其他民族。希特勒要求通过体育锻炼培养德国人民强健的体魄，以显示所谓“日耳曼人的优秀”，即“一个国民，如果他有健全的体格，坚定的性情，并且富于自信力和意志力，那么他虽然仅仅受的是普通教育，但是实际上他比了解常识湛深的体质虚弱的人更能造福人群……去发扬未来的种族”②。

纳粹德国时期体育政策的出台离不开德国体育的历史传统。德国人民热衷体育的民族传统为纳粹实施“政治性的身体教育”提供了群众基础；从德意志帝国时代以来，国家对体育绝对控制的传统使纳粹党对体育的绝对控制显得“顺理成章”，且当时德国社会存在的军国主义、种族主义和民族主义思潮，以及要求为一战中德国失败“复仇”的呼声，使纳粹党在体育政策中灌输其政治理念显得毫无障碍。

希特勒本人对如何实施纳粹德国时期的体育政策曾提出具体建议。首先，他将体育上升为国家事务，要求国家实施体育政策，“所以在民族国家中，国民身体的锻炼既不是他个人的问题，也不是仅仅和他们父母有关的问题，更不是和社会没有多大关系的次要事件，而是保持民族的必要要素。国家应当加以护持”③。其次，他要求重视青年体育，“应使青年男女

---

① Louis Leo Snyder, *Encyclopedia of the Third Reich*, Hachette Books, 1976, p. 225.

② [德]希特勒：《我的奋斗》，吴迟仁译，西藏自治区文艺出版社1999年版，第155页。

③ Louis Leo Snyder, *Encyclopedia of the Third Reich*, Hachette Books, 1976, p. 155 – 158.

在童年时代就受到相当严格的锻炼，养成他们吃苦耐劳的体格"①。最后，他要求在体育中贯彻军事体育的原则，"就对冲锋队队员进行体格训练来说，主要强调的不是在军事操场上，而是更多地在体育活动中。我始终认为，拳击和柔道比任何项目重要得多"②。

二、纳粹德国的体育政策

纳粹德国的体育政策完全围绕如何巩固纳粹反动统治，宣扬种族主义、极权主义而展开，彻底背离了体育精神。其体育政策主要可以归纳为以下 3 点。

1. 在体育领域推行"一体化"政策，以加强对体育活动和体育组织的控制

"一体化"(Gleichschaltung)(也称均质化、同质化)，是纳粹德国致力推行的一项基本政策，其特征是企图通过强迫人民参加各类纳粹组织，从而将公众和个人的日常生活与政治生活一体化，以达到对人民的绝对控制。

纳粹党上台后废除了魏玛共和国时期的民主制度，颁布了《联邦摄政法》《关于政党及国家之保障的法律》《禁止组织新政党的法律》《德国改造法》等法律，禁止其他政治组织活动，纳粹党成为唯一合法的政党，希特勒本人兼任总统和总理，称为"元首"。纳粹党在体育领域推行一体化政策，所有的体育组织均为纳粹党所控制，所有德国人必须加入这些体育组织。如男童 6 岁应加入希特勒青年团的最年幼组织"幼童"(Pimpfen)，10 岁必须加入"德国少年团"，14 岁必须加入"希特勒青年团"，18 岁时选择加入德国国防军或者"国家劳役团"；女性 10 岁加入"青少女联盟"(Jungmädelbund)，18 岁加入"德国少女联盟"等组织；德国工人则必须加

---

① Louis Leo Snyder, *Encyclopedia of the Third Reich*, Hachette Books, 1976, p. 155 – 158.

② 《世界史资料丛刊·现代史部分·1919～1939 年的德国》，张炳杰、黄宜选译，商务印书馆 1997 年版，第 36 页。

入“劳工阵线”“力量来自快乐”等劳工组织。纳粹党通过这些组织控制德国人民的体育活动,从而达到控制每个德国人的目的。纳粹党将体育运动视为控制德国人民的工具,而非个人强身健体的生活方式。

2. 在体育运动中推行军国主义和种族主义思想

军国主义和种族主义思想是纳粹党赖以维持生存的基本工具。纳粹党将体育运动视为训练德国人民军事技能的绝佳途径,把体育作为其推行军国主义思想的有力工具。纳粹德国时期,各类学校的体育课时明显增加,片面强调体育的重要性。1937 年,纳粹德国的教育、科学与国民教育部要求,德国高校不能因大学生参加各类训练营导致的缺课而判定其成绩不合格。① 1938 年,小学高年级每周安排 4 ~5 次体育课。② 体育课内容中除了球类、体操、田径等常规项目外,还增加了包含各类军事训练内容在内的远足活动。③ 1934 年,纳粹党开始推行德国体育奖章制度,进一步加强法西斯军事体育的基础。④

同时,纳粹党还在体育运动中灌输种族主义思想。除了加强日耳曼民族是所谓“优等”民族的宣传之外,对于不配合纳粹体育训练的学生,其还将被迫辍学并接受药物“治疗”。纳粹党还强制 45 岁以下的德国人必须通过所谓的“体育标准”测试,如不通过测试,便是所谓不合格的雅利安人,将受到一系列的惩罚。⑤

3. 强制推行“体育标准”

为了贯彻纳粹军国主义思想,将德国人民训练成其侵略扩张的工具,纳粹党强制推行“体育标准”,强迫每个德国人达标。

从 1934 年纳粹上台开始,纳粹党就开始推行“三级体育奖章”制度,

---

① 参见朱庭光主编:《法西斯体制研究》,上海人民出版社 1995 年版,第 252 页。

② 参见刘波:《德国体育政策的演进及启示》,载《上海体育学院学报》2014 年第 1 期。

③ 参见颜绍泸、周西宽:《体育运动史》,人民体育出版社 1990 年版,第 370 ~371 页。

④ 参见颜绍泸、周西宽:《体育运动史》,人民体育出版社 1990 年版,第 370 ~371 页。

⑤ 参见张云华、孟钟捷:《纳粹阴霾下的德国体育运动》,载《体育文化导刊》2006 年第 3 期。

根据男女老幼的不同分别制定不同的体育标准，并要求18～45岁的德国人达到这些标准。实际上这些标准都与军事有关，纳粹党试图借机达到其全民皆兵的政治目的。到纳粹统治后期，为了达标，军事体育课程甚至占据学校教育大部分时间。

毫无疑问，纳粹时期的德国体育法制被破坏，甚至倒退。纳粹党提倡的所谓全民体育片面强调军事体育而忽视正常体育锻炼，提倡集体项目而故意排挤个人项目，强迫德国人民参加特定几项与军事有关的体育运动而压制个人的体育兴趣。以上这些措施都是为了将纳粹军国主义思想通过体育灌输进德国人的大脑，从而将普通德国人培养成纳粹"炮灰"，践踏了体育精神。

第四节　德国分裂时期的体育法制

1949年，随着民主德国和联邦德国的建立，德国正式走上分裂道路。分裂后的两个德国由于意识形态和政治制度的不同，其体育法制也走上了不同的道路，各具特色。

民主德国赋予体育更多的意识形态特征，强调体育的政治意义，尤其重视竞技体育的政治宣传作用，并在法律上有所体现。联邦德国则更重视体育的教育功能和作为一种基本权利的体育运动权利。

尽管民主德国和联邦德国在体育法制上存在诸多差异，但两者体育立法数量相对较少，皆重视借体育政策来实现对体育的管理。

一、民主德国的体育立法、政策和管理制度

1949年，民主德国以苏联占领区为基础建立。

民主德国处在冷战的最前沿，为了展示民主德国政治制度的优越性、宣扬综合国力，民主德国非常重视体育事业。民主德国体育政策的突出特点是举国体制和体育为政治服务，尤其重视竞技体育对国民的激励和

对外宣传作用。在民主德国执政党——统一社会党的支持下,体育,尤其是竞技体育的意义已经远远超出体育本身,成为意识形态宣传的工具,发挥着稳定社会的作用。

1. 体育立法

(1)《宪法》①

统一社会党将竞技体育视作意识形态的宣传工具,重视体育在巩固和加强执政党政治基础过程中的重要作用,并将其写入《宪法》,主要有以下几条:

第一章"社会主义国家的秩序和基础",其中第18条第3款规定:"文化、体育、旅游作为社会主义文化的组成部分,为公民的身心全面发展服务。"

第二章"公民权利与义务",第25条第3款规定:"在科技革命和智力需求增加越来越重要的条件下,所有公民都有权参与文化生活。为了充分塑造社会主义人格,满足日益增长的文化利益和需要,国家和社会鼓励公民参与文化生活和体育活动。"

(2)《劳动法》

民主德国《劳动法》对职工体育活动经费做出保障性规定。如企业要"保证适当地提供和有效地使用开展本企业职工体育活动所需设备和经费";体育活动经费占工会活动总经费的比例不得少于6%,在企业利润中提取7%用于职工体育;各级工、青、妇组织和各厂矿企业机关单位有组织和参与群众体育运动的义务等。

2. 体育政策

为了展示民主德国政治制度的优越性和强大的综合国力,民主德国将体育的重心放在竞技体育上,甚至为了竞技体育而牺牲大众体育和学校体育。

---

① 民主德国历史上共有两部宪法。第一部《宪法》生效于1949年10月,其内容与《魏玛宪法》高度相似。1968年4月民主德国颁布了新《宪法》,并于1974年进行较大修改。1990年10月德国统一后,民主德国的《宪法》随即被废除。由于未找到较权威的中文翻译,此处民主德国的《宪法》条文是作者自己翻译的。

(1)竞技体育领域的“举国体制”

在民主德国,所有体育事业均由中央竞技体育委员会(以下简称竞技委员会)一手掌控。借助民主德国统一社会党中央政治局的大力支持,所有的全国性大型体育组织均由竞技委员会控制。民主德国各地的大型体育设施、训练中心等也均由竞技委员会控制。

(2)竞技体育优先政策

首先,为了在国际赛场上“压倒”联邦德国,民主德国选择忽视学校体育和大众体育,单纯发展竞技体育的政策,完全放弃了体育的教育功能和健康功能,把体育单纯等同于竞技体育。虽然民主德国建设了大量的体育设施,①但为了节省运行经费,这些设施基本不对外开放。少数正常运行的体育设施基本上也都是为竞技体育服务的。

其次,民主德国对竞技体育大量投入,而忽视对社会体育、学校体育的投入。民主德国长期将接近一半的体育预算直接投入竞技体育,剩下的一半体育预算名义上虽投入学校体育和社会体育,但实际上大部分最后还是投入了竞技体育领域。这导致社会体育、学校体育长期缺乏资金支持,发展受到严重阻碍。

最后,社会体育、学校体育为竞技体育服务。民主德国借发展社会体育的名义建造大量体育设施,但这些体育设施基本上都用于竞技体育训练,普通人很难得到专业的体育锻炼指导和专业的体育设施、场地。此外,学校体育实际上也承担着为竞技体育挑选、培养优秀运动员的职责,围绕服务竞技体育这个中心展开,与传统意义上学校体育相去甚远。

(3)《精英体育决议》

为了在国际舞台上展示民主德国的综合国力,民主德国于 1969 年出台《精英体育决议》(Leistungssportbeschluss)。《精英体育决议》认为,在

---

① 据统计,1980 年民主德国拥有体育场 329 个、运动场 1172 个、小型运动场 9582 个、体育馆 4154 个、游泳馆 186 个、滑雪跳台 331 个,而当时民主德国人口仅 1600 万。1975 ~ 1980 年民主德国新建约 2700 个体育设施。参见陈宝祥:《民主德国是怎样发展体育运动的(下)(综述)》,载《体育科研》1984 年第 9 期。

奥运赛场上取得优异成绩可以提高民主德国的国际声望、树立民主德国的国际形象。鉴于此,民主德国决定将所有体育经费都投入竞技体育,尤其是奥运项目。

《精英体育决议》的颁布给民主德国体育事业造成了巨大的伤害。实际上,在1950~1969年期间,民主德国就已经将体育投入过分倾向奥运项目,导致非奥运体育项目资金投入严重不足,社会体育领域问题更加突出。《精英体育决议》颁布后,非竞技体育更是得不到任何投入,各类体育设施得不到维护和更新,社会体育和学校体育得不到国家的支持。这种情况一直持续到1990年德国统一为止。

(4)“劳卫制”

民主德国于1950年开始实施“准备劳动和保卫和平制度”(以下简称“劳卫制”),对象为全体国民。

“劳卫制”模仿苏联1931年颁布的“‘准备劳动与卫国’的体育制度”,为鼓励国民积极参加体育锻炼,设金、银、铜制“人民体育奖章”,达到“劳卫制”规定的体育锻炼标准和要求的人,均可获得相应等级的证书和证章,对多次达标的人颁发荣誉证书和荣誉奖章。至1990年,共有1000多万人先后获得各类奖章。“劳卫制”的开展有力促进了民主德国社会体育和学校体育的发展。

民主德国的体育政策完全以竞技体育为中心展开,大众体育和学校体育都要为竞技体育让路,资金也基本全部投入竞技体育领域。这种政策一方面使仅有1600万人口的民主德国迅速成为当时继美苏之后的第三大体育强国,从1968年独立组队参加奥运会开始,五届夏季奥运会(民主德国代表团未参加1984年洛杉矶奥运会)中,民主德国有四届名列奖牌榜前三;另一方面,对竞技体育的畸形政策的倾斜也导致民主德国大众体育和学校体育的发展停滞不前。

3. 体育管理部门

(1)中央竞技体育委员会

民主德国的竞技体育由中央竞技体育委员会管理。该委员会是统一社会党中央政治局的下属机构。中央竞技体育委员会下设负责学校体育、社会体育、警察和军队体育、体育科研和场馆建设的若干部门，其同时也是民主德国体育联合会和民主德国奥委会的上级机关，还负责管理民主德国的体育俱乐部、行业体育协会、体校、训练中心。可见，民主德国所有的体育事务均由该委员会管理，其权力和地位远超我国原国家体育运动委员会。

(2)国家体育运动委员会

民主德国的国家体育运动委员会(以下简称东德国家体委)与我国原国家体育运动委员会在组织、职责上相去甚远。首先，东德国家体委是一个非常设机构，每三个月召开一次会议。其次，其主要职责是议事和协调，主要任务是分配经费，协调全国体育工作，就重大问题为政府负责参谋、咨询和提出建议，实际上主要发挥体育智库和协调机构的作用。

东德国家体委主席由民主德国体育运动国务秘书兼任，委员由体育联合会、国民教育部等有关部门的负责人出任。投票原则上一人一票，但德国体操和体育联合会有 3 票、体育运动国务秘书处有 2 票。

此外，民主德国还在县、区、镇设立常设的"体育运动委员会"，负责管理地方体育。

(3)体育运动国务秘书处

体育运动国务秘书处是东德部长会议①(Ministerrat der Deutschen Demokratischen Republik)的直属机构，负责贯彻、执行部长会议关于体育的命令，制定体育相关的各种法令和规定，以及主管体育教学、科研工作。

(4)国民教育部、内务部、国防部

国民教育部是民主德国教育主管部门，类似于我国的教育部，主要负责学校体育。国民教育部主管学校体育，其职责有制订学校体育法规、编

---

① 从 1950 年 11 月起，部长会议实质上是民主德国的最高行政机关，类似于我国的国务院。部长会议的最高领导称部长会议主席，类似于我国国务院总理。根据民主德国宪法规定，部长会议代表民主德国中央政府。

订体育教学大纲、推行“劳卫制”、组织开展各类学校体育等。内务部负责警察部队体育运动的开展,国防部则负责军队体育事务。

(5)德国体操和体育联合会

德国体操和体育联合会(Deutscher Turn-Sportbund,DTSB)是民主德国规模最大的体育组织,名为社会团体,实际上是竞技委员会的下属基层组织。截至1990年,DTSB共有会员384万人,几乎占当时民主德国人口的1/5。DTSB下属各类俱乐部、行业协会、青少年体校和各类训练中心,几乎控制了整个民主德国的基层体育。借助DTSB,竞技委员会得以控制广大的基层运动员、教练员,从而迫使他们源源不断地为民主德国输送竞技体育人才。DTSB还积极开展与其他社会团体如妇女组织、工会、学生组织的合作和协调,共同开展社会体育。

(6)民主德国奥委会

与我国奥委会的独立地位不同,民主德国奥委会是DTSB的下属机构,听命于DTSB,从而间接为DTSB的上级机构——统一社会党中央政治局领导。在民主德国的历史上,民主德国奥委会始终未获得实质上独立的地位。

民主德国时期的体育组织还有:1949年成立的东德企业体育联合会(Betriebssportgemeinschaft),主要负责管理和开展工业、农业企业职工的体育工作,下设若干行业体协;1952年成立的体育与技术协会,主要负责管理和开展与国防有关的军事体育运动。

二、联邦德国的体育立法、政策与管理制度

与民主德国实行的由国家直接管理体育、竞技体育的举国体制不同,联邦德国贯彻了完全的体育自治原则,以俱乐部为单位开展体育运动,不单纯以竞技体育为中心开展工作,社会体育、学校体育、竞技体育相对平衡发展。

德国统一以联邦德国“合并”民主德国的形式完成,统一后的德国体育立法、体育政策和管理制度基本延续联邦德国的做法,此内容在下一节

“当代德国体育法制”中详细阐述，在此简述联邦德国时期的体育立法体育政策和管理制度。

1. 体育立法

(1)体育法规

联邦德国没有专门的体育法规，仅在《联邦德国基本法》[1]中有若干原则性规定。

①开展体育运动的权利

《联邦德国基本法》第 2 条“个性自由发展、生命权、身体不受侵犯，人身自由”规定：“人人享有个性自由发展的权利，但不得侵害他人权利，不得违反宪法秩序或道德规范。”该条确认和保障了德国人民拥有体育运动的权利。

②结社权

《联邦德国基本法》第 9 条“结社自由”规定“所有德国人均享有结社的权利”，从而保障了德国人民有自由组建和参加体育组织的权利。

③自由从事体育职业的权利

《联邦德国基本法》第 12 条“职业自由”规定：“(1)所有德国人均有自由选择职业、工作岗位和培训场所的权利。从事职业可通过法律或依据法律予以规定。(2)除一般传统的、针对所有人员的公共服务义务之外，任何人不得受迫从事一定的劳动。”该条保障了德国人民拥有自由选择体育职业的权利。

④中央和地方体育管理权力划分

《联邦德国基本法》第 30 条“州的权限”规定：“国家权力的行使和国家任务的履行属各州事务，本基本法另有规定或另行规定时除外。”该条确认了体育管理的权力属于地方，而不属于中央。

---

① 《联邦德国基本法》在德国统一后继续沿用，作为统一后德国的宪法性法律。其虽经过若干修改，但主要内容无本质变化。其条文与下节“当代德国体育法制”中所引用之《基本法》条文有若干重复。

(2)体育组织的决定

联邦德国实行体育自治,对体育的具体管理均由体育组织进行,体育组织的决定在一定程度上对联邦德国体育产生了较大影响。联邦德国体育组织较有影响力的决定主要有“德国体育宪章”(Charta des deutschen Sports)、“闲暇体育方案”(Freizeitpolitische Konzeption des DSB)制度。

①德国体育宪章

德国体育宪章由德国体育联合会(Deutscher Sportbund, DSB)于1966年制定,其宗旨是为了全民健康和幸福,通过举办大量的大众体育活动和相关讲座使大众体育脱离对竞技体育的依赖。同时,该宪章对学校体育也提出了具体要求,如对小学体育提出保证小学生有固定体育运动时间和每周3小时体育课的要求;职业学校应开设体育课;颁发“青少年体育奖章”;提倡学校与家长、体育组织加强合作等。该宪章还要求公司企业为职工提供体育活动的场所。

②闲暇体育方案

DSB在1976年又通过了闲暇体育方案,提倡大众积极参与休闲体育活动。该方案提出14项目标,主要是加强闲暇体育研究、提供相应的信息与咨询,并指定相应的指导计划。在该方案的鼓励下,约有2700万联邦德国公民参加休闲体育活动。

2. 体育管理制度

联邦德国的体育管理体制属于社会型管理,以体育自治为主,由各类体育组织,尤其是体育俱乐部自我管理,国家一般不加以直接干涉。在管理机构设置上,联邦德国虽然设立了专门管理体育的政府部门,但其对体育的干预通常通过经济或者立法手段间接实现。

(1)政府管理部门

①联邦议院体育委员会

联邦议院是联邦德国立法机关,也是联邦德国的国家权力机关。联邦议院下设若干专业委员会,其中之一为“体育委员会”。其职责是与议会各党代表协商体育政策、体育预算、体育经费支出等重大议题。

②内政部

联邦德国政府内政部负责德国国内事务，下设体育司，管理体育事宜。体育司除处理体育事务、规划体育发展之外，还负责对体育设施和体育科研机构的资助。此外，其还负责审核资助体育组织事宜。

③外交部

外交部文化司负责对外体育援助和与体育有关的外事活动。文化司、经济合作部和内政部共同组建“促进发展中国家体育委员会”①，负责援助发展中国家的体育事业。

④地方政府

地方政府的文化部门主管当地体育事宜，主要职责是推动和发展社会体育和学校体育，一般不主动介入体育自治范围内的事务。

（2）体育自治组织

①DSB

DSB 于 1950 年成立，是联邦德国规模最大、最具权威性的体育组织。DSB 下属各州体育联合会、单项体育协会、特殊职能体育协会以及体育科研与教育协会、奥林匹克学会、体育记者协会。DSB 在联邦德国体育组织中具有特殊地位，有权代表所有体育项目，在体育管理方面具有垄断地位。

DSB 坚持体育自治原则，不直接干涉下属组织的具体事务，采用间接管理方式，即通过制定规章，间接推动联邦德国体育事业的发展；向下属组织提供一定的经济支持；协调下属组织之间的利益冲突。

②联邦德国奥委会

与民主德国奥委会听命于体操和体育联合会不同，联邦德国奥委会是一个独立的体育团体，在国际奥委会上代表联邦德国。其主要职责是选拔运动员代表联邦德国参加奥运会，与基层俱乐部和各单项体育协会之间建立合作关系。

---

① 潘华：《德国体育史》，人民体育出版社 2019 年版，第 114 页。

3. 体育政策

与民主德国重视竞技体育而忽视社会体育和学校体育，以及竞技体育的“举国体制”不同，联邦德国的体育政策侧重竞技体育的自由发展和以娱乐为目的的社会体育的发展，主张各类体育协调发展。其体育政策主要内容有：

（1）国家不直接干涉体育，以俱乐部为基本单位，实行体育自治。与民主德国直接干预、控制体育，尤其是竞技体育不同，联邦德国采用以俱乐部为单位、自我管理、实行体育自治的方式管理体育。联邦德国设立体育联合会管理下属的各类俱乐部，确立州、市、县三级俱乐部自我管理的模式。联邦德国以体育自治的方式推进竞技体育发展，保证社会体育和学校体育协调发展。联邦德国鼓励运动员在业余时间通过职业俱乐部专业训练提高竞技水平，从而保证了竞技体育的发展。

（2）重视社会体育发展。联邦德国通过制定体育政策鼓励和促进社会体育的发展。

①“黄金计划”。早在1920年，德国奥林匹克协会就提出了“黄金计划”的设想，其目的是应对一战失败后，魏玛德国面临的国内外压力对体育产生的不利影响，在全国范围内推行体育设施建设计划，以促进全体国民身体素质的提高。但由于政治形势的制约，该计划始终未得到执行。1953年，联邦德国奥林匹克协会积极推动“黄金计划”的重新实施，并于1955年出台“为全民体育的倡导建议”和“为全民体育资助的导语”，旨在推动社会体育的发展。联邦德国奥林匹克委员会于1959年重提“黄金计划”的设想。1960～1990年，联邦德国先后分三个阶段实施了“黄金计划”。该计划旨在建设与人口数量相匹配的体育设施。截至1990年德国统一前夕，联邦德国的体育设施基本与人口数量相匹配，其使用费用也大大降低，提高了人民体育锻炼的参与度，从而有力推动了社会体育的发展。

②“全民健身活动”。1959～1989年，联邦德国一共举办了6次全民健身活动，每次活动的主题都各不相同，涵盖各个年龄、各个阶层的德国

国民,包括:DSB 于 1959 年提出的"体育的第二种方式"(Zweiter Weg des Sports),其作为"黄金计划"的配套措施,目的是使更多德国人积极参与到体育运动中来;DSB 于 1969 年开始实施的"全民健身"计划(Sport für Alle)以及于 1970 年正式实施的"全民健身"计划,目的是支持各类全民健身和俱乐部活动;1978 ~ 1982 年开展的"一起运动",以体育节的形式促进大众健身;1983 ~ 1988 年,DSB 又开展"体育与健康"活动,同时还于 1985 年开展名为"最好的锻炼效果在俱乐部"(Gemeinsam aktiv: Im Verein ist Sport am schoesten)的全民健身项目;德国统一前夕,DSB 于 1989 年提出"移民体育计划"(Sport mit Aussiedlern),通过全民健身的形式达到民主德国和联邦德国人民的互相融合,建立和谐稳定的德国社会。

以上 6 次"全民健身活动"使联邦德国体育运动的重心朝社会体育方向倾斜,有力促进了国民体育活动的参与度,并在一定程度上促进了德国统一之后德国东西地区的融合。

(3)以运动行为和终身体育能力的培养为核心发展学校体育。联邦德国重视学校体育,教育部每年召开"学校体育大会",并对体育课、课外体育活动、体育教师的资质等作出严格要求。联邦德国学校体育沿袭了体育自治的传统,在《联邦德国基本法》对中央和地方权力划分的基础上,各州可以根据具体情况自由指定本州的学校体育政策。学校体育围绕运动项目着重培养竞技运动水平,从小培养学生的竞技运动水平。从 20 世纪 80 年代开始,学校体育还重视开发学生的行为能力,培养学生对体育运动技术的掌握能力和选择参与不同种类体育运动的鉴别能力。

各类体育组织也高度重视学校体育。如从 20 世纪 50 年代开始,DSB 多次与地方政府合作,制订了一系列计划,帮助地方政府实施学校体育方案,并以各种方式鼓励学生在学校之外参加由 DSB 及其下属俱乐部组织的各类体育活动。

第五节 当代德国体育法制

当代德国体育法具有自己显著的特点,表现为自我规制、双轨制、国际性、多重效果与素材动态综合5个特征。[①] 其中,最重要的特点为自我规制,即体育自治,德国各类体育组织通过所谓的"一席原则"建立起对体育纠纷的垄断管理制度。此外,当代德国体育法的另一个特征是体育组织的规范与德国体育法规及欧盟体育法规并存,既相互补充又在一定程度上存在冲突。

一、体育立法

作为体育强国,当代德国却没有制定一部专门的体育法典,涉及体育的法律法规零散分布在其他法律之中,这与德国体育自治的传统有很大关系。传统上,德国将体育纠纷视为体育组织内部自治的范畴,国家一般不加以干涉。另外,德国作为欧盟成员国,可以直接使用欧盟相关法律解决体育纠纷,这也是德国缺少一部体育法典的原因。

目前,法律不断侵入德国体育自治领域的趋势十分明显,尤其是在反兴奋剂领域,如《体育反兴奋剂使用法》《药品法》中均对体育领域使用兴奋剂的行为直接作出严厉惩罚,主流观点也认为在比赛中使用兴奋剂的行为符合德国《刑法》第263条诈骗罪的构成要件。尤其值得注意的是,2017年《刑法》直接增加"体育赌博欺诈罪"与"操纵职业体育比赛罪"两个罪名。这些现象是否说明德国体育自治的范围在逐渐缩小,尚有待观察。

---

① [德]克劳斯·费维克、唐志威:《德国体育法导论:协会自治与法律规制之间(上篇)——自我规制与双轨制的视角》,载《体育与科学》2020年第4期。

1.《德意志联邦共和国基本法》[①]中涉及体育的部分条文

在德国,《德意志联邦共和国基本法》(以下简称《基本法》)的地位和作用类似于宪法,规定了公民的基本权利不受侵犯。《基本法》中虽然没有直接涉及体育的条文,但通过对保障公民权利条款的解读,可以推导出《基本法》对德国人民体育权利的保护。

第2条第1款规定:"人人享有个性自由发展的权利,但不得侵害他人权利,不得违反宪法秩序或道德规范。"自由人格包括公民体育权利的自由不受非法干涉,从根本上保障了德国人民的体育自由。

第9条第1款、第3款分别规定"所有德国人均有结社之权利""保护并促进劳动与经济条件之结社权利,应保障任何人及任何职业均得享有。凡限制或妨碍此项权利为目的之约定均属无效;为此而采取之措施均属违法"。由此可以推导出,《基本法》保障了德国人民自由组建体育组织的权利以及体育组织自治的权利。

第12条第1款规定:"所有德国人均有自由选择其职业、工作地点及训练地点之权利,职业之执行得依法律管理之。"由此可以推导出,德国人民拥有选择体育作为职业的权利,并免受其他不法干涉之权利。

2.《民法典》[②]中涉及体育的部分条文

德国《民法典》颁布于1900年,虽几经修改,但其中并无直接涉及体育运动的条文,以下几条适用于解决现代体育纠纷。

《民法典》第581条规定了用益租赁合同情形下合同类型上的义务,"因用益租赁合同,出租人有义务将用益租赁的标的使用和孳息的享用在用益租赁期间给予承租人,但以孳息依适当经营的规则须看作收益为限。承租人有义务向出租人支付约定的租金"。有观点认为,体育赛事转播合

---

① 《德意志联邦共和国基本法》(Grundgesetz für die Bundesrepublik Deutschland)于1949年5月通过,是德意志联邦共和国原定过渡时期具有宪法地位的法律,在东德、西德统一后成为德国的正式宪法,但仍称为《基本法》。

② 对德国《民法典》条文的引用,参见《德国民法典》(第3版),陈卫佐译注,法律出版社2010年版。

同属于租赁合同,[1]适用第581条的规定。

《民法典》第611条对雇佣合同情形下的合同类型上的义务作出了规定,“因雇佣合同,允诺劳务的一方有义务提供所约定的劳务,另一方有义务给予所约定的报酬。合同的标的可以是任何种类的劳务”。体育活动涉及多种类型的合同,如运动员与广告商之间签订的广告合同、球迷购买球票与体育场组织者形成的买卖合同、赛事组织者与销售商签订的销售合同等,这些合同都可被纳入“体育劳务合同”的范畴,理论上可适用《民法典》第611条关于雇佣合同的规定。这类合同虽带有体育属性,但并非体育领域所特有的合同。

《民法典》第823条规定了侵权行为的损害赔偿义务,“(1)故意或有过失不法侵害他人的生命、身体、健康、自由、所有权或其他权利的人,有义务向该他人赔偿因此而发生的损害。(2)违反以保护他人为目的的法律的人,担负同样的义务。依法律内容,无过错也可能违反法律的,仅在有过错的情形下,才发生赔偿义务”。体育运动过程中所发生的侵权事件毫无疑问可以适用这条规定。

《民法典》第830~840条规定了集体侵权行为的法律责任。如果体育侵权行为是多人甚至集体实施的,则适用以上制裁集体侵权行为的条文。

尽管德国《民法典》并未对体育活动“自甘风险”作出明确规定,但对此问题,德国民法经历了从受害人允诺为要件到综合考虑各类因素的转变。[2] 早期德国民法理论认为,自甘风险默示免除责任,而法院解释则表明自甘风险基于被害人的允诺。20世纪下半叶,德国民法理论认为,自甘风险并不能完全免除加害人的责任,还应考虑被害人是否存在过失。[3]德国民法判例学说区别自甘风险与被害人允诺,认为应基于被害人是否

① 参见黄世席:《德国体育运动中的法律问题》,载《德国研究》2007年第3期。

② 参见王利民:《论受害人自甘冒险》,载《比较法研究》2019年第2期。

③ 参见[德]克雷斯蒂安·冯·巴尔:《欧洲比较侵权行为法》(下卷),焦美华译,法律出版社2001年版,第637页。

存在过失，使用《民法典》第254条[①]来判定加害者的责任，即自甘风险不等于被害人同意。

3. 反兴奋剂立法

尽管DSB有自己的《反兴奋剂规则》，但德国体育高度自治，各单项体育协会制定了自己的反兴奋剂规定，内容各不相同，且运动员一般只服从自己所属的单项运动协会，除非该协会认可DSB的《反兴奋剂规则》，否则该规则将不适用于运动员。但在德国，大多数单项体育协会并不认可DSB的《反兴奋剂规则》，这就导致了德国缺少统一的反兴奋剂法律，在此问题上，各单项体育协会各行其是。

为解决上述问题，也为落实德国所加入的欧洲委员会《反兴奋剂公约》所提出的要求，[②]2015年11月，德国通过了《体育反兴奋剂使用法》，德国反兴奋剂规则最终成为法律规定。该法将持有或使用违禁药物的行为定位为刑事犯罪。

该法第1条明确规定："本法旨在打击体育领域兴奋剂的使用以保护运动员的健康，保证体育比赛的公平和机会平等，从而维护体育诚信。"该法第4节规定，运动员有非法持有或使用违禁药物情形的，将可能被判处有期徒刑或罚金；情节严重的，将可能被判处10年以下有期徒刑。这种由国家直接立法干涉体育自治的做法，在一定程度上改变了长久以来德国体育自治的传统，其意义远不止于反兴奋剂领域。

德国《药品法》也涉及部分兴奋剂类药物的管理办法。《药品法》第6a条规定，禁止在体育运动中使用任何药物。禁止任何在市场上销售、开处方及违反管理兴奋剂的行为。第6a条第2款则对兴奋剂药物作了

---

① 该条为对共同过失的规定：(1)被害人对损害的发生负有共同过失的，应根据情况，特别是根据损害在多大程度上是由当事人的一方或者另一方造成的，来确定赔偿义务和赔偿范围。(2)即使被害人的过失仅限于对债务人既不知也不可知的、有造成异常严重损害的危险怠于提醒债务人注意，或者怠于防止或者减少损害时，也同样适用前款规定。于此准用第278条的规定。

② 该公约第2条要求政府机构对体育组织提供适当的经济资助，政府能够更加有效地实施反兴奋剂规则。

定义,并规定非法拥有兴奋剂类物质的行为同样违法。第95条第1款2b规定,任何人如果违反第6a条第1款,为在体育运动中使用兴奋剂的目的而向他人在市场上销售、开处方或管理这类药品的,将被处以3年以下有期徒刑或罚款。

4.《刑法》中涉及体育的条款

对于使用兴奋剂行为的性质,德国刑法学界有一种观点认为其属于诈骗行为。[①] 这种观点认为,运动员通过使用兴奋剂而骗取原本不属于自己的奖金、荣誉等物质或非物质利益,构成对赛事组织者或奖金提供者、赞助商乃至购票观看比赛观众的诈骗。

德国《刑法》第263条规定的诈骗罪以被骗人受到财产损失为构成要件,只要被害人因受诈骗前后财产发生损失,犯罪嫌疑人即可构成诈骗罪。

2017年3月,德国联邦议会通过《第51次刑法修正法——体育赌博诈骗和操纵职业体育比赛的刑事责任》,并于同年4月正式生效实行。新修改的《刑法》增设第265条c款"体育赌博欺诈罪"、d款"操纵职业体育比赛罪"和e款规定体育赌博诈骗和操纵职业体育比赛的加重情节。

第265条c款"体育赌博欺诈罪"规定:"运动员、教练在有组织的体育比赛中影响比赛进程或结果使之有利于竞争对手,或者仲裁员、评分员、裁判在有组织的体育比赛中以违反规则的方式影响比赛进程或结果,进而使通过公共体育博彩对该比赛进行的投注产生非法物质利益,以此要求、被允诺或收取有利于自己或三人的利益的,处3年以下监禁或处以罚金。任何人向运动员、教练、仲裁员、评分员、裁判提供、承诺、给予利益,同罪同罚。"

第265条d款"操纵职业体育比赛罪"规定:"运动员、教练在职业体育比赛中以反竞争方式影响比赛进程或结果使之有利于对手,或者仲裁员、评分员、裁判在职业体育比赛中以违反规则的方式影响比赛进程或结

① 对此问题,德国刑法学界亦有不同观点,有学者认为若将使用兴奋剂的行为看作诈骗,则会减损德国体育自治的传统,与传统刑事责任原则相冲突。

果，以此要求、被允诺或收取有利于自己或第三人的利益的，处3年以下监禁或处以罚金。任何人向运动员、教练、仲裁员、评分员、裁判提供、承诺、给予利益，同罪同罚。”

第265e条规定：“体育赌博诈骗和操纵职业体育比赛情节特别严重的，处3个月以上5年以下有期徒刑。犯罪所涉数额巨大，或者行为人职业化地从事此犯罪或为持续作案而结成团伙的，应认定为情节特别严重。”第265c、265d条则对有组织体育比赛、教练以及职业体育比赛做了定义和解释。

《刑法》的这些变化，说明德国对于体育的管控已经不满足通过罚款或体育组织内部制裁解决，而试图通过刑事处罚增大对体育领域犯罪行为的打击力度。

5. 知识产权法中涉及体育的部分条文

如前所述，尽管在1837年、1901年和1906年，德意志帝国（包括其前身普鲁士王国）颁布了一系列知识产权立法，但由于时代和技术的局限，其对体育领域知识产权的保护仍显不足。

联邦德国于1965年颁布了新的《著作权法》，一直沿用至今。[①] 该法吸收了德国加入的国际公约的内容，增加了对影视作品、电视节目及直播节目的保护。

以赛事直播为例，其在《著作权法》下可以得到多重保护。首先，赛事直播被认为是该法第2条第6项所规定的电影作品的一种，从而获得著作权保护；其次，赛事直播也可以成为该法第95条规定的“活动图像”，从而获得相关邻接权的保护。

6. 体育仲裁制度

2008年1月，德国正式成立体育仲裁院，并通过《仲裁协会体育仲裁规则》（DIS Sportschiedsgerichtsordnung），以专门处理体育仲裁。体育仲

① 民主德国也曾颁布《著作权法》，但德国统一后，原民主德国一切法律均被废除，该法失效。

裁院还受德国反兴奋剂机构委托处理兴奋剂纠纷。2016 年 4 月，经修改的德国《仲裁协会体育仲裁规则》正式生效，其中增加了涉及反兴奋剂纠纷仲裁一章的内容。

目前，德国体育仲裁院高度独立于德国反兴奋剂机构和德国奥林匹克联合会，仅在涉及兴奋剂纠纷的仲裁方面，国际体育仲裁法庭有权“审查”德国体育仲裁院的裁决。

由于德国体育协会在章程中接受国际体育仲裁院（The Court of Arbitration for Sports，CAS）和德国仲裁协会（Die Deutsche Institution Für Schiedsgerichtsbarkit，DIS）内设的体育仲裁机构的管辖，以上两个仲裁机构也对体育纠纷具有一定的仲裁权。

二、体育管理制度

1990 年，通过联邦德国“吞并”民主德国的形式，德国最终完成国家统一。统一后的德国在体育管理制度上基本沿袭联邦德国时期的体育管理制度，主要由政府和体育组织共同管理体育。在管理领域上，双方有具体分工。

自 20 世纪 90 年代以来，德国联邦政府积极推动体育管理体制的改革，以发挥体育组织的积极性和创造性。德国体育完全以自治为主，联邦政府奉行“不干涉”原则，不再负责具体的体育事务管理，而将管理重心转移到对体育的宏观调控上，主要依靠制定法规方针政策，以协调、监督的方式管理体育，实现决策职能和执行职能的分离。体育组织在联邦政府的领导下，负责管理具体体育事务。

根据《基本法》对联邦、州和市政府的职权划分，德国体育行政管理体制主要分为联邦、州和市三个层级。联邦层面上，内政部负责对体育进行管理。州层面上，州政府设立若干部门，专门管理体育事务，如体育场馆的修建等。市级层面则负责管理一些更加具体的事宜。体育组织则主要负责具体体育事务的运作。如体育科研、学术研究、参加国际比赛以及国家队组建等事务。

在这种体制下,联邦政府主要负责制定与实施体育政策法规和体育发展战略,体育事务的具体执行和繁杂的事务性工作则由广大体育组织来执行。①

1. 体育管理机构

(1)联邦层面

联邦政府内政部下属体育司(以下简称体育司)是主管全德国体育事务的行政机关,其地位和职能类似于我国的国家体育总局。体育司下设6个科室,分别管理体育政策的制定、国际交流、奥运会、残疾人体育和学校体育等事宜。联邦政府内政部下属联邦体育科学研究院,负责开展体育研究工作。

联邦政府其他部门也承担一定的体育管理职能,如国防部负责军队体育;劳工和社会事务部负责残疾人和劳工开展体育事宜;经济合作和发展部负责援助他国发展体育事业;交通、邮政和通信部负责帮助和指导德国铁路公司、邮政部门和电信部门内部的体育团体;国土资源和城市规划部负责体育设施的建设和管理。联邦政府家务部则负责全民体育的管理,包括鼓励和推进老年人体育运动,为青年体育运动提供规划帮助等。

除以上权限外,联邦政府还负责国家体育对外交往、组织国家队参加比赛、推动体育科研、建设规模较大的体育设施以及发展残疾人体育等事项。

德国联邦议会下设的体育委员会、德国体育运动会议等机构,同样履行一定的体育管理职责。

(2)地方层面

各州设立青年、文化和体育部,社会部,内政部,并在它们的指导下开展地方体育活动。各州还有权制定如资助体育活动和体育组织、对特定人群从事体育职业给予特殊保护等方面的法律。

各州设体育部长常务会议,由内政部和德国体育联合会共同参加,以

① 参见潘华:《德国体育史》,人民体育出版社2019年版,第186页。

协调各州的体育政策。

2. 全国性的体育组织

(1)德国奥林匹克联合会

2006 年 5 月,德国体育联合会与德国奥委会合并成为德国奥林匹克联合会(Deutscher Olympischer Sportbund,DOSB)。DOSB 是德国最权威的综合性体育组织,在国际上代表德国,是国际奥委会的成员之一,其地位和职责类似于中国奥委会。

DOSB 实行集体领导制度,最高领导机关为主席团,设主席 1 人、副主席 5 人。主席负责主席团总体事务,5 位副主席分别负责竞技体育、经济与财政、大众体育与体育发展、培训与奥林匹克教育及妇女和同等权利等方面的管理。

成员大会是 DOSB 的权力机关,由集体成员和个人成员组成,共有 485 张选票(包括主席团的 10 张选票),有权决定 DOSB 的所有事项。集体成员一般为州体育联合会、单项运动协会的成员;个人会员 15 人,一般由德高望重且热心体育的人士担任,如德国前总统科勒、德国前奥委会主席施泰因巴赫等,每人一张选票。

理事会是 DOSB 的执行机构,负责执行 DOSB 的决议,其成员由主席团任命和罢免,议事规则由主席团制定。理事会最高领导为总理事。主席团和理事会下设若干理事会,负责处理具体事务。主席团下设竞技委员会、大众体育和体育发展委员会;理事会则下设 5 个咨询委员会——竞技体育发展委员会、大众体育发展委员会、培训和奥林匹克教育委员会、经济委员会。

DOSB 下设若干委员会,包括运动项目协会委员会、州体育联合委员会、特殊任务协会委员会、妇女委员会、运动员委员会等,负责具体事务的处理,并向 DOSB 提出建议。

截至 2014 年,DOSB 约有 2800 万个人会员和 9.1 万家俱乐部会员。①

---

① 参见潘华:《德国体育史》,人民体育出版社 2019 年版,第 191 页。

(2)德国体育青年协会

德国体育青年协会(以下简称青年协会)是德国规模最大的青年体育组织,也是德国规模最大的青少年和儿童非政府组织,有约 80 家团体会员,下属约 9.1 万家体育俱乐部。德国青少年体育主要由青年协会组织和开展。在奥运会期间,青年协会会组织一批德国优秀青年参加奥运会,并借此加强与其他国家青年之间的文化与体育交流。

3. 体育法研究组织

作为体育大国的德国,其体育法研究活动也很活跃。当代德国最重要的体育法研究组织主要有德国体育法协会(DVSR)和德国律师协会内设的体育法部门(DAV)。

三、体育政策

1990 年德国统一后,其摒弃了民主德国以竞技体育为核心的体育政策,基本上继续沿用联邦德国既有的体育政策,围绕大众体育,以俱乐部制度为基础,强调发挥体育主体的积极性和自主性,追求竞技体育、大众体育和学校体育的均衡发展。

1. "东部黄金计划"

统一后的德国继续推进联邦德国时期实行的"德国体育奖章"制度和"黄金计划"。为了推进德国东部大众体育的发展,德国于 1999 年发布了"东部黄金计划"。

由于长期受到民主德国体育当局竞技体育优先政策的影响,德国东部地区大众体育和学校体育发展长期被忽视,加之德国东部经济发展水平落后于全德平均水平,体育事业濒临崩溃。

为改变以上局面,1992 年,德国体育联合会提议将在西部地区实施的"黄金计划"扩展到东部地区,提出"东部黄金计划"的倡议。该计划的重心仍然是建设体育基础设施,计划用 10 年时间使东部地区的体育基础设施基本达到全德平均水平。由于该计划将花费数亿马克,而管理体育事务又属于各州而非联邦的权力,联邦政府一直未通过相关预算,致使该计划处于搁置状态。

1999 年,该计划终于得到联邦政府的同意,开始得到正式实施,截至 2005 年,该计划已得到联邦政府 5500 亿欧元的资助。在时任总理施罗德的支持下,该计划得以继续推进。“东部黄金计划”持续十多年的实施,使德国东部地区体育基础设施不足的情况得到极大改善。

2. 继续实施“德国体育奖章”制度

德国统一后,在联邦德国实施的“德国体育奖章”制度得以继续推行。除了延续一贯鼓励大众积极参加体育锻炼以达到获取奖章的体能标准以外,该制度还第一次加入了受青少年喜爱的滑板和轮滑项目。2008 年该奖章发放首次超过 100 万枚。

3. 颁布《德国体育指南》

2000 年 12 月,德国体育联合会颁布《德国体育指南》。该指南是对 1966 年德国《体育宪章》的修改。由于德国体育联合会在德国体育组织中的权威地位,该指南具有相当程度的约束力,是全德国体育运动参加者最基本的标准和规则。该指南对德国体育的组织结构、宗旨和原则、成员资格、体育组织及其职权,以及体育运动的程序等作了明确规定。

该指南第六部分对大众体育予以特别关注,包括“坚持满足大众日益增长的体育需求”“加强青少年体育工作”“完善体育志愿者队伍”等内容,成为 21 世纪德国大众体育的根本指导性文件。

4.《中小学体育发展行动指南:2017—2022 年》

在重视大众体育的同时,德国也没有忽视学校体育。2017 年,德国各州文教部长联席会议(KMK)和德国奥林匹克体育联合会共同颁布了《中小学体育发展行动指南:2017—2022 年》,以期为德国学校体育提供指导。

该指南基于《中小学体育活动指南:2007》和《残障青少年体育活动指南:2008》进行优化修改,关注残障儿童、青少年参与体育的权利,并对组织开展学校体育和体育师资培训提出具体要求。

四、总结

与苏联(俄罗斯)体育法制的发展历史相类似,德国的体育法制受历史因素影响较大,其发展变化与国家的命运紧密相连。尽管其间历经纳粹德国时期对体育的摧残以及民主德国时期过于偏重竞技体育而给学校体育和社会体育造成伤害,但得益于德国长久以来优秀的体育立法、体育政策和体育管理体制,德国长期保持了体育强国的地位。德国体育法制的发展具有以下特征。

1. 高度的体育自治原则

与其他国家不同,德国体育彻底贯彻高度自治原则,即高度的协会自治。对于体育事务,德国政府只进行宏观管理,不过多干涉具体体育事务。立法上,德国未制定专门的体育法规,其对体育的法律规制在其他部门法(如刑法、民法等)下进行。对体育的规制主要依靠各协会的内部章程。

2. 体育政策的延续性

从20世纪初的德意志帝国有意识制定体育政策开始,德国历经两次世界大战,其国体、政体发生多次根本性变化,更是经历了国家分裂与统一,但其主要体育政策并未因政治形势的变化而中途夭折,展现出强烈的延续性特征。其中最具代表性的是肇始于1913年的德国体育奖章制度和开始于1920年的“黄金计划”。

德国体育奖章制度从1913年设立起就不受政治形势的影响,始终坚持延续,贯穿德国近现代历史(尽管在纳粹德国时期这一制度被纳粹政权所利用),并一直持续至今。

同样,诞生于1920年的“黄金计划”也经受住了历史考验。尽管该计划提出之后就遭遇魏玛德国时期的政治、经济危机,更是经历“二战”和德国分裂,直到1953年方才真正得到实施,但是经过三阶段(1960~1975年、1976~1984年、1985~1990年)实施,其达到了预期的目标。德国统一后更是将该计划推广到德国东部地区。

07

第七章

俄罗斯体育法律史

第一节　俄罗斯法制史简述

俄罗斯的历史可以明显分为4个历史时期：古罗斯时期、莫斯科大公国——沙皇俄国时期、苏联时期、俄罗斯联邦时期。俄罗斯法制史也相应分为4个阶段，每一阶段的法律制度均有自己的特点。

一、古罗斯时期

公元9世纪开始，在现乌克兰首都基辅附近出现了最早的古罗斯人部落联盟，在部落联盟的基础上形成古罗斯人最早的国家——基辅罗斯。基辅罗斯成立后，在原部落习惯的基础上，不成文的习惯法逐渐发展成为成文法。据传说，基辅罗斯统治者奥列格大公在习惯法的基础上制定了古罗斯人第一部法典——《罗斯法律》，但未流传下来。公元11~12世纪，出现了《罗斯法典》

（又称《罗斯真理》），但其版本有约100种[①]之多，各版本的法条数目也不一致。《罗斯法典》反映了基辅罗斯封建土地所有制、社会等级制度、部分民事和刑事制度，是古罗斯国家社会、经济、政治发展的真实记录。

目前流传下来的《罗斯法典》内容不完整，多是其他古籍上引用的法条经后人汇编而成，其中没有直接涉及体育的内容。古罗斯时期可能存在一些与军事训练、宗教祭祀舞蹈等有关的规则或者习惯法，这是古罗斯体育法可能的起源。

二、莫斯科大公国——沙皇俄国时期[②]

公元15世纪后期，以莫斯科为中心形成莫斯科大公国。

莫斯科大公国时期主要的法典是《律书》和《会典》。《律书》又称为《大公律书》，以《罗斯法典》和部分习惯法为基础编纂而成，主要规定了各级别法院的权限以及诉讼程序，其中未涉及体育立法。《会典》则涉及刑事、物权、诉讼和国家管理方面内容，也未涉及体育立法。

沙皇彼得一世于1672年即位后，锐意进取，积极向西方学习，在经济、政治、文化、军事和法律方面进行大刀阔斧的改革，改变了俄国落后的局面。这一时期，俄罗斯帝国的法律制度逐渐摆脱古罗斯传统，向大陆法系国家靠拢。1826年，尼古拉一世为强化法制，命令编纂了《俄罗斯帝国法令全集》（以下简称《俄国法令全集》）。《俄国法令全集》于1830年编纂完成，包含了从莫斯科大公国时期的《会典》，到尼古拉一世时期的全部立法。1833年，在删除《俄国法令全集》中过时、互相矛盾部分的基础上，又编纂完成《俄罗斯帝国法律全书》（以下简称《俄国法律全书》）。《俄国法律全书》法条繁多，经过不断收录，至1917年，约有10万余条法条，但《俄国法令全集》和《会典》中未收集与体育直接相关的法条。

封建时期的俄国法具有以下特点：（1）强调封建等级制度，维护农奴主阶级的利益，这是封建时代俄国法的主要特征；（2）受东正教影响较

① 参见何勤华主编：《外国法制史》，法律出版社2016年版，第343页。

② 莫斯科大公伊凡四世于1547年改莫斯科大公国为俄罗斯沙皇国。

大,封建时代俄国虽然未产生过独立的教会法,但东正教因素的影响不容忽视,如东正教会规则是《会典》的重要渊源之一;夫妻可以离婚等。[①]

三、苏联时期

苏联开创了社会主义法系的新时代,法律制度发生了根本性的变革,在俄国历史乃至世界历史上的意义不言而喻。

"十月革命"胜利后,全俄苏维埃代表大会通过《告工人、农民与士兵书》《土地法令》,宣布一切权力属于苏维埃,废除土地私有制,实行土地公有制。至卫国战争爆发前,苏联已建立以《宪法》为核心,包含《民法典》《刑法典》《劳动法典》《土地法典》等在内的社会主义法律体系。

"二战"后,苏联的法制建设又进入一个新时期。一方面,苏联制定了一系列新法典,并修改部分既有的法典;另一方面,有计划地加强法制建设,至 1980 年,苏联共颁布了 15 个立法纲要。

苏联法制的特征之一是法律体系复合化。苏联是由各加盟共和国组成的联邦制国家,1924 年苏联宪法对中央和加盟共和国的权力进行划分,规定中央掌握外交、军事、外贸、邮政、法院组织、民事刑事立法等,而各加盟共和国则拥有内政、农业、教育、司法等权力。[②] 这样,苏联时期实际上存在 3 种效力不同的法律体系:(1)全苏法律,即在整个苏联境内均有效力的法律,如苏联宪法、民法等;(2)加盟共和国立法,在不违反苏联宪法的前提下,加盟共和国可以制定包括宪法在内的共和国法律,其效力只限于加盟共和国境内,如各加盟共和国宪法等;(3)苏联与加盟共和国共同立法,如《苏联和各加盟共和国国民教育立法纲要》。

四、俄罗斯联邦时期

苏联解体后,俄罗斯联邦获得独立,社会制度发生根本变化,体育法律制度和管理体制也相应发生巨大变化。一方面,俄罗斯联邦重视体育

---

① 西欧天主教教会法普遍规定,夫妻不得离婚。

② 参见何勤华主编:《外国法制史》,法律出版社 2016 年版,第 358 页。

法治建设，制定了专门的体育立法，如《俄联邦体育运动立法原则》、《体育运动法典》、反兴奋剂法律体系，以及《民法典》、《刑法典》、《劳动法典》、《教育法典》等法律中涉及体育运动的内容；另一方面，俄罗斯联邦继承并改进了苏联时期的体育管理制度，并根据国情加以改革，在竞技体育、青少年体育和社会体育方面，探索出一条具有自身特点的体育管理体制。

第二节　沙皇俄国时期的体育法制

沙皇俄国自彼得大帝改革后，效仿西方，建立了带有本国特色的法律制度，其中涉及调整体育方面内容的如下所述。

一、军事体育规范

尽管沙俄时期没有近代意义上的体育立法，但不等于没有体育规范。早期体育与军事密不可分，俄罗斯最早的体育法规也与军事体育有密切联系。早在 17 世纪初，俄罗斯军队便开始了系统化训练，训练内容包括骑术、武器操练、游泳等，并形成一定的规范，这些与军事训练有关的规范，毫无疑问属于军事体育规范的范畴。至彼得大帝时期，俄罗斯进行军事改革，在军队训练方面向西方学习，训练中更加重视队列训练和射击训练，并相应形成一系列的规章制度。

二、体育管理体制

19 世纪末至 20 世纪初，体育在俄罗斯得到了蓬勃发展，如举重、自行车、拳击、滑冰等现代体育项目开始在民间流行。为了管理日益兴旺的体育运动，也为了提高俄国人民参加体育运动的热情，沙皇曾要求“采取合理措施发展国民身体”，并要求配置专门机关和资金管理体育事务。[①]

① 参见邱凌云：《俄罗斯体育史》，人民体育出版社 2019 年版，第 60 页。

加之20世纪初俄罗斯出现大量民间体育组织,种种情况迫使政府不得不加强对体育的管理。1913年7月,俄罗斯帝国国民身体发展总观察办公室(以下简称总观察办公室)成立,作为当时俄罗斯帝国最高体育管理机构,制定了行动纲领和行动指南。该机构领导人为沙皇的侍从武官。

这一时期,全俄范围内成立了若干全国性的体育组织。1911年2月,俄罗斯帝国奥委会宣布成立,并制定了章程,选举领导机构。俄罗斯帝国奥委会对外代表俄罗斯参加国际奥委会,并负责遴选俄罗斯运动员参赛。全俄体育联盟和联合会也在同一时期成立,负责管理全俄各类体育协会。

至1918年俄罗斯帝国灭亡前夕,俄罗斯体育管理体系已基本建成。总观察办公室作为当时的最高体育管理机构,负责组织和开展全国范围内的体育活动,领导全俄一切体育事务;总观察办公室下设执行机构,负责具体实施总观察办公室的指令和领导俄罗斯奥委会及全俄体育联盟和联合会。俄罗斯奥委会对外代表俄罗斯参加国际奥委会,并领导地区奥委会;全俄体育联盟和联合会则负责领导各城市体育联盟和各单项体育协会。

作为俄国官方最高体育领导机构,总观察办公室设立一年后,俄罗斯即卷入第一次世界大战中,实际上并未完全发挥应有的作用。至1917年沙皇政府被推翻前夕,革命与战争席卷俄罗斯,沙俄的体育管理体制名存实亡。

第三节　苏联时期的体育法制

苏联时期的体育法制可以明显分成两个历史时期:1917年苏俄建立至1945年“二战”胜利;1945年“二战”胜利至1991年苏联解体。前一历史时期,苏联的体育事业为军事服务,其目的是通过发展体育来增强军事实力,以打败国内外敌对势力的军事进攻,保卫国家,体育法制也服从这一目的;后一历史时期,苏联体育重视社会体育和竞技体育,一方面通过发展体育,增强苏联人民的身体素质;另一方面,试图将竞技体育作为展示苏联综合国力和在国际上与美国争霸的工具。

一、体育立法

苏联并无专门的体育运动法典,与体育有关的法律条文散见于宪法、劳动法等其他法律之中。苏联在解体前夕曾制定《苏联及加盟共和国体育运动基本法(草案)》,但随着苏联解体,该法未得到正式颁布执行。

(一)苏联《宪法》①

苏联历史上多部宪法均规定人民有组成体育社团的自由和相应的体育权利。

1. 1936年苏联《宪法》

第121条规定,苏联公民有受教育的权利,对各种教育都实行免费的国家的助学金制度。确保了苏联公民具有包括接受体育教育在内的受教育的权利。

第126条规定:"为了适合劳动者的利益和发挥人民群众的组织上的自动性和政治上的积极性起见,保证苏联公民有权结成各种社会团体,即工会,合作社,青年组织,体育和国防的组织,文化、技术和科学等团体。"保证了苏联公民有结社自由的权利,这其中自然包括组织或加入体育社团的权利。

2. 1977年苏联《宪法》

第7条规定:"工会、苏联列宁共产主义青年团、合作社及其他社会组织可根据自己章程规定的任务,参加国家事务和社会事务的管理,处理政治、经济和社会文化问题。"此条赋予体育社团可处理体育自治事务的权利。

---

① 苏联历史上曾在1922年、1936年和1977年颁布3部宪法。除以上3部宪法之外,1918年7月,苏俄曾颁布《俄罗斯苏维埃社会主义联邦共和国宪法(根本法)》。

第 24 条第 1 款规定:“苏联实施并发展保健、社会赡养、商业和公共饮食、生活服务和公用事业等国家设施。”在宪法上规定国家有建设包括体育设施在内的生活服务和公用事业国家设施的义务。该条第 2 款规定:“国家促进群众性的体育运动的发展。”这是在苏联历史上第一次以宪法条文明确规定发展社会体育是国家的任务之一,具有里程碑式的意义。

第 25 条规定:“苏联实行并完善统一的国民教育制度。”在宪法上规定了,推行包括体育教育在内的国民教育制度,是国家的责任。

第 34 条规定:“苏联公民的权利平等从经济、政治、社会和文化各方面予以保证。”保障苏联公民包括体育权利在内的各项权利平等。

第 35 条规定:“苏联妇女和男子享有平等的权利。实现这些权利的保证是:向妇女提供与男子同样的……参加社会政治活动和文化活动的机会……”保障了妇女和男子享有平等的权利,可以不受歧视地参加各类体育活动。

第 39 条规定:“苏联公民享有苏联宪法和苏联法律宣布并保证的全部社会经济、政治及个人权利和自由。”从宪法层面保障苏联公民享有的体育权利和自由属于公民基本权利,受到法律的保护。

第 41 条规定:“苏联公民享有休息的权利。”第 42 条规定:“苏联公民有享受保健的权利。这一权利的保证是:国家保健机构免费提供良好的医疗;扩大公民治疗和健身机构网。”这两条规定苏联公民拥有休息和体育保健权利,并要求国家提供良好的硬件设施,以保障体育保健权利的实现。这两条促使苏联人民的生活方式发生了巨大变化,体育和休闲成为苏联人民最主要的业余生活方式,尤其是第 41 条规定了苏联工人和职工每周工作时间不超过 41 小时,对于特殊岗位的工作则进一步减少周劳动时间并实行带薪年假制度。从法律上保障了苏联劳动人民拥有充足的从事体育活动的时间。根据第 42 条“国家扩大公民治疗和健身机构网”的要求,苏联政府扩大了对体育基础设施建设和培训专业体育人才的力度。仅在1978年,苏联便投入1.26亿卢布[①]用于体育和保健事业。

第46条规定:“苏联公民有享受文化成果的权利。这一权利的保证是:普遍可观赏由国家和社会保管的祖国和世界的文物;发展和在全国平均设置文化教育机构;发展电视和广播、图书出版、期刊、免费图书馆网;扩大同外国的文化交流。”这一条规定苏联公民具有观赏体育节目、发展体育文化、与外国体育交流的权利。

从苏联《宪法》中对人民体育权利的保障程度来看,远超历史上任何国家的宪法。无论对体育权利保护相对完善的德国《基本法》,还是被视为所谓“典范”的美国《宪法》,其对体育权利的保障均只是从较笼统的方面仅仅规定人民拥有从事体育活动的权利和体育结社自由。而苏联《宪法》不仅规定人民拥有不受侵犯从事体育运动的权利,而且在男女平权、体育教育、体育文化成果的享用等具体方面做出了规定。尤其值得注意的是,作为规定国家根本制度的宪法,苏联《宪法》对涉及体育发展的具体问题作出规定,如第24条第2款规定国家促进群众体育的发展;第42条规定,苏联公民拥有享受保健的权利,并规定国家有义务扩大健身网络等,这在其他国家宪法中是极其罕见的。[②]

(二)苏联《劳动法典》[③]

苏联《劳动法典》将运动员、教练员及其他体育从业人员列入调整范围,这一做法后被俄联邦所吸收。

《劳动法典》第1条规定,该法典调节苏联所有职工的劳动关系,从而将运动员、教练员及一切体育从业人员纳入调整范围。

第2条规定了职工的基本权利与义务,同样适用于运动员和教练员。

---

① 按照1978年的官方汇率,1苏联卢布约合1.41美元。

② 实际上这是苏共二十二大所提出的体育发展目标。

③ 1971年12月,苏联通过《劳动法典》,于第二年4月生效。苏联解体后,《劳动法典》在俄联邦仍然有效,并于1996年3月修改,直到2001年俄联邦颁布《劳动法典》,苏联时期的《劳动法典》后方才作废。

根据《劳动法典》的其他规定，运动员和教练员同样享受休假、劳动时间、劳动保护、特殊补贴、劳动保险、劳动争议法律援助等权利。

苏联《劳动法典》虽然未对运动员、教练员做特别规定①，但其将体育劳动纠纷纳入普通劳动纠纷并加以调整的做法，无疑有助于充分维护运动员、教练员的合法权益。

（三）《苏联及加盟共和国体育运动基本法（草案）》

《苏联及加盟共和国体育运动基本法（草案）》（以下简称《体育法草案》）的出台，是为了更好地划分苏联中央政府和各加盟共和国之间的体育管理权限，改革高度集中的、中央集权式的体育管理体制。尽管直至苏联解体，该法仍处于草案状态，并未正式颁布施行，但从之后俄联邦所建立的体育管理体制来看，很大程度上遵循了《体育法草案》所拟定的原则。

《体育法草案》试图改变苏联过于重视竞技体育，而相对忽视社会体育和学校体育的弊端。《体育法草案》提出，体育运动的最终目的在于“最充分地满足个人及社会是全面与协调发展的需要，培养青年劳动和卫国，建立健康的生活方式，提高劳动能力与健康长寿，发展竞技运动及国际体育合作。”②

《体育法草案》区分“体育”和“运动”，认为“体育”指“居民体育教育”，即“各阶层居民的体育教育，根据居民体育教育国家大纲（基本实例）实施”，主要包括：各级各类学校的学校体育（包括学龄前儿童的体育教育）；军队中的体育训练；企事业单位、机关内的体育锻炼；其他场所的群众体育；疗养院、休养所内的保健活动；残疾人体育。

《体育法草案》将传统意义上的竞技体育称为“竞技活动”，认为“竞技活动是为了挖掘并完善公民的运动天才，扩大他们的身体及意识能力

① 俄联邦2001年《劳动法典》第348.1～348.12条专门规定了竞技体育中的运动员的权利义务及纠纷处理。

② 韩丹：《论当代世界对“体育”的法学界定》，载《体育与科学》2001年第2期。

的极限，宣传体育与民间运动，以及训练苏联国家队、加盟共和国国家队，以求在国际比赛中取得好成绩。从事竞技活动的人即为运动员。”[①]包括苏联和各加盟共和国代表队的比赛和职业体育比赛。

可见，《体育法草案》实际上将学校体育、社会体育、军事体育、残疾人体育以及保健和健身活动视为“体育”，而将竞技体育（包括职业体育）视为“竞技活动”。这种分类的初衷是为了改变过分重视竞技体育而忽视学校体育、社会体育的弊端。这种对传统体育分类颠覆式的创新，是该草案最大的亮点之一。

二、苏联时期体育管理体制

苏联的体育管理制度曾发生巨大变化，体育管理指导思想也发生了巨大转变。在十月革命胜利之后，新生的苏维埃政权废除一切沙皇时代的法律和行政管理机构，以俄罗斯帝国国民身体发展事务临时委员会为首的一整套体育管理体制也随之被废除。

为了抗击国内外敌人，布尔什维克党不得不建立起一套军事体制，在这套体制下，体育被等同于军事体育，归属军训主管机关管理。体育的目的也被简单视为通过军事体育训练，增强国防实力。随着苏俄国内形势的稳定和苏联的建立，苏联体育开始强调社会体育、学校体育和竞技体育均衡发展。经过一系列变革，苏联最终建立起一套中央集权特色浓厚、垂直管理的体育管理体制。

（一）1917～1945 年的体育管理体制

这一时期，苏联的体育管理体制始终处于变化之中，尚未形成固定的体育管理机构。一些体育管理部门的名称、职权等一直处于变化之中，个别机构之间权限甚至存在重叠的现象。

---

① 韩丹：《论当代世界对“体育”的法学界定》，载《体育与科学》2001 年第 2 期。

1. 普及军训总部、国家教育委员会、军事总培训红军预备部队管理总局

这三个机构都是十月革命胜利之后建立的，带有一定体育管理职能的机构。由于处于战争时期，这些机构的主要任务并非管理体育，但它们作为苏俄建立后第一批带有一定体育管理职能的机构，为后来苏联体育管理体制的建立留下了宝贵的经验。

1918 年俄共第七次党代会提出全民进行军事训练的要求。随后全俄中央执行委员会通过《必须学习军事技术的决议》，成立普及军训总部。从该机构名称便知，其主要任务是对适龄公民进行军事训练。训练内容包括大量军事体育项目，如田径、投掷、体操等。同时，普及军训部还是当时最高体育管理部门，其下设体育运动部。在其领导下，苏俄第一个学校体育法令——《俄罗斯劳动学校章程》和第一个学校体育大纲——《青少年学生体育大纲》得以制定并贯彻实施。

根据列宁的建议，苏俄于 1917 年成立了国家教育委员会，该委员会下辖的学校卫生部专门负责学校体育教育，任务为在学校中开展体育教育。但十月革命后复杂的政治、军事形势，尤其是新生的苏维埃政权忙于抵抗国内外反动势力的军事威胁，国家教育委员会学校卫生部所发挥的作用极其有限。

军事总培训红军预备部队管理总局（以下简称军事管理总局）系按照苏联中央执行委员会所颁布的《关于义务培训军事义务》的法令成立的。[①] 在军事管理总局内设有体育运动发展部，下设有军事训练机构。显然，这里的体育运动发展部的军事色彩浓厚，主要还是以军事体育管理为主。体育运动发展部的主要职责是组织红军以及普通居民进行军事训练；体育运动发展部还组建了一些军事体育俱乐部，并参与组建苏联早期的体育组织。军事管理总局同时还带领红军战士和共青团员进行体育基础设施的建设，但随着共青团组织在体育管理中发挥越来越大的作用，军

---

① 参见邱凌云：《俄罗斯体育史》，人民体育出版社 2019 年版，第 108 页。

事体育总局的体育管理职能逐渐萎缩。

2. 国家人民教育委员会

国家人民教育委员会是苏维埃政权主管教育的机构，其地位和职权类似于各国教育部，负责包括学校体育在内的教育事宜。该委员会下设人民保健委员会，该委员会下属若干职能部门负责具体工作，如负责全民健康和体育的部门等。

3. 体育高级委员会、苏联政府全苏体育委员会、全苏体育运动事务委员会

随着苏俄战胜国内外敌对势力，20 世纪 20 年代开始，苏俄体育管理体制开始向和平时期过渡。1920 年，苏俄设立体育高级委员会，取代普及军训总部，成为当时苏俄国内最高体育管理部门。体育管理部门的这一变化，体现出当时苏俄体育逐渐摆脱浓重的军事体育色彩，走上了正常的发展模式。1930 年，体育高级委员会改称“苏联政府全苏体育委员会”，由苏共中央执行委员会直接领导。其职责主要是：领导各地体育委员会开展工作、为全苏和各地方体育立法提供咨询、组织举办全国性质和国际性质的运动会；以及体育基础设施和体育科研工作。

1936 年，苏联政府全苏体育委员会改称“全苏体育运动事务委员会”（以下简称全苏体育委员会），直属苏联政府领导，有权颁布各类体育运动相关的条例。通过全苏体育委员会下属各加盟共和国、各州、直辖市的体育运动事务委员会，贯彻执行全苏体育委员会的命令。全苏体育委员会对“二战”苏联体育的发展，尤其是“劳卫制”的推行产生了巨大作用。据统计，截至卫国战争爆发前，全苏共有 600 多万青年达到“劳卫制”规定的标准，体育从业人员和运动员达 400 多万人。1956 年全苏体育委员会改称苏联国家体育运动委员会（以下简称苏联国家体委），其职能不变。

4. 全联盟体育委员会

建立于 1930 年的全联盟体育委员会是苏联第一个稳定且能够充分行使职权的体育管理机构。该委员会隶属苏联中央选举委员会，并被赋

予了检查和领导体育的职能。

（二）1946～1991 年的体育管理制度

“二战”后，苏联继续实行高度集中的政治体制，表现为政治上高度中央集权，经济上高度集中的计划经济模式。在体育管理体制上，同样实行高度的中央集权，由苏联中央政府统一管理，采用自上而下的纵向直接管理模式，地方体育管理部门和体育组织的管理权限较小。

1. 部长会议体育运动委员会

部长会议制度存续时间是 1946～1990 年，苏联最高国家行政机关，即苏联中央政府，下属的体育运动委员会负责管理苏联体育事业，该委员会于 1986 年 4 月升格为苏联国家体育运动委员会。

2. 苏联国家体育运动委员会

1986 年 4 月，根据苏联最高苏维埃主席团的命令，部长会议体育运动委员会升格为苏联国家体委，是苏联当时名义上的体育最高管理机构，其职能类似于我国原体育运动委员会。苏联国家体委的前身是全苏体育委员会，除 1960～1968 年外，一直到苏联解体，苏联国家体委（全苏体育委员会）始终是名义上的最高体育管理机构。

全苏体育委员会曾在 1953 年短暂管理卫生部，但很快又被分离。

3. 苏联运动组织和协会联盟中央委员会

苏联运动组织和协会联盟中央委员会的性质为体育社会组织。1960～1968 年，苏联推行体育管理制度改革，由该委员会短暂代替部长会议体育运动委员会，履行管理全苏体育事务职责。但事实证明，完全依靠体育社会组织管理全苏体育事务是行不通的，1968 年之后，全苏体育事务又回归到由部长会议体育运动委员会管理。

4. 苏联奥委会

苏联奥委会在苏联体育管理机构中具有特殊地位。为了发展竞技体育，尤其是奥运项目，苏联政府给予苏联奥委会以独立的经济和管理的权力，苏联奥委会可以制定自己的章程、自行选拔和组织苏联运动员参加奥运会和其他国际比赛。在苏联高度集中的体育管理体系中,苏联奥委会所享有的自主权实属罕见。

三、苏联时期的体育政策

苏联时期的体育政策,以“二战”胜利为标志,可以分为两个阶段。前一阶段体育政策的指导思想还是军事体育,希望通过军事体育来加强国防力量,保障国家安全;后一阶段指导思想是恢复和发展战后体育,推进竞技体育、学校体育和社会体育的全面发展。

(一)1917~1945 年的体育政策

这一时期,苏联体育政策的指导思想,从重视军事体育,逐渐转变为发展社会体育,尤其是青年体育,并逐渐摆脱激进政治思想的影响,从有益于苏联体育事业的发展角度制定体育政策。总体而言,这一时期苏联以发展军事体育为主,辅以发展学校体育、社会体育和竞技体育。

1. 重视青年体育,培养革命接班人

1920 年,苏俄共青团全国准备劳动和保家卫国制度代表大会第 3 号决议《关于民兵部队和青年体育》,提出苏俄体育是共产主义教育的一部分,应重视青年体育,为革命事业培养接班人。在这个政策的指导下,苏俄各大城市纷纷出现青年体育组织,[①]共青团成为苏联体育的重要组织者。

2. 发展社会体育,重视体育设施建设

1922 年苏联建立之后,国内外敌对势力逐渐被肃清,苏联体育开始不以军事体育为唯一内容,改而寻求体育的全面均衡发展,逐步恢复因战乱而被一度忽视的体育设施建设。

1923 年全苏工会中央理事会文化部召开会议,会议决议指出,应重视工会体育,将工人与儿童体育作为工会体育的重要内容,同时还提出建

---

① 这些青年体育组织名称各不相同,如莫斯科的“穆拉维”小组;彼得格勒、克里米亚的“斯巴达克”小组等,并没有一个统一的称呼。

设体育基础设施的要求。这次会议之后,工会成为苏联社会体育的重要领导机构,在工会的领导下,全苏社会体育得到快速发展。

凭借共青团组织和工会组织,苏联在建国初期迅速恢复了体育事业,确立了苏联共产党对体育的绝对领导权。

3. 坚持社会主义体育路线

为进一步加强党对体育的领导,俄共颁布《党在体育领域的任务》(以下简称《体育任务》),确立了社会主义的体育路线。《体育任务》认为,体育不仅具有强身健体的功能,还是一种组织和团结群众的方法。同时还提出体育运动不应局限于运动、体操、户外活动等形式,还应融于个人生活之中,尤其是培养正确的劳动和生活方式。这种综合的体育观念成为后来推行"劳卫制"的政策基础。

4. 准备劳动和保家卫国制度

劳卫制即"准备劳动和保家卫国制度",是苏联于 1931 年开始推行的一项重要体育制度和体育政策。

十月革命之后,苏维埃政权高度重视发展体育事业。如前所述,苏联建立了一整套相对完整的体育立法和体育管理体制,并制定大量政策鼓励体育事业的发展。但苏联建立后,长期忙于恢复战争创伤,相对而言,发展体育未排在优先位置。

1930 年 3 月,《共青团真理报》发文号召苏联共青团制定一项鼓励劳动和保卫祖国的体育制度,并号召全苏年轻人积极参加体育运动,以更好地劳动和保卫祖国。1931 年 3 月,苏联国家体委颁布了《劳卫制章程》,明确指出"劳卫制"是苏联的一项根本体育制度。推行这一制度的目的,是增强人民体质,鼓励人们经常从事体育锻炼和提高苏联人民特别是青少年的防预意识。①

劳卫制的核心是一整套体育锻炼标准,包括田径、体操、游泳、射击、滑雪、滑冰以及军事体育项目,其中有必测项目和选测项目。达到劳卫制

---

① 参见方琮:《苏联劳卫制的由来和变革》,载《苏联问题参考资料》1982 年第 1 期。

标准的苏联公民分别获得镍制、铜质和金制奖章。为了服务于国家政策，劳卫制分别在1939年、1946年、1959年、1972年和1985年被进一步修改，1988年，劳卫制被取消。

劳卫制是苏联最基本的体育政策和体育制度，时间跨度近60年，为苏联人民参加体育锻炼和测试体育锻炼水平奠定了良好的基础，制定了苏联人民参与各项体育活动，提高身体素质和军事技能的标准。劳卫制对东欧和中国的体育事业也产生巨大影响。

劳卫制在苏联解体后并未彻底消亡，仍产生了巨大影响。2014年3月，俄联邦总统普金在体育发展委员会会议上宣布恢复苏联时期的劳卫制，并下达第117号总统令：《关于实施"准备劳动和保卫祖国"体育制度》。

（二）1945～1989年的体育政策

这一时期处于美苏全面"冷战"时期。20世纪四五十年代，苏联致力于恢复和发展因战争而被破坏的体育事业。20世纪60年代开始，苏联在包括竞技体育在内的各个领域对美国发起挑战。这一时期苏联的体育政策表面上追求社会体育、学校体育和竞技体育均衡发展，实际上将绝大多数资源投入竞技体育领域，试图将竞技体育作为与美国争霸的工具和展示苏联综合国力的方式。

1. 恢复和发展被战争破坏的体育事业

"二战"给苏联各方面都造成了巨大的损失。大量体育基础设施被破坏；运动员、教练员牺牲在卫国战争的战场上，各类体育活动被荒废，体育事业遭到了极大的破坏。"二战"胜利伊始，苏联政府便积极制定政策，力图早日恢复体育事业。

1945年9月，苏联政府制定《关于资助各级体育运动委员会及改进其工作的决议》，要求各级体育运动委员会加强组织建设和人员建设，通过加强体育运动委员会的领导，促进战后体育的恢复。

为促进苏联竞技体育的恢复和发展，苏联党和政府通过一系列决议，旨在提高苏联运动员的运动水平。1947 年,苏联政府通过《关于鼓励运动员提高运动成绩的决议》,对于打破世界纪录和全国纪录的运动员授予金、银、铜质奖章,并给予一定的物质奖励。这一举措,极大激发了苏联运动员的积极性,有效提高了他们的运动水平。1948 年,苏共中央发布的《体育运动委员会执行党和政府关于发展群众体育,提高苏联运动员运动成绩指示的几个步骤》指出,一段时间内,苏联的体育政策是:加快体育基础设施建设,加快群众体育发展,进一步提高竞技体育水平,使苏联在一些主要运动项目上达到世界先进水平,运动员技战术处于世界一流水平;同时加强体育科学和体育理论研究。

在以上各项政策的推动下,至 20 世纪 50 年代初,苏联的体育事业得到全面恢复,并超过卫国战争前的水平。运动员的数量、运动水平得到大幅提高;体育科研和体育理论研究取得一大批新成果;中学全面采用新的体育课大纲;群众体育得到发展,形成具有苏联特色的体育发展模式和成功经验。

2. 继续发展劳卫制

尽管在卫国战争期间劳卫制的发展几乎停滞,但战争结束后,对劳卫制的重视立刻被提上议事日程。苏联部长会议体育委员会在战后不久即要求各地方体委加强监督劳卫制的实施情况,并要求苏联共青团组织和工会组织配合苏联国家体委进一步推广劳卫制。

3. 大力发展社会体育

在出台各项大力发展竞技体育政策的同时,苏联也制定了一系列政策鼓励社会体育的发展。

1955 年,苏联政府通过决议,要求大力发展社会体育。1959 年 1 月,苏共中央和苏联政府在总结战后体育工作经验的基础上,认为战后体育恢复和发展工作基本完成,并指出未来 10 年应重视群众体育(社会体育)的发展。1961 年苏共二十二大通过体育发展纲要,指出要在全苏联推进群众体育工作,支持在不同领域、不同层次上发展群众体育。要吸引年轻人参加体育锻炼,最终使参加体育锻炼成为苏联人民的日常生活习惯。在以上政策的指导下，一系列旨在推进群众体育发展的政策不断出台，如1966年苏联政府通过《关于进一步发展体育运动的举措》、苏共二十五大和二十六大上均提出要继续发展群众体育、改善和新建群众体育设施、进一步保障人民的体育权利等。在这一系列政策的推动下，1977年苏联《宪法》中加入大量关于发展群众体育的条文。①

在一系列政策的推动下，这一时期苏联的群众体育得到了飞速发展，举办了第一届民族运动会，并成立"苏联体育团体和组织协会"负责领导全苏联的群众体育活动。群众体育得到普及，尤其在高加索和中亚等封建观念较浓厚的地区，妇女也积极参加群众体育。

4. 推进学校体育的发展

在大力发展群众体育的同时，苏联政府也没有忽视学校体育。截至1949年年底，全苏专业体育院校已达14所，中学全面使用新的体育课大纲。② 1951年苏联又制定了新的体育课教学大纲，大纲要求高校1、2年级每周需安排2小时体育必修课，3、4年级安排每周4小时体育必修课。③ 至1959年年底，全苏中小学校普遍建立体育小组，高等学校则建立体育俱乐部，并多次举办地区性甚至全国性的学生体育运动会。

为贯彻苏共二十二大提出的大力发展体育运动的指示，1960年3月，苏联教育部再次修订体育教学大纲，新大纲进一步提升球类运动在体育教学中的重要性。并要求对各类体育文化运动加强监督。新大纲体现学校体育综合性的要求，即学校体育不仅体现为学校体育教学，还体现为服务大众。

苏联各级学校进一步加强体育基础设施建设和体育师资投入，大量

---

① 如苏联《宪法》第24条第2款规定国家促进群众体育的发展；第42条规定苏联公民拥有享受保健的权利，并规定国家有义务扩大健身网络。

② ［匈牙利］格斯拉·孔：《体育运动全史》，颜绍泸译，中国体育史学会办公室印1985年版，第360页。

③ ［匈牙利］格斯拉·孔：《体育运动全史》，颜绍泸译，中国体育史学会办公室印1985年版，第361页。

建设运动场地,大批受过专业运动训练教育的师资被充实到基层学校。以上措施有效提高了苏联学校体育的教学质量。

苏联在1945～1989年实行的体育政策,有力促进了苏联体育事业的发展,竞技体育、学校体育和社会体育得到高速发展,使苏联成为体育强国。但在美苏争霸的背景下,苏联政府赋予竞技体育,特别是奥运项目带有浓厚的政治色彩,实行所谓奥运争霸战略,实际上将体育作为与美国争霸、展示苏联综合国力的一种工具。在这种思想的指导下,苏联竞技体育的发展产生了一些扭曲的现象。例如1952年芬兰赫尔辛基奥运会,是苏联首次参加奥运会①,在足球比赛中,苏联队输给南非队,赛后苏联政府以比赛失利有损苏联国家形象为由,对运动员和教练员进行处罚。

(三)1989年至苏联解体

这一时期,苏联过度发展竞技体育,而忽视社会体育、学校体育的缺点开始显现。为了解决体育资源不平衡的现象和满足苏联人民对体育健身的要求,苏联政府进行一系列的体育改革并出台一系列政策,试图解决以上问题,并实现体育部门的自负盈亏。但这些政策随着苏联解体而失效,且未被俄联邦所继承。

第四节 俄罗斯联邦时期的体育法制

20世纪90年代初,苏联社会政治、经济危机不断加剧,各加盟共和国纷纷宣布脱离苏联独立。作为苏联最大加盟共和国的俄罗斯,于1991年8月24日宣布脱离苏联独立。同年12月26日,时任苏联总统的戈尔巴乔夫宣布苏联停止存在。俄罗斯联邦被视为苏联的继承国。

---

① 赫尔辛基奥运会也是新中国首次参加的奥运会。1052年7月17日,国际奥委会通过决议,允许中华全国体育总会(日后的中国奥委会)代表新中国参加赫尔辛基奥运会。

一、俄联邦法律体系概况

俄联邦自独立以来,按照本国国情,业已建立一整套具有本国特色的法律制度。与我国单一制国家结构不同,俄联邦为联邦制共和国,除了类似于我国的省(直辖市、自治区)—地级市的行政区划之外,还存在一些“共和国”和民族自治区,其地位类似我国的省级民族自治区,但有自己独立的行政机关和立法机构,俄联邦内的“共和国”甚至在不违反俄联邦宪法的前提下还可以制定自己的“宪法”。同时,苏联法律至今在某种程度上仍发挥作用。以上因素导致了俄联邦法律体系远较我国复杂。从层级上来看,俄联邦法律体系主要包括如下内容。

(一)俄联邦《宪法》

这是俄联邦的根本大法,具有最高法律效力,直接在俄联邦全境内适用。根据宪法至上原则,任何法律不能与宪法相抵触。所有其他法律文件,如总统法令、政府条例、部委和其他联邦执行机构的法律性文件以及俄罗斯各联邦主体立法都不能违反宪法。俄联邦《宪法》规定,所有法律均由联邦会议(俄语:Федеральное Собрание)通过,禁止授权性立法。

(二)联邦宪法性法律

联邦宪法性法律主要规定宪法实施的具体事宜,属于宪法性法律,同样只有联邦会议有权制定。[①] 宪法中对联邦宪法性法律的内容有明确的规定,包括有关紧急状态的法律、联邦组成部分地位的变更、宪法的修订、政府、全民公投、司法机构、宪法法院等。目前,大多数必要的联邦宪法法律都已生效。

(三)联邦法律

联邦法律的效力仅次于宪法和联邦宪法性法律。俄联邦《宪法》规

---

① 俄联邦《宪法》规定,联邦宪法性法律需获得联邦委员会(上议院)的至少 3/4 成员以及国家杜马(下议院)至少 2/3 成员的赞成方能通过。

定,联邦法律在俄境内得到直接适用。如果联邦法律与联邦主体的立法之间发生冲突,以联邦法律为准。联邦法律以法典形式表现,是这个领域的完整规则集合,例如民法典、刑法典和劳动法典等法典。尽管法典通常由许多特殊法律作为补充,但法典仍是特定领域的主要法律渊源。

(四)国际条约和国际法原则

俄联邦签署的国际条约和国际法原则是俄联邦法律制度的一部分。当俄联邦法律无相应规定或者与国际条约、国际法原则相抵触时,以国际条约和国际法原则为准。

(五)执行条例

如果联邦法律对某个问题没有做规定,总统可以颁布相关法令,除非宪法明确规定这个问题必须经联邦法律立法。总统的法令和指示建立了一个单独的法律类别,不属于下属立法。同时,联邦政府、各部委、委员会和其他联邦机构也会发布大量的规范性法律文件。执行条例的效力低于联邦法律,其目的是解决具体执行联邦法律时遇到的问题。

(六)其他规范性法律文件

联邦行政机关的规范性法律文件发展、补充和明确了现有的法律规范。这些规范性法律文件有不同形式:法规、命令和指示,因其内容和程序而异。

(七)司法决定

俄联邦属大陆法系,成文法具有最高法律效力,司法机关只能适用和解释法律,判例不是合法的法律渊源。根据俄联邦的法律原则,法官只能适用法典、法规或法规中包含的成文法来判定案件。然而,实践中宪法法院先前的决定必须被遵循。

(八)苏联立法

苏联时期的部分法律在一定程度上仍有效力。当俄联邦国内立法缺乏针对某个问题的法律时,如果苏联立法不与任何现有法律相冲突,可以适用苏联的法律和法规。苏联法律具有过渡功能，直到俄联邦立法机关通过相关法律才会失效，最典型的是苏联解体后，俄联邦仍适用 1977 年苏联《劳动法典》，直至 2001 年通过俄联邦立法机构通过俄联邦《劳动法典》为止苏联《劳动法典》才失效。

二、体育立法[①]

（一）俄联邦《宪法》

1. 该法第 6 条第 2 款规定："俄罗斯联邦公民在其境内都拥有俄罗斯联邦宪法所规定的所有权利和自由，并承担同等义务。"这一条规定了俄罗斯公民的体育权利一律平等。

2. 第 13 条第 4 款规定："各社会团体的法律地位一律平等。"此条赋予体育社团之间、体育社团与其他社团之间以平等的法律地位。

3. 第 30 条规定："每个人都有结社权，包括成立工会以保护其利益的权利。保障社会团体的活动自由。任何人不得被迫加入任何团体或者留在团体中。"此条保障俄公民具有自由组织、参加体育社团的权利。

第 41 条规定，俄联邦鼓励促进体育发展的活动。

第 43 条规定，俄公民有接受教育的权利，从而规定了俄公民有接受包括体育教育在内的教育的权利。

第 72 条规定，涉及体育运动的一般问题，由俄联邦和俄联邦各主体共同管辖。该条规定了涉及体育运动的一般问题，俄联邦和联邦主体均有权管辖。

相较而言，俄联邦《宪法》关于体育运动的规定，远较其他国家详细。

（二）俄联邦《体育运动立法原则》、《体育运动法典》（О физической культуре и спорте в Российской Федерации）（第 329 – ФЗ 号法律）

1993 年 4 月，俄联邦立法机构通过《体育运动立法原则》（以下简称

① 本书中俄联邦法律条文未找到权威翻译版本，其条文均为作者翻译，不当之处敬请指正。

《体育立法原则》),对与体育相关的权利义务作了原则性规定。《体育立法原则》仍然沿用苏联《体育法草案》中所使用的“体育”和“运动”的分类,并提出“体育运动领域”这一新概念。《体育立法原则》认为“(体育运动领域)是人民文化的重要组成部分,也是社会为增进俄联邦人民的健康在体育过程中创造、发展和使用精神及物质财富的总和”[①]。

《体育立法原则》继续沿用《体育法草案》中“体育”和“运动”的术语,其内涵有了很大的改变。《体育立法原则》规定,“体育”指体育制度,其内涵包括体育制度是以居民体育为目的的国家的和社会的活动形式的总和;体育制度的建立应服从“原则”,“并有利于根据个人兴趣、生产需要、俄罗斯人民的教育和文化需求去组织体育教育过程”。而“运动”在《体育立法原则》中专门指代竞技体育,其内涵包括竞技运动是比赛或者为比赛而做准备的一种活动;竞技运动的目标是提高人体的运动能力,培养道德和意志品质;“高水平竞技运动”的目的是挖掘人体潜能,创造优异成绩并打破运动纪录。

《体育立法原则》在一定程度上扭转了苏联解体之后俄联邦体育水平的下滑和体育管理的混乱局面,但由于当时俄联邦经济较为困难,联邦政府无暇顾及体育发展,在 20 世纪最后 10 年,俄联邦的体育水平急剧下滑。

在《体育立法原则》的指导下,2007 年 11 月,俄联邦杜马和联邦委员会通过且正式颁布俄联邦《体育运动法典》(以下简称《体育法典》),并作多次修改,最近一次修改在 2021 年 4 月。

《体育法典》共 43 条,是俄联邦体育领域效力最高的法律文件,任何涉及体育的联邦法律和地方性法律均不得与之抵触。[②]《体育法典》主要调整体育运动领域的体育组织、经济和社会法律问题。《体育法典》对体

---

① 韩丹:《论当代世界对“体育”的法学界定》,载《体育与科学》2001 年第 2 期。

② 《体育法典》第 4 条第 2 至 4 款规定:“包含规范体育领域关系的俄联邦法律、其他规范性法律文件和联邦主体的法律、其他规范性法律行为不得与本法相抵触;地方性体育立法不得与本法抵触;本法未规定而俄联邦参加的国际公约中有规定的,适用国际条约。”

育分类、立法原则、俄联邦和联邦主体在体育管理方面的权力划分、体育组织的权利和义务、体育俱乐部的权利和义务、运动员的权利和义务、体育教育和荣誉、反兴奋剂、体育训练与医疗,以及俄联邦体育代表团、国际合作等问题作了规定。

1. 基本原则

《体育法典》第 3 条规定了俄联邦体育立法的基本原则,主要有:

(1)体育运动自由原则,即公民有选择是否参加体育运动和参加何种体育运动的自由;

(2)体育管理实行国家管理与体育组织自治相结合原则;

(3)禁止体育领域歧视与暴力,保障体育参加者、组织者、观众及体育从业人员生命健康安全原则;

(4)国际合作原则;

(5)发展残疾人、学校体育原则。

2. 俄联邦中央和地方体育管理权力的划分

与我国单一制国家结构不同,俄联邦为复合制联邦国家,其地方政府权力远远大于我国地方政府。《体育法典》第 6 ~ 8 条对中央和地方的体育管理权力进行划分。

俄联邦中央体育管理权力主要包括:(1)制订和实施俄联邦国家体育政策和体育运动发展计划;(2)组织俄联邦国家队参加各类国际赛事;(3)组织全国性或跨地区的比赛;(4)组织在俄联邦境内举办的国际比赛;(5)领导全俄体育联合会;(6)进行体育方面的培训和教育,并提供物质和技术支持,建设体育基础设施;(7)组织体育科研;(8)制定体育运动标准等。

地方体育管理权力主要包括:(1)制定本地区体育发展的主要任务和方向,制订和实施本区内体育运动和体育文化的发展计划;(2)组织本地区的体育代表队;(3)组织和保障本地区内的体育赛事;(4)在本地区范围内进行体育方面的培训和教育,并提供相应的物质和技术支持;(5)协助发展青少年体育、学校体育、学生体育、群众体育、竞技体育和职业体育;

(6)组织和发展本区域民族体育等。

通过对比俄联邦中央和地方的体育管理权力划分可知,两者呈现一定的对应关系,这种关系构成了俄联邦中央和地方体育管理体系的框架。这种明确的体育管理权力划分,体现了俄联邦复合型国家结构的特点。

3. 地方体育自治组织的权限

根据《体育法典》第 9 - 1 条规定,地方体育自治团体以下权力:(1)批准市辖区、市区运动队的组建并予以支持;(2)参与组织和举办在俄联邦境内举办的国内体育比赛和国际体育比赛,参加俄联邦国家运动代表队和地区运动代表队的训练活动;(3)在自治范围内为体育和体育学科提供帮助等。

4. 对主要体育组织权利、义务的规定

在俄联邦,涉及社会体育的事宜一般属于体育组织自治范畴。俄联邦主要的全国性体育组织有全俄体育联合会、俄联邦奥委会。

(1)全俄体育联合会

全俄体育联合会在俄联邦具有特殊地位,是经俄联邦中央政府授权的体育组织,承担一定的体育行政管理职责。《体育法典》第 15、16 条分别规定了全俄体育联合会的章程和权利、义务。

全俄体育联合会的主要权利包括:组织全俄罗斯范围内的国家级比赛和运动会;在国际体育事务上代表俄联邦、负责组建各运动项目的俄联邦国家队;制订全国范围的体育发展计划;为运动员、教练员、专家提供培训和指导等。

全俄体育联合会的主要义务有:为俄联邦国家队参与各项国际赛事做好准备;根据体育主管部门的指示,制订全国赛事计划;执行体育主管部门的命令,发展体育项目;参与打击违法使用兴奋剂的行为和不公平竞赛的行为;履行俄联邦法律和联合会章程规定的其他义务等。与全俄体育联合会相对应,在地方设立地方体育联合会。

(2)俄联邦奥委会

俄联邦奥委会是国际奥委会的成员之一,在国际上代表俄联邦。俄联邦奥委会直接继承原苏联奥委会的权利和义务。

俄联邦奥委会主要权利有:依据《奥林匹克宪章》,代表俄联邦参加国际体育赛事各类国际体育协会;代表俄联邦申办奥运会;使用"奥林匹克"相关标志、图案、名称的权利;拥有俄联邦奥委会的奥林匹克会徽、格言、旗帜和其他俄罗斯奥林匹克标志的专有权等。

俄联邦奥委会主要义务有:宣传奥林匹克运动、促进群众体育发展、提高体育运动水平;负责组建俄罗斯奥运代表队;为参加奥运会和其他国际赛事的俄罗斯运动员提供运动器材、旅行、住宿和保险;预防和打击非法使用兴奋剂的行为,抵制体育运动中任何形式的歧视和暴力;制定训练计划,提高俄联邦运动员的竞技水平等。

根据《体育法典》第 16 条的规定,俄联邦奥委会应与俄联邦体育联合会合作,以实现其宗旨。

5. 反兴奋剂特殊规定

俄联邦自独立以来,发生多起运动员涉嫌非法使用兴奋剂的丑闻。俄联邦体育管理部门始终将打击非法使用兴奋剂的行为作为工作重点,在《体育法典》中对反兴奋剂做了特别规定。

(1)直接实施者:全俄反兴奋剂组织

全俄反兴奋剂组织是国际反兴奋剂组织的成员,负责全俄境内的反兴奋剂事务。其职责主要有:执行世界反兴奋剂机构的指令;检测运动员是否违规使用兴奋剂;组织听证;培训专业人员;制裁违规运动员等。

(2)违反兴奋剂规则的行为

《体育法典》第 26 条以列举的方式阐明了违规行为,除了熟知的直接服用兴奋剂类药物、被检测出曾服用兴奋剂类药物和非法持有兴奋剂类药物之外,以下行为也构成违规:拒绝或者逃避检测;篡改或者企图篡改监测结果;分发违禁药物等。

(3)预防和打击兴奋剂的措施

《体育法典》第 26 条对预防和打击兴奋剂的规定是全方位的,包括在体育运动中预防和打击、①俄联邦体育管理机构和俄联邦体育联合会主动采取预防和打击的措施等。②

《体育法典》还对运动设施、体育训练标准、体育经费筹措、俄联邦体育代表队组建等方面做了规定。俄联邦《体育法典》在深度和广度上有许多值得我国《体育法》学习与借鉴之处,尤其是在体育管理的权力划分、反兴奋剂方面的规定,极具操作性,具有一定的借鉴意义。

(三)俄联邦《民法典》(Гражданский кодекс Российской Федерации)(第 51 – ФЗ 号法律)

1."自甘风险"原则

与我国《民法典》规定的"自甘风险"原则相类似。俄联邦《民法典》第 1064 条第 3 款也确立类似"自甘风险"原则:"合法行为造成的损害,在法律规定的情况下应予赔偿。如果损害是应受害者的要求或同意造成的,而且伤害者的行为不违反社会的道德原则,则可拒绝损害

---

① 《体育法典》第 26 条第 8 款规定:"体育运动中预防和打击兴奋剂的措施包括:1. 兴奋剂控制;2. 确立运动员、教练员和其他体育领域的专家对违反反兴奋剂规则的责任;3. 防止使用禁用物质和禁用方法;4. 兴奋剂检查专家的高级培训;5. 将体育运动领域的教育组织的额外教育计划、反兴奋剂规则、体育运动中使用兴奋剂对运动员健康的后果、违反反兴奋剂规则的责任纳入额外的教育计划;6. 在大众媒体上进行反兴奋剂宣传;7. 开展旨在预防和打击体育运动中使用兴奋剂的科学研究;8. 对恢复运动员工作能力的手段和方法的发展进行科学研究;9. 为俄罗斯联邦体育运动队提供反兴奋剂支持;10. 确定体育组织违反兴奋剂检查条件的责任,规定兴奋剂检查程序;11. 在体育运动中预防和打击兴奋剂领域开展国际合作。"

② 《体育法典》第 26 条第 9 款规定了俄联邦体育管理机构的反兴奋剂职责。第 9 款规定俄联邦体育管理机构实施预防和打击在体育运动中使用兴奋剂的措施:(1)批准全俄反兴奋剂规则;(2)批准体育禁止使用的物质和(或)方法清单;(3)批准进行兴奋剂检查的程序;(4)在全俄体育联合会未能履行第 1 款规定的义务的情况下,以既定方式做出决定,将全俄体育联合会从全俄罗斯和经认可的地区体育联合会的登记册中排除至本条第 10 部分第 6 项;(5)根据本联邦法律行使其他权力。《体育法典》第 26 条第 10 款规定了俄联邦体育联合会的反兴奋剂职责:(1)在全俄期刊上发表和(或)在其官方网站上用俄语发布《全俄反兴奋剂规则》;(2)根据《全俄反兴奋剂规则》,提供待检测运动员名单,以便在比赛期间和赛外进行检测;(3)根据《全俄反兴奋剂条例》通知比赛期间和赛外期间被列入接受检测的运动员;(4)协助检测;(5)制裁违反兴奋剂规则的人;(6)将所实施的制裁通知体育运动领域的联邦执行机构、俄罗斯联邦相关主体的执行机构、全俄反兴奋剂组织、国际体育联合会;(7)遵守俄联邦法律和反兴奋剂规则的其他要求。

赔偿。”

如果运动员自愿参加体育比赛，则意味着运动员同意冒在比赛期间意外受伤的风险。除非运动员、组织者达成协议，否则运动员不得向组织者索赔，组织者也可拒绝运动员的索赔申请。

2. 对体育知识产权的保护

俄联邦《民法典》虽未直接规定体育知识产权，但第 152 条规定“维护荣誉、尊严和商业声誉”可用于保护运动员、体育组织肖像权及与体育节目播出相关的知识产权。该条对体育图片、视频等提供保护。

第 152 条第 1 款规定：个人图像（包括照片和录像），只有在个人同意的情况下才能使用。除非图像是在公共场所和公共活动（包括体育赛事）拍摄的，且个人是图像的主要使用者。依据该条的规定，任何载有个人形象的材料载体，在未经同意的情况下被他人所使用，权利人可要求法院判决该行为违法，并获得相应精神损害赔偿。未经同意，在互联网上使用图像的个人可以要求删除图像，并禁止其进一步分发。

3. 对广播权人的保护

目前，体育赛事一般会采取现场直播的形式，而出售电视直播权的收益也日益成为此类赛事的重要收入之一。

对于侵犯排他性权利的行为，俄联邦《民法典》第 1311 条规定，权利人既可以选择第 1250、1252、1253 条[①]确定的保护方式和责任措施，也可以选择第 1252 条第 3 款寻求救济。因此，广播权相关法律规定所有人可以选择要求 100 万 ~500 万卢布的赔偿或侵犯广播权市场价值两倍的固定赔偿，而非仅仅要求损害赔偿。

该条实际上带有一定惩罚性赔偿的性质，其立法目的在于以高额的赔偿有效保护赛事直播权。

---

① 俄联邦《民法典》第 1250 条规定对知识产权予以保护，该条第 3 款规定，即使侵权人无过错，亦不免除其停止侵犯知识产权的责任。无论侵权人是否违法，也无论其停止侵犯知识产权行为的成本如何，均必须按照法院判决停止其侵犯知识产权的行为。

(四)俄联邦《刑法典》(Уголовный кодекс Российской Федерации)(第 63 – ФЗ 号法律)

1. 教练员或其他人指使、纵容使用兴奋剂的刑事责任

俄罗斯刑法并未直接规定对非法使用兴奋剂行为的处罚。但在罗德琴科夫事件[①]中,2016 年 6 月,俄联邦调查委员会根据俄联邦《刑法典》第 201 条"滥用权力"的罪名对其提出刑事指控。

俄联邦《刑法典》第 201 条规定,在商业或其他组织中执行管理职能的人使用其权力违背该组织的合法利益,为自己或他人谋取利益或损害他人,如果该行为导致受法律保护的公民或组织的权利和合法利益或社会或国家的利益重大损害,则构成犯罪。

可见,俄联邦《刑法典》虽不直接打击使用兴奋剂的运动员,但对于组织、策划、纵容甚至帮助运动员服用兴奋剂的教练员和官员,将可能被指控滥用权力。这种处罚方式与我国《刑法修正案(十一)》的规定[②]相

① 2014 年 12 月 3 日,德国电视频道 ARD 播放纪录片《禁药密档:俄罗斯如何制造出它的冠军们》(Secret Doping Dossier: How Russia Produces its Winners)。片中,俄罗斯田径运动员尤利娅·斯捷潘诺娃及其丈夫,前俄罗斯反兴奋剂机构(RUSADA)工作人员维塔利·斯捷潘诺夫曝光了俄罗斯田径界长期使用兴奋剂的情况。世界反兴奋剂机构(WADA)随即专门成立了一个独立调查委员会,针对俄罗斯兴奋剂问题展开调查。2015 年 11 月 9 日,WADA 公布调查报告,证实俄罗斯田径界存在大规模、系统性使用兴奋剂的问题,而且这些丑闻是在俄反兴奋剂机构知情的情况下发生的,得到了国家层面的保护和支持。2015 年 11 月 14 日,国际田联(IAAF)对俄罗斯田联做出暂时终止其会员资格的处罚。2015 年 11 月,WADA 独立调查委员会公布的一份调查报告显示,2014 年 12 月,在 WADA 独立调查委员会抵达俄罗斯的前 3 天,按照莫斯科反兴奋剂实验室主任格里戈里·罗德琴科夫的要求,1400 多份含兴奋剂的尿检样本被销毁。2016 年 6 月 18 日,俄罗斯调查委员会根据俄联邦《刑法典》第 201 条对罗德琴科夫提起刑事诉讼,控告其"滥用职权"。随后,调查委员会表示,罗德琴科夫很可能不仅是执行者,更是兴奋剂丑闻的策划者和组织者。2016 年 11 月 30 日,俄罗斯调查委员会副主席伊利亚·拉祖多夫宣布,在调查过程中有事实证明,罗德琴科夫长期滥用职权,怂恿运动员服用兴奋剂,为自己谋取物质利益。

② 2020 年 12 月 26 日,我国第十三届全国人大常委会第二十四次会议表决通过《刑法修正案(十一)》,增设了与兴奋剂有关的罪名。我国修改后的《刑法》第 355 条之一规定:引诱、教唆、欺骗运动员使用兴奋剂参加国内、国际重大体育竞赛,或者明知运动员参加上述竞赛而向其提供兴奋剂,情节严重的,处 3 年以下有期徒刑或者拘役,并处罚金。组织、强迫运动员使用兴奋剂参加国内、国际重大体育竞赛的,依照前款的规定从重处罚。

似,即不直接处罚服用兴奋剂的运动员,而处罚与之相关的教练员和官员。

2. 运动员比赛中造成损害的刑事责任。

俄联邦《刑法典》虽未直接规定运动员在比赛中造成他人人身、财产损害的刑事责任,但根据俄联邦《刑法典》的立法原则和俄联邦法院的相关判决所确立的原则,如果运动员在比赛中的唯一动机是损害他人人身和财产,而非赢得比赛,则该运动员将要承担刑事责任。

(五)俄联邦《劳动法典》(Трудовой кодекс Российской Федерации (ТК РФ))(第 197 – ФЗ 号法律)

俄联邦独立以来,长期沿用 1977 年的苏联《劳动法典》。2001 年,俄联邦议会通过俄联邦《劳动法典》,并于 2002 年生效。

与我国 1995 年颁布的《体育法》试图将竞技体育中产生的劳动纠纷交由体育仲裁机构调解、仲裁,并排除法院的管辖不同,[①]俄联邦《劳动法典》明确将竞技体育中产生的劳动纠纷纳入管辖范围,并视为普通劳动法律关系,明确规定,以参加体育比赛为职业的人(职业运动员)和以指导、训练运动员为职业的人(教练员),两者与雇主间的劳动关系属于俄联邦《劳动法典》管辖。

---

① 我国 1995 年颁布的《体育法》第 33 条第 1 款规定:"在竞技体育活动中发生纠纷,由体育仲裁机构负责调解、仲裁。"这导致法院对竞技体育中发生的劳动纠纷是否属《劳动法》管辖,是否能提起诉讼,态度不明确。(2020)辽 01 民再 157 号民事裁定书认为,于某(原审原告)与东进俱乐部(原审被告)签订的工作合同就争议解决方式明确约定向中国足球协会仲裁委员会申请仲裁,即双方就争议解决方式达成了仲裁协议,排除了人民法院对争议的管辖权。该协议符合 2016 年《体育法》第 32 条"竞技体育活动中发生纠纷,由体育仲裁机构负责调解、仲裁"的规定。于某对工作合同中约定的争议解决条款明知且表示认可,并按该约定曾就双方之前的争议向中国足球协会仲裁委员会申请了仲裁。根据 2017 年《民事诉讼法》第 127 条第 2 项"依照法律规定,双方当事人达成书面仲裁协议申请仲裁、不得向人民法院起诉的,告知原告向仲裁机构申请仲裁"的规定,该案于某的起诉不属于人民法院受理民事诉讼的范围。但(2021)辽 01 民终 6160 号、(2021)辽 01 民终 6165 号、(2021)辽 01 民终 6159 号等民事裁定书推翻(2020)辽 01 民再 157 号民事裁定书的观点,认为竞技体育中产生的劳动合同纠纷,与一般劳动合同纠纷无异,法院有管辖权。2022 年 6 月修订的《体育法》第 92 条第 2 项规定,《劳动争议调解仲裁法》规定的劳动争议,不属于体育仲裁范围。

1. 俄联邦《劳动法典》第348.1～348.12条

俄联邦《劳动法典》第348.1～348.12条明确将运动员、教练员视为雇员，将俱乐部视为雇主，明确双方之间形成劳动关系，受俄联邦《劳动法典》管辖，并对运动员、教练员给予特殊劳动保护。

（1）俄联邦《劳动法典》第348.1条。该条为一般性规定，规定运动员、教练员与俱乐部之间的劳动关系属于俄联邦《劳动法典》管辖，并明确他们之间的劳动合同依照该法第252条处理。[①]

（2）俄联邦《劳动法典》第348.2条。该条对运动员劳动合同中必须包含的权利义务条款作了特别规定，如运动员有义务在雇主指示下训练和参加比赛；运动员不得服用兴奋剂，并必须接受全俄反兴奋剂条例的约束；雇主必须为运动员购买保险、必须对运动员进行体育法律法规等方面的培训等。

该条同时还规定了雇主在反兴奋剂方面的义务。尤其值得注意的是，该条还要求雇主与教练员之间的劳动合同中，必须包含教练采取措施以防止运动员服用兴奋剂的条款。以上内容显示出俄联邦在打击非法使用兴奋剂方面的决心。

（3）俄联邦《劳动法典》第348.11条和第348.12条。这两条涉及雇主解除与运动员、教练员之间劳动合同的情形，规定运动员可以单方面解除劳动合同，但须向雇主支付劳动合同中规定的特别补偿。如果合同中未规定赔偿金额，则由相关体育管理机构根据雇主的索赔确定。除了通常可以解除劳动合同的情况外，还特别规定如果运动员违反全俄反兴奋剂规则或俄联邦批准的国际反兴奋剂规则，则雇主有权终止劳动合同。

此外，该条还对运动员临时转会、停赛时期的工资、未成年运动员和女运动员的特殊劳动保护、运动员运动损伤、伤病的补偿等方面作出了具体规定。

---

① 俄联邦《劳动法典》第252条规定，涉及工作性质及条件、劳动者心理、生理条件等内容，可以由集体劳动合同或者地方性法规规定，但涉及限制雇员权利和保障条件、增加雇员纪律和物质责任等条款，其有效性只能依据俄联邦《劳动法典》确定。

2. 对运动员就业年龄的特殊规定

根据第63条的规定，俄联邦最低劳动年龄为16周岁，但允许在监护人或监护机构同意且工作量较轻的前提下，与已满14周岁，未满16周岁的未成年人签订劳动合同。特殊情况下，马戏、体育、戏剧等行业，在不影响未成年人成长的前提下，监护人或监护机构可代表未成年人与雇主签订劳动合同。

（六）反兴奋剂法律体系

俄联邦高度重视体育领域滥用兴奋剂问题，出台了一系列旨在严厉打击非法使用兴奋剂的法律法规。目前，俄联邦业已建立多层次、多体系，由国内法和俄联邦批准加入的国际公约组成的反兴奋剂法律体系。

1. 俄联邦法律、俄罗斯政府的补充规定和各体育组织的规章制度和政策，主要包括《全俄反兴奋剂规则》（the All Russia Anti-Doping Rules）；刑法、劳动法、行政违法行为法中涉及对非法使用兴奋剂行为进行处罚的条款；

2. 俄联邦政府、体育部和其他联邦部和主管当局委发布的，涉及反兴奋剂问题的命令、法令和条例；

3. 俄罗斯反兴奋剂机构颁布的具体规章制度；

4. 俄联邦批准并加入的国际反兴奋剂公约，如联合国教科文组织《体育兴奋剂国际公约》（the UNESCO International Convention against Doping in Sport）、欧洲委员会《反兴奋剂公约》（Council of Europe Anti-Doping Convention）等。

以上相互关联的反兴奋剂法律法规构成了俄罗斯的反兴奋剂法律监管框架。

（七）《教育法》（Об образовании в Российской Федерации）（第273－ФЗ号法律）

俄联邦重视学校体育。与我国《体育法》明确将体育划分为学校体育、社会体育和竞技体育，并规定学校体育的原则和基本制度不同，俄联邦《体育运动法》并未对学校体育给予过多关注，而是在《教育法》中规定了学校体育相关内容。

1. 第 5 条规定，体育属于受教育权的一部分，该条第 5 款规定，为实现人人受到教育的权利，俄联邦国家权力机关和地方权力机关应向在教育和研究活动、科学、体育和体育方面表现出杰出的技术和艺术创造力的人提供援助。

2. 第 34 条“学生的基本权利及其社会支持和激励措施”中，规定学生有“按照地方法规制定的程序使用教育机构的医疗和娱乐基础设施、文化和体育设施”的权利，国家有“发展学生的创造能力和兴趣，包括参加比赛、奥林匹克竞赛、展览、游行、体育赛事、体育赛事，包括官方体育比赛和其他公共活动”和“鼓励在教育、体育、体育、公共、科学、科技、创造性、实验和创新活动中取得成功”的义务。

3. 第 27 条规定教育机构内应设置体育俱乐部、学生体育俱乐部和学校体育俱乐部。

4. 第 84 条规定了实施学校体育的指导思想和具体要求，要求在基础普通教育（相当于我国小学阶段）、中等普通教育（相当于我国初、高中阶段）、专业体育教育和通识教育中开设体育课程，并对体育领域其他通识课程的要求作了具体阐述。

《教育法》还对学校体育的其他方面作了规定，如第 41 条“学生的健康保护”中就要求“组织学生从事体育运动，以预防疾病，并创造改善健康的条件”等。

总体而言，俄联邦学校体育相关法律与我国相关规定并无本质差异。

（八）《全俄奥林匹克委员会法》（О Всероссийском Олимпийском комитете）

1992 年 6 月，为进一步理顺苏联解体后俄联邦体育管理关系，也为贯彻执行同年 1 月颁布的“为参加 1992 年巴塞罗那奥运会做准备”的总统令，当时的俄联邦总统叶利钦签署该法案。该法案授予俄奥委会极大的管理权限,主要内容包括:将俄联邦体育联合会和其他公共体育组织的体育管理权力移交俄联邦奥委会;将俄联邦体育联合会和其他公共体育组织使用俄罗斯或俄联邦称号的批准权和使用权转授予俄奥委会;建议俄联邦地方当局给予俄奥委会的活动以全方面的支持;俄外交部授权俄奥委会以制作旅行证件的权力。

可见,俄奥委会被授予极大的权力,可以管理俄联邦境内所有的体育事务,对外代表俄联邦行使体育职权,尤其是被授予签发旅行证件的权力,这在其他国家奥委会职权中是从未有过的。

(九)俄联邦《体育教育和运动的管理机制法》

该法于1992年通过,在1993年《体育立法原则》生效之前起到一定的过渡作用。

(十)其他法律中涉及体育运动的条款

1.《税法》(Налоговый кодекс Российской Федерации)(第146－ФЗ号法律)

《税法》给予运动员、体育组织及其雇员在税收方面的特殊优惠,以鼓励体育事业的发展。该法第217条规定了可以免受个人所得税的情形,其中第3款规定,"运动员、体育组织和体育组织的雇员为训练和参加体育比赛而收到的食品、运动器材、设备、运动和着装制服的费用,以及体育裁判参加体育比赛的费用"属于法定免征个税的情形。

2.《健康保护法》(Об основах охраны здоровья граждан в Российской Федерации)(第323－ФЗ号法律)

该法规定了公民有为了保持身体健康而进行体育锻炼的权利。

三、体育管理体制

俄联邦的体育管理体制继承自苏联,苏联《体育法草案》基本奠定了当前俄联邦体育管理体制和模式。目前俄联邦体育管理体制实际上实行的是"双轨制",即国家机构管理和体育组织管理并行模式。国家机构,如俄联邦总统和俄罗斯总统体育委员会、俄联邦会议、中央政府、体育部、俄联邦体育运动委员会等,依据宪法和法律的授权,依法履行体育管理职责;而体育组织,如俄联邦奥委会和俄联邦体育联合会,则按照相应法律的授权,在体育自治的范围内对竞技体育和社会体育实行自治性管理。

俄联邦对职业体育采取分层管理模式,由政府部门管理和体育组织管理组成。联邦体育管理体系的结构可以自上而下分为5个层级:总统、联邦政府、联邦体育部、联邦主体和地方自治体。

根据俄联邦《体育法典》的规定,俄联邦管理职业体育职责由政府部门和体育组织共同承担。其中,涉及法律、组织、经济和社会等内容的体育事务,由俄罗斯体育部、其他联邦部委和主管当局负责管理;对于具体体育事务,则由相关单项体育组织,如全俄体育联合会、俄联邦奥委会等组织负责管理。

1992年俄联邦先后制定了《全俄奥林匹克委员会法》和俄联邦《体育教育和运动管理机制法》,这两部法律奠定了俄联邦的体育管理体制。

目前,履行体育管理职能的政府部门主要有以下几个。

(一)俄联邦总统、俄罗斯总统体育委员会

俄联邦实行以总统制为核心的三权分立政治体制。理论上总统是俄联邦体育政策的决定者和体育事务的最高管理者。根据俄联邦《宪法》,俄联邦总统作为国家元首和武装力量统帅,拥有极大的权力。总统有权决定国家的重大事务并任免政府各部官员,组建政府和解散政府,解散国家杜马,裁决选举争议等一系列重大事项。俄联邦《宪法》第4条规定,为了维持国家体制的正常运行,总统有权采取相应的措施维持联邦主权、独立及国家完整,并通过国家权力机关的相互配合来实现。

俄联邦独立初期,作为政府管理部门的俄罗斯国家体育委员会和作为社会体育管理部门的俄联邦奥委会之间冲突不断,导致当时俄联邦体育管理体制几乎陷入瘫痪。为确保俄联邦体育管理体制能够健康运行,发挥俄联邦《宪法》授予总统的协调权力,设立了总统体育委员会。

为更好履行管理职责,总统体育委员会下设5个部际协调委员会,分别为大众体育与民族体育委员会、高水平竞技运动委员会、自适应体育委员会、组织申办和举办国际体育赛事委员会和部际监督委员会。总统体育委员会还设置工作部,负责咨询和体育科研工作。

总统体育委员会的主要职责是:指导和协调社会体育与竞技体育的发展;领导和协调举办大型国际赛事(包括奥运会)的对策和具体实施计划、方案,并提出建议。

经过将近20年的发展,总统体育委员会目前已成为实质上俄联邦体育管理机构的最高领导机关,是俄联邦总统指导俄联邦中央政府管理体育事务的协调和决策机构,有效解决了俄联邦体育管理机构之间责权不明、互相制约的局面。

(二)俄联邦会议

联邦会议是俄联邦的立法机关,在体育管理体制内,扮演审查者的角色。其主要职责是,作为立法机关,根据俄联邦《宪法》和《体育法典》,审查总统制定(实际制定者往往是总统体育委员会)的体育政策是否合法。

(三)俄联邦中央政府

俄联邦中央政府领导体育部及其他与体育相关的部门,并依俄联邦《宪法》之规定,直接向总统负责。根据《体育法典》的规定,中央政府主要有以下职责:(1)制定和实施体育政策、批准和实施体育发展计划;(2)保障和促进俄联邦竞技体育的发展;(3)资助体育运动、培养竞技体育后备人才;(4)推广实施全民健身和青少年体育。但对于商业体育活动,俄联邦中央政府的态度是放任自流。

(四)体育部

体育部是俄联邦体育管理体系中的重要实施中枢,是专职体育管理的政府机构。[①] 其主要职能是:参与制定和落实俄联邦体育政策,落实联邦体育发展纲要,管理国有体育资产,协调处理体育相关事务,参与组织和主办俄联邦国内大型体育赛事,组织俄联邦奥运代表队和国家队的培训和参赛,组织体育科研,管理俄联邦体育组织,为非商业体育组织提供一定资助等。

(五)俄联邦体育委员会

1992 年 12 月,俄联邦政府决定设立俄联邦体育委员会(Комитет РФ по физической культуре),该委员会为联邦执行机构中管理体育运动的机关。该委员会之后若干年内经历了几次改名:俄联邦青年、体育和旅游事务委员会;俄联邦体育和旅游委员会(Комитет физкультуры и туризма РФ)。1995 年 4 月最终改组为国家体育和旅游委员会(Государственный комитет физкультуры и туризма,ГКФТ)。目前,该委员会在 89 个俄联邦主体中设有地方分支机构,与其他中央和地方体育管理机构的上下级关系不同,该委员会与地方分支机构的关系是建立在合同基础上的。目前,该委员会已与 70 个联邦主体就体育运动方面的合作签订了合同,与 79 个联邦主体就旅游方面的合作签订了合同,与 4 个联邦主体就疗养方面的合作签订了合同。

(六)其他具有管理职能的全国性体育组织

目前俄联邦全国性质的,具有体育管理职能的体育组织主要是俄联邦奥委会(Олимпийский комитет России,ОКР)。

俄联邦奥委会是非政府组织,同时是国际奥委会的成员之一,其宗旨是全面发展和加强俄联邦奥林匹克运动,并与国际奥林匹克运动开展合

---

① 俄联邦独立以来,主管体育的机构多次变更和更名。按照时间顺序,分别为俄联邦奥林匹克运动促进委员会(1992 年 1 月至 6 月);俄联邦青年、体育和旅游事务委员会(1994 年 1 月至 5 月);俄联邦体育和旅游国家委员会(1994 年 7 月至 1999 年 5 月);俄罗斯体育和旅游署(2004 年 11 月至 2008 年 5 月);体育、旅游和青年部(2008 年 5 月至 2012 年 5 月);体育部(2012 年 5 月至今)。从俄联邦体育主管机构的多次变化来看,在 2012 年成立体育部之前,当时的体育管理体制十分混乱。

作。俄联邦奥委会权力的法律基础是 1992 年 6 月通过的《全俄奥林匹克委员会法》。该法规定,俄联邦奥委会在俄联邦总统的授权下,管理各单项体育联合会和其他体育组织负责加强与各体育组织间的合作,以发展并提高俄联邦国家竞技体育的水平。与俄联邦其他体育组织不同,俄联邦奥委会不设基层组织,只下设 87 个体育项目联合会。

四、体育政策

自苏联解体至 20 世纪末,俄联邦处于经济、政治恢复期,社会局势较为动荡,俄联邦政府无暇顾及体育发展。在这段时间内,俄联邦实际上并无一个明确的体育政策目标,也未出台任何较有影响力的体育政策。受到叶利钦政府"西方化""自由化"观念的影响,俄联邦对于体育采取完全放任的态度,表现体育管理上,授权俄联邦奥委会等体育团体"自我管理";规定俄联邦体育管理的原则是"分权化"和"自由化"。尽管这期间叶利钦政府也试图加强政府各部门协调和合作,以扭转俄联邦体育运动水平的下滑,但收效甚微。总体而言,苏联解体后的近 10 年,俄联邦体育运动水平逐年下降。

进入 21 世纪,俄联邦经济、政治形势逐步改善,俄联邦政府认识到加大体育投入和政策扶植对于提高体育水平的意义,开始加大对体育的投入,并指定政策促进体育的发展。总体而言,俄联邦的体育政策着眼于恢复苏联时期体育强国地位,加强国家对体育的管理力度,并从过去过分偏重竞技体育的发展方针调整为竞技体育与社会体育并重的发展方针。

在"新俄罗斯思想"引领下,俄罗斯在 2000 ~ 2020 年制定了一系列体育政策,有效提升了俄联邦体育管理效率和体育水平。俄联邦体育发展的目标是:"保护和巩固人们的身心健康,发展民间和民族体育教养制度,宣传体育、运动和健康方式等。"①

俄联邦制定体育政策的目标是:(1)体育管理制度方面,以强国思想

① 邱凌云:《俄罗斯体育史》,人民体育出版社 2019 年版,第 171 页。

和国家主义为核心,探索具有俄罗斯特色,有利于体育组织和体育管理的制度体系,形成在体育管理机构的领导下,国家与社会共同管理体育的局面;(2)不再追求竞技体育的畸形发展,建立竞技体育、学校体育和社会体育和谐发展的新模式。在此目标的指导下,俄联邦通过一系列体育政策,以提升和发展体育水平。

(一)体育政策探索阶段(2000~2005年)

1.青少年儿童和青年体育教养和健康纲要(2002~2005年)

2002年,俄联邦体育部、青少年部和健康部一起制定了《青少年儿童和青年体育教养和健康纲要(2002~2005年)》(以下简称《青少年体育健康纲要》),《青少年体育健康纲要》指出,应重视青少年体育工作,明确青少年体育的发展目标。

2.提高体育在形成俄罗斯人健康生活方式中的作用

2002年,俄联邦会议通过《关于提高体育在形成俄罗斯人健康生活方式中的作用》(以下简称《提高健康生活作用》)。《提高健康生活作用》在客观分析俄联邦体育发展现状的基础上,提出复兴俄联邦体育水平的一系列措施,包括管理制度、法律支持、资金来源等方面内容。《提高健康生活作用》重视社会体育的发展,认为"社会体育是竞技体育的基础","复兴社会体育和大众体育文化"具有重要意义。《提高健康生活作用》同样对学校体育给予一定重视。

3.《2005年前体育运动发展构想》

2003年,俄联邦政府制定《2005年前体育运动发展构想》(以下简称《2005年前体育构想》),《2005年前体育构想》对《提高健康生活作用》所规划的目标制定了详细的实施路径。《2005年前体育构想》对体育法律法规的制定、体育基础设施建设、高水平运动员的培养、社会体育和学校体育的开展方式等作具体规定。在《2005年前体育构想》的推动下,俄联邦体育法规制定、体育基础设施建设、各类型体育开展工作开始飞速发展。

4.《2003～2005 年社会经济中期规划》

2003 年 8 月,俄联邦政府制定《2003～2005 年社会经济中期规划》(以下简称《2003～2005 年经济规划》),指出俄联邦当前体育面临的突出问题是需要解决体育基础设施不足、发展社会体育、培养体育后备人才,以提高俄联邦竞技体育水平。实际上,《2003～2005 年经济规划》中提出的体育规划目标是对《2005 年前体育构想》和《提高健康生活作用》的回应,将两者所提出的目标正式写进了政府规划中。

以上政策的出台,显示俄联邦政府在新世纪努力探索既不同于苏联模式,又与西方模式保持一定差距的,具有俄罗斯特色、符合俄罗斯国情的体育发展战略,力图从偏重竞技体育转向追求各类体育均衡和谐发展,其核心思想是建立起政府、市场和全社会共同参与的"举国体制",以在短时期内迅速提高俄联邦体育运动水平。

虽然俄联邦政府正在努力探索,摆脱苏联模式的影响,但是仍不能摆脱政府主导、"举国体制"、专注竞技体育的窠臼。《提高健康生活作用》颁布后,为贯彻实施,俄联邦政府迅速成立了由总统直接领导的体育委员会。体育委员会设立的初衷是协调联邦政府具有体育管理职能的各部门之间的工作,属于协调和咨询机构。首先,近年来随着俄联邦总统权力的不断扩张,体育委员会的权力也随之扩展,目前体育委员会已经成为管理俄联邦体育实质上的最高机关;其次,《2005 年前体育构想》提出建立一个政府、市场和全社会共同参与的体育运动"举国体制"的设想;最后,《2003～2005 年经济规划》提出的规划目标,实际上是以提升社会体育和学校体育水平为手段,最终达到提高俄联邦运动员在国际比赛中,尤其是奥运赛场上竞技体育水平的目的。可见,2000～2005 年的体育政策,在一定程度上仍未摆脱苏联模式的影响。

(二)政策成熟阶段(2006 年至今)

经过 2000～2005 年的探索,俄联邦从 2006 年开始陆续制定一系列有针对性且符合俄联邦基本国情的体育政策,有力促进了俄联邦体育运动水平的提高。

1. 俄联邦《2006～2015年体育运动发展专项纲要》

2006年,俄联邦体育、运动与旅游署制定了俄联邦《2006～2015年体育运动发展专项纲要》(以下简称《体育发展纲要》)。《体育发展纲要》对俄联邦2006～2015年的体育发展目标做了规划,提出在2006～2015年,俄联邦体育政策应围绕体育基础设施建设和社会体育,尤其是青少年体育的发展而展开。

为实现以上政策制定的目标,俄联邦投入约1066亿卢布①,修建包括联邦体育中心、现代化单项体育项目运动中心、体育培训基地、反兴奋剂中心在内的大型体育设施,除此之外,还修建了大量学校体育和社会体育设施。从经费分配来看,绝大多数资金用于社会体育;从新建的体育基础设施分布来看,绝大部分位于学校和社区内。

在资金使用方面,俄联邦政府根据《体育发展纲要》的政策,采用调拨专项资金加以扶持,即联邦政府体育部下拨给地方部分体育专项拨款,地方政府相应提供部分资金支持,地方政府和中央政府联合建设,建成的体育基础设施的所有权归地方政府所有。《体育发展纲要》也未忽视竞技体育的发展,提出俄联邦运动员在奥运项目的国际比赛中进入前八名的人数应占参赛人数的36%。

2. 俄联邦《2020年前体育发展战略》

俄联邦《2020年前体育发展战略》(以下简称《2020年前体育战略》)是为了顺应俄联邦《2020年前社会经济发展战略》而于2009年8月制定的,集中体现了俄联邦2009～2020年的体育政策。

《2020年前体育战略》总结了《体育发展纲要》的实施经验,其政策的针对性和适应性大大加强,实施重点是大力宣传健康生活方式,提高社会

---

① 为配合《体育发展纲要》的实施,俄联邦《2007年联邦预算法》大幅增加了体育方面的预算。资金主要来自于联邦财政预算、地方财政预算和预算外的支出3个部分,占需要的资金96%。其中,联邦财政预算承担约973.6亿卢布;地方财政预算承担约555.7亿卢布;预算外支出约63.2亿卢布。

体育和竞技体育水平,解决体育基础设施不足的问题。俄联邦政府计划投入高达3000亿卢布的资金以保障该战略的顺利实施。

该战略的主要内容是:

(1)提倡健康的生活方式,大力发展社会体育。

苏联解体后,由于社会经济环境的恶化和不良生活方式的侵袭,俄联邦青少年健康状况不断恶化,只有约14%的毕业生达到健康标准,近半数预备役人员无法达到军队体能最低标准,绝大多数俄联邦公民没有体育锻炼的习惯。

为解决以上问题,《2020年前体育战略》提出建立俄联邦国民体育教育新体系,以提倡体育运动健康生活方式的目标,并计划分两个阶段提高俄联邦公民参加体育锻炼的人口比例。同时,《2020年前体育战略》还提出以下战略:制定适应不同人群的锻炼标准;建立社区小型体育俱乐部;发挥体育组织在促进社会体育发展方面的作用;举办各类国际体育赛事,弘扬奥林匹克精神。

(2)加强体育基础设施建设。

苏联解体后,俄联邦经济发展水平长期徘徊在低速增长阶段,尤其是整个20世纪90年代,俄联邦GDP相比苏联时期下降近40%。俄联邦面临经济危机,根本无暇顾及体育基础设施的维护乃至更新,大量体育场馆得不到维护处于报废边缘,无法承担正常的体育活动。体育基础设施的不足进一步拖累俄联邦体育水平的进步。之后虽然经过2006~2015年的建设,但其体育基础设施仍显不足。

为提高俄联邦体育基础设施建设水平,俄联邦除投入大量资金新建和维护体育场馆之外,还指定多项政策实施细则,推进建设水平,包括科学制定体育场馆建设计划,制定相关国家标准;要求全国体育基础设施进行登记,提高利用率;将体育场馆的建设、使用情况与地方政府绩效挂钩等。

(3)支持竞技体育发展、增加体育投入。

《2020年前体育战略》提出竞技体育发展的战略目标:以提高俄联邦竞技体育水平、增强在国际比赛中的竞争力为中心,完善高水平运动员和后备力量培养体系;落实运动员、教练员社会保障措施;进一步加强体育国际交流。具体战略目标是:在索契冬奥会和喀山大运会上排名第一;俄联邦运动员全部接受反兴奋剂检测;增加俄罗斯派驻国际体育组织的代表人数;将接受冬季项目训练的人数增加到43万人;有2/5的6~15岁儿童参加专业体育训练。为实现以上战略目标,《2020年前体育战略》提出以下举措:提高训练水平和运动医疗保障水平;建立运动培训体系;探索建立运动员医疗保险制度;发展大学生体育运动,将全俄大学生夏季、冬季运动会制度化;建立少儿体育培训和后备力量储备制度。

除以上写入文件中的措施外,俄联邦政府还拿出巨额资金奖励获奖的运动员、运动队,鼓励个人和企业积极赞助、奖励俄联邦运动员、运动队。俄联邦政府为2008年北京奥运会投入高达5亿美元奖金,为2010年温哥华冬奥会投入2700万美元奖金。在政府的鼓励下,俄联邦企业和个人也纷纷拿出巨额资金奖励运动员和运动队。

除以上两个政策性文件外,《2006~2008年俄联邦社会经济中长期发展纲要》、俄联邦体育部制定的《2016~2019年体育运动计划》和《2019~2024年体育运动计划》也提出类似的体育政策和实施方案。

以上俄联邦颁布的体育政策,有效地遏制了苏联解体后俄联邦体育水平大规模下滑的趋势,很大程度上提高了俄联邦体育运动水平,尤其是竞技体育水平。但俄联邦经济发展不稳定,波动较大,俄联邦体育运动水平的发展仍面临较大不确定因素。

五、总结

苏联(俄罗斯)的体育法制,受历史因素影响较大,以苏联的建立和解体,可以明显分为两个阶段,且前后差异极大,其主要特点如下所述。

(一)苏联时期,在人类历史上首次制定了完全体现人民意志的体育法制

尽管体育法制的发展历史源远流长,但在苏联建立之前,历史上所有

的体育法制均为占人口少数的统治阶级意志的体现,其根本目的是维护本阶级的统治,而非真正发展体育事业,促进人民身体健康。如古罗马时期制定的《关于剧院的罗西亚法》(Lex Roscia theatralis)和《乌尔索殖民地法》(Lex Ursonensis)规定要把特定座位留给特权阶层;《学说汇纂》也曾记载,只有天生自由的人才能参加公开比赛。英国都铎王朝国王亨利八世、斯图亚特王朝国王詹姆士一世、二世都曾下令禁止平民参与只能由贵族参加的体育运动,这表明统治阶级将体育法制作为维护等级差异的工具。即使20世纪初,英、美、德等国在"福利国家"的口号下制定一系列客观上促进社会体育发展的法律,其目的也在于缓和阶级矛盾。

苏联《宪法》对体育的重视程度远超其他国家宪法,如该法第24条规定国家有促进群众体育发展的义务;第41条规定苏联公民享有体育保健的权利;第42条规定国家有义务建设健身机构网等具体规定,体现了苏联对发展全民体育和人民身体健康的重视。

苏联时期实行的劳卫制更是以广大人民身体健康福祉为根本出发点,其覆盖面之广,持续时间之长为历史所罕见。

(二)过分强调竞技体育

无论是苏联时期,还是俄联邦时期,均将竞技体育视为体现国家综合实力的工具,对整个体育事业造成了极大的伤害。在此思想指导下,大量资金和资源过分向竞技体育倾斜,导致苏联时期社会体育和学校体育长期得不到应有的发展,苏联体育发展呈竞技体育一家独大的"畸形"状态。

俄联邦时期经济下滑,为了维持其体育强国形象,俄联邦更是将竞技体育列为优先发展的目标,为此不惜牺牲社会体育和学校体育的发展,盲目追求运动成绩,甚至出现兴奋剂丑闻。

(三)高度集中的体育管理体制

苏联时期和俄联邦时期,均采用高度集中的体育管理。与西方各国以体育协会自治为主、政府不过多干涉,较松散的体育管理体制不同,无论是“二战”前设置的苏联政府全苏体育委员会、全苏体育运动事务委员会,还是“二战”后设置的苏联国家体委,均体现苏联政府建立高度集中的体育管理体制的意图。即使在俄联邦时代实行“双轨制”体育管理制度的背景下,总统体育委员会也是实质上的最高体育管理机构,拥有较大的管理权限。

08

第八章

日本体育法律史

第一节　日本法制史简述

日本形成统一国家的历史较晚，直至公元5世纪，奴隶制的"大和"国家才基本统一日本。公元604年，圣德太子颁布《宪法十七条》，建立了天皇专制统治的政治格局。公元645年，大和国发生政变，孝德天皇即位，并迁都大阪。第二年，孝德天皇颁布诏书，效仿唐朝进行改革，史称"大化革新"。大化革新之后，日本确立了以天皇为统治集团中心的封建统治制度。自此直到1868年明治维新，日本始终处于封建时期。

一、封建时期

(一)封建法制形成阶段(公元645～公元1192年)

这一阶段从大化革新开始，至镰仓幕府建立为止。这一时期，日本模仿中国隋唐时期的法律制度，以律、令、格、式为形式编纂日本自己的法典。其中最典型的法典是《大宝律令》。

《大宝律令》于公元701年编纂完成，是日本历史上第一部成文法典。该法典模仿唐朝《永徽律》，分为“律”“令”两部分，共11卷。公元718年，在《大宝律令》的基础上，结合日本的实际情况，效仿唐律，日本又颁布《养老律令》。公元833年，仁明天皇颁布的类似法律注释汇编性质的《令义律》同样具有正式的法律效力。

随着日本法制的发展，公元9世纪，日本又制定了《弘仁格式》《贞观格式》《延喜格式》等成文法，格、式开始取代律、令成为日本法律的主要形式。

这一时期的日本法中尚无涉及体育运动的条文。

（二）封建法制发展时期（公元1192～公元1603年）

公元1192年，镰仓幕府成立，这标志着天皇不再是日本的实际统治者，日本历史开始进入“幕府”统治时期，以武士阶层为统治基础的幕府政权成为日本实际的统治者。这一时期，日本法制继续发展，并展现出自己的特点。

幕府时期的日本社会类似西欧中世纪，处于封建割据状态，幕府作为实力强大的诸侯（日本称“大名”），是其他诸侯的实际最高统治者。幕府政权颁布了一系列旨在调整武士阶层与幕府之间关系的法律，称为“武家法”，而各封建诸侯庄园内施行所谓的“庄园法”。这一时期，天皇及其朝廷并未消亡，还是名义上的最高统治者，往往也颁布一些法律，称为“公家法”①。由此形成了武家法、庄园法、公家法三足鼎立的特殊局面。

1232年颁布的《御成败式目》是武家法的代表性法典。该法典以案例为基础，参考《养老律令》编纂而成。

（三）封建法制确立时期（公元1603～公元1868年）

1603年，德川家康在江户（今东京）建立日本历史上最后一个幕

---

① 公家法（くげほう）。“公家”指代天皇及其朝廷，后来也指代天皇和朝廷工作的贵族和高级官员。与“公家”对应的为“武家”，指代幕府政权及各地封建大名和武士阶层。

府——德川幕府。德川幕府打破了武家法、庄园法、公家法三足鼎立的局面，以幕府法和各藩[1]的法律取而代之。德川幕府的统治一直持续到1868年明治维新为止。

日本封建时期法制的特点：

1.深受中国法律影响，尤其是隋唐时期法律的影响。日本封建时代早期制定的成文法明显受到隋唐法律的影响，在体例和具体内容上模仿隋唐时期的法律。

2.诸法合体、刑民不分。与中国封建法类似，日本封建法也以公法，尤其是刑法为主，私法部分的内容相对较少，成文法典混合了公法、私法乃至部分行政法的内容。

3.公开维护封建等级制度。封建法制形成时期的法律，主要是维护天皇及其朝廷的封建统治秩序，而进入幕府时期之后的法律旨在维护以幕府为核心的武士阶层的封建统治，以及幕府政权对全国各地封建大名的控制。

二、明治维新时期

1868年，以日本西南地区的萨摩藩和长州藩为代表的"倒幕"势力推翻了德川幕府的统治，建立了以明治天皇为核心的资产阶级政权。明治政府随即推行一系列具有资产阶级性质的改革，称"明治维新"。明治维新的指导思想是"富国强兵、殖产兴业、文明开化"。

这一时期是日本近代法制的发展时期，可分为2个阶段。

（一）资本主义法制建立阶段（1868～1875年）

明治维新的一个重要方面便是学习西方资本主义制度，建立以天皇为核心的三权分立政治体制。为此，日本积极学习西方法制。司法体制方面，设立司法省和大审院；法律制定方面，先后制定《假刑律》《新律纲

---

① "藩"为德川幕府时期对诸侯国的称呼，"藩"的统治者称为"大名"，大名在本藩内部可以颁布法令，称为"藩法"。

领》《改定律例》等法规，基本建立了西方式的资本主义法律体系。

（二）资本主义法制确立阶段（1875～1889年）

19世纪70年代之后，日本先学习法国，后学习德国，开展一系列法典编纂工作，先后制定《刑法典》《民法典》等一系列基本法律。1889年，日本效仿1850年《普鲁士宪法》制定了《大日本帝国宪法》（“明治宪法”），这标志着日本法制近代化工作基本完成。

三、20世纪至“二战”结束前

20世纪以来，日本法制仍在不断发展。一方面，制定一些保障民生、促进资本主义发展的法律，如《商法典》《破产法》《信托法》等；另一方面，出台镇压革命、维护大地主大资产阶级专政的法律，如《治安维持法》《陪审法》等。

这一时期，日本法制的法西斯化十分严重，除“明治宪法”中维护军国主义的内容不断被强调以外，还出台了《国家总动员法》《思想犯保护观察法》《战时刑事特别法》等以维护军部法西斯统治、扩大侵略战争的法律。

四、“二战”之后

“二战”后，日本被置于盟军军事管制之下，由美军单独占领。在美国的监督之下，日本法制逐渐向和平、民主的方向发展，制定了《日本国宪法》《国会法》《内阁法》等一系列确立西式三权分立政治体制的法律。虽然其在法律制定上深受美国的影响，但是现代日本仍然是一个典型的大陆法系国家。

第二节　日本的体育立法与政策性文件

在“二战”结束前，日本尚无与体育运动相关的法律。直到“二战”

后，日本方才制定调整体育关系的法律。

日本战后体育法制的快速发展与日本体育产业高速发展密不可分。经过战后70多年的发展，日本已形成发达的体育赛事、体育营销和经纪、体育传媒和文化三大体育产业。

体育赛事产业方面，日本在战后举办了大量重要的国际赛事，如1964年和2021年的东京奥运会、1972年札幌冬奥会、1998年长野冬奥会以及2002年日韩世界杯。日本国内以职业棒球联赛(NPB)和职业足球联赛(J联赛)为代表的赛事也创造了相当可观的经济效益。

体育营销与经纪产业方面，国际奥委会公布的15个世界奥林匹克合作伙伴中，日本公司占据3席，仅次于美国。东京奥运会金牌合作伙伴全部为日本企业，官方合作伙伴和官方供应商几乎也都为日本企业，足见日本本土企业对体育营销的重视。

日本极为重视体育人才的对外输出。以足球为例，据2021年《足球报》的统计，日本足球留洋人数已达300余人，遍布世界六大洲。伴随人才输出的是高度发达的体育经纪产业，电通体育公司(DENTSU Sports)等体育经纪公司促进了日本体育经纪产业的国际化，在国际上彰显了日本体育经纪产业的发达。

体育传媒产业和文化方面，由J Sprots、Wowow和Sky PerfecTV等几家媒体商构成了日本体育付费电视市场；NHK联合其他4家地方电视台，斥资11亿美元与国际奥委会签订了日本国内的奥运转播协议，转播2018～2024年的奥运周期赛事。体育传媒为体育文化的发展奠定了坚实基础，如《灌篮高手》《足球小将》《排球女将》《乒乓》等成为日本国内外家喻户晓的优秀体育动漫作品，创造了客观的经济效益。

一、1946年《日本国宪法》

日本战败后在美国的主导下，制定了1946年《日本国宪法》(以下简称《宪法》)，该宪法的主要目的是在日本推行自由民主改革，其主要内容围绕天皇、国会的权力配置以及放弃战争的特别陈述展开，对公民的政治、经济和文化权利规定相对不全面,该宪法也被称为"和平宪法"。"体育"一词并未出现在《宪法》之中,但是,根据《宪法》序言重视人民福利的规定,以及正文第11条基本人权的规定,第12条保持自由的规定,第26条受教育的权利、义务的规定,可以推导出公民享有体育权的立法旨意。

随着《宪法》的实施,体育下位法逐渐完善,也印证了《宪法》保护公民体育权的解释论。1947年,日本相继颁布两部重要的与体育相关的法律,分别是《教育基本法》和《学校教育法》。这两部法律延续了《宪法》保障公民基本人权的思想,重点在于推广学校体育和体育教育,提升青少年和成年人的身体素质、体育习惯,"肩负着实现培养'全面发展''身心健康'国民目标的责任"①。从1946年《宪法》颁布到1961年《体育振兴法》颁布,这一时期的日本以发展学校体育和社会体育为核心,没有把竞技体育作为体育发展的重点,缺少促进竞技体育发展的法律。

二、1947年《教育基本法》和《学校教育法》

1947年所颁布的《教育基本法》和《学校教育法》,系按照1946年《宪法》规定的教育指导原则而颁布的法律,规定了日本教育最基本的目标和原则。其中,《学校教育法》又遵循《教育基本法》的原则,规定了日本学校教育制度。

《教育基本法》规定日本教育的目的是培养人格健全、身心健康的公民。其中第2~4条通过规定所有场合和机会实现教育的目的、教育机会均等和实行义务教育,从而规定了全体日本国民平等接受体育教育的权利。2006年该法被修改。

《学校教育法》则规定日本学校教育最基本的制度。其中第21条规定,为实现义务教育的目标,应"培养健康、安全、快乐生活所必需的习惯,通过运动锻炼体力,促进身心和谐发展"。第23条、第51条、第64条皆规定,各类学校应将学生身体健康列为教育的目标之一。

---

① 尹晓峰:《日本体育法规及政策制度的发展动向》,载《体育科研》2009年第5期。

三、1961 年《体育振兴法》

1958 年日本东京亚运会的成功举办，以及日本申请奥运会（1964 年东京奥运会）的成功，极大地激发了日本举国提高竞技体育水平的信心。学校体育和社会体育是促进国民身体、精神素质的重要手段，竞技体育的水平更是代表着国家的综合实力以及国际竞争力，为此，日本文部省（现文部科学省）于 1960 年出台了《体育振兴基本方法草案》，随后于次年专门颁布了促进体育发展的《体育振兴法》。

《体育振兴法》正文共 4 章 23 条，第一章规定制定目的、部门等概括内容的总则（第 1 ~4 条），第二章规定体育振兴的措施（第 5 ~17 条），第三章规定体育振兴审议会等及体育指导委员（第 18 ~19 条），第四章规定国家补助等（第 20 ~23 条）。除正文外，《体育振兴法》还有附则。以下对总则内容进行梳理，以期对《体育振兴法》有所概观。

第 1 条为对目的的规定。其第 1 款说明目的是明确振兴体育的基本措施，旨在为国民身心的健康发展和明朗丰富的国民生活的形成做出贡献。该条款说明了立法目的。第 2 款规定不得强制国民进行体育运动，或者将体育运动用于第 1 款以外的目的，从反面规定不得将《体育振兴法》适用于实现其他目的。

第 2 条对体育进行定义。“体育”是指运动竞技和身体运动，其目的是谋求身心健全发展。该条将体育定义与前述目的相衔接。

第 3 条规定《体育振兴法》的施行方针。第 1 款规定国家和地方公共团体在实施振兴体育的相关措施时，根据国民适应状况和健康状态在所有场所为国民提供条件和帮助。第 2 款规定《体育振兴法》的目的不是振兴营利体育运动，从反面说明第 1 款所表明的普惠方针。

第 4 条规定计划的制定。第 1 款规定制定振兴基本计划的主体是文部科学大臣，第 2 款规定文部科学大臣制定振兴基本计划前须听取振兴审议会的意见，第 3 款规定都、道、府、县及市、町、村、特区应根据振兴基本计划制定地方的具体计划，第 4 款规定地方也须听取振兴审议会的意见。

日本国内围绕《体育振兴法》而展开的学术探讨非常丰富，其中以关于《体育振兴法》存在的问题的探讨居多，例如饭野节夫说明了《体育振兴法》存在的问题，[①]滨野吉生认为《体育振兴法》缺少体育权的规定，要通过宪法解释确立公民体育权。[②] 虽然《体育振兴法》存在的问题不少，但该法的出台为1964年日本在东京奥运会取得不俗成绩奠定了坚实的法律基础。同时，《体育振兴法》是日本战后第一部专门体育立法，它的出台为后续专门体育立法提供了基本框架遵循，影响深远。

四、2000年《体育振兴基本计划》

为了实现《体育振兴法》设定的目标，日本于2000年配套制定了《体育振兴基本计划》。《体育振兴基本计划》规定了2001年至2011年日本体育发展的具体规划，其间于2006年9月被修订。根据文部科学省的介绍，该计划主要内容如下。

（一）通过振兴运动来提高孩子体力的措施

提升青少年的体质是《体育振兴基本计划》的重要内容。

1. 为了实现政策目标而不可或缺的措施：为了正确认识孩子体力的重要性而开展国民运动；通过学校和地区的合作，充实吸引孩子的运动环境。

2. 基本措施：提高教师的指导能力，充实孩子想运动的场所，充实学校体育培养学生热爱运动的资质、能力和体力，运动部活动的改善和充实。

（二）充实地区体育环境的方案

为了建设终生体育社会，《体育振兴基本计划》的目标是尽早实现

---

① 参见飯野節夫「スポーツ振興法の問題点」月刊社会教育（1961年）。

② 参见濱野吉生『体育・スポーツ法学の諸問題』（前野書店，1983年）29頁。

50%成人每周一次以上的运动。

1. 为了实现政策目标而不可或缺的措施：综合型地区体育俱乐部在全国开展：截至2010年，全国各市区町村至少有一个综合型地区体育俱乐部；各都道府县至少要建设一个在将来的市町设置的广域体育中心。

2. 辅助措施：培养、保障、组织体育指导者，完善体育设施，提供准确的地区体育信息，根据居民需求推进地区体育运动。

（三）提高日本国际竞技能力的综合方案

该方案的目标是提高奥运会奖牌获得率，计划夏季和冬季项目奖牌获得率合计达3.5%。

1. 为了实现政策目标而不可或缺的措施：构建从初级到高级的贯通理念和能提供最佳指导能力的贯通式指导系统，国家培训中心核心基地设施的提前整顿及各比赛强化据点的指定和支援，培养和保障指导者（促进专职化、创建国家教练学院制度等），建设让运动员安心专心竞技的环境。

2. 辅助措施：活用体育医生和科学，推进反兴奋剂活动，顺利举办国际或全国规模的比赛大会等，促进职业体育的竞技者等对社会的贡献。

综上所述，以《宪法》为起点，以《体育振兴法》和《体育振兴基本计划》为基础，日本又陆续颁布了《体育振兴中心法》《体育振兴投票法》等配套法律。

五、2010年《体育立国战略》

1990～2010年日本经历了经济上"失去的二十年"，反映在体育上最直观的体现就是2008年奥运会日本成绩不佳，这极大地刺激了日本的民族自尊心。经济停滞对体育带来的影响是多方面的，一方面，不仅是与奥运成绩挂钩的竞技体育，终生体育和学校体育也受到了冲击。企业赞助的体育俱乐部的关闭带来连锁反应，职业运动员缺失了工作机会和退役后的保障,职业联赛的参与队伍缺乏,间接导致了学校体育和终生体育的开展遇到困难。另一方面,经济停滞导致体育人口减少,《体育振兴法》和《体育振兴基本计划》的目标并未完全实现,为了恢复“大国”形象,日本文部科学省于2010年制定了决定日本体育基本方向的《体育立国战略》的政策。

(一)《体育立国战略》的目标

确立新的体育文化,让所有人都运动,走向分享运动乐趣、感动和互相支持的社会。

(二)基本设想

1. 重视人(参加比赛的人、观众等),确保所有人都享有体育机会,建设能够安全、公正地进行体育运动的环境。

2. 推进合作、协作,创造顶级运动和区域运动的良性循环,完善社会整体体育支持基础。

(三)六大战略

1. 根据生活阶段创造体育机会。每个国民都会根据各自的体力、年龄、技术、兴趣、目的,实现无论何时、何地、永远热爱体育的目的。尽早实现成人每周1次以上运动率2/3(65%左右)、成人每周3次以上的运动率1/3(30%左右)的目标。充实作为实现丰富体育生活基础的学校体育运动部活动。

2. 培养和强化顶级运动员的国际竞争力。为提高能与体育强国匹敌的竞技能力,日本构筑了从初级到高级的体系性强化体制,以获取更多奥运会奖为目标。保证顶级运动员从少年时期到退役前能安心专注于训练,并积极推进举办体育运动赛事。

3. 通过体育界的合作、协作,创造“良性循环”。为创造顶级运动和地区体育的良好循环,以广域市町村圈(日本全国300处左右)为目标,在综合型俱乐部(据点俱乐部)配置退役顶级运动员等优秀的指导者。为加强学校和地区的合作,谋求人才的良性循环,扩充在学校体育中其他地域体育人才的调用。

4. 提高体育界的透明、公平、公正。加强体育团体治理，提高团体管理运营透明度，支持体育纠纷迅速、顺利解决，建立公平、公正的体育界，实现体育公平。

5. 完善社会体育的基础。在推进地区体育活动促进"新公共"的形成的同时，为了提高国民对体育的兴趣和关心，通过开展国民运动和实施税制措施等，完善支撑整个社会体育运动的基础。

6. 完善法制、税制、组织、财源等体制。

此外，《体育立国战略》还对六大战略分别规定了详尽具体的实施措施。例如，为促进体育界的合作、协作，《体育立国战略》提出强化研究活动据点网络的构建、强化国立体育科学中心的功能、推进学校体育设施的有效利用等措施。

六、2011 年《体育基本法》

从《体育振兴法》出台到 2011 年，《体育振兴法》历经了半个世纪的历史，为日本体育发展做出了巨大贡献。但该法本身已经跟不上体育发展的时代潮流，如没有规定公民体育权等。2010 年制定的《体育立国战略》亦提出应完善体育相关法制的要求，此时制定一部新的体育法典就显得尤为重要。在这样的背景下，借助《体育振兴法》的规定和经验，日本于 2011 年出台了《体育基本法》，规定了体育相关的基本理念，并明确了国家、地方公共团体的责任，同时也明确了体育相关政策的基础规定。

《体育基本法》共有 5 章和附则，共 20 条。

1. 第一章"总则"共 7 条。第 1 条规定《体育基本法》的目的。第 2 条规定了 8 项基本理念，主要围绕终身体育、学校体育、竞技体育的发展展开。第 3 条规定国家、地方公共团体有根据基本理念、制定和实施有关体育对策的责任和义务。第 4 条规定体育团体应贯彻基本理念、制定自身规则和妥善解决体育纠纷。第 5 条规定，国家、地方公共团体和体育团体要加深国民对体育的关心和理解，努力促进国民参加和支持体育运动。

第6条规定相关人员之间的合作、协作，为了实现基本理念，国家、独立行政法人、地方公共团体、学校、体育团体、民间事业者等应相互合作、协作。第7条规定法律等措施，为了实施与体育相关的政策，政府应规定必要的法制、财政、税制等措施。

2. 第二章“体育基本计划”共2条。第8条规定文部科学大臣为了综合、有计划地推进与体育相关的政策，必须制定体育基本计划，计划的制定和修改都须听取意见。第9条规定地方公共团体应参考体育基本计划，根据当地实际情况制定地方体育推进计划。

3. 第三章“基本的政策”共3条。第10条规定完善运动基础条件，包括具体的指导者、完善体育设施、事故预防、国际交流等规定。第11条规定地区体育推进的措施，包括根据实际情况开展地区活动、完善基础设施等规定。第12条规定提高竞技水平，包括优秀运动员、教练员的培养、企业体育的促进、兴奋剂教育等规定。

4. 第四章“体育体制的完善”共3条。第13条规定，为了综合、一体化、有效推进体育相关政策，政府设立体育推进会议，规定文部科学省和厚生劳动省、经济产业省、国土交通省等相关行政机关之间进行联络调整。第14条规定，为了调查审议地方体育推进相关的重要事项，在都道府县、市町村可以设置体育推进审议会等合议制机关。第15条规定，由“体育推进委员会”取代此前的“体育指导委员会”，完善市町村的体育推进相关体制，市町村的教育委员会将委托“体育推进委员会”推进体育项目的实施，进行指导、建议。

5. 第五章“国家补助”共3条。16条规定国家对全国体育大会、全国残疾人运动大会、学校体育的补助。第17条规定地方公共团体对体育团体的补助。第18条规定国家和地方公共团体对体育团体补助必须事先听取审议会的意见。

6. 附则关于推进措施的规定共2条。第19条规定政府要对推进体育运动的基本政策加以讨论，并根据讨论结果采取必要的措施。第20条规定体育推进委员会关于体育振兴计划的问题。

七、2012年《体育基本计划》

为配合《体育基本法》的推进，日本又于2012年出台了《体育基本计划》（以下简称《基本计划》）出台。《体育基本法》和《基本计划》并未像《体育振兴法》和《体育振兴基本计划》之间间隔时间过久，这也反映了日本对体育法制建设的重视和认识的进步。《基本计划》共4章，主要内容如下。

1. 第一章“关于运动的现状和今后的课题”。第一，背景与展望。基于《体育基本法》中体育运动所起到的作用，为实现该目标的具体社会而努力。主要是实现五个目标：青少年健康成长，重视与他人合作、公正和纪律的社会；健康、充满活力的长寿社会；通过地区人民的主动协作，建立起深厚的纽带，形成一体感和活力的地区社会；国民自豪于自己国家、经济发展、充满活力的社会；为和平和友好做出贡献，受到国际信赖和尊敬的国家。第二，计划的期间从2012年开始。国家和地方公共团体应发挥作用，使该计划成为地方公共团体制定“地方体育推进计划”的方针。

2. 第二章“今后10年推进运动的方针”。以“不论年龄、性别、残疾等，建设一个能让更多人根据兴趣、适应性等参与体育活动的环境”为基本政策课题，并针对以下课题设定政策目标：充实孩子的运动机会；根据生活阶段推进体育活动；建设居民主动参与的地区体育环境；培养提高国际竞技能力的人才和完善体育环境；通过申奥、举办奥运会、残奥会等国际运动会，促进国际交流；提高体育界的透明度、公平、公正性；创造体育界的良性循环。

3. 第三章“今后5年应综合且有计划地采取措施”。这些措施主要是根据前述课题展开的，内容具体且具有可操作性。比如，围绕孩子的运动机会，《基本计划》从幼儿园、学校、社会环境、开展项目多方面规定了具体措施。

4. 第四章“综合且有计划地推进措施所需的事项”。第一，推进国民的理解和参加。第二，通过体育团体等相关人员的合作、协作进行计划性、一体化的推进。第三,为推进体育运动、确保财政源头,应充实有效利用国家的预算措施,引进民间资金并有效利用,努力提高体育活动的运营效率。第四,验证计划进展的情况并及时修改。

八、《体育基本计划(2017～2022年)》

根据《体育基本法》,日本于2017年3月制定了第二个体育基本计划《体育基本计划(2017～2022年)》(以下简称新《基本计划》)。为了实现《体育基本法》提出的要求,新《基本计划》制定了在未来5年内要推进的全面和系统的措施。

新《基本计划》明确公民在体育中发挥的主导作用,体育组织直接为公民提供体育机会。该计划强调了通过公民、体育组织、私营企业经营者、地方政府、国家政府和其他参与体育活动的实体之间的协调与合作,积极促进体育运动的重要性。新《基本计划》旨在通过扩大体育体验、观看和支持的各种机会提高国民对体育的参与度,使人们能够享受幸福和充实的生活;旨在通过创建一个充满活力的社会和强大的全球联系实现政府"促进所有公民的积极参与"的政策。

第三节　日本的体育政策

日本有系统地制定体育政策要追溯到20世纪70年代初期。尽管日本政府于1961年公布《体育振兴法》后有力促进了日本体育事业的发展,但1964年东京奥运会上日本代表团的成绩让日本国民很不满意,并由此引发全国范围内的"反思"。主流观点认为,东京奥运会的"失利"和日本国民体质羸弱有直接联系。加之20世纪60年代日本经济开始高速发展,对体育提出了更高的要求。在这一背景下,日本政府开始系统化制定体育政策。

一、1964～1970 年的体育政策

这一时期的体育政策关注点在于提升日本人的体质水平。

东京奥运会的失利促使日本社会上下反思，认为提高国民体质乃当务之急。在此背景下，日本政府围绕提高国民体质出台了一系列政策措施。

1964 年东京奥运会结束不久，当时的日本首相佐藤荣作要求内阁在制定经济增长计划时要兼顾国民身体素质的提高。同年 12 月，日本内阁通过“国民健康和体力增进措施”，要求由政府各部门和“体力创造国民会议”①共同负责该政策的落实。

1966 年 11 月，国民生活委员会②提出“未来国民生活图像：20 年后的愿景”计划，强调从“饮食生活与保健”“住宅与生活环境”“教育和文化”“休闲”等方面入手，提高国民生活水平。

1968 年，日本政府在“学习指导要领”（类似于我国的学校教学大纲）中强调体力的重要性，并开始推广体操运动和体育俱乐部。

二、20 世纪 70 年代的体育政策

这一时期，日本经济开始高速增长。随着经济的增长，日本国民体育锻炼的需求随之增长，而日益增长的体育需求与体育设施供应不足之间的矛盾也日益突出。

鉴于此，国民生活审议会在 1972 年年底建议，应在体育基础设施供给方面引入“消费者”的概念。其认为完全依靠公共部门的资金投入发展体育基础设施已不能满足国民体育消费的需求，应大力鼓励企业投资

---

① “体力创造国民会议”系由 168 个民间体育组织组成的社会团体。

② 国民生活委员会（日语：国民生活審議会），系日本首相下属内阁办公室的一个咨询机构，于 1961 年根据国民生活委员会条例在经济企划厅内设立，2001 年因政府机构改组而被并入内阁办公室。该委员会的任务是讨论稳定和改善民生的基本政策，以及制定保护和促进消费者利益的基本政策。

体育基础设施，尤其是休闲体育方面的基础建设。同时，企业进入体育设施管理领域也能改变以往由公共部门主导下效率低下、服务意识差等软件问题。

这一时期的体育政策的目的是配合日本政府的“休闲政策”，以扩大和保障国民福利。对此，日本政府并未在整体上提出一个独立的体育政策，而是由政府各部门根据本部门工作实际制定政策性文件。

(一)经济企划厅①

经济企划厅在制定“经济社会基本计划——创造有活力的福祉社会”的过程中，于 1972 年设置了“休闲开发室”，专门负责休闲体育政策的制定，并于 1973 年 8 月发布政策性文件——《迎接休闲社会的构图——休闲政策今后的做法》。

(二)通产省②

1972 年，通产省设立休闲开发产业室，并与经济企划厅和民间机构共同成立民间智库——“休闲开发中心”。通产省的研究报告认为，尽管日本国民对休闲体育的需求较高，但体育基础设施的不足使日本国民参加休闲体育的愿望无法实现。

(三)建设省

1972 年 6 月，建设省咨询机关“都市计划中央审议会”以提案“都市公园绿地之计划性整备和推进策略”为基础，公布《都市公园等整备紧急放置法》，并制定《第一次都市公园等整备 5 年计划》。该计划旨在通过建设都市公园，将田径场、棒球场、泳池、运动广场、槌球场等体育场馆的建设一并纳入公共事业建设名单。

该计划实施后，几乎一半以上的预算都用于体育场馆的建设。体育

---

① 经济企划厅(Economic Planning Agency)，日本首相府下设的机构。

② 通产省(日语：つうしょうさんぎょうしょう，日语简称通产省)是日本旧中央部门之一，承担宏观经济管理职能，负责制订产业政策并从事行业管理。2001 年 1 月改组为经济产业省(日语：けいざいさんぎょうしょう)。

基础设施不足的情况大大改善。

（四）自治省

1973年，自治省提出将“休闲设施之整备与推进”作为工作重点。1974年3月发布《游憩运动设施研究调查报告书》，提出通过发行地方债券的方式筹措体育基础设施建设资金的建议。

（五）文部省

文部省本身承担着管理和发展体育运动的职责。1972年12月，文部省召开保健体育审议会，并在会议报告中提出“体育运动普及振兴基本策略”政策，提出以小区为单位的“日常生活圈之体育运动设施整建基准”的要求。1974年，文部省又制定“小区运动设施整建计划”，使运动振兴政策的推行更加大众化和精致化。

总之，20世纪70年代的日本体育政策以“经济社会基本计划——迎接有活力的福祉社会”为核心，着重发展休闲体育，从国家整体政策层面推进休闲体育的发展。

三、20世纪80年代的体育政策

20世纪80年代，日本经济进入“黄金十年”的高速发展时期。这一时期，新自由主义思潮“抬头”，并对20世纪70年代日本政府建立福利社会的政策进行了反思，提出建立“新自由主义式日本型福利社会”。与之相对应，中曾根康弘政府于1982年开始削减体育预算。这一时期，中曾根康弘政府提出“地方运动、文化、艺术振兴策略”。文部省为实施此政策，于1978年推出《综合保养地域整备法》（俗称《度假村法》）。

1986年汉城亚运会上，日本取得的成绩并不理想，招致日本社会的一致批评。为了追赶中国、韩国等国家，日本政府决定将提高运动员的竞技水平放在首要位置。1988年3月，日本政府提出“制定并贯彻运动振兴5年计划”的政策，旨在提高竞技体育水平。该政策的主要内容有：利用体育振兴政策中的税收优惠政策鼓励职业运动员，设立旨在提高竞技水平的企业赞助基金，给予职业体育以正面评价等。

20世纪80年代的日本体育政策主要包括竞技体育和社会体育两大部分。

（一）竞技体育

面对社会对日本代表团在1986年汉城亚运会上表现不满的批评，以及对日本在20世纪70年代的体育政策提出的指责。1988年7月，为应对社会舆论，切实提高竞技体育水平，文部省体育局进行了机构改革，将运动课分为生涯运动课和竞技运动课（相当于社会体育主管部门和竞技体育主管部门），将工作侧重点放在竞技体育上，并在1989年11月提出利用企业培养竞技体育运动员的政策。

利用企业培养竞技体育运动员的做法早在20世纪60年代便已经出现。当时的日本经济高速发展，企业有财力和意愿吸收高水平运动员作为本企业员工并加以培养，这种模式被称为“企业社会化”模式。通过这种模式，一方面，国家可以利用企业财力培养高水平竞技运动员；另一方面，企业也可以因此扩大知名度和影响力。

20世纪80年代末，日本经济泡沫破灭，企业无承担培养运动员的巨大费用，该项政策实际上未起到较大功效。

（二）社会体育

由文部省主办“全国运动游憩祭”活动，各地政府、日本体育协会、日本游憩协会、全国体育指导员工会等协办，旨在提高体育竞技水平和国民体育运动参与程度。

活动每年在日本各地巡回举办，以“国民体育大会”为主要形式。其组织形式和规模类似于我国的全国运动会，区别是“国民体育大会”每年举办一次，且以普通民众参加为主。“国民体育大会”的项目依年龄、性别有所区别，且有一些娱乐性的体育项目，如推杆高尔夫、弹跳网球、拔河等。

第一届国民体育大会于1988年在山梨县召开，先后有约20万人参加,绝大多数参与者对活动给予了正面评价。

(三)政策特征

20 世纪 80 年代的日本体育政策并无多少亮点,甚至在政策上存在一定的矛盾。一方面,延续 20 世纪 70 年代的体育政策,继续发展社会体育。但日本政府从国民福利观出发,将对社会体育的投入视为国民福利的一部分,而非出于增强国民体质的目的。另一方面,受到 1986 年汉城亚运会失利的刺激,日本政府高度重视竞技体育,但又试图延续 20 世纪 70 年代由企业培养职业运动员的模式。这使 20 世纪 80 年代的日本体育政策呈现矛盾状态:在福利国家观念下持续加大对社会体育的投入,并通过各类政策鼓励社会体育活动的开展;对于竞技体育却不愿意投入过多资金,而是延续 20 世纪 70 年代企业培养运动员的做法,试图在这种模式下提高竞技体育水平。这种矛盾集中体现在 1989 年的"保体审决议案"上。

"保体审决议案"主要内容有:(1)以提升竞技体育水平为主要目标;(2)受新自由主义思想和经济泡沫破灭的影响,积极改革体育管理体制,鼓励社会资本进入体育领域;(3)减少国家对体育的投入,由地方政府承担大部分体育预算。相较于 20 世纪 70 年代日本政府对体育的大力投入来说,"保体审决议案"所体现的政策导向呈大幅后退的趋势,政府不愿持续投入资金,转而希望企业来承担这个责任。

"保体审决议案"体现出日本政府体育政策中公共责任与民营化之间的矛盾。尽管日本政府在 1987 年临时教育审议会第 3 次决议案的"运动与教育"项目中,延续了 20 世纪 70 年代的政策,强调公共责任,且在 1990 年设立"运动振兴基金"时也强调竞技运动对国民身体和精神,以及学术研究具有重要意义,对体育振兴有很大贡献,但从"保体审决议案"的具体内容来看,日本政府显然并不想在体育运动方面投入太多资金。

四、20 世纪 90 年代的体育政策

20 世纪 90 年代,日本体育政策的突出特征为在国民福利观念下,利

用跨国公司的财力来促进和提升体育运动水平。

20 世纪 80 年代日本体育政策中公共责任与民营化的矛盾依旧存在。一方面,体育运动的公共属性从本质上要求国家予以支持;另一方面,受到经济泡沫破灭的影响,企业无力延续 20 世纪 70 年代由企业培养运动员的模式。进入 20 世纪 90 年代,这种矛盾更加明显。

(一)时代背景

20 世纪 90 年代初,日本经济泡沫彻底破灭,国内经济持续不景气,国民消费能力大幅下降,跨国公司纷纷撤离日本,进一步加剧了日本企业的破产和国内产业空洞化。一方面,原有的由企业培养运动员的模式难以为继;体育基础设施因资金问题难以得到足够的维护,逐渐破败;国民体育运动参与度逐年降低,整个体育产业濒临破产。日本的体育事业面临极大的威胁。

另一方面,受通信技术和电视技术进步的影响,大型体育赛事的直播成为一种趋势,电视转播权的售价日益升高。

(二)政策内容

这一时期日本政府的体育政策基本上延续 20 世纪 80 年代的做法。在具体政策执行层面上,可以说几乎等同于无政府状态。一方面,虽然日本政府致力于提高竞技体育水平,但在新自由主义思想的影响下,却要求由企业来承担相应的开支;另一方面,对于社会体育,日本政府秉持不干涉原则,主张完全交由市场调节。显然,这种体育领域的"无政府主义"和市场万能理论造成了日本体育水平的大幅倒退。

1. 自治省"运动振兴与小区营造施政策略"

该策略系根据自治省 1994 年的"运动振兴与地方公共团体施政策略调查问卷"制定的,旨在加强体育基础设施建设及通过财税优惠政策鼓励社会体育团体的发展。

在体育基础设施建设方面,自治省通过财政支持,对包括体育基础设施的管理营运费用和开放中小学体育设施所需在内的必要费用予以补助。同时联合地方社会体育团体进行大规模的体育基础设施建设和维修,如1993年实施的"故乡营造业务""小区营造特别对策业务"等。

体育基础设施建设以足球运动为主。1994年的"运动振兴与地方公共团体施政策略调查问卷"显示,国民对足球运动的重视远远大于其他运动。因此,自治省将足球场地建设放在首位,如J联盟主场名古屋市瑞穗田径场、鹿岛足球场等。1995~1999年,自治省以符合专业化和多样化用户需求为目标,推进"小区运动更新业务"。

对于地方社会体育团体,自治省施行财税优惠政策,以扶植这些体育组织的成长。

2. 建设省

20世纪90年代,建设省虽未提出任何旨在促进体育基础设施建设的政策,但其建设预算中,体育基础设施方面的预算占大多数,这显示出建设省对体育基础设施的重视。

虽然1990年的"日本构造协议"中曾提出加强公共事业设施建设,但是直到1995年,日本国民人均公园面积亦远远低于西方国家。建设省在《都市公园等整备5年计划(1996~2000年)》中提出,到2000年,日本国民人均体育公园面积达1.5平方厘米。

3. 政策特征

20世纪90年代日本经济泡沫破灭,导致失业率增加和消费力降低。这一时期日本政府的体育政策呈现出矛盾态势:一方面继续强调发展社会体育、竞技体育;另一方面又试图将发展体育的财政责任转嫁到地方政府和企业身上。这种矛盾对立可以说是这个时期日本体育政策的典型特征。

五、21世纪初期的体育政策

日本政府于2000年公布《体育振兴基本计划》,试图以此提高竞技体育水平,并扩大体育运动市场。整个21世纪初期,日本的体育政策基本围绕这个计划展开。

(一)政策背景

进入21世纪以来,日本社会面临老龄化和少子化的双重挑战,为了应对以上挑战,并进一步增强日本国民的体质,日本政府顺势提出《体育振兴基本计划》。

根据《体育振兴法》的规定,2000年9月由文部大臣公告制定《体育振兴基本计划》,计划执行期为2001~2010年。2006年9月,即计划施行5年后,依据中央教育审议会运动/青少年分科会的意见,对该计划进行了修订。

该计划旨在实现以下目标:(1)培养身心健全的青少年;(2)更新小区,建立小区认同;(3)带动体育经济,减少医疗支出;(4)以体育运动为纽带,促进国际交流。

(二)政策内容

根据2000年9月文部省公布的《运动基本计划概要》(平成13~22年)(2001~2010年),这一时期的体育政策以"政策目标""必要策略"和"建立基础策略"3部分内容为主,施行政策的具体目标和策略,主要可以分为以下3个具体目标:实现终身运动社会,建设和充实地方体育运动环境;提升日本竞技体育水平;推动终身体育运动、竞技体育运动和学校体育运动之间的合作。以下从政策目标和实现策略方面分别论述具体目标。

1. 实现终身运动社会,建设和充实地方体育运动环境

政策目标:①建设一个所有国民不论其体力、技术、兴趣、目的,随时随地都可以亲近运动、实现终生运动的社会。②早日达到一半以上的成年人每周至少运动一次的目标,推动各地建设地方性综合体育运动俱乐部。

为实现以上目标,《体育振兴基本计划》提出在全国建立地方性综合体育俱乐部的设想,计划10年内在日本各乡镇中心建设一个地方性综合体育俱乐部,并计划未来以各地公立高中学区为单位,建立综合性体育俱

乐部。这些俱乐部可为本地居民提供基本的体育运动服务。同时，该计划还提出，10 年内在全国各县市建立一个区域中心性运动中心，以帮助和支援本区域内的地方体育俱乐部的建设和运营，并帮助本区域内的国民更好地开展体育运动。

该计划还提出实现以上目标应采取的措施包括培养和聘任体育运动指导者和教练员，加大体育基础设施建设，向国民提供体育运动相关的信息等。

2. 提升日本竞技体育水平

政策目标：提升日本运动员的竞技体育水平，增强其在奥运会等国际比赛中的实力，塑造活泼有活力的社会。同时还提出推动和培育顶尖运动员，在 1996 年亚特兰大奥运会奖牌获得率 1.7% 的基础上，争取奥运会奖牌获得率达到 3.5%。

为实现以上目标，《体育振兴基本计划》提出：根据一贯理念进行适当指导，构建从青少年体育运动到顶尖运动员的训练机制；尽快建立日本国家级的训练中心和地方强化训练中心；推动教练员等辅助人员的培育和任用机制，创建国家级教练员专任化制度和讲习制度。

该计划提出实现以上目标的措施：活用运动医学和运动科学，开发科学的运动训练方法等；推动反兴奋剂活动；积极申办国际运动赛事。

3. 推动终身体育运动、竞技体育运动和学校体育运动之间的合作

政策目标：以实现丰富的终身体育运动生活和提升日本竞技体育的水平为目标，推动终身运动、竞技体育和学校体育运动间的合作。

为实现以上目标，《体育振兴基本计划》提出推动学校和地方体育组织间的合作，以满足儿童多样化的运动需求，促进并提升日本竞技体育水平。

该计划提出实现以上目标的措施：建立基础设施完善和有运动指导员的学校体育体制，根据新学习指导纲要充实学校体育的学习与指导，充实和改善体育代表队的活动等。

4. 财政支持政策

为推动《体育振兴基本计划》的实施，日本政府除了编制相应的预算

之外,还设立“运动振兴基金”和各类体育彩票,多方筹集资金。资金来源主要包括国家财政资金、地方财政资金以及各类体育彩票筹措的资金。

六、日本奥运黄金计划

2001年,日本奥委会依照《体育振兴基本计划》提出的目标、任务、内容和要求,提出《JOC GOLD PLAN——竞技体育发展战略》(以下简称“黄金计划”)。“黄金计划”不仅围绕实现奥运金牌倍增目标制定相应对策,还体现出日本政府试图通过奥运增强政治影响,成为所谓“正常国家”的野心。

(一)背景

1. 日本政府扩大政治影响,成为“正常国家”的需要

众所周知,“二战”后的日本在政治、经济和文化上为美国所控制,实际上沦为美国的经济殖民地,不是一个完全独立的国家。为防止日本军国主义复活,美国严格限制日本政治、军事的发展。战后,尤其是20世纪60~70年代,日本经济高速发展,并在20世纪80年代成为仅次于美国的第二大经济强国。随着经济实力的增长,日本提出摆脱战败国地位,成为所谓“正常国家”的目标。其中,成为体育大国是实现这个目标的重要一环。为此,文部省于2000年颁布了《体育振兴基本计划》,以实现奥运金牌倍增为目标。

2. 日本竞技体育水平不断下滑

从1986年汉城亚运会至2000年悉尼奥运会,日本连续4届奥运会上的成绩均不佳,引起社会舆论的不满。由于日本经济泡沫破灭,企业对体育的赞助资金大大减少,职业竞技俱乐部难以维持,纷纷破产。加之一段时间以来,日本过于强调社会体育,而相对忽视竞技体育的发展。而且随着《大众体育振兴计划》、体育指导员制度的建立,日本开始兴建大量的社会体育基础设施,无论是从软件还是从硬件上来看,日本社会体育均得到长足的发展。但竞技体育缺乏一个长期、稳定和有效的政策支持。

以上因素导致在整个20世纪90年代，日本竞技体育水平实际上在不断下滑。

3.《体育振兴基本计划》的现实要求

21世纪以来，传统体育强国如中国、俄罗斯等均出台旨在提高奥运会成绩的政策，如中国的《奥运争光计划》和俄罗斯的《体育振兴计划》，在此背景下，日本也出台了类似政策，即《体育振兴基本计划》。该计划要求日本运动员的奥运成绩得到显著提高。为配合《体育振兴基本计划》的实施，2001年日本奥委会又提出"黄金计划"。

（二）"黄金计划"

"黄金计划"分为3大部分——必要措施、基本措施和特别措施，并制定了对应的目标。

1. 必要措施

必要措施完全对应《体育振兴基本计划》中提出的提高竞技体育水平的主要对策，包括强化方案和环境改进方案两部分。强化方案旨在建立一个可充分加强和完善日本具有优势项目的运动员培养机制，并规定了对应的内容和各机构的职责；环境改进方案则旨在改善运动员、教练员的训练环境，提出以建设日本国家级体育训练基地为核心，做好训练基地建设和改善运动网点布局。同时，强化方案还对日本特有的、由企业培养竞技运动员的制度提出了改革方案。

2. 基本措施

基本措施部分对应《体育振兴基本计划》中的基本对策部分，主要内容为与国立运动科学中心合作，加强运动医学、科学研究，加强反兴奋剂研究，包括以下措施：

（1）以国家训练基地为核心，构建运动训练网络

"黄金计划"要求从软、硬件两方面建设国家训练基地。软件方面，建立教练员培训制度，为运动员配备专业体能教练、运动医生和运动科学人员，为运动员提供专业的后勤保障，加强与国立运动科学中心在体育医

学、科学和信息领域的合作研究。硬件方面,一方面加强建设国家训练基地,另一方面立足现有条件,改造现有训练基地、充分利用学校、社会的体育设施,以及日本国外的体育设施。

“黄金计划”还提出改革日本竞技体育培养体制的要求。首先,改革旧有的企业俱乐部培养竞技运动员的模式。虽然这种模式长期以来在提高日本运动员竞技水平方面曾发挥了重要作用,但其弊端显而易见。从2001年开始,日本奥委会就就此问题展开调研,对企业体育俱乐部模式开展研讨,探索企业与体育双赢的改革方案。其次,探索高校体育俱乐部的改革路径,将高校体育俱乐部的发展与日本竞技体育的发展结合起来。

(2)强化日本优势项目运动员的培养体制

为了配合文部省“金牌倍增”的计划,日本奥委会早在1997年便开始构建相关体制,截至1999年,日本优势项目运动员培养体制构建完成。其主要内容为:在原有重点项目培养体制的基础上,强化日本具有优势的奥运项目运动员培养体制,以最大限度发挥其优势,增强日本在奥运会上的竞争力。最后确定12个大项(16个小项)为优势项目,重点培育。2005年,该体制开始推广实施。

3. 特别措施

特别措施是直接针对奥运会的特点而采取的,主要包括“重点强化政策”,持续充实、完善针对奥运会的特别计划,加大对各竞技体育组织、运动员和教练员的支持力度;设立落实“黄金计划”领导机构;加强信息交流工作,制定“情报·战略计划”“竞技运动项目间的合作计划”“医·科学支持计划”,以促进信息交流;加强国际交流。

“黄金计划”针对奥运会的特点,在人、财、物三方面加大了对竞技体育组织、运动员和教练员的支持力度,并建立了集训领导机构。

竞技体育组织方面,通过综合分析最近两届奥运会和亚洲杯赛事的成绩,判断在下一届奥运会上夺取奖牌的可能性,以决定其是否属于优势项目。若认定为优势项目的,日本奥委会将在奥运周期内予以训练,并给予人员、资金等全方位的支持,制定定期集训制度。日本奥委会将根据对定期集训成果的检查,适时调整支持力度和方式。根据综合因素判断后,日本奥委会决定确定游泳、跳水、水球、滑雪等大项为优势项目,重点培育。

运动员和教练员方面,根据比赛成绩,确定运动员、教练员是否属于"黄金计划"资助对象。列入名单的运动员将享受训练经费支持和日本体育健康中心的津贴;列入名单的教练员将享受来自日本政府、日本奥委会体育振兴基金的专项奖励。奖励和津贴的数量将根据奥运会成绩有所区别。

为更好地执行特别措施,设立集训领导机构。"黄金计划"对集训领导机构的构成方式及各自职责和管理范围也作了规定。集训领导机构由以下 3 个专门委员会组成:情报和战略委员会,强化和培训委员会,医学、科学委员会。情报和战略委员会负责体育情报搜集、各项目间交流、运动员和教练员培训与深造等工作;强化和培训委员会负责训练的后勤支持;医学、科学委员会负责制定科学的训练计划和体育医学研究。

为加强项目间的信息交流,达到共同提高之目的,"黄金计划"将日本优势项目分为球类、格斗类和艺术类三大类,分别制定了交流原则。

加强体育领域国际交流,提高日本国际影响力,是"黄金计划"的目的之一。随着奥运会国际影响力的不断扩大,体育已经成为展示综合国力的一种形式。"黄金计划"提出加强国际体育交往,全力支持日本代表参选各国际体育组织,从而达到扩大日本国家影响力的目的。具体方式主要有:提高日本体育组织和体育管理机构工组人员的外语水平,挖掘运动员、教练员的国际社交能力等。

4."黄金计划"的特点

(1)明确奥运金牌倍增目标的时间

"黄金计划"提出至 2010 年实现金牌倍增的目标,并制定了两个阶段:2000～2005 年,以雅典奥运会成绩作为检验标准;2005～2010 年,在雅典奥运会成绩的基础上有所提高和突破。

(2)重点发展优势项目

“黄金计划”提出专家评点发展日本优势项目具有极强的目的性和针对性,实际上是以牺牲夺金希望较小的项目为代价,增加日本优势项目夺金的概率。为了实现这个目标,“黄金计划”将国际赛场上夺金希望较大的项目,如柔道、游泳、马拉松等列为重点发展项目,资源的投入主要围绕以上项目展开。

(3)“黄金计划”的特点

①计划制定全面系统,措施具体细致,可执行性较强

尽管“黄金计划”制定的主要目的是提高日本竞技体育水平,尤其着眼于在奥运会上获得金牌,并对优势项目及促进方案的制定等问题作了明确而又具体的规划。但“黄金计划”的内容远远超越了竞技体育的范畴,其实际上对全面提升日本体育水平做了整体规划。除了奥运金牌倍增计划外,还包括奥运会后备力量储备、教练员培训体制、合理的运动员和教练员激励办法、体育医学和科研促进办法等。对于这些规划的实施细节、涵盖范围、配套政策和资金的落实等问题,“黄金计划”均作了详细规定。

②重视交流

与其他类似的体育振兴计划仅关注提升竞技体育水平不同,围绕水平提升,“黄金计划”还重视交流合作,以扩大日本体育的国际影响力。

“黄金计划”重视日本在国际体育组织,尤其是国际奥委会中的代表人数,甚至对所占比例都以专章形式作出规定,以扩大日本体育的国际影响力,增强日本在国际体育组织内的发言权。

第四节 日本学校体育政策

21 世纪以来,文部省积极推动体育振兴政策,如前文所述,其中具体执行计划有 3:强化学校体育教育、实现终身运动的社会、增强日本竞技

体育水平。后两个计划的详情前文已有论述,在此不再赘述。

对于强化学校体育教育,文部省积极与总务省开展合作,通过各地运动中心吸引中小学生积极参加体育运动,并积极扶植各地的运动俱乐部开展为中小学生所喜爱的运动项目。

一、日本学校体育政策的目标

让所有的孩童学习到“终生亲近运动以及拥有健康安全生活所需要的素养、身体能力和知识”是日本学校体育政策的总目标。为实现以上目标,文部省提出以下5大实施方案:(1)彻底完成体育教学的目标;(2)提升体育教师的指导能力;(3)提升学校运动俱乐部的活动水平;(4)大力发展学校体育运动基础设施;(5)大力发展学校体育运动会。

(一)彻底完成体育教学的目标

对应实施的体育政策应整合各类资源,完成预定的学校体育教学目标,并设置多种类的体育课程,根据学生自身特点因材施教,以更具弹性的体育课程设置提高学校体育的教学效果。

(二)提升体育教师的指导能力

各学校应以培养学生学习能力为中心,提升教师的教学能力。

(三)提升学校运动俱乐部的活动水平

文部省针对学校体育俱乐部中专业体育指导员不足的问题,提出提高体育指导员的素质和资质、改善和充实体育运动相关研讨会的要求。尤其重视整合学校体育教师和体育指导员人力资源,并积极引进社会体育指导员资源为学校体育俱乐部提供专业指导,以提升学校体育俱乐部内各类体育运动的指导水平。

(四)大力发展体育运动基础设施

体育运动基础设施是学校体育赖以开展的最基本硬件条件。经过多年建设,日本学校的体育基础设施建设取得了较大成就。文部省在整合社会体育基础设施和学校体育基础设施的基础上，充分利用社会和学校的体育资源，尤其是在学校假期期间，对社会开放学校的各类体育运动资源，充分发挥这些资源的作用。

(五)大力发展学校体育运动会

文部省每年定期举办一次全国性质的学校体育运动会和冬季运动会，由各地方轮流举办，作为国民体育大会的补充。

二、"建设一个终身运动的社会"

"建设一个终身运动的社会"是中央教育审议会于2002年提出的目标，希望实现每一个人在任何时候、任何地点都能终身运动的愿望。为在学校教育领域实现这一目标，文部省提出强化孩童体能的全国性运动，并制作《运动和健康手册》帮助实现目标。为在校园内实现终身运动的目标，文部省在学校内推行以下措施：综合型小区运动俱乐部，运动少年团，学童体能向上计划。

第五节 体育管理体制

日本的体育管理体制由官方和民间两方面组成。其中，官方体育管理机构为文部科学省及其竞技运动课，民间体育组织主要有日本运动振兴中心、日本体育协会、日本奥委会、日本国立运动科学中心等。

一、官方体育管理机关

(一)文部科学省及其竞技运动课

文部科学省(以下简称文部省)及其下属文化厅是日本体育管理最高机构。文部科学大臣为文部省最高长官，文化厅厅长则为文化厅最高长官。文部省通过实施"竞技运动振兴体制""体育振兴基本计划""充实竞技力提升策略”“推动反禁药活动”“优秀教练与选手的表扬制度”5 项政策来鼓励职业竞技运动员的发展。日本竞技运动振兴计划通过财团法人日本奥委会、财团法人日本体育协会、各单项竞技团体和行政机关进行。通过文部省、都道府县、都道府县教育委员中心等部门相互协作、配合实行、策划，共同推动竞技运动的振兴。

文部省下设的竞技运动课是日本事实上竞技体育管理的最高机构。文部省竞技运动课的前身是文部省体育局。1988 年文部省进行机构改革，将体育局改组为竞技运动课，目的是提高日本竞技体育的水平。

竞技运动课的主要职责有以下 4 项：

1. 为日本运动员参加国际赛事提供支持

为提升国际竞争力，竞技运动课积极支持日本奥委会和各大竞技体育组织申办国际赛事和派遣日本运动员参加国际比赛。

2. 对奥运会成绩优异者予以表彰

为激励日本选手在奥运赛场上取得佳绩，竞技运动课于 1994 年制定“奥运会优秀选手表扬规则”，对获得奖牌的运动员予以不同的奖励。由于奖金较少（金牌 600 万日元、银牌 200 万日元、铜牌 300 万日元），这种奖励很大程度上属于精神鼓励，体现了日本国家对于奥运选手的鼓励和重视。

3. 对体育组织予以资助

为贯彻运动振兴计划，文部省设立运动振兴基金，专门资助体育组织。这项基金逐渐变成日本体育组织的主要经济来源。但由于日本经济长期不景气和通货膨胀，该基金已远远不能满足实际需要，只能通过出售电视转播权和企业购买运动会冠名权的方式予以补充。

4. 指导、促进地方体育竞技事业的发展

为提高地方竞技体育水平的提高，竞技运动课制定了一系列政策。如从 1994 年开始，每年固定举办“业余职业运动交流会”；从 1997 年开始实行“地方强化据点整备业务”，对青少年的体育运动进行指导。

（二）日本体育厅

为了迎接 2020 年东京奥运会，提高竞技体育成绩、激活体育产业，日本于 2015 年成立了日本体育厅(Japan Sports Agency,JSA)。该机构的目标是通过体育实现“一个人们身心健康、一生都过着文化生活方式的社会”。①

JSA 指出其建立的背景有 2 点:第一,2011 年日本制定《体育基本法》。根据该法,JSA 旨在通过体育实现所有公民终身参与体育运动的社会,确保所有公民都有机会参加体育运动、实现建成健康长寿社会的目标、通过体育促进区域和经济振兴。第二,面向将举办的 2020 年东京奥运会和残奥会,JSA 旨在加强各部门之间的协调、促进相关政府机构之间的合作,防止官僚重叠,提高效率,创造新的协同效应;履行日本的国际承诺,通过体育促进国际贡献;在全国弘扬奥林匹克精神,通过举办奥运会提高日本的国际竞争力;综合促进残疾人和非残疾人的体育运动等。

2015 年日本体育产业规模为 55,000 亿日元,JSA 建立的重要目标之一即为体育产业升级、促进体育产业发展。JSA 成立后,日本于 2016 年设定战略目标,计划到 2025 年体育产业产值达到 15 万亿日元的规模,达到 2015 年设立 JSA 时体育产业产值的 3 倍。体育产业发展理当惠及民众,战略目标计划在 2025 年,成年人每周 1 次以上锻炼的比例由 2015 年的 40.4% 上升到 65%。日本将扩大体育和健康周边相关产业作为国家战略之一,范围涉及体育、旅游、美容、饮食、健康以及高龄人士的健康改善等。虽然体育产业开展受到了疫情的影响,但这并不妨碍体育赛事周边产业的发展,瑜伽、普拉提等健身馆、健身俱乐部在不断增加,文旅产品也在持续走高,体育用品供应商也在扩大其市场规模,这些都推动了体育产业的发展。在体育产业全盘发展的过程中,JSA 发挥了不可估量的统筹和推进作用。

JSA 的政策包括以下方面:

1. 制度和预算。根据《体育基本法》和《体育基本计划》推进体育管理。其中,《体育基本法》描绘了与体育相关的基本思想,而根据《体育基

---

① JSA 官网,https://www.mext.go.jp/sports/en/index.htm。

本法》制定的《体育基本计划》则概述了日本的体育政策方向。预算方面，政府将通过扩大预算和运用体育促进彩票制度，努力争取各种资金促进体育事业。

2. 提高儿童的身体素质。JSA 认为，身体素质是人类各种活动的基础，体育有助于培养健全的头脑，并赋予人们面对问题的动力和活力，且强身健体有利于青少年健康成长，对人们过上更富裕、更充实的生活而言至关重要。为此，儿童积极参与体育活动不仅能够增强其发展所需的体力——它培养了运动和运动的基本身体能力，增强了保护儿童免受疾病侵害的个人耐力，还能够帮助儿童过上更健康的生活。

3. 加强学校的体育教育和体育俱乐部活动。JSA 将学习课程系统化并明确从小学到高中的教育内容，旨在培养儿童终生享受体育运动和增强体力所需的素质和能力。JSA 还强调加强学校体育俱乐部活动的措施。体育俱乐部为孩子们提供享受运动的机会，增强他们的学习动力，培养责任感和团结精神。

4. 全民运动。JSA 提出加强措施，以实现建设一个终身运动社会的目标，每个人无论何时何地只要想参加就都可以参加、享受体育运动。JSA 将推进实施促进全民参与体育运动的措施，力争使成年人每周参加体育运动 1 次以上的比例达到 65%，成年人每周参加体育运动 3 次以上的比例达到 30%。为了实现这一政策，JSA 推动实施了 FUN + WALK PROJECT 和 Sports Yell Company 两大代表性措施。前者旨在推进全民运动，因为步行可以很容易地融入人们的日常生活。该项目力求通过“行走”与“玩乐”相结合，让人们自然地养成步行的习惯，以增加人们尤其是商业人士对体育的参与，迎接 2020 年东京奥运会和残奥会。参加体育运动的人群不仅限于铁杆运动员，还包括将轻体力活动融入日常生活的人群。后者是一个推动公司积极通过体育改善员工健康的措施，这些措施不仅限于为从事竞技运动的人提供体育活动，还包括为员工提供体育活动的措施，如锻炼和拉伸、鼓励使用楼梯、步行或骑自行车上班以及举行站立会议。JSA 希望这一措施有助于改善公司的社会评价，促进员工享受体育运动,并最终使整个国家参与体育运动。

5. 残疾人运动。推进残疾人体育的职责于 2014 年从厚生劳动省转移到文部省,JSA 的任务之一就是推动残疾人体育政策。《体育基本法》的主要理念之一是促进残疾人独立和积极参与体育运动。《体育基本计划》概述了改善国家体育环境的措施,无论人们是否有残疾,都能够参与体育运动。

6. 高水平运动。JSA 的目标之一是与各相关组织密切合作,朝着体育产业的目标发展高水平运动。

7. 促进国际交流与合作。JSA 推进各项政策的落实,促进国际交流与合作,分享和传播体育价值。为举办 2020 年东京奥运会和残奥会,JSA 特别推进在日本和海外推广奥林匹克运动的措施,这些措施包括推进中日韩三国体育部长会议、日本奥委会推动日韩运动员交流、日本体育协会国际交流项目等。

8. 管理和改善体育设施。安全和有吸引力的体育设施是所有人享受并继续参与体育运动的前提,这也是 JSA 的责任。JSA 通过日本体育理事会支持升级和加强国家体育场和其他体育设施,以邀请和举办国际、国内体育赛事。

9. 通过体育振兴地区社区和经济。JSA 认为,为了通过体育振兴地区社区和经济,必须创造良性循环,振兴体育产业,改善体育环境,扩大体育人口。JSA 通过促进体育旅游、举办有大量观众和参与者的体育赛事以及举办大型体育比赛和体育夏令营推进实施通过体育振兴社区的措施。JSA 还通过以下措施将体育发展为成长型产业:提高体育设施的吸引力和盈利能力、培养体育管理人员、促进体育与其他产业的融合和扩张。

10. 提高体育界的透明度、公正和平等。JSA 认为,提高体育界的透明度、公平性和公正性是增加每个人参与安全和公平体育环境机会所必需的基本条件。提高透明度对于在后代中培养尊重与合作以及尊重公平和纪律的精神也至关重要。JSA 提出消除对运动员造成重大健康损害并违反公平竞赛基本原则的兴奋剂的措施。JSA 致力于确保体育组织的管理透明度,并实施措施以确保完全合规,以免运动员卷入非法行为。日本反兴奋剂机构(The Japan Anti-Doping Agency,JADA)建立于 2001 年,目前拥有 82 个成员组织,旨在保护运动员的权利和健康,打击在体育运动中使用兴奋剂的行为,并致力于促进和发展体育运动的完整性。其主要作用是:(1)确定日本标准兴奋剂检测程序;(2)建立兴奋剂控制程序;(3)培训兴奋剂控制官员;(4)开展反兴奋剂教育和宣传运动;(5)创建数据库;(6)促进反兴奋剂研究。

11. 通过体育促进妇女赋权。JSA 通过收集有关国际趋势的信息和支持妇女参加国际会议来促进妇女参与国际体育运动。JSA 还与体育组织合作,通过与其他国家的"明天体育项目"等项目分享成功的案例研究。JSA 关注了如国际妇女与体育工作组(IWG)的《布莱顿与赫尔辛基2014 年妇女与体育宣言》和世界妇女与体育大会等与妇女体育有关的宣言和会议,保障妇女的体育权益。

二、民间体育组织

(一)日本运动振兴中心

1986 年,日本依据《体育健康中心法》设立特殊法人"日本体育健康中心",这是日本运动振兴中心的前身。1990 年 12 月,为了提高竞技体育的国际竞争力并扩大日本参加国际体育比赛的项目,设立了"运动振兴基金部",以支持日本体育健康中心的发展。1999 年,为推动体育彩票的销售,依据《运动振兴彩券法》及相关法律,日本政府又成立"运动振兴彩券部"。2002 年 4 月,为了推进运动科学、运动医学、运动信息情报等综合性研究,将研究成果应用于提升竞技体育水平,日本政府设立"国立运动科学中心"。2003 年,在整合以上体育管理机构的基础上,成立日本运动振兴中心。

2001 年,依据《中央省厅等改革基本法》《特殊法人等改革基本法》,日本政府开始考虑对日本运动振兴中心进行改革。随后,日本政府出台

《特殊法人等整理合理化计划》,认为将日本运动振兴中心改革为独立法人能更好地发挥发挥其作用。最终,2004 年 10 月,依据《独立行政法人日本运动振兴中心法》,设立独立行政法人日本运动振兴中心。

日本运动振兴中心由理事长领导,下辖若干理事。理事下辖 5 个业务部门、2 个体育场和 1 个博物馆。业务部门为健康安全部、运动振兴事业部、国立运动科学中心(下属运动科学研究部、运动医学研究部、运动情报研究部、营运部)、财政部、总务部;2 个体育场为国立代代木竞技场和国立霞丘竞技场;1 个博物馆为秩父宫运动博物馆。

日本运动振兴中心的宗旨是振兴日本体育运动、维持和增进儿童健康。其责任分为进行运动科学、医学、信息研究;执行国立竞技场营运与运动振兴普及相关之业务;灾害互助给付及健康安全普及业务等。

1. 进行运动科学、医学、信息研究

日本运动振兴中心为日本体育运动科学、运动医学和运动信息的研究机构。根据 2000 年 9 月文部省颁布的《体育振兴基本计划》中的“奥运等奖牌倍增”政策,日本运动振兴中心和日本奥委会、竞技团体、运动研究机关等单位合作进行调查和研究,并依据研究成果提升日本顶尖运动员和运动队的竞技体育水平。同时,日本运动振兴中心还肩负提供运动科学、医学和信息等各方面组织性与综合性支持的职责。

2. 执行国立竞技场营运与运动振兴普及相关之业务

日本运动振兴中心负责运营和维护国立代代木竞技场、国立霞丘竞技场和秩父宫运动博物馆,举办体育比赛,推广体育文化。

3. 灾害互助给付及健康安全普及业务

灾害互助给付及健康安全普及是健康安全部的职责。健康安全部以及下属部门对学校管理下的学生遭遇灾害的进行灾害互助给付;进行学校安全(安全教育、安全管理)普及教育,以增强学生抗击灾害的能力;进行与学生健康维持和增进相关的调查、研究、资料收集和提供等业务。

(1)灾害互助给付

灾害互助给付是基于日本运动振兴中心与学校间所签订的合同(灾害互助给付契约)而进行给付的一项制度。对于学生在学校学习期间所发生的伤害事故,如人身伤亡、疾病、残障等,给予一定的灾害互助给付金,包括医疗费、残障慰问金或抚恤金等。这项制度营运的经费由国家、学校和被保护者三方共同负担。这项制度的初衷是希望对在校期间受到伤害的学生能够给予一定的补偿,以保证学校能够安心开展体育教育,不至于因担心学生受伤而对开展一些存在伤害风险的体育项目心存疑虑。

(2)健康安全普及业务

这项业务是对与学校安全相关的问题进行调查研究,以维持和促进学生身体健康与安全,并定期发行刊物,登载研究成果。

(二)日本体育协会

日本体育协会是日本较早的全国性体育组织,在日本奥委会独立前,其是最重要的竞技体育组织。

日本体育协会创立于 1911 年 7 月,由嘉纳治五郎创立。其为准备日本田径运动会而成立,以培养体育精神、普及振兴终身运动、提高国际竞争力为目标。无论是"二战"前还是"二战"后,日本体育协会都始终致力于推进日本体育事业的发展。特别是在"二战"刚结束的 1946 年,日本体育协会即举办了第一届日本体育节,其口号是"促进民族体育"和"提高国际竞争力"。1989 年,日本奥委会从日本体育协会中独立出来。[①] 目前,日本体育协会在竞技体育中发挥的作用已经大为缩小,主要负责运动振兴计划的开展工作。

2011 年,为纪念日本体育协会成立 100 周年,日本体育协会与日本奥委会一起发表日本《体育宣言》,指明日本未来体育的发展方向。日本体育协会的纲领性文件是日本《体育协会宪章》,目前会长为伊藤雅敏。

---

① 抵制莫斯科奥运事件以及汉城亚运、奥运的失败,是日本奥委会从日本体育协会中独立出来的主要原因。

日本体育协会也是日本在各大国际体育组织(除国际奥委会)中的代表,主要参加亚洲太平洋大洋洲运动协议会(APOSA)、日本运动・医疗・体适能生涯运动协议会(TAFISA,Japan)、各国运动团体国际会议(IANOS)、国际运动・医疗・体适能生涯运动协议会(TAFISA)。同时,借助与日本奥委会的紧密合作,其和国际奥委会间也保持密切合作关系。

1. 日本体育协会的组织框架

日本体育协会下辖关系运动团体(如日本残疾人体育协会、日本女子体育协会等)、都道府县体育协会、国家体育组织(如日本足协、日本网协等)、准加盟团体(包括日本轮滑联合会、日本美式足球协会、日本飞盘协会、日本健身与健美联合会、日本运动健康福寿屋协会)和被批准加入的组织(日本水下运动联合会)。

日本体育协会的最高机构为会员理事会,下辖日本少年运动协会、综合企划委员会、国民体育大会委员会、事务局、各专门委员会和特别委员会。

2. 日本体育协会的主要任务

日本体育协会的主要任务随着形势的变化而有所调整。

1983 年 6 月,中曾根康弘政府在“临时调查委员会”的内阁会议中提出“社区运动、文化、艺术振兴策略”,为落实与运动有关的政策,决定设置“全国性和地方性民间公益法人”,并以此为核心开展相关工作。相关工作首先在东京都的 10 个区展开,目的是希望通过设置地方性民间公益法人性质的体育组织获取居民的信任,并在此基础上,计划将管理和运营体育基础设施的职责转移给这些体育组织。

1986 年汉城亚运会和 1988 年汉城奥运会的双双失利,使文部省备受社会各界批评。在社会压力下,文部省提出 2 项政策:建立社会体育指导者资格认证制度,由国家认证运动教练;选拔中学生参加全国性运动会以提升竞技体育水平。但在相关体育预算上,文部省却要求日本体育协会及其下属组织承担一半的预算。这一决定直接导致日本奥委会从日本体育协会中独立出去。

日本奥委会"另立门户"之后,日本体育协会就不再因竞技体育而分散精力,以执行"国民体育振兴"计划为主要目标,彻底转变为一个推广社会体育的组织。目前,日本体育协会有 2 大任务:协助举办国民体育大会和推进国民运动振兴政策的实施。

国民体育大会是日本全国性的运动会,创立于 1946 年,由日本各地方每年轮流主办。协助地方政府举办国民体育大会是日本体育协会的任务之一。国民体育大会虽然名义上是一个非竞技运动性质的运动会,但实质上还是以竞技体育为主。1986 年 5 月生效的《运动宪章》也进一步加剧了国民体育大会竞技体育的属性。

推进国民运动振兴计划的实施是日本体育协会的另一项任务。为贯彻执行这一政策,日本体育协会于 1984 年 11 月决定实施名为"运动 21 世纪之飞跃"的长期强化综合计划新政策,将过去单纯依靠学校发展体育的做法转到小区运动俱乐部,并加强对国家运动中心等设施的建设。

(三)日本奥委会

综上所述,日本奥委会原本为日本体育协会的下属机构,受日本政府政策的影响较大,在行使与奥林匹克运动有关的职权时,其并不能独立做出决策。日本政府追随西方抵制 1980 年莫斯科奥运会的做法引起极大争论,并直接导致日本奥委会脱离日本体育协会而独立。① 1988 年 12 月,日本体育协会理事会"原则同意"日本奥委会独立。1989 年 8 月,日本奥委会正式宣布独立。1991 年 4 月,日本奥委会成为独立法人。

日本奥委会为推动日本国际竞技体育发展和奥林匹克事业的最主要的组织,也是日本在国际奥委会的代表。目前,日本奥委会的会长为山下泰裕。

---

① 尽管日本奥委会标榜自己是独立组织,但其在组织上从属于日本体育协会。而日本体育协会受到日本政府的极大影响。1980 年,日本政府要求日本体育协会抵制莫斯科奥运会,使日本奥委会的所谓独立地位受到质疑。

1. 日本奥委会的组织

日本奥委会的最高权力机构为理事会。理事会下设有常务理事领导的事务局，事务局主要负责日本奥委会的日常运营事宜。

日本奥委会下设的职能部门主要有国际委员会、女性运动委员会、黄金计划委员会、运动环境委员会、行销委员会、竞技运动委员会、禁药委员会、选手强化本部、总务委员会和日本国际大学运动委员会。

2. 宗旨和目的

日本奥委会的宗旨是"实践奥林匹克主义"（Olympism），推进奥林匹克事业、为国际赛事培养竞技体育运动员。为实现这个宗旨，日本奥委会提出若干目标，分别为：强化运动员的合作训练、教练强化事业、资浅运动员提升的对策、竞技运动员养成计划模式策定事业、国际交流事业、调查研究事业、营运事业、反兴奋剂、运动指导者海外研习事业、营销事业、运动环境保护运动、国立运动科学中心的合作事业等。

（四）日本国立运动科学中心

日本国立运动科学中心（Japan Institute of Sports Science，JISS）成立于 2001 年，隶属于独立行政法人日本运动振兴中心，是日本目前竞技体育研究的中心。JISS 的宗旨为：提升日本体育的国际竞争力，开展运动医学、运动科学研究，成为日本体育信息的中心。

JISS 从筹划到成立，前后历时 10 年之久。1990 年，日本政府决定筹备设立 JISS。1998 年，日本政府将西之丘竞技场拆除，并在旧址上建设 JISS 总部设施；2001 年 2 月，JISS 总部竣工，并于同年 10 月正式开始营运。

2002 年文部省公布的《体育振兴基本计划》中表明，为了全面提升日本的国际体育竞争力，大力发展 JISS。

JISS 由运动科学研究部、运动医学研究部、运动信息部和营运部等 4 个部门构成。这 4 个部门联合进行以下 6 个方面的研究：运动临床研究、运动医学研究、运动诊疗研究、运动信息研究、运动学术研究、运动服务研究。

三、学校体育管理体制

日本政府所提出的运动振兴政策有3项具体执行计划:强化学校体育教育、实现终身运动社会的建设目标、提升日本竞技体育水平。显然,学校体育被置于一个非常重要的位置。

文部省运动青年局是日本学校体育领域的最高管理机关,下辖企划体育科、生涯运动科、竞技运动科三个科室。

文部省下辖各地方教育委员会,负责管理各地方的教育事宜。其中,地方教育委员会下辖的体育振兴审议会和体育协会一起负责学校体育事宜。

文部省同时与日本体育协会、日本奥委会和职业体育指导员组织展开合作。其中,日本体育协会下属的各地体育协会与各地教育委员会合作负责学校体育事宜。

财团法人日本中学学校体育联盟和全国高等学校体育联盟为文部省提供学校体育方面的咨询和指导服务,这两个联盟领导各地方的相应体育联盟,同样为地方政府知事(类似于我国的省长)和各地方教育委员会提供咨询和指导服务。

四、日本体育运动管理体制的特征

日本体育运动管理体制最大的特征就是有法可依。尽管由于经济泡沫的破灭及国民收入的下降,日本体育事业发展遭遇极大的财政困难,但是借助于相关法律的保障,即使遭遇财政困难,日本政府仍然可以稳步推进体育事业的发展。从日本休闲体育政策演变过程也可以看出日本政府因财政上的考虑,在将体育定位为"公共政策"还是"市场业务"上游离不定。日本的运动振兴政策始终重视体育运动基础设施的建设,尽管经济因素曾造成建设的停滞,但在法律的要求下,基础设施的建设仍在缓步推进。

日本体育运动管理体制的另一特征是运动指导员培育和认证制度。即使是在因财政困难而导致体育运动基础设施建设停滞的年代，日本政府依然投入大量资金建设相关的培育制度，加强软件建设，持续推进运动振兴。这点十分值得我国相关部门借鉴。

第六节　日本体育法研究组织及研究特点

一、日本体育法学会

日本体育法学会(Japan Sports Law Association,JSLA)是目前日本规模最大、影响力最深远的体育法研究组织，成立于1992年12月19日，最初只有20名会员，经过30多年的发展，现已拥有400多名会员。在组织机构上，JSLA设立了会长・理事、副会长・理事、事务局长・理事、事务局次长・理事、事务局次长、理事、名誉理事、监事等职位，现任会长是筑波大学体育系的教授斋藤健司。2020～2022年，JSLA的事务局共有68名成员，其中律师和高校教师分别大约占比50%，既不同于美国体育法学界以律师为主要研究团体的构成，也不同于我国体育法学界以高校教师为主要研究团体的构成。

JSLA的目标是促进和支持体育法研究领域的研究人员/学者的发展，并与国内外体育法协会建立联系和促进合作。其工作内容是组织召开研究会议，创建体育法律出版物、期刊，与国内外其他协会建立联系、促进关系。

学术研究方面，JSLA汇集多年积累的学术成果，于1996年发布了《体育基本法纲要》，为日本2011年《体育基本法》的出台奠定了基础。JSLA每年都会发行《日本体育法学会年报》(Japan Sports Law Association Annual)，年报的内容主要分为专题研讨、原著论文、判例研究、体育仲裁等板块，且每年都会选取当年国内或国际的热点体育法问题作为主题,比如2012年第19号年报的主题是"体育基本法制定和今后的课题",2019年第26号年报的主题是"日本的体育与性别——从国际视点来看的课题"。

日本关于体育政策、法律的研究有很多,较早的研究有三辺光夫1963年出版的《日本体育奥运会的条件》[①],但其关于体育政策的研究并不多。一桥大学社会学学者关春南教授的《战后日本的体育政策》[②]首先对"体育问题"进行定义,认为日本存在体育物质条件匮乏、胜利至上、政治利用等问题,通过回溯日本过往的如1961年《体育振兴法》等法律和政策,阐述了日本体育法律和政策的民主化、奥林匹克至上的变化,对21世纪体育政策的制定提出了建议。围绕《体育振兴法》有一批学术讨论,如饭野节夫的《体育振兴法的问题》、[③]滨野吉生的《体育・体育法学的诸问题》[④]。

二、日本体育法研究的特点

日本的尚武传统使日本社会非常重视体育立法,整个日本的体育法律史很大程度上是一部体育立法史,目前国内对日本体育法的研究也集中在日本体育制定法和政策的研究上。

日本体育法的发展特点表现为:

1. 以应用、促进型立法为导向。日本的体育立法的目标是为了奥运会、竞技体育的发展及促进国家的发展,《体育振兴法》《体育基本法》等法律、政策均是如此。

2. 立法步骤详细。体育法的发展要经过详细的调查报告、战略准备、法律制定、计划落实等步骤,呈现由点到面、由方针到措施的立法方法,而并非集中式立法,如《体育振兴法》发布后就连续发布了两次基本计划。

3. 各种指标可视可量化且非常具体,如《体育振兴基本计划》提出尽

---

① 三辺光夫『日本のスポーツ　オリンピックの条件』(三一書房,1963年)参照。

② 関春南『戦後日本のスポーツ政策』(大修館書店,1997年)参照。

③ 飯野節夫「スポーツ振興法の問題点」月刊社会教育(1961年)。

④ 濱野吉生『体育・スポーツ法学の諸問題』(前野書店,1983年)29頁参照。

早实现成年人每周至少运动1次的人口达到50%。又如,日本政府重视体育教育,为不同年龄阶段的孩子设置了不同的教育计划。小学和幼儿园阶段重视运动的培养,比起运动本身,这个阶段更重要的是让孩子爱上运动,尽情奔跑、玩耍,体会到运动的魅力;初中阶段则要求学生发掘自己喜欢的运动项目;高中阶段则要求学生在自己选择的项目上深耕、提高竞技能力。

4. 完善的体育分类体系。日本将体育分为终身体育、学校体育、竞技体育,分别采取不同的发展措施①,并将推进机构分为国家和地方,由此也构筑了法律和体育法学研究的基本框架。学校体育内部也细分了不同年级的主要任务,1~2年级的目标主要是遵守规则、重视协调性,通过各种运动游戏为今后打下基础;为3~4年级的学生增加了"保健"单元,在各类运动课程的基础上,还增加了体育理论课,由老师给学生们讲解一些专门的体育理论知识;对5~6年级的学生则要求一定的挑战和难度。

当然,我们还应看到,日本的体育法制并非促进体育发展的唯一动力,与体育法制并行推动体育产业发展的还有日本丰富多彩的体育文化。

---

① 我国国内对日本体育法的学术研究亦从这3种体育分类展开,参见马磊:《中日社会体育基本法律制度的比较研究》,河北师范大学2014年硕士学位论文;曲国洋:《日本竞技体育体制研究》,北京体育大学2011年博士学位论文。

09

第九章

中国古代体育法律史

我国是世界上历史最悠久的国家之一。从传说中的三皇五帝开始,有近5000年的文明史;从夏朝进入奴隶制社会开始计算,也有超过4000年的文明史。①

我国体育的发展历史与文明史一样灿烂悠久。②体育作为一种社会现象,早在5000年前的氏族社会时期就已存在。早期人类出于狩猎、宗教、娱乐等目的,开始有意识开展一些活动,这是体育的起源。③

---

① 有学者认为,我国的文明史可追溯到6000年前,参见王树民:《夏、商、周之前还有个虞朝》,载《河北学刊》2002年第1期。

② 有观点认为,我国体育的起源可以上溯到旧石器时代中期的丁村人文化(距今约7万~9万年),将出土的石球作为现代体育中球类用具的鼻祖。参见国家体委体育文史工作委员会、中国体育史学会编:《中国古代体育史》,北京体育学院出版社1990年版,第13页。

③ 关于体育的起源,尚有以下几种学说。第一,需求论。这种观点认为,体育起源于人类生存的需要,为了适应环境,人需要不断进行各种活动,以保证不被环境淘汰,这些活动便是体育的起源,参见曹湘君:《体育概论》,北京体育学院出版社1988年版,第48页。第二,本能论。这种观点认为,体育活动属于人的生理本能,由遗传决定,体育是人生物性的一部分,人的体育属性是先天就有的,而非后天取得。第三,劳动起源论。认为体育起源与生产劳动,体育各项目均源于人类劳动。第四,心理需求说,认为人类进行体育活动纯粹是一种心理需要等。

与其他国家和地区相类似，我国氏族社会时期，社会活动尚未完全分化，一些社会活动混合在一起，很难以现在的标准去进行分类，体育与宗教、娱乐、军事等活动互相融合在一起，难以区分，如为了追逐猎物而长时间奔跑、为了生存而使用武器与野兽搏斗、在祭祀活动中手执兵器舞蹈等，这与后世的长跑、武术和舞蹈等运动项目具有相似之处。

我国体育萌芽于氏族社会时期，形成于奴隶社会时期，发展于封建社会时期。与西方相比，我国古代体育与养生和娱乐等密切相关。我国古代法制具有自己鲜明的特征，突出表现为“诸法合体，刑民不分”，即以一部具有鲜明刑法特征的法典为主，缺少其他部门法典。在“诸法合体，刑民不分”的法律文化下，我国古代没有专门的体育法典，体育法制不系统、不完善，且多与军事和宗教融为一体。

第一节　夏、商、西周时期的体育法制

一、夏朝的体育法制

氏族社会后期，随着生产力的发展，出现了剩余物资，氏族社会开始解体，阶级和国家随之出现。“禹传启，家天下”，夏朝（约公元前 21 世纪～公元前 17 世纪）成为我国历史上第一个奴隶制王朝。目前，关于夏朝法制的记载多依赖于后世著作，如《尚书》《周礼》《史记》等经典的记载和解读。

“夏有乱政，而作禹刑”①，夏朝主要的法律是《禹刑》，除此之外还有《甘誓》（夏启讨伐有扈氏时颁布的军事法律）和《政典》（行政法规）。夏时期法制理念集中表现为“奉天罚罪”，即代表上天来惩罚犯罪，因此夏朝的法律主要体现为刑法，具有强烈的军事性质和宗教色彩。由于早期

① 《左传·昭公六年》。

体育运动与军事和宗教具有密不可分的联系,夏朝时期的体育法制也相应更多地表现为军事和宗教法律。

夏朝重视军事训练,设立各类军事训练制度。

(1)“校”[①],即教授射箭的学校,强制贵族子弟接受训练。

(2)战车训练。据《史记·夏本纪》记载,“陆行乘车,水行乘船,泥行乘橇,山行乘撵”,其中“橇”即为后世战车的雏形。驾驶战车作战需要1人驱马、3人持武器,共同配合作战。

尽管目前尚未发现夏朝军事训练制度立法相关记载,但是相信夏的统治者必然会立法保证军事训练,以维护奴隶主的统治。

夏朝同样重视宗教祭祀。舞蹈在祭祀、占卜中起到人与神之间沟通的作用。据《竹书纪年·帝禹夏后氏》记载,夏王少康驱逐寒浞夺回政权后,“少康即位,方夷来宾,献其乐舞”。可见舞蹈在国家生活中的重要地位,夏朝时期应有关于宗教舞蹈方面的法律制度。

这些涉及军事和宗教舞蹈的法律制度应归属于广义的体育法律制度的范畴。

二、商朝的体育法制

商朝(约公元前17世纪~公元前11世纪[②]),是我国第2个奴隶制王朝。商朝时期出现了我国最早的文字——甲骨文和金文,前者刻在兽骨和龟甲上,多记载占卜的内容;后者刻在青铜器上,多记载国家政治大事。从商朝开始,我国法律开始有文字记载。目前出土的商时代文物较少,其中文字材料多为关于祭祀和军事方面的内容,涉及商代法律内容的材料主要依赖后世的记载。

“商有乱政,而作汤刑”[③],《汤刑》是商朝法律制度的总称,主要为不

① 《孟子·滕文公上》:“夏曰校,殷曰序,周曰庠。”

② 根据“夏商周断代工程”的研究结果,商朝起止时间为公元前1600年~公元前1046年,共554年,但学界对此研究成果存在一定的争议。

③ 《左传·昭公六年》。

公开的习惯法，其内容已不可考据。《汤刑》包括《汤誓》和《汤诰》，《汤誓》即商汤讨伐夏桀时发布的命令；《汤诰》即商汤伐夏时公布的夏桀罪状和商朝的政治纲领。除《汤刑》外，商朝还存在行政法性质的《官刑》。[①]商朝法制理念信奉君权神授，敬畏鬼神，与夏朝相类似，商朝的体育法制同样与军事和宗教密不可分。

为镇压奴隶起义和征伐周边少数民族，商王建立了一支由左、中、右3部分组成的强大军队，青铜武器和战车也开始大规模应用。为了训练这支军队，商朝统治者应建立相应的法律制度，以保证军队的训练。

商朝统治者敬畏鬼神，实行残酷的"人牲"制度，即用活人祭祀；凡做重大决定之前必定要占卜。舞蹈在宗教活动中必不可少。商朝时，宗教活动中的舞蹈分以下几类：(1)大濩，相传为商初重臣伊尹为歌颂商汤灭夏的功绩而作，用于祭祀祖先。(2)巫舞，用于占卜的场合。这些军事训练和宗教舞蹈毫无疑问带有一定的体育特征。与夏朝类似，鉴于祭祀和占卜在商朝政治活动中的重要地位，商朝应制定相应的法律制度来管理宗教活动中的舞蹈。

三、西周的体育法制

西周(约公元前1122年或公元前1046年~公元前771年)。西周是我国奴隶制度的成熟时期，相较于夏朝的"奉天罚罪"和商朝的神权主义法制理念，西周的法制理念更加进步和科学，摆脱了"天罚神判"这种神权政治的影响，集中表现为"敬天保民""以德配天、明德慎罚""刑罚世轻世重"等内容和"亲亲尊尊"的等级制度。"刑"与"礼"一起构成了西周主要法律制度。西周时期法律表现形式多样化，除了"刑""礼"之外，还有"命""诰""誓"等王命。[②]

① 参见《尚书·伊训》："(商汤)制官刑，儆于有位。"

② 参见曾宪义、赵晓耕主编：《中国法制史》，北京大学出版社2016年版，第30页。

“周有乱政，而作九刑。”[①]“九刑”是西周成文刑书的总称，在商朝五刑制度的基础上，进一步发展了包括墨、劓、宫、刖、杀、流、赎、鞭、扑在内的9种刑罚。周穆王时期，又命令吕侯仿照夏朝赎刑制度制定《吕刑》。“刑”是西周刑事法律的总称。“礼”是西周特有的一种制度，在实质上具有法律的性质，但其范围又大于法。以现在的标准来看，“礼”既包含行政、民事、刑事、经济、国家组织等各方面的立法内容，又包括各种习惯法，其标准是“亲亲尊尊”的等级制度。

西周的体育法制与夏、商类似，没有独立的体育立法，体育法律与宗教和军事的联系更为密切。“国之大事，在祀与戎”，西周统治者将祭祀和征伐视为国家的头等大事。

（一）与军事相关的体育法制

为了加强军事实力，西周统治者制定了一系列的制度来保障军事训练的质量。

1. 设立教授射箭的学校，强制贵族参加学习。西周将教授射箭的学校称为“庠”[②]，并要求官员教授射箭。[③]

2. 御术制度。御术即兵车作战的技术。西周时战争以车战为主，衡量军事实力的标示是兵车的数量。尽管目前尚未发现直接记载西周训练兵车的制度，但在军事斗争的现实需求之下，西周统治者应制定相关法律制度。

3. 武舞制度。武舞即军事舞蹈，其动作由实战技能转变而来，类似于今日的军事体育。西周武舞有2类：大武舞和象舞，前者又称“武夙夜”，以武王伐纣的战斗场景为基础发展而来；后者是周文王时期所创。西周规定，军队和学校必须教授武舞。

---

① 《左传·昭公六年》。
② 《孟子·滕文公上》：“夏曰校，商曰序，周曰庠。”
③ 参见《礼记·王制》：耆老皆朝于庠，元曰，习射上功。

4. 田猎制度。西周的田猎类似于今日的军事演习和阅兵，[①]西周统治者制定田猎制度，定期进行军事操练，以保障天子"六军"[②]的战斗力。同时，西周平民[③]中的青壮年男子也被要求在农闲时参加军事训练。《国语·周语上》记载，"狝于既烝，狩于毕时，是皆习民数者也，又何料焉"。可见，西周时到冬天农闲，所有平民青壮年男子都必须参加田猎活动，进行军事训练。

（二）社会生活中的体育法制

与商朝敬鬼神不同，周朝最主要的宗教信仰是祖先崇拜。祖先崇拜的传统与《周礼》一起，规范社会生活。

1. 关于射箭的体育法制。西周时期，射箭除了军事含义之外，还带有一定的政治含义，被称为"礼射"，其目的是明确阶级等级划分，维护西周宗法制度，带有道德教化的目的。《礼记·射义》记载："古者诸侯之射也，必先行燕礼；卿、大夫、士之射也，必先行乡饮酒之礼。故燕礼者，所以明君臣之义也；乡饮酒之礼者，所以明长幼之序也。"西周将射箭分为大射、宾射、燕射和乡射，分别对应不同场合。

2. 关于舞蹈的体育法制。舞蹈虽然起源于娱乐目的，但到夏商周时期，已经被赋予军事和宗教的意义，成为国家制度的重要组成部分。首先，西周统治者重视礼乐的教化功能，把舞蹈作为维护统治的工具。西周将舞蹈分为"文舞"和"武舞"，其中"文舞"包括"巫舞""乐舞""歌舞"。"巫舞"是宗教性舞蹈，西周将巫舞礼仪化，并规定每逢节日必须跳巫舞，还规定在周天子祭祀和田猎祭祀时也要跳巫舞。《礼记·郊特牲》记载，

---

① 田猎是个统称，西周时代不同季节的田猎活动有不同的名称。《周礼·夏官司马·大司马》、《尔雅·释天》和《左传·隐公五年》称为春蒐、夏苗、秋狝、冬狩，《穀梁传》则称为春田、夏苗、秋蒐、冬狩。而《公羊传》则认为一年田猎 3 次，分别为春苗、秋蒐和冬狩，《礼记·王制》也认为一年 3 次田猎，"天子、诸侯无事则岁三田。"

② 即周天子直接指挥的军队。参见《周礼·夏官司马·叙官》，"凡制军，万有二千五百人为军。王六军，大国三军，次国二军，小国一军"。

③ 西周的平民类似于自耕农，他们既不是贵族，也不是奴隶。

“天子大蜡八”,记录了周天子年末祭祀时祭祀必须跳巫舞以驱鬼的制度。《礼记·月令》记载,“腊先祖五祀”,记录了田猎后用猎物祭祀祖先时必须跳巫舞的规定。“乐舞”是在重大场合的一种礼仪性舞蹈,具有重大政治意义,目前虽未找到西周乐舞的相关规定,但是作为国家政治制度的重要组成部分,西周理应对乐舞进行立法。

(三)学校体育教育立法

西周建立了系统的学校教育体系,其内容比夏、商时期更加复杂。按照层次依次为都城的“国学”,类似于今日的最高学府,分“大学”和“小学”;诸侯国的“乡学”。西周统治者将“射”“御”列为重要科目,如学生必须学习“五射”,即五种射箭的方法;学习“六舞”,即各类舞蹈,并根据学生年龄以20岁为界限,分别学习“小舞”和“大舞”。

四、总结

夏、商、西周处于我国奴隶社会时期,也是我国法律、体育的萌芽时期。由于生产力低下,这一时期的法律和体育都较为简陋,未形成系统化的体育法律体系,体育法制带有明显的宗教和军事色彩,以维护奴隶主阶级的统治为目的。

这一时期离当代较久远,出土文物较少,对于彼时体育法制的还原大量依靠后世典籍,而学界对后世典籍的记载部分内容多有争议(例如,有观点认为《周礼》为西汉时期所做,而非西周时期的作品,且存在“今文书”“古文书”两个不同版本的争论)。各种原因导致了相关资料缺失,无法真实还原这一时期体育法制的全貌。

第二节 春秋战国时期的体育法制

从公元前770年周平王迁都洛邑(今洛阳)始,到公元前476年(或公元前403年)止,这段时间因孔子著史书《春秋》而被后世称为春秋时期。从公元前475年到公元前221年秦始皇统一中国,这段时间因各诸侯国互相征战而被后世称为战国时期。

春秋战国时期是我国从奴隶社会向封建社会过渡时期,社会处于大动荡、大变革时期,代表各阶级利益的思想家纷纷著书立说,试图影响各诸侯国统治者,出现了"百家争鸣"的局面。郑、晋两国颁布成文法,是我国历史上第一次公开颁布成文法。这一时期的主要矛盾是奴隶主阶级与新兴地主阶级、劳动人民与剥削阶级之间的矛盾。

相比夏、商、西周时期,春秋战国时期军事斗争更为激烈。各诸侯国均将富国强兵作为国家的首要任务,军事因素渗透于国家生活的方方面面,宗教因素逐渐减弱,现实的军事目的,贯穿体育训练始终。

春秋时期,周天子式微,较强大的诸侯国在"尊王攘夷"的口号下纷纷加强军事势力,对外扩张,先后出现被称为"春秋五霸"①的5个诸侯盟主。这一时期体育法制的主要特点表现为:(1)直接目的是服务军事训练;(2)多以命令的形式出现;(3)体育开始与军事、宗教分离,逐渐带有道德教化功能。

一、军事体育法制

(一)骑术

骑兵在古代有特殊的地位。春秋时期华夏族诸侯国主要作战方式还是陈旧的"车战"模式,即由骑手驾驭马拉战车,战车上射手和戈手负责作战。赵武灵王受到匈奴骑兵的启示,推行胡服骑射的军事改革,要求军队按照匈奴人的方式训练。据司马光《资治通鉴·周纪三·赧王·八年》记载:"赵武灵王北略中山之地,至房子,遂至代,北至无穷,西至河,登黄华之上。与肥义谋胡服骑射以教百姓,曰:'愚者所笑,贤者察焉。虽

① 一说为齐桓公、晋文公、秦穆公、宋襄公、楚庄王;另一说为齐桓公、晋文公、楚庄王、吴王阖闾、越王勾践。

驱世以笑我，胡地、中山，吾必有之！’遂胡服。”

（二）射箭

射箭作为传统“六艺”之一，在春秋战国时期继续得到重视。出于军事斗争的需要，各诸侯国都大力加强箭术训练，鼓励练习射箭。如《荀子》记载，为鼓励练习射箭，各诸侯国奖赏那些勤于练习且射术好的人，惩罚那些怠于练习的人。[①] 魏国李悝颁布法令，鼓励人民练习射箭。[②]

二、教育体育法制

春秋战国早期，出于严酷军事斗争的需要，体育与军事往往融为一体。到春秋后期，一些体育活动，如射箭、剑术等，开始带有教化德治功能，逐渐向礼仪化方向发展，开始与纯军事目的相分离。

春秋战国时期，继承西周“六艺”作为道德教化的工具，重视“礼射”。田猎作为军事训练的功能逐渐退化，体育娱乐的性质越来越明显，如齐襄公、齐景公等君主，便曾因醉心于田猎而被批评。齐国在管仲当政时期，发布法令来规范田猎行为，规定春秋两季田猎，《国语·齐语·管仲对桓公以霸术》记载：“春以蒐振旅，秋以狝治兵。”其中的“蒐”和“狝”即指田猎。

第三节　秦汉时期的体育法制

秦汉时期，是我国历史的转折时期。秦始皇统一了中国，建立中央集权的帝国，结束了春秋战国以来400多年的混战局面，封建制度开始占据主导地位，先是法家思想，后是儒家思想占据统治地位。从政治制度到哲学思想，乃至个人的思维方式，在这一时期发生了极大的变化。这一时期

① 参见《荀子·君道》。
② 参见《韩非子·内储说上七术·说三》。

的体育开始向娱乐化、专业化方向发展，体育与军事、宗教逐渐分离，其教育色彩愈发浓重。我国古代大多数体育运动的雏形，均在这一时期形成。这一时期的体育法制也更加丰富、复杂。

由于秦汉时期的法律典籍绝大多数未保留下来，我们只能从后人的著作中了解这一时期的体育法制。

一、概述

秦代统治者崇尚法家思想，主张用严酷的法律治理国家。秦代没有统一的法典，其法律表现为：律（某一专门事类正式颁布的法律）、令（皇帝的命令）、式（法律文书）、“法律问答”（官员对法律所做的权威解释）、“文告”（具有法律效力的文件）以及“程”、“课”、“廷行事”等形式。

汉承秦制。汉朝统治者在吸取秦朝灭亡历史教训的基础上，提出与民生息的统治思想，以恢复被战争破坏的社会经济。特别是汉武帝提出“罢黜百家，独尊儒术”之后，儒家思想成为立法主导思想。汉朝时期法律表现为：律（类似于后世的法典）、令（皇帝的命令）、科（单行法规）、比（有法律效力的判例）等。汉朝时期的立法主要有《九章律》《傍律》《越宫律》《朝律》等，以上被统称为《汉律》，现在《汉律》已失传。

秦朝统一全国后，改变了诸侯混战的局面，这一时期体育也从军事斗争的要求中解放出来，更多地体现为娱乐和教育的需求，与宗教相分离。

二、秦汉时期体育法制的发展

（一）体育管理制度

汉朝时期体育的娱乐色彩日渐浓厚。当时流行的带有娱乐性质的体育运动主要有角抵、投壶、百戏（各类体育运动的总称）等。据《史记·大宛列传》记载，汉武帝曾在长安举办过两次大型的角抵比赛。投壶是由春秋战国时期“射礼”演变而来的一种体育娱乐活动，汉朝时兴盛一时。据三国时期邯郸淳《投壶赋》记载，当时投壶运动的规则已经相当完善。东汉时期，“百戏”兴盛，各类体育运动成为当时社会一种重要的娱乐方式。

可见，随着体育运动的发展，相应的体育管理制度必然随之发展，并为社会所认可，否则这些体育运动将无法广泛开展。这些体育管理制度，毫无疑问属于广义的体育法规。

（二）体育教育法制

汉武帝以儒家思想作为汉朝的主导统治思想，并在学校教育中予以贯彻，一改春秋以来百家争鸣的局面。汉初，在长安设置国家最高学府——太学。与春秋战国时期学校教育的尚武传统不同，自西汉始，学校教育逐渐"重文轻武"，重视经学而轻视具有体育性质的军事技能，具体表现为传统"六艺"逐渐淡出，取而代之的是具有礼仪性质的"射礼"。

（三）军事体育法制

相比春秋战国时期，秦汉时期体育的军事意义逐渐消退，但其在军事训练中的重要地位仍不容忽视。

随着武器的发展，持械训练成为军队训练的主要形式，随之发展出包含"剑舞""刀舞"等单兵持械训练形式的"武舞"。与春秋时期以队列变换为主的"大武舞"不同，秦汉时期的军事训练以单兵持械训练为主。秦汉时期其他军事训练项目还有拳术、角力、狩猎等。这些关于军事训练方面的规定，无疑属于秦汉时期体育法制的重要组成部分。

第四节　三国两晋南北朝时期的体育法制

三国两晋南北朝时期是我国历史上一段分裂时期，持续长达400余年。这一时期的特征是战乱，各民族、各政权互相对峙、互相兼并。为求生存，他们纷纷进行各种政治改革，在立法上表现为立法活动频繁、法律思想活跃。这一时期是中国法制史上一个承前启后的时代。

这一时期，东汉末年开始的社会混乱，带来礼教秩序崩溃，导致儒家思想丧失统治地位。法家、道家等学派思想重新受到重视，法律思想开始活跃,尤其是东晋时期的玄学思想,蔑视儒家礼法制度,对体育和法律产生了重大影响。这一时期流传下来涉及体育法制内容的主要为与军事体育相关的各类命令。

这一时期,各民族、各政权之间互相对立,战争不断,现实的军事需要被置于国家生活的首位,军事体育成为当时体育法制的主要组成部分。

北魏鲜卑族统治者起源于北方草原,重视骑射,制定法令以保障骑射训练的质量。《北史·魏纪二·世祖太武帝》记载:"(北魏太武帝拓跋焘)秋七月己巳,车驾至上郡属国城,大飨羣臣,讲武马射。"北魏文成帝拓跋濬曾下令修建骑射训练场地;北魏孝文帝元宏也曾下令要求加强军事训练,并修建训练场地。

南北朝时期,类似于今日相扑运动的"角抵术"开始流行,并为南北朝人民所欢迎。角抵术显然与军事训练中的搏斗有密切联系,也为统治者所重视。《魏书·乐志》记载,北魏道武帝拓跋珪曾下令建造角抵训练场地。北朝时期,官方建立了一系列制度来保障角抵术的发展,其中最重要的是建立"角抵队"。从北魏到北齐,均建立官方"角抵队",担任皇帝的贴身警卫,对这支部队的训练、编制、人数等皆有制度规定。

第五节 隋唐时期的体育法制

隋朝结束了南北朝400多年的分裂局面,统一了全国,社会、经济、文化开始全面发展。在隋朝统治的基础上,唐朝前期进入我国封建社会发展鼎盛时期,法律制度和体育事业得到极大发展,以《开皇律》《大业律》《唐律疏议》为代表的一系列立法成果,成为我国封建时代法律发展的顶峰,奠定了中华法系的基础,并且对周边国家的法制建设产生了一系列重要影响。"七世纪的唐律比十三世纪神圣罗马帝国的卡罗琳纳法典有过之而无不及，同时也可以同十七世纪德意志刑法典相媲美。”①

隋朝法律制度在继承北齐“法令明审、科条简要”的基础上，进一步确定了我国封建法律的主要原则。唐朝法律制度则在隋朝的基础上进一步改革，以适应封建政治、经济关系，奠定了我国封建法制的基本形态。唐朝是中华法系的成熟时期。

由于结束了南北分裂、战乱不断的局面，隋唐时期社会经济得到极大发展，社会物质财富较南北朝时期大大丰富。在经济繁荣的社会基础之上，体育得到空前发展。

1. 社会各阶层积极参与体育运动，体育不再是统治阶级的专属活动，也不再局限于军事和宗教领域，而是真正进入社会大众日常生活之中。

2. 体育项目种类进一步发展。在继承并发展传统体育运动项目角抵、蹴鞠、棋类运动和各类武艺的基础上，以马球（唐人称“击鞠”）为代表的一系列新兴体育项目开始兴起。

3. 中外体育交流空前活跃。一方面，蹴鞠、围棋等中国传统体育项目传播到朝鲜、日本、越南等亚洲国家，并深受当地人民喜爱；另一方面，以波斯舞蹈为代表的国外体育项目也传入我国，与我国传统体育项目互相融合。

一、隋朝的体育法制

隋朝存续的时间虽短，却承上启下连接了南北朝和盛唐两个历史时期。隋朝前期，统治者进行一系列有利于社会休养生息的改革，为体育的发展奠定物质基础。隋朝的体育法制更多体现为统治者的命令。

隋朝统治者的命令，在促进角抵戏发展方面起了重要作用。隋文帝统一全国之后，曾因角抵戏奢靡浪费，下令禁止。隋炀帝即位后，史称其“好大喜功”，一改隋文帝勤俭节约的传统，铺张奢靡，他下旨废除隋文帝禁止角抵戏的命令，并常亲自观看。《隋书·炀帝纪》记载，“大业六年春

---

① ［日］仁井田陞：《中国法制史》，牟发松译，上海古籍出版社 2011 年版，“序”。

正月丁丑,角抵大戏于端门街,天下奇伎异艺毕集看,终月而罢”。在统治者政策的扶植下,角抵戏开始兴盛起来。

二、唐朝的体育法制

(一)统治者的命令

唐太宗李世民认为发展骑射,有利于增强军事实力,抵抗外敌。为此,他本人积极提倡骑射,并组织定期文武百官练习射箭。《新唐书·兵志》记载贞观初年,“太宗择善射者百人……复择马射为百骑,衣五色袍,乘六闲驳马”。这记载了李世民建立骑射部队的历史。

击鞠(马球)在唐朝的兴盛同样离不开唐太宗的重视,他认为通过练习击鞠,可以有效提高骑术,从而增强军队战斗力。《封氏闻见记》记载:“太宗常御安福门,谓侍臣曰:闻西蕃人好为打球,比亦令习……”唐太宗令习马球后,首先是宫廷,其次是军队和民间开始流行马球。

鉴于马球可以为“用兵之计”,唐玄宗于天宝六年下令在唐军中开展马球运动,通过开展马球运动达到训练军队的目的。

借助于唐代统治者的大力推广,马球运动在唐朝时期已经成熟,并存在一定的规则。20 世纪 70 年代,唐代章怀太子李贤墓出土一幅壁画,清晰展示了当时的马球规则。①

角抵术在唐朝继续得到发展,并得到统治者的喜爱与提倡,如《明皇杂录》记载,唐玄宗李隆基“每赐筵宴,教坊,大陈山车、旱船、寻橦、走索、九剑、角抵,戏马、斗鸡诸戏”。

(二)军事体育制度

唐朝的军事制度中也包含一些军事体育的因素。

1. 府兵制。府兵制是唐朝最基本的军事组织制度,类似于现代民兵制度。唐朝统治者要求每户出若干男子充当府兵,不完全脱离生产,忙时

---

① 图中比赛用球为红色,有 20 多匹马。运动员穿窄袖长袍和黑色长靴,右手执偃月形球杖。裁判穿淡绿色长袍,红色翻领。

耕地,闲时训练,做到“兵民合一”。① 每年冬天,府兵都要进行军事训练,包括骑射和其他兵器的训练,促进了我国传统武术的发展。

2. 武科举制度。武科举制度始于隋文帝时期,直到清末一直是我国最重要的选拔官员的考试制度。最初科举考试只有文科举,用以选拔文官。武则天于长安二年(公元702年)设武科举,通过科举考试选拔武官。②

府兵制和武科举两项制度,促进了军事体育的发展,在制度上保证我国传统武术的传承发展。

3. 角抵术。角抵术在唐朝时期得到军队的重视,并成为正规军事训练科目之一,据宋朝王谠所著《唐语林》记载,唐代军人皆能熟练做角抵之戏。

(三)体育管理制度

唐朝在宫廷内设立专门的相扑管理机构——相扑册,专门管理相扑艺人。如宋人调露子《角力记》曾记载,唐朝从民间少年之中选拔相扑手,十四五岁时入“相扑册”,以便随时满足唐朝皇室的需要。

第六节　宋、辽、金、元时期的体育法制

北宋结束了五代十国时期的分裂局面,但未统一中国。这一时期中国总体呈南北对峙的分裂局面。首先是辽与北宋的对峙,其后是金与南宋的对峙,直到元朝灭南宋统一全国为止。这一时期,社会经济文化继续得到发展,城市人口大大增加,娱乐体育开始兴盛,甚至出现专门的游乐场——瓦舍,体育运动繁荣兴盛;另外,南北对峙的局面导致军事斗争成为国家生活的主旋律,体育中的军事因素又开始不断加强。

---

① 《新唐书·兵制》记载,府兵制下,遇有战事,则招募府兵出征,战事结束,则府兵各自回原籍务农,将领则回朝廷复命。

② 《新唐书·选举制》和《通典》中详细记载了武科举的考核方法。

元承宋制。由于元朝统治时间较短,立法较粗糙,体育法制总体上沿袭南宋旧制。

一、两宋时期的体育法制

两宋时期,经济繁荣,政府管制放松,思想意识活跃,理学占据主导地位。为防止五代十国时期军阀割据局面再次产生,宋朝统治者重文抑武,宋朝立法呈现与前代完全不同的特点。

除了综合性法典《宋刑统》之外,宋代的编敕和例也具有与《宋刑统》一样的效力。敕是皇帝发布的命令,编敕即将敕加以编纂赋予其法律效力的立法行为。除此之外,断例(刑事判例法)、事例(皇帝"特旨"和尚书省等官署发给下级指令的"指挥"汇编)等也具有法律效力。

(一)体育运动规则的进一步发展

两宋时期,统治者采取较宽容的统治政策,社会政治环境较稳定,经济得到稳定发展。商品经济空前繁荣,城市人口大大增加。为了满足城市人口的娱乐需要,娱乐性体育运动应运而生。北宋城市出现了游乐场——"瓦舍",其中有蹴鞠、相扑、举重等娱乐性体育表演。统治阶级享乐的需要,也在一定程度上促进娱乐性体育的发展,蹴鞠、相扑等表演型运动在宋朝宫廷大行其道,为统治阶级所喜爱。

宋代是蹴鞠运动得到较大发展的时代。宋代蹴鞠分两类:(1)以进球多少决定输赢的比赛足球,称为"筑球";(2)以踢球技巧的观赏性决定输赢,称为"白打"。无论是"筑球"还是"白打",在北宋时期已经形成了严格的比赛规则。宋末元初周密所著《武林旧事》中曾详细记载了球员的名称。[①] 明代汪云程所著《蹴鞠图谱》,记载了宋代蹴鞠场上运动员人数以及各位置运动员名称,并且明确记载裁判名称——"部署、社司、知宾"。明朝中后期编纂的《蹴鞠谱》则详细记载了蹴鞠比赛的规则和运动

---

① "武林"即南宋都城临安。参见《武林旧事·卷四·乾淳教坊乐部》。

员的位置。《东京梦华录》和《事林广记》详细记载了一场蹴鞠比赛从开始到结束,包括比赛规则在内的整个过程。可见,宋代蹴鞠比赛的规则已经基本成熟。

角抵在宋代被称为相扑,受到各阶层人士广泛喜爱。当时相扑已形成成熟的规则体系,相扑规则被称为"社条",裁判被称为"部署"。在比赛前,"部署"会向比赛者宣读比赛规则,强调应遵守规则。[①]

象棋规则在南宋时期已经基本形成。据南宋陈元靓所著《事林广记》记载,当时棋子和棋盘布局已经和现代中国象棋基本一致,下棋规则也与现代类似。20 世纪 70 年代在福建泉州沿海发现的南宋沉船上曾打捞上来铜制象棋棋子,与现代并无两样,直接证明在南宋时期象棋及其规则已经基本成型。

尽管上述体育运动的规则不应属于广义体育法律的范畴,但毫无疑问宋朝体育运动规则的发展,从侧面说明体育运动相对以前更加讲究规范性。

(二)军事体育法制

军事体育作为中国古代体育的重要表现形式,在宋代继续得到发展,其立法也随之发展。两宋始终面临北方游牧民族和内部农民起义的压力,军事斗争持续不断,迫使宋朝统治者不得不加强军事建设。

1. 军事人才选拔考试制度。由皇帝掌握的禁军是宋朝军队的精锐,其人才选拔有三种形式:武学、募选和武举,均以考试的形式进行。其中,武学考军事理论和军事技能(如骑射、武艺等);募选则通过包括骑术、射箭、兵器等科目在内的考试,从基层士兵中选拔军官;武举则延续唐朝的模式,考察军事理论和武艺。[②] 军事人才选拔考试制度的存在,在一定程度上保证了宋代军队的军事素养。

---

① 参见国家体委体育文史工作委员会、中国体育史学会编:《中国古代体育史》,北京体育学院出版社 1990 年版,第 325 页。

② 参见《宋史·武举三》:"武艺则试于殿前司,及殿试,则又试骑射及策于庭。"

2. 游泳。游泳在宋朝被作为军事训练项目而展开。水军在北宋消灭南方割据政权的过程中发挥了重要作用。鉴于此,宋朝极其重视水军技能之一——游泳的训练。宋太祖时期,曾在首都汴梁城外开凿人工湖泊金明池训练军队的游泳技能。宋朝对游泳技能如此重视,相信在军队训练法律中应有所规定。

3. 马球与蹴鞠。与唐朝时期将马球作为娱乐体育项目不同,宋代将马球作为骑兵训练的一种手段,并加以规范化和制度化。马球规则在宋朝已经较规范。《宋史》记载了当时的马球规则:当时马球比赛分两队,有裁判,先进 12 球为胜利者。[①] 蹴鞠在宋朝军队和民间极为流行,其自汉朝起,便作为军队训练的内容。钱选所作《宋太祖蹴鞠图》,便描绘了宋太祖与大臣踢球的场面。

宋太宗时期曾规定将马球作为正式的军队训练科目,"打球,本军中之戏。太宗令有司详定其仪"[②]。南宋更是将马球视为骑兵训练的有效方法。南宋孝宗赵昚尤其重视马球运动,在宫廷内倡导打马球。宋孝宗曾强调马球的军事训练意义:"卿言甚忠,得非虞衔橛之变乎?正以仇耻未雪,不欲自逸尔。"[③]因此南宋军队中大规模开展马球训练。陆游的《春感》和孟元老的《东京梦华录》均记载军队大规模开展马球训练的场景。可见,当时马球已是军事训练的重要组成部分,军事训练制度中应该对马球运动有详细规定。

4. 跑步。宋朝主要靠步兵对抗北方政权的骑兵,对士兵长跑能力非

---

① 《宋史·志·卷七十四·礼志二十四》:"马皆结尾,分朋自两厢入,序立于西厢。帝乘马当庭西南驻。内侍发金合,出朱漆球掷殿前。通事舍人奏云:御朋打东门。帝击球,教坊作乐奏鼓。球既度,飐旗、鸣钲、止鼓。帝回马,从臣奉觞上寿,贡物以贺。赐酒,即列拜,饮毕上马。帝再击之,始命诸王大臣驰马争击。旗下擂鼓。将及门,逐厢急鼓。球度,杀鼓三通。球门两旁置绣旗二十四,而设虚架于殿东西阶下。每朋得筹,既插一旗架上以识之。帝得筹,乐少止,从官呼万岁。群臣得筹则唱好,得筹者下马称谢。凡三筹毕,乃御殿召从臣饮。又有步击者、乘驴骡击者,时令供奉者朋戏以为乐云。"

② 《宋史·礼志一》。

③ 《宋史·周必大传》。

常重视,长跑能力被作为晋升的重要依据。“有司先阅走跃,上下马,再试武艺。”[①]

(三)体育管理制度

相对前代,宋代体育高度繁荣,出现大量专业的体育艺人和体育组织。宋朝的体育管理制度相对前朝而言,更加正规而复杂。对于官方体育组织和民间体育组织,宋朝采取不同的管理制度。

1.官方体育管理机构

宋朝设立殿前司、太常寺教坊所和左右军巡使三个官方体育管理机构。

殿前司也称军投司,与侍卫亲军司合称“两司”,是宋朝禁军最高指挥机构。殿前司直接管理禁军的调动和人事,[②]禁军中的相扑手等体育人才也属殿前司管理。

太常寺是南宋掌管宗庙祭祀的机构,其下辖教坊所则负责官方舞蹈、音乐人才的管理工作。[③] 这些人在官方重大的祭祀活动中负责舞蹈和奏乐。

左右军巡使。两宋时期,首都的体育艺人除了在民间表演维生外,还需要应征为政府服务。为了加强对这部分艺人的管理,宋朝设立左右军巡使管理,这部分艺人也被称为“左右军”艺人,但他们仍属于民间艺人,不是政府官员。

宋朝还设置“内等子”等机构,管理角抵艺人。

2.民间体育组织管理制度

宋朝时出现了一批自治性质的民间体育组织,根据民间体育组织性质的不同,宋朝政府采取不同的管理模式。

对于带有练武性质的民间体育组织,为防止其扰乱治安,甚至威胁宋

---

① 《宋史·兵志十》。

② 参见《宋史·职官六》。

③ 参见《宋史·职官四》:“(教坊所)掌宴乐阅习,以待宴享之用,考其艺而进退之。”

王朝的封建统治，宋朝政府对其加以严格管制。如北宋时期的河北地区长期处于北宋和辽对峙的前线，当地民众出于自卫目的组织了弓箭社，以习武自保，[①]其组织形式为每户出一人，推荐乡间武艺出众且德高望重者为领导者。苏轼曾记载："（弓箭社）不论家业高下，户出一人。又自相推择家资武艺众所服者，为社头、社副、録事，谓之头目。带弓而锄，佩剑而樵，出入山坂，饮食长技与北虏同。私立赏罚，严於官府，分番巡逻，铺屋相望。"[②]对于这类带有半军事性质的民间体育组织，宋朝政府始终限制其发展甚至拒绝承认其合法性，如苏轼曾多次上书要求给予弓箭社合法地位，但是宋朝兵部始终未同意。

然而，对于带有行会性质的体育组织和纯粹出于兴趣爱好而组织的业余体育组织，宋朝政府却采取完全不管，甚至放任自流的态度。

二、辽、金、元时期的体育法制

辽、金、元是契丹、女真和蒙古族建立的政权，三者皆为北方游牧、渔猎民族，社会结构简单，全民皆兵，以骑射为特色。在长期与南方宋朝的对峙过程中，辽、金、元政权皆重视军事训练，军事体育法制是其体育法制的主要组成部分。

（一）体育管理制度

1. 定期举办骑射和狩猎活动的制度。辽、金、元人民皆善骑射。为保持本民族的尚武精神，鼓励人民练习骑射，三个政权都规定了定期举办骑射或者狩猎活动的制度。

辽将农历三月三日定为"射兔节"，在这一天刻木为兔，大家骑马射兔，先射中木兔者为优胜；[③]农历九月九日定为"射虎节"，辽国皇帝率领

---

① 参见《宋史·兵志四》："河北州县近山谷处，民间各有弓箭社及猎射人，习惯便利，与夷人无异。"

② （北宋）苏轼：《乞增修弓箭社条约状》。

③ 参见《辽史·礼志六》。

群臣射虎。[①] 辽还将皇帝定期举行狩猎定为制度，并在史书上专门设《游幸表》以记载。

金定农历五月五日为射柳节，“行射柳，击球之戏”[②]。

2. 考试射箭

辽、金、元统治者本为北方游牧民族，在统一中国北方后，为维持统治，缓和民族矛盾，也效仿宋朝，开设科举制度，其中包括武科举。武科举诸科目中，射箭最受重视。金朝甚至规定女真人考文进士也要考试射箭。[③]

（二）军事体育法制

1. 马球。马球运动兴盛于唐代，至宋代成为军队训练项目。辽、金、元继承这一制度，马球运动继续作为军队训练项目受到重视。如金国统治者认为，打马球可以训练骑兵的作战能力，进而关乎国家安全。[④] 同时，辽金时期马球规则也基本定型，且与宋朝的马球规则有较大差别。[⑤]

2. 跑步。尽管辽、金、元政权重视骑兵，但步兵仍旧是军队的主力，步兵徒步奔跑能力受到重视。尤其是元朝，疆域空前广大，统治者为了维持统治，设立大量急递站铺传递信息，由“铺兵”传递信息。要求“铺兵需壮健善走者”，并规定考核制度，“不堪之人，随即易换”[⑥]。

（三）体育管理制度

在元朝建立之前，角抵便在北方草原流行，蒙古族尤其喜爱这项运动。元朝建立后，出现了职业角抵运动员，依靠表演为生。元仁宗时期设“勇校署”管理角抵艺人，“延祐六年六月，戊申置勇校署，以角抵者

---

① 参见《辽史・礼志六》。
② 《金史・礼志八》。
③ 参见《金史・选举志一》。
④ 参见《金史・马贵中传》。
⑤ 参见《金史・礼志八》。
⑥ 《元史・兵志》。

隶之”[①]。

出于防止被统治民族反抗的目的，金、元曾下令禁止汉人参加角抵运动。如金朝曾禁止汉族人民练习角抵、枪棒，违反者定罪：“制定民习角抵、枪棒罪。”[②]元朝也曾禁止汉族人民练习武艺，其中就包括角抵：“诸民间子弟，不务正业，辄于城市、坊镇演唱词话，教习杂戏，聚众淫虐，并禁治之……诸弃本逐末，习用角抵之戏，学攻刺之术，师、弟子并杖七十七。”[③]统治者专门立法禁止某项体育运动，这种做法不仅为我国历史上所罕见，在世界历史上也极为罕见。在我国历史上仅有明太祖禁止军人蹋球、下棋；在外国历史上也仅有英格兰都铎王朝和斯图亚特王朝时期几位国王立法禁止平民参加贵族专属的体育运动。

第七节　明清时期的体育法制

明清时期是我国封建社会衰落时期。两个朝代具有一定的相似性：王朝初期，统治者为缓和阶级矛盾，都采取减轻赋税、鼓励生产、抑制土地兼并的政策；王朝中期，统治者不断加强中央集权；王朝末期，政治腐败、土地兼并、战乱不断，各地出现人民起义。

一、明朝的体育法制

明代立法思想可以概括为“重典治国”和“明礼导民”。在目睹元末法纪松弛，朝廷无法控制全国而导致的战乱之后，明太祖朱元璋认为元朝末年天下大乱的原因是“今元政弛极，豪杰蜂起，皆不修法度以明军政”[④]。因此他认为应吸取元末的教训，用“重典”治国和治吏。

---

① 《元史 · 本纪 · 仁宗》。
② 《金史 · 本纪 · 章宗》。
③ 《元史 · 刑法志》。
④ 《明史记事本末》卷十四。

朱元璋同样重视礼治在治理国家中的重要作用,主张“纪纲法度为治之本”①。

明朝的立法主要有基本法典《大明律》,朱元璋颁布的特别刑法《明大诰》,行政法典《明会典》。

(一)军事体育法制

1. 武科举。明朝继承唐宋武科举制度,并将其推向高峰。与唐宋武科举不同,明朝武科举不仅重视武艺,更重视谋略,“先之以谋略,次之以武艺”。如果在谋略考试中不合格,就无法继续参加下一场的武艺考试。明代武科举制度一直处在变化之中,直到明宪宗成化十四年(1478 年),才效仿文科举,设武科举乡试和会试。明孝宗弘治六年(1493 年),最终规定武科举每 6 年考试一次,后又改为每 3 年一试。先考策略,后考弓马,策略考试不合格者不准考弓马。

2. 乡兵制度。为改革明代初年军户制度和“卫兵所制度”的弊端,明英宗正统二年(1437 年)开始招募乡兵,乡兵平时种地,战时出战,类似于现代的民兵。乡兵制度推动了民间练武的兴盛,各地开始因地制宜,开展具有地方特色的民间武艺训练,②从而推动民间体育的发展。

(二)体育管理制度

1. 禁止军人参加一些体育运动。为了防止军人沉湎于体育娱乐而削弱战斗力,明太祖朱元璋曾禁止军人踢球、下棋,并规定有违反者砍断双腿或打断双手,惩罚不可谓不严厉。③ 以如此严厉的制裁禁止军人参加体育运动,为体育法律史上所罕见。

2. 端午打马球、射柳枝。明成祖朱棣迁都北京后,规定每年端午节,明朝宗室和群臣要在故宫幸东苑打马球、射柳枝。

---

① 《明太祖实录》卷二十六。

② 参见《明史·兵志三》。

③ 参见(明)顾起元:《客座赘语·国初榜文》。

二、清代的体育法制

满洲贵族崛起于白山黑水之间，具有鲜明的渔猎民族特色。清代的法制，既有民族特色，又大力吸收明代法制建设成果，从而形成独具特色的法律制度。乾隆五年(1740 年)完成的《大清律例》是清代最主要的法典，各院部的则例主要为行政法规，《大清会典》主要是行政制度的汇编。

(一)军事体育法制

1. 武科举。清沿用明代武科举制度，没有本质变革。考试程序上，参照文科举，分童试、乡试、会士和殿试，通过前三层次考试者获得武秀才、武举人、武进士的称号。殿试分三甲，一甲前三名为武状元、武探花、武榜眼，合称“鼎甲”，被皇帝赐“武进士及第”。考试方式与明代略有不同，考试分三场：先考马步射，后考力气，前两场为“外场”，考试合格者才考笔试，称为“内场”。①

2. 行围制度。清朝统治者原为东北地区渔猎民族，酷爱打猎，满洲贵族入关后，并未放弃狩猎传统。康熙二十二年(1683 年)，康熙帝在承德建立木兰围场，将“木兰围猎”定为制度，每年秋季，皇帝都要率领群臣和大军来此狩猎。“木兰围猎”不仅是一次军事演习，也是一次训练骑射的体育盛会。

(二)体育管理制度

1. 限制民间练武。为维护满族贵族统治，防止广大汉族人民反抗，清朝统治者曾规定禁止汉人练武。如顺治五年(1648 年)，清政府下令，除文武官员和军人外，一律禁止民间私藏武器，驯养马匹，练习武艺。禁止民间练武，打击了民间体育的开展。

2. 骑射考试。满族统治者为了保持旗人的骑射传统，规定旗人参加

---

① 参见《清史稿·选举三》。

文进士考试，必须加试骑射，以“庶文事不妨武备”[①]。

3. 冰嬉制度。冰嬉是清朝对冰雪运动的统称，在清代特指每年在太液池举办的宫廷冰上体育运动。

满洲贵族原生活在长白山脚下，习惯于在冰天雪地中生活，冰雪运动技能较强。冰嬉起源于努尔哈赤统一女真部落的战争中，据《清语择钞》记载，努尔哈赤统一女真各部落时，女真巴尔特虎部落即使用滑雪的方式行军：“时有弗古烈（部落首领名）者，所部兵皆着乌拉滑子，善冰行……一夜行七百里。”满洲贵族入关后，保持滑冰检阅军队的传统。清代规定，每年冬季要在北京的北海检阅八旗军队，称为冰嬉。冰嬉过程中，还会举行包括滑冰在内的各类冰雪运动项目。

冰嬉制度形成于乾隆年间，至嘉庆、道光时期成型，成为一个集政治、军事、文化、娱乐于一体的国家制度。《清实录》中曾记载：“紫禁直宿兵丁、侍卫皮衣银两，巡幸、行围、冰嬉、扫雪、善扑、旗租等赏赉，皆书。”[②]嘉庆、道光年间，对冰嬉均加以详细规定，并改称冰技；至道光年间曾中断，恢复后规模大大缩减，时间改为一天；至咸丰年间，虽然未废除冰嬉制度，但实际上已不再举办。

三、总结

中国古代体育法制，是随着我国古代体育运动的发展而进步的，既不系统，也不完整，往往以统治者的命令、军事训练制度、宗教祭祀制度的形式出现，在立法上也无自身独立性，没有独立的体育法典，为军事训练、宗教祭祀和社会管理制度的附属规则。

中国古代体育法制的发展，呈现从简单到复杂的规律。从先秦时期仅涉及军事训练制度和祭祀制度，到唐宋时期包含体育组织管理制度、军事人才选拔制度，再到明清时期包含带有体育行政管理性质的制度，其内

① 《清史稿 · 选举三》。
② 《宣宗成皇帝实录 · 首卷二 · 凡例》。

涵与外延不断丰富。

与现代体育立法更多倾向于鼓励、扶植体育运动的发展,为其发展提供法律保障不同,中国古代的体育法制更多体现为统治者实现统治的工具。如其中的军事、宗教因素,实质上是为了达到统治目的,而一些禁止性的内容(如北宋对民间习武加以约束、明太祖禁止军人从事一些体育活动、清朝初期禁止汉人习武等),更是体现了统治者借体育法制实现对被统治者的节制。

10

第十章

中国近代体育法律史

本书将中国近代体育法律史的时间跨度设定为1840年鸦片战争爆发至1949年中华人民共和国成立，与史学上中国近代史的跨度相同，系基于以下考虑：

(1)从制度史上看，1840～1949年，其中虽经历辛亥革命建立了中华民国，但是中国社会半殖民地半封建的性质没有改变。尽管期间清政府、北洋政府乃至南京国民政府学习西方，进行一定程度的法制建设，但是在总体上法律制度(包括体育法律制度)的半殖民地半封建性质没有变化。新中国成立后，彻底改变了旧中国半殖民地半封建的社会性质，真正走上了独立自主的道路，其体育法制建设也与之前迥然不同。

(2)从立法史上看，1840～1949年的立法，按照时代不同，其立法目的各异。清末修律和推行君主立宪的目的是维持满洲贵族统治，维护君主专制政体，其体育法制也围绕这个中心展开，突出表现为以军事体育为核心，目的是增强军事力量，镇压革命；北洋政府和南京国民政府的立法运动，本质上是为了维护统治以及讨好列强,其体育法制虽然相对清末带有一定进步性,但本质上是为维护其反动统治而服务的。中国共产党建立的革命根据地建立了体现人民意志的革命法律体系(包括体育法制),但由于内外形势的需要,法律制度始终围绕军事斗争这一中心。1949 年中华人民共和国成立后,体育立法才真正转向以增强人民体质、提高健康水平为根本目标。

中国近代体育法制相比古代体育法制,具有如下所述的 4 个特点。

1. 西方因素的影响

中国古代体育法制基本上是原发的,而中国近代体育法制是主动学习和被迫接受西方法律文化的结果。中国近代史的开端是 1840 年鸦片战争,英国殖民者使用武力强迫中国打开国门,中国进入近代是被迫的。西方一方面把中国变成半殖民地半封建社会,不断掠夺中国资源,并向中国倾销商品;另一方面包括法律制度在内的西方先进的思想和理念也进入中国,影响了中国社会。一部分先进的中国人为了救亡图存,积极学习包括体育法律制度在内的西方先进理念;同时,西方帝国主义凭借坚船利炮打开中国的大门,在中国设立学校、教会,驻扎军队,设立租界,将西方的体育法制理念带到中国,强迫中国人接受。

2. 以军事体育为主,民间体育相对被忽视

反侵略、反封建,争取国家独立和民族解放,是中国近代历史的主旋律。面对西方侵略,一部分有识之士首先敏锐意识到中西方军事实力存在差异,转而学习包括军事体育在内的一整套西方军事制度和军事科技,以求救亡图存。“洋务运动”中清政府引进西式军操,几乎没有任何阻力,且效果立竿见影。在 20 世纪上半叶的战乱,更加使军事体育备受重视。

然而这一时期的民间体育发展却困难重重。新中国成立之前不断发生战乱,民生凋敝,中国民间体育发展环境恶劣,其间虽有有识之士为救亡图存而努力发展民间体育,但大多以失败告终。除了革命民主政权外,各地大小军阀和反动政府忙于出卖主权、扩大势力,根本无暇顾及发展民间体育。总体而言,这一时期的民间体育的发展处于停滞乃至倒退的

状态。

3. 体育法制建设在战乱中艰难前行

从1840年鸦片战争到1949年中华人民共和国成立，战乱始终贯穿其中。体育法制建设缺乏安定的社会环境，很多体育立法空有其名，根本得不到落实。如南京国民政府建立了一套以《国民体育法》为核心的体育法律制度，但由于面临日本帝国主义的侵略，南京国民政府无暇顾及其实施情况，加之当时中国积贫积弱的国情，使其完全缺乏实施基础，沦为一纸空文。中国体育法制正是在这种动乱的社会环境下艰难前行的。

4. 多种不同性质的体育法律制度并存

中国近代国家四分五裂，处于军阀割据状态，没有形成实质上的统一政权。尤其是抗日战争时期，出现了三种性质完全不同的政权，其构建的体育法制的性质和目的完全不同。第一类是中国共产党领导的抗日根据地，提倡革命的体育法制，目的是增强人民体质，围绕抗日救国这一中心展开体育事业建设，以人民为核心；第二类是国民政府统治地区，延续了南京国民政府时期的法制理念，表面上采用了西方立法模式（典型代表是国民政府效仿大陆法系国家制定的所谓“六法全书”），实质上试图维护半封建半殖民地的统治秩序，体育法制有名无实；第三类是日本在沦陷区扶植的各类傀儡政权，依附于日本帝国主义，其存在的根本目的是为日本侵略服务，体育法制也不外乎呼应日本帝国主义的各种侵略政策。

第一节　清朝晚期的体育法制

清朝晚期的时间跨度从1840年鸦片战争开始到1911年辛亥革命清朝灭亡为止。其间，中国从封建社会彻底沦为半殖民地半封建社会。面对西方列强侵略和国内革命的压力，清政府被迫向西方学习，以求救亡图存。在法制建设方面，随着西方列强强迫清政府签订各类不平等条约和设立租借地，中国司法主权被破坏，西方法制理念逐渐传播并被广为接受。尤其是清末最后10年,为挽救君主专制制度,维护满洲贵族统治,清朝统治者进行了一系列重大的司法改革,意图缓解革命,延长统治,但最后皆归于失败。

一、体育立法

为缓和革命压力,麻痹欺骗人民,清政府在1900~1911年进行了一系列改革,史称“清末新政”。其中,清政府对司法和教育进行一系列较大改革,颁布一系列体育立法。

(一)《钦定学堂章程》

中国传统教育体系以私塾为主,学习儒家经典,学生则通过科举考试考取功名。面对内外压力,清政府不得不宣布改革学制,废除科举,在全国建立新式教育体系和新式学堂。

光绪二十八年(公元1902年),管学大臣张百熙拟定了《钦定学堂章程》,其中包括《京师大学堂章程》《考选入学章程》《高等学堂章程》《中学堂章程》《小学堂章程》《蒙学堂章程》,将教育分为三段七级,初步形成了中国近代新式教育的体系,被称为“壬寅学制”。《钦定学堂章程》将教育分为初等教育(相当于小学及学前教育)、中等教育(相当于中学)和高等教育(相当于大学)。

《钦定学堂章程》规定,初等教育中的蒙学堂(相当于幼儿园)和寻常小学堂(相当于小学1~3年级)每日均需教授一节体操课(体育课),其内容为队列训练、练习体姿、柔软体操和器具操;规定高等小学堂(相当于小学4~6年级)每隔一日教授体操课。要求中等教育阶段每周教授两节体操课,其中中学1、2年级练习器具操,3、4年级增加兵操。高等教育阶段每周教授两节体操课,内容为兵操。

《钦定学堂章程》虽未得到施行,但它是我国历史上第一部明确规定现代体育教学课程内容的法规,在我国体育史乃至教育史上具有里程碑式的意义。

（二）《奏定学堂章程》

《钦定学堂章程》因过于偏袒新学而遭到清政府保守势力攻击，实际上未得到施行。为此，光绪二十九年（1903 年），管学大臣张百熙、荣庆于以“学堂为当今第一要务，张之洞为当今第一通晓学务之人”①为由，奏请张之洞，同会孙家鼐等复会同厘定学堂章程，得到清政府批准，被称为《奏定学堂章程》。《奏定学堂章程》包括《学务纲要》《各学堂管理通则》《蒙养院章程及家庭教育法章程》《初等小学堂章程》《高等小学堂章程》《中学堂章程》《高等学堂章程》《大学堂章程》等共 20 部法律法规，也被称为“癸卯学制”。

“癸卯学制”同样将学制分为三段七等，包括初等教育、中等教育、高等教育。相比《钦定学堂章程》，《奏定学堂章程》不仅对各层次学校的体育课程项目做了规定，并且详细写明体育课的目的和内容，以便体育教师更好领会，加深教学效果。如对初等教育序列中蒙养院（幼儿园）“游戏”科目的说明中，阐明“游戏”的主要目的是培养幼儿身体健康和融于集体的习惯，“……要在使其心情愉快活泼，身体健适安全，且养成儿童爱众乐群之习气”②。对初等小学堂“体操”科目的要求是培养幼儿强健的身体和健康的精神，以及形成集体主义的观念，“其要义在使儿童身体活动，发育均齐，矫正其恶习，流动其气血，鼓舞其精神；兼养成其群居不乱、行立有礼之习……”③

《奏定学堂章程》对兵操特别重视。在《高等小学堂章程》中规定，“高等小学堂”（相当于现在小学 4～6 年级）设每周 3 节体操课，并加入“兵式体操”课程。“高等小学堂”体操课的目的是锻炼小学生健壮的身体、健康的精神面貌和集体主义观念，“在使身体各部均齐发育，四肢动作

① 朱有瓛：《中国近代学制史料》（第 2 辑）（上册），华东师范大学出版社 1987 年版，第 71 页。

② 《蒙养院章程及家庭教育法章程》。

③ 《初等小学堂章程》。

敏捷，精神畅快；志气勇壮，兼养成其乐群合众尊纪律之习……”①

在《中学堂章程》和《高等学堂章程》中，同样规定了体操课的时长和教学内容。规定“中学堂”(相当于中学)每周两节体操课，内容为体操和兵操，规定“高等学堂”(相当于大学)各专业每周设置 2～3 节体操课，教授普通体操和兵操，并对体育场地、体育器械作出要求。

二、体育管理制度

清末，武科举仍然是清政府选拔人才的重要方式。嘉庆十二年(公元1807 年)，对武科举考试进行了改革。改革后的武科举仍然分童试、乡试、会试、殿试四个层次，每试分三场考试：第一场试马射，包括射靶和射地上的毡球；第二场试步射、刀法和气力；第三场则要求默写《武经七书》中的内容，要求较低，能写百字无错误者即合格，但至后期第三场考试实质上沦为形式。

三、军事体育制度

(一)普通军事体育制度

清末，外有列强侵略，内有以太平天国为代表的农民起义，清朝统治者不得不加强军事实力，以维持摇摇欲坠的统治。

曾国藩组织的湘军重视军事训练，除规定每日下午训练刀枪器械外，还定期组织士兵进行野外爬坡、跳跃坑沟等运动，以增强部队作战能力(“练技艺者，刀茅能保身，能刺人……登山不乱，跃水不杂”)。② 类似的军事操练制度，在其他军阀部队如淮军、楚军等军队中也存在。

(二)西式兵操

鉴于主要军事力量——八旗和绿营在历次内外战争中毫无战斗力，清政府被迫采纳洋务派的建议，开始组建“新军”，使用西方武器，采用西

---

① 《高等小学堂章程》。

② 参见(清)曾国藩：《劝诫浅语十六条》。

式方法训练军队。新军先采用英式兵操，后采用德式兵操。德式兵操包括单兵与队列训练，以及木马、平衡木、单双杠等近代体育项目。至19世纪末，清军已普遍采用西式兵操。如1898年清朝兵部与户部要求陆军一律用西式兵操训练军队，并要求推广至全国；同年，安徽巡抚邓华熙认为，当前练兵是第一要务，而练洋操则是最重要的措施。[①] 可见，至清末，军队练习西式兵操已经成为制度被固定下来。

四、学校体育教育制度

（一）普通学校体育教育

在洋务运动中，洋务派陆续建立了一系列新式学堂，但旧式学堂仍然存在。

与明代不同，清代不设武学（军事学校），而增设旗学和宗学，即专门教育八旗子弟和宗室子弟的学校。满洲贵族一贯强调骑射，因此旗学和宗学非常重视骑射技艺，并规定每隔5日便要进行一次演习，检验教学成果。除骑射以外，旗学和宗学还教授刀法和举重。

洋务派设立了一系列西式学校，如著名的福建船政学堂、北洋水师学堂等，这些学堂与原有的旧式学堂不同，采用西方教育方式，聘用外籍教员，引进西方近代体操课程，当时的体操课主要包括普通体操和军事体操。这些新式学堂往往在学制上要求设立体育课程，如北洋水师学堂课程内有队列和爬杆课程（“学生……俾习步伐；树之桅，俾习升降”），[②]以及各类球类、田径运动课程；天津武备学堂聘请德国教官教授德式兵操。一些新式学堂也教授中国传统武术。

（二）教会学校体育教育

除了中国人设立的学校外，西方传教士出于各种目的，也设立了一系

---

① “今日时势，练兵为第一大政，练洋操尤为练兵第一要著。”

② 参见（清）刘锦藻：《清续文献通考》。

列教会学校。教会学校完全采用西方体育教育体制,其体育教育表现为课外活动和运动会,一般无固定的体育课程设置。如 1895 年由美国长老会设立的烟台汇文书院,在每日上下午组织学生进行体育活动;上海圣约翰书院(后改名圣约翰大学,其旧址即今华东政法大学长宁校区)设有兵操课。

(三)《钦定学堂章程》和《奏定学堂章程》规定的学校体育

《钦定学堂章程》和《奏定学堂章程》是清末学制改革的重要规定,前者虽颁布,但未得施行,后者于 1903 年制定。两个章程的特点是重视学校体操,对各级各类学校体操课的课时、教学内容、教学目的、教学方法等均作出了详细规定,并以法律形式要求全国强制推行。当时体操课内容较简单,只有普通体操和兵操两类,且在形式上不区分各类学校不同年龄学生的特点,做千篇一律的要求,不符合体育教育的规律。培养方式上,让大量退役士兵充当学校体育教师,鼓励机械、单调的兵操,排斥能发挥个人体育天赋的田径、球类等项目;培养目的上,试图通过机械的体育教学,培养学生盲从的意识,从而甘心服从满洲贵族的统治。

五、总结

清末体育法制建设的目的是挽救满洲贵族统治。从体育教育思想上看,清政府在其中灌输忠君爱国和军国民主义等封建专制思想,如 1906 年清政府公布的《学部奏请宣示教育宗旨折》中毫不掩饰地要求将所谓"尚武"列入教育宗旨中。"所谓尚武者何也?东西各国,全国皆兵……以造成完全之人格",即要求全国人民做清政府的奴仆,甘心接受其统治。在这种指导思想下,清末体育法制建设的失败是必然的。

第二节　中华民国时期的体育法制

辛亥革命推翻了封建帝制,建立了资产阶级共和国,但封建制度仍未消灭。整个中华民国时期，依旧战乱不断，国家呈分裂状态。出于政治形势的需要，这时期的体育法制突出表现为军事色彩浓厚。

资产阶级革命派出于武装革命的现实需要，将体育与军事紧密结合起来，从军事角度来认识体育法制。资产阶级革命派的体育思想，集中表现在利用体育服务军事和组织各类体育组织，达到训练革命武装目的。

革命先行者孙中山先生青年时期就把体育与救国联系一起，认识到体育对救亡图存的重要作用，他认为："今以提倡体魄之修养，此与强种保国有莫大之关系。"①孙中山先生重视体育在军队中的推广，在日本期间，他曾在日本青山组织有志青年进行军事训练，并在东京与黄兴等人组建大森体育会，聘请日本教官对其进行训练。

另一位辛亥革命领袖黄兴也重视利用体育培养军事技能。如黄兴曾任湖南明德学堂学监，教授兵操与器械操，并以此训练革命党人，同样地，徐锡麟、秋瑾等革命党人也重视使用体育培养军事技能。

组织各类体育组织训练革命武装，是资产阶级革命派体育思想的另一重要组成部分。黄兴在日本期间曾参与组织大森体育会，以体育为掩护，聘请日本教官，进行军事训练。徐锡麟在绍兴创办大通学堂，以开设体育专修科为名培养革命军事力量；在安庆举办英武会，组织进步青年练武。同盟会成员在当时的广东梅县举办松口体育学堂，秘密训练革命党人。陈独秀在安庆组织安庆爱国会，训练青年革命学生的军事技能。

一、南京临时政府至北洋政府时期的体育法制（1912～1927年）

（一）体育立法

1. 壬子癸丑学制

南京临时政府成立后，蔡元培任第一任教育部长。革命党人积极改革清末教育体制，颁布了称为"壬子癸丑学制"的一系列教育改革法案，包括《普通教育暂行办法》《普通教育暂行课程标准》等。1912年9月，南

---

① 《孙中山全集》（第4卷），中华书局1985年版，第19页。

京临时政府教育部废除清末学制，颁布“壬子学制”，后在1913年又颁布若干教育法令。1912～1913年颁布的教育法案被统称为“壬子癸丑学制”。

南京临时政府教育部于1912年9月颁布的“各级学校令”中，对各级各类学校的体操课作了规定，但在本质上仍沿袭清末学校体育模式，表现为：体育课以普通体操和兵操为主。该命令要求初等小学（相当于现在的1～4年级）每周必须有4小时的体操课，高等小学（相当于现在的5、6年级）每周3小时体操课，同时还要求高等小学教授兵操课；要求中学必须开设体操课，包括普通体操和兵操两类，其中男生每周3小时、女生每周2小时。大学不要求强制设体育课。

壬子癸丑学制本质上仍未突破清末以“体操”“兵操”为主的体育教育模式，表现在除了以上两类体育科目，田径、球类等体育科目几乎没有。由于以上弊端，至1918年，各学校纷纷把体操课改成体育课，并逐渐废除了兵操。1922年，北洋政府教育部正式宣布废除兵操。

2. 壬戌学制

1922年，北洋政府教育部效仿美国学制，颁布《学校系统改革法令》，被称为壬戌学制。壬戌学制对体育课的要求较壬子癸丑学制更加全面、科学，其主要内容是：改体操课为体育课；体育课以球类、田径、游戏为主要内容；废除兵操。各地也结合当地实际，纷纷推出符合当地特点的体育教学改革法案。

（二）体育管理制度

北洋政府统治时期，体育运动会这一新兴事物在我国逐渐被接受，并得到官方的支持和推广。至20世纪20年代，我国已基本形成现代体育运动竞赛体制，这一时期也建立了一批有代表性的体育组织，并制定了相应的组织章程。现代体育管理制度初步形成。

1. 全国性运动会

北洋政府时期，举办了第二、三届全国运动会，出于政治目的，袁世凯和直系军阀均对全国运动会表示了支持。在全国运动会的推动下,华中、华北地区也纷纷举办本区域的运动会,各省市也举办各自的运动会。

在举办运动会的同时,我国运动员还积极参加远东运动会和其他国际比赛。

2. 全国性体育组织

这一时期,建立了若干全国性的体育组织。1922 年在上海成立中华业余运动联合会(以下简称联合会),是中华民国时期最早成立的体育组织。① 联合会具有自己的组织结构,最高领导人为会长,下设副会长一人,干事若干,并有正式会员和赞助会员若干,联合会有自己的组织宗旨,共 7 条。1924 年成立的中华全国体育协进会(以下简称协进会),是在收回体育主权的呼声中成立的全国性体育组织。协进会有自己的组织机构,最高领导人为会长,下设主席董事、主任干事各一人,干事若干人,并有由 15 人组成的董事会。协进会的宗旨是推展全民体育、发扬业余运动精神、提高运动技术水准、加强国际体育联系。协进会是今中华全国体育总会的前身。

二、南京国民政府时期的体育法制(1928～1949 年)

以蒋介石为首的南京国民政府建立之后,于 1929 年颁布了我国历史上首部体育法典——《国民体育法》,并制定了涉及体育场馆设施、民间体育组织和体育运动竞赛等方面的一系列法律法规。这虽然使南京国民政府的体育法制在形式上实现了法律的合理性和正当性,但在实质上仍然属于半殖民地半封建性质的体育法制。南京国民政府企图对体育实现威权统治。同时,1931～1945 年的抗日战争和 1927～1937 年、1946～

① 1910 年成立的全国学校分队第一次体育同盟会(以下简称体育同盟会),既是体育组织,又是运动会名称(后被承认为第一届全国运动会)。这个体育组织是临时性的,且无固定机构、住所地、组织结构以及组织章程,在第一届全国运动会结束后即解散,笔者认为其只是带有一些现代运动会组委会的性质,不能算真正意义上的正式体育组织,但 1924 年成立的中华全国体育协进会认为体育同盟会是自己的前身。

1949 年两次国内革命战争,使南京国民政府的体育法制建设大多停留在纸面,有名无实。

（一）体育立法

南京国民政府成立伊始,标榜自己继承孙中山先生遗志,以“总理遗教”作为立法根本原则,先后颁布《训政纲领》《中华民国训政时期约法》《中华民国宪法》,并建立以“六法全书”为核心的法律体系,确立其反共反人民的反动统治。

这一时期,南京国民政府颁布了以《国民体育法》及其实施方案为核心的一系列体育立法,主要包括以下 4 类:①体育社团管理法,主要包括 1934 年颁布的《体育会组织办法》及作为配套实施方案而于 1935 年颁布的《各省、市、县体育会组织条例》和 1941 年颁布的《奖励民众体育团体实施要领》;②体育设施管理法,主要包括 1927 年颁布的《省会及通商大埠城市公共体育场办法》等;③体育竞赛管理法,主要包括 1931 年颁布的《民众业余运动会办法大纲》《各省、市、县运动会组织大纲》;④学校体育管理法,以《中华民国教育宗旨及其实施方针》等法律为核心。

这一时期的体育立法在客观上促进了体育社团、体育设施、学校体育以及体育竞赛事业的发展,这些体育立法无一例外都标榜其促进国民健康,但实际上都是围绕如何加强国民党反动统治这个目的。如这时期颁布的社团管理法,均特别强调体育社团必须绝对服从国民政府的管理,社团及其成员绝对禁止参与政治活动等,试图用法律来控制体育社团,镇压人民,防止革命,维护其反动统治。

同时,由于当时中国地区间经济、社会发展的极端不平衡和南京国民政府实质上未能控制全国,这些体育立法往往只在沿海大城市以及国民政府势力所及的江浙沪一带得到推行,在广大农村及国民政府势力空白的地区,这些法律形同白纸,根本没有得到落实。

1.《国民体育法》

1929 年 4 月,国民党第三次全国代表大会审议并通过了《国民体育法》,是我国近代史上第一次由国家公布的专门体育法典,也是近代中国层次最高的专门体育法规。《国民体育法》由南京国民政府体育指导委员会草拟,以所谓"三民主义"为根本教育宗旨和教育方针,以大学院[①]之前通过的《各省体育会组织条例》《省会及通商大埠城市公共体育场办法》为蓝本补充而成。

《国民体育法》共 13 条约 600 字,仅是一个纲领性的文件,但是该法在我国历史上首次以法律的形式确立了国家对体育的管理。该法第 1 条确立接受体育教育是青年男女的义务,[②]以及体育教育方法因人而异的原则。[③] 该法第 2 条阐明体育的目的是:"务使循序发达,得有应具之健康与体力及抵抗力,并其身体各官能之发育,使能耐各种职业上特别劳苦,为必要效用。"对于学校体育,该法规定普通学校体育和军事体育具有同等重要的地位,为必修科目。[④]

《国民体育法》规定国民体育原则上由南京国民政府训练总监部负责施行,南京国民政府教育部、内政部、地方政府协同,如对于妨碍国民体育教育实行的风俗习惯,该法第 4 条规定由南京国民政府训练总监部会同教育部、地方政府监督改正。[⑤]

该法第 5 条还第一次以法律形式规定各地方必须设立体育场馆[⑥]。第 7 条建立了体育团体管理制度,规定体育团体设立,由地方政府立案,

---

① 大学院是国民政府掌管全中国学术及教育行政之最高行政机构,成立于 1927 年 10 月。相当于北洋政府的教育部或者教育行政委员会。大学院是教育改革的产物,试图模仿法国大学院制度,设想借由大学院和大学区(全国划分成几大学区),废除教育厅,以大学区的大学校长兼理地方教育行政,以学人兼教育行政工作,首任院长为蔡元培。1928 年 10 月,大学院被裁撤,所有改革制度取消,恢复教育部与旧有教育制度。

② 第 1 条规定:"中华民国青年男女有受体育之义务,父母或监护人应负责督促之。"

③ 第 3 条规定:"实施体育之方法,不论男女应视其年龄及个人身体之强弱,酌量办理。"

④ 第 6 条规定:"高中或与高中相当以上之学校均须以体育为必修科,与前经公布之军事教育方案同时切实奉行,如无该两项功课之成绩不得举行毕业。"

⑤ "凡风俗习惯有妨碍青年男女体格之正当发育者,应由县市镇乡村等行政机关负责,严禁其项目由教育部会同训练总监部订定之。"

⑥ 各自治之村、乡、镇、市必须设备公共体育场。

转呈南京国民政府内政部涵商训练总监部核准。

该法首次以法律形式规定鼓励体育科研，并对体育团体给予财政支持，①对优秀体育教员予以奖励。②

这种使体育由南京国民政府训练总监部、教育部、内政部等部门协同执行、办理的方法，改变了以往由教育部一家统管一切体育活动的局面，也反映了国民政府企图以军训形式控制社会体育的特点。该法在第7条和第12条中还规定民间体育社团，不得以团体资格参与政治活动，更加明显地表明国民政府利用体育法来约束广大民众，以维护其统治的意图。《国民体育法》阐明了国民体育的方针，对于国民体育的施行、体育团体的管理、体育教育的开展、体育场馆的建设乃至体育科研等方面都做了规定，形式上体现了法律的完备性。但当时我国积贫积弱，内部军阀混战，外部列强侵略，尤其是该法颁布两年后，抗日战争爆发，全国进入战争状态，更无暇顾及体育建设，使这部法律实际上沦为摆设。

鉴于《国民体育法》在实施过程中遭遇种种困难，1941年9月，国民政府对该法进行了修改。但由于法律实施的条件并未得到明显改善，加之正处于抗战最艰难的时期，《国民体育法》实际上未得到完全实施。

2.《国民体育实施方案》

《国民体育实施方案》作为《国民体育法》的配套性法规，是我国近代史上为推进国民体育事业发展而颁布的一项重要法规。

《国民体育法》颁布之后，由于其条文过于简洁，且多为一些原则性规定，难以具体操作。鉴于此，1932年8月在南京召开的第一次全国体育会议中聘请郝更生、袁敦礼、吴蕴瑞等为《国民体育实施方案》编制委员，草拟方案提交大会审议并修正通过，同年9月公布《国民体育实施

---

① 第7条规定："……但为研究学理调查资料，以供国民体育之参考者，不在此限。凡体育团体在其预算范围内，切实办理成效卓著者，该管地方政府得视其财政情形，呈请上级主管官厅，酌量补助之。"

② 第10条规定："凡体育教员服务三年以上，确有成绩者，训练总监部须予以相当奖励，其奖励细则，由训练总监部另定之。"

方案》。

《国民体育实施方案》共35条80余款，分为方案目标、行政与设施、推行方法、考成方法及分年实施计划等5部分内容。

(1)方案目标：①供给国民机体充分平均发育之机会；②训练国民随机运用身体以适应环境之能力；③培养国民合作团结抗敌御侮之精神；④养成国民侠义勇敢刻苦耐劳之风尚，以发扬民族之精神；⑤养成国民以运动及游戏为娱乐之习惯。

(2)行政与设施：行政方面，南京国民政府教育部设教育部体育委员会，主管体育科、体育之督学；各省教育厅及行政院直辖市教育局设省市教育局体育委员会，主管体育部、体育之督学或指导员；各县市教育局设县市体育委员会，主管体育组、体育指导员。其设备规定每一学生至少能占空地一百方尺的运动场地。

(3)推行方法：研究工作、师资训练、学校体育实施办法、民众体育实施办法及各种集会。

(4)考成方法：主持考成机关、考成项目、考成标准、考成种类。

(5)分年实施计划：分第1~2年内应施行者；第3~4年内应完成者；第5年内应完成者等3方面予以规范。

相较《中华民国教育宗旨及其实施方针》中提出的国民体育主要任务，以及《国民体育法》中对体育的认识，《国民体育实施方案》的规定更加全面，既包括身体发育、适应环境、规范行为方面的目标，又把体育提高到影响民族兴衰的高度，不仅将体育视作强身健体的方式，而且将其视为娱乐的方式，把运动习惯的养成和终生体育结合了起来。

《国民体育实施方案》对体育行政管理制度、学校体育设施、公共体育设施、体育经费等方面做出详细规定。尤其值得注意的是，考虑到各地经济社会发展状况不平衡，《国民体育实施方案》还根据各地不同情况，对体育设施建设目标及推行办法制定了分期实施的计划，如规定体育行政组织、大城市体育场等11个方面的目标须在1~2年内完成；市、县体育场的设立、中央派遣体育专家赴各国研究调查等5个方面的目标可3～4年内完成；乡镇体育场的设立、各级学校体育设备等目标可延迟到5年达成。[①]

3.体育社团管理法

为推动民间体育组织的发展，南京国民政府于1934年颁布了《体育会组织办法》。《体育会组织办法》规定，各体育会的宗旨是普及体育运动，增进民众健康，发扬民族精神和研究体育学术；要求按行政级别，建设乡镇、县市和省三级体育会。该文件还规定了团体会员和个人会员两种形式，年满16周岁者可申请加入成为个人会员。《体育会组织办法》规定了体育会的主要任务：指导会员进行体育锻炼、进行体育学术研究、体育调查统计、改革民间体育、推进举办体育讲座和运动会、鼓励健康生活方式、接受各级政府的咨询等。为使《体育会组织办法》得到更好的贯彻和落实，1935年南京国民政府又公布《体育会组织办法》的配套文件《各省、市、县体育会组织条例》。

1941年颁布的《奖励民众体育团体实施要领》，则对民间体育团体的活动范围作出严格规定，并强调南京国民政府对体育团体的绝对领导，尤其是要求体育团体不可参加任何政治活动。《奖励民众体育团体实施要领》名为奖励，实质上南京国民政府企图控制各民间体育团体，为其反动统治服务。

4.体育设施管理法

1927～1944年，南京国民政府颁布了一系列体育设施管理方面的法律法规，主要有：1927年颁布的《省会及通商大埠城市公共体育场办法》，1929年颁布的《各县、市公共体育场暂行规程》，1932年颁布的《民众教育馆暂行规程》，1935年2月公布的《修正民众教育馆暂行规程》，1939年颁布的《体育场规程》《体育场工作大纲》《体育场辅导各地社会体育大纲》和1944年颁布的《体育场工作实施办法》。

① 罗时铭、赵譩华主编：《中国体育通史》（第4卷），人民体育出版社2008年版，第53～57页。

这一系列的立法对体育场馆设施的建设、组织、任务和开展民众体育的原则和方法做了较详细的规定。特别是与民众教育馆有关的两个规程，将民众教育馆的任务定义为“集中各种教育设施，运用各种社会教育方法以达到民众所需要各种教育的综合社会教育事业”①。民众教育馆实际不仅起到体育馆的功能，还起到启蒙民众、改造民众，培养具有爱国心的公民的作用，尤其是抗战时期，为国家动员起到了重要作用。与体育馆有关的几个法规，奠定了我国近代体育场馆的布局。

尽管这一系列体育设施管理法规的出台在一定程度上促进了体育硬件条件的进步，但由于战乱的干扰，尤其是抗战时期沿海地区和武汉等几个大城市的沦陷，这些法律法规实际上没有得到有效实施。② 全国体育设施依旧严重不足，根本无法满足人民的体育要求。

5. 体育竞赛管理法

这方面的法律法规主要有：1931 年颁布的《民众业余运动会办法大纲》，1940 年颁布的《各省、市、县运动会举行办法大纲》以及 1942 年颁布的《体育节举行要点》。

《民众业余运动会办法大纲》要求各省市县应举行民众业余运动会，规定每年应举办 1～2 次运动会，主办机构为教育局（或社会局）。并对比赛项目、组织方式、奖励、裁判等问题做了具体而详细的规定。

《各省、市、县运动会举行办法大纲》和《体育节举行要点》促进了战时体育的发展。《各省、市、县运动会举行办法大纲》同样要求省、市每年举行一次运动会，主办机构为各地教育局；《体育节举行要点》规定每年 9 月 9 日为体育节，同时还规定了其他体育节日。

6. 学校体育立法

南京国民政府统治期间，教育部和其他部门共颁布与学校体育相关

---

① 毛文君：《民国时期民众教育馆的发展及活动述论》，载《西南交通大学学报（社会科学版）》2006 年第 4 期

② 如《各县、市公共体育场暂行规程》规定，各县应至少建议一所公共体育场，并推广至市镇乡村。在当时的历史条件下显然做不到。

的法律、法规、标准等规范性文件40余部,在形式上基本形成完备的学校体育法律体系。这段时间,也是我国近代史上学校体育法律制度发展较快的时期。

(1)《中华民国教育宗旨及其实施方针》

1929年4月公布的《中华民国教育宗旨及其实施方针》,阐明了南京国民政府将所谓"三民主义"作为教育的宗旨。实施方针共8条,包括普通教育、社会教育、大学及专门教育、师范教育等,主张男女受教育权利平等,其中要求:"各级学校及社会教育,应一体注重发展国民之体育。发展体育之目的,固在增进民族之体力,尤须以锻炼强健之精神,养成规律之习惯为主要任务。"

(2)《整理中华民国学校系统案》

1928年5月,南京国民政府大学院在南京召集第一次全国教育会议,参考北洋政府"壬戌学制"相关规定,通过了《整理中华民国学校系统案》(以下简称《整理学校系统案》)。

《整理学校系统案》规定了教育的6项原则:①立足教育实情;②适应民生需要;③提高教育效率;④谋个性之发展;⑤使教育易于普及;⑥留地方伸缩余地。《整理学校系统案》奠定了南京国民政府时期,由小学、中学、师范学校、大学、独立学院和专科学校组成的学制体系,同时,其中还规定,设置体育专科学校,级别等同大学。

(二)体育管理制度

1. 学校体育管理制度

从1927年成立起,南京国民政府进入所谓"训政"时期。[①] 为继续奴役人民,镇压革命,南京国民政府将"三民主义"[②]作为教育指导方针,极

---

① 孙中山先生制定的《建国大纲》把建国分为三个阶段,"训政"是第二个阶段。南京国民政府的所谓"训政"时期,从1928年12月东北易帜起,至1946年伪中华民国政府成立止。但是,这里所谓的"训政",违背了孙中山先生《建国大纲》中训政的本来意义。

② 南京国民政府所谓的"三民主义",已经违背孙中山先生"联俄、联共、扶助农工"新三民主义的初衷。

其重视教育在维持反动统治中的重要作用。与清末将维持满洲贵族统治、延续封建帝制作为教育改革的目的不同,南京国民政府的教育改革,至少表面上把发展国民体育作为追求目标之一,一定程度上具有进步性。但由于历史和阶级的局限,实质上还是为了维持南京国民政府的反动统治,镇压革命。

(1)戊辰学制

1928年起,南京国民政府陆续颁布了包括《整理学校系统案》《中华民国教育宗旨及其实施方针》在内的教育法令,改革北洋政府的教育制度,确立小学6年,初中3年,高中3年的教育制度,被称为“戊辰学制”。该学制的特点是,将军事训练作为在校生必修科目,强制推行。

(2)体育督学制度

为了落实“戊辰学制”及《中华民国教育宗旨及其实施方针》的贯彻实施,从1933年开始,南京国民政府教育部建立体育事务教育督学制度,专门监督法令的落实。中央层面,教育部设专门管理体育的教育督学;地方层面,各地教育厅也设立专门管理体育的教育督学,基层设体育指导员。

2. 体育行政管理制度

清末“新政”曾效仿西方,成立中央教育行政机构——学部,管理包括学校体育在内的全国教育事宜,但尚未完全推行,清朝便灭亡。辛亥革命后建立的南京临时政府教育部,也曾准备制定全国学校体育管理制度,但随着袁世凯篡夺革命果实,这一设想也未得到真正实施。北洋军阀时期,各军阀忙于混战,更无暇顾及建立体育行政管理制度事宜。

(1)全国体育指导委员会

南京国民政府成立之后,着手将学校体育和社会体育统一纳入政府管理。1927年1月,南京国民政府颁布《教育部各司分科规程》,规定社会体育由社会教育司管理。同年12月,在南京国民政府的策划下,成立全国体育指导委员会,领导和管理全国体育事务。

(2)教育部领导下的三级体育行政管理体制

南京国民政府制定《国民体育法》及其《国民体育实施方案》后,初步建立起中央和地方体育行政管理制度。根据《国民体育法》及其《国民体育实施方案》,全国体育行政管理机构分为教育部、各省教育厅及行政管理机构直辖市教育局和县、市教育局三级管理体制。

①中央

教育部总管全国体育管理事宜,下设三个机构负责体育行政管理工作:督学处,主管体育督学;教育部体育委员会;主管体育科。

②各省教育厅及行政管理机构直辖市教育局

省级体育行政机构,下设三个机构负责本省体育行政管理工作:督学室,主管体育督学或体育指导员;主管体育部;省、直辖市体育委员会。

③市、县教育局

基层体育行政管理机构,同样下设三个机构:体育指导员;主管体育组;市、县体育委员会。

《国民体育实施方案》提出建立全国体育行政管理制度的要求,是中国近代史上第一次提出这样的方案,体现出南京国民政府对体育事业的重视;提出由南京国民政府教育部统一管理学校体育和社会体育,也在我国历史上第一次将社会体育纳入政府管理范畴。这无疑是我国体育行政管理制度的重大改革,具有一定的进步意义。但是,南京国民政府所要求建立的体育行政管理制度,也仅仅在南京国民政府统治的江浙地区及几个大城市得到落实,在其他地区基本没有得到落实,甚至在其他军阀统治区域被抵制。随着全面抗战的爆发,全国进入战时体制,国民政府更无暇顾及《国民体育实施方案》的推进落实。

(3)教育部体育委员会

1932 年,南京国民政府成立教育部体育委员会。教育部体育委员会是在体育指导委员会的基础上发展而来的,其成员大多数也是原体育指导委员会的成员。教育部体育委员会的地位与职责较为特殊。

教育部体育委员会为教育部下属机构,继承原教育部体育指导委员会的职责，负责管理全国社会体育和学校体育。根据《国民体育实施方案》的规定，其职责主要包括：计划全国体育设施；指导全国体育研究及行政；督促各级行政机关实行体育计划；审核各级学校体育课程及成绩、各种体育机关的组织及计划或报告、体育界工作人员资格；编造及审查全国体育预算；议复教育部长交议等事项。教育部体育委员会下设若干专门小组，负责具体事宜。

表面上看，教育部体育委员会拥有较大的职权，理论上可以管理一切与体育相关的事宜，但实质上其仅是一个咨询机关，负责起草、拟定体育相关法律法规。南京国民政府教育部下设的高等教育司、中等教育司、国民（小学）教育司管理学校体育相关事宜，社会教育司则管理社会体育事宜，留给教育部体委会的权力其实很少，未发挥其应有的作用。

（4）国民体育委员会

1937 年 12 月，南京沦陷后，国民政府迁往武汉。教育部体育委员会在汉口召开第五届全体委员会议，依战时体制对其职权和任务作了相应调整；1940 年 5 月，教育部体育委员会在重庆召开第六届全体委员会议，修改章程。教育部体育委员会的新职责是：计划全国体育设施事项；指导全国体育研究事项；规划各级学校体育方案；建议与体育有关之一切兴革事项；审核各种体育机关之计划或报告；议复部长交议事项。

1941 年 12 月，教育部体育委员会召开第七届全体委员会议，国民政府正式将教育部体育委员会改为国民体育委员会。国民体育委员会是主管全国体育工作的机构，行政上仍为教育部下属机构，成员由教育、内政、军训、军政、社会等部代表及体育专家组成，下设学校体育组、社会体育组和研究机构。相对于教育部体育委员会而言，国民体育委员会将原来童子军和学生军训、卫生教育等职责移交教育部训育委员会和医学教育委员会负责。①

---

① 参见国家体委体育文史工作委员会、中国体育史学会编：《中国近代体育史》，北京体育学院出版社 1989 年版，第 305 页。

新组建的国民体育委员会的主要职责是："一、关于国民体育实施方案之计划推行事项；二、关于国民体育之指导考核事项；三、关于国民体育经费之审查事项；四、关于国民体育之检查统计事项；五、关于体育师资之训练检定事项；六、关于体育教育教材及书籍之编辑审查事项；七、关于体育学术研究事项；八、关于运动比赛之管理事项。"可见，此时的国民体育委员会不再是咨询机构，而是转变成掌握全国体育行政大权的决策机构。

南京国民政府的体育行政管理制度具有鲜明的特点，主要由教育部负责管理，无论是全国体育指导委员会、教育部体育委员会还是国民体育委员会，均是教育部下属机构。这样的设置体现了南京国民政府试图通过教育部门控制全国体育活动，将其教育理念体现在体育行政管理之中。尽管南京国民政府建立了较为完善的体育行政管理制度，并制定若干体育发展计划，但成效甚微，这一时期我国体育发展依旧停滞不前。

(5)国民党党团、军警系统体育管理机构

国民党自建立广州国民政府之后便极力宣扬所谓"党国体制"，试图维持一党独裁。在这套反动思想的驱动下，国民党在国民政府系统外，也建立了一套体育管理制度，企图训练完全听命于自己的党团和军警势力。这些管理机构具有鲜明的军事特征，且完全为国民党所掌控，为其特务统治服务。这些体育管理机构在抗战爆发后均逐渐消亡。

①中央党部民训部体育科

1935年，国民党为应对战时体育动员，实施《国民体育法》及其他体育法律法规，在中央党部民训科下设立体育科，主要任务是开展战时体育宣传动员工作。2年后"七七"事变爆发，全国进入全面抗战阶段，随着国民政府的大溃败，大片国土为日本所占领，战时体育宣传动员基本无法开展，该机构被撤裁。

②党政军学体育促进会

为推进所谓"集团化体育"，蒋介石在1935年以国民政府军事委员会委员长的名义，号召各地建立本地的党政军学体育促进会，但直至"七七"事变爆发，各地党政军学体育促进会尚处于筹建阶段。1937年12月南京沦陷后,国民党再无精力推进筹备之事。

③国民政府训练总监部体育科

1929年在国民政府训练总监部下设体育科,监督指导学生的军事体育训练,并逐渐成为管理军训的部门。“七七”事变后,国民政府训练总监部被撤销,但体育科直接隶属国民政府中央军事委员会政治部,1年后又改为军训部管理。

其他国民党党团、军政系统的管理机构还有“三青团”中央团部体育指导委员会、中央军事委员会政治部体育科等。

三、革命根据地的体育法制

从1921年中国共产党成立起,到1949年新中国成立为止,新民主主义革命法制建设可分为以下4个阶段:1921~1927年,萌芽阶段;1927~1937年,奠基阶段;1937~1945年,巩固发展阶段;1945~1949年,全面胜利阶段。[①]

新民主主义革命法制具有自己鲜明的特征,是在革命根据地对广大劳动人民实施民主,对帝国主义、封建主义和官僚资本主义实施专政的法制,其指导思想是以实现人民民主为原则,以反帝反封建为根本任务,为争取民族独立和人民解放而奋斗。

作为新民主主义革命法制一部分的体育法制,与南京国民政府及沦陷区的体育法制不同,其是真正以人民为中心的体育法制。受制于历史、物质条件,新民主主义革命体育法制具有自己的特点,如具有鲜明军事特征;因地制宜;适当借鉴南京国民政府的体育立法等。

(一)中央苏区时期的体育法制

1931年,以江西瑞金为中心,中国共产党建立了革命根据地。中央革命根据地(以下简称中央苏区)是中国共产党建立的第一块面积较大的革命根据地。由于面临南京国民政府的“围剿”,“反围剿”是中央苏区

---

① 参见曾宪义主编:《中国法制史》(第3版),北京大学出版社、高等教育出版社2013年版,第369页。

一切活动的核心,体育活动也不能例外,毫无疑问,中央苏区的体育立法是为军事服务的。毛泽东同志提出了中央苏区体育工作方针:“锻炼工人阶级铁的筋骨,战胜一切敌人。”虽然中央苏区时期的体育法制相对简单,且体育立法也不够完善,但它处于新中国体育法制的萌芽时期,为新中国成立后体育法制建设积累了宝贵经验。

相比南京国民政府,中央苏区的体育法制有自身的特点。首先,体育立法由教育人民委员会部(职能类似教育部,以下简称教育委员会)、红军指挥部颁布并实施;其次,体育立法较为分散,没有形成一部如南京国民政府公布的《国民体育法》那样较权威的体育法典,相关规定分散在其他诸如教育、军事方面的法律法规之中;最后,由于面临国民政府的军事压力,绝大多数体育立法均以增强军事实力为中心,带有强烈的军事体育色彩。

1. 体育立法

中央苏区的体育立法在形式上主要表现为教育立法。

(1)体育教育立法

1932 年教育委员会颁布《体育教育法》,要求各级各类学校参照执行体育教学。该法是中央苏区第一部体育法规,对中央苏区各级各类学校的体育教学作出详细规定。随后,中央苏区先后制定了《小学课程与教则草案》《中华苏维埃共和国小学制度暂行条例》《小学管理大纲》等体育教育法律法规。这些体育立法,对中央苏区的体育教育作出了具体要求,涉及体育课教学、体育设施管理、体育运动项目等方面。

1933 年,教育委员会颁布《小学课程与教则草案》;1934 年,中华苏维埃共和国人民委员会颁布《中华苏维埃共和国小学制度暂行条例》;1934 年,教育委员会颁布《小学管理法大纲》。这些体育立法,对小学体育教育做出具体要求,规定了体育课、体育设施、体育运动的项目等内容。①

① 中央苏区时期颁布的其他涉及体育教育的法律法规还有:《列宁初级小学组织大纲》《列宁高级小学校组织大纲》《办学指南编辑大意》《小学体育运动教学法》等。

(2)体育组织立法

1934年6月,教育委员会颁布《俱乐部纲要》。俱乐部是中央苏区时期基层体育活动场所。《俱乐部纲要》要求每个基层单位都要设置俱乐部和列宁室,作为开展基层体育活动的场所。教育委员会同时也颁布了《红军中俱乐部列宁室的组织工作法则》,要求红军以师为单位设俱乐部,作为体育工作的领导机关;以连为单位设立列宁室,组织开展红军的基层体育运动。

1932年,中央苏区还制定并出版了《各种赤色体育规则》,对各类球类运动、田径类运动的规则、运动和训练方法做详细规定与说明,以促进体育运动规范化、科学化开展。

这一时期,部分体育法律法规还散见于各类教学法乃至文章之中,领导人的讲话以及部分政策性文件在一定程度上也发挥了类似法律法规的作用。诚然,中央苏区的体育法律法规在一定程度上缺乏形式上的完整性和系统性,但作为中国共产党体育法制建设探索的起点,具有重要的历史意义。

2. 体育管理制度

中央苏区的体育管理制度,按照军事体育、学校体育和社会体育的区分,分别实行不同的管理模式。军事体育由红军各级指挥部门负责;学校体育由教育相关部门负责管理,社会体育则由群众性体育组织管理。

(1)军事体育管理制度

军事体育由红军各级指挥部门管理。军队中以师为单位设俱乐部,负责红军的体育管理;以连为单位设列宁室,组织开展军队基层体育运动。

(2)社会体育管理制度

中央苏区体育管理最初由少共苏区中央机关报《青年实话》杂志负责,后由1933年5月成立的“中华苏维埃共和国赤色体育委员会”(以下简称赤色体育会)负责。赤色体育会是革命根据地最早的群众体育组织,负责管理和开展革命根据地群众体育工作,但其成立不久即遭遇国民党的第五次“围剿”,其后红军被迫长征,赤色体育会很多设想和计划无法开展,加之战乱导致的资料缺失,赤色体育会开展的具体工作已较难考证。

(二)陕甘宁边区时期的体育法制

1935 年 10 月,中央红军长征到达陕北,自此直到 1948 年,陕甘宁边区(以下简称边区)一直是中国革命的中心。中国共产党在边区开展了一系列体育法制建设活动。

1937 年 8 月,中共中央颁布《抗日救国十大纲领》,作为边区抗战时期施政总政策。1937 年 9 月,根据第二次国共合作协议,国民政府正式承认边区的合法地位,边区开始系统化、正规化的法制建设。以 1937 年 11 月颁布的《陕甘宁特区政府施政纲领》及 1939 年 4 月颁布的《陕甘宁边区抗战时期施政纲领》、1941 年 5 月颁布的《陕甘宁边区施政纲领》等宪法性文件为核心,边区颁布了一系列法律、法规,建立了包括宪法性法律在内的相对完整的法律制度体系。

陕甘宁边区时期的体育法制有其鲜明的时代特色,即一切服务于抗战大局,以增强军事实力为核心,为抗战做准备、做动员成为体育的主要目标。由于时代的特殊性,边区法律法规往往以纲领、条例、草案、规程、(暂行)办法、修正案等形式出现,中共的政策性文件也在一定程度上发挥了法律法规的作用。与中央苏区时期的情况类似,陕甘宁边区的体育立法大多由边区教育厅颁布;在管理制度上,体育教育由边区教育厅负责,社会体育由群众性体育组织负责,军事体育则由八路军、新四军各部队组织开展。

1. 边区体育法律法规渊源

(1)宪法性法律

边区的宪法性法律主要包括施政纲领、宪法原则和宪法原则草案。

1941 年 5 月,中共中央政治局批准施行《陕甘宁边区施政纲领》。该纲领第6条[①]对边区抗日军民基本权利予以保障;第14条[②]对边区基本教育制度作了规定。以上两条是边区制定体育法律法规的根本依据。1942年颁布的《陕甘宁边区保障人权财权条例》进一步规定边区人民拥有的基本权利。[③] 以上两部宪法性法律规定了边区人民拥有最基本的体育运动的权利。

1939年4月颁布的《陕甘宁边区政府组织条例》第13条规定,边区教育厅有管理体育教育和公共体育设施的职责。[④] 社会体育一般由边区社会体育组织管理,军队内的体育活动也有专门机构负责管理,边区教育厅负责管理学校体育。

(2)体育教育类法律、法规

边区涉体育类法律法规中,大多数以教育类法律法规的形式出现中,涵盖大、中、小学校;贯彻国防教育原则,以服务抗战为中心,呈现强烈的军事体育色彩。

1937年,边区教育厅颁布《边区国民教育实施办法》,对抗战时期边区基本教育制度做了原则性规定。其中,提出体育课应结合军事训练,在各级各类学校的体育教学和课外活动应融入军事训练内容,要求学生上

---

① 第6条规定:保证一切抗日人民(地主、资本家、农民、工人等)的人权、政权、财权及言论、出版、集会、结社、信仰、居住、迁徙之自由权。除司法系统及公安机关依法执行其职务外,任何机关、部队、团体不得对任何人加以逮捕、审问或处罚,而人民则有用无论何种方式控告任何公务人员非法行为之权利。参见王建明主编、陕西省档案局编著:《陕甘宁边区法律法规汇编》,三秦出版社2010年版,第5页。

② 第14条规定:继续推行消灭文盲政策,推广新文字教育,健全正规学制,普及国民教育,改善小学教员生活,实施成年补习教育、加强干部教育、推广通俗书报、奖励自由研究、尊重知识分子、提倡科学知识与文艺运动,欢迎科学艺术人才,保护流亡学生与失学青年,允许在学生以民主自治权利,实施公务人员的两小时学习制。参见王建明主编、陕西省档案局编著:《陕甘宁边区法律法规汇编》,三秦出版社2010年版,第6页。

③ 参见王建明主编、陕西省档案局编著:《陕甘宁边区法律法规汇编》,三秦出版社2010年版,第3页。

④ 第13条规定:"教育厅掌理事务如下:一、管理各级学校;二、管理社会教育;三、管理图书教材之编审;四、关于教育文化及学术团体之指导;五、关于图书馆、博物馆、科学馆及公共体育娱乐场所之管理;六、其他有关边区教育文化事项。"参见王建明主编、陕西省档案局编著:《陕甘宁边区法律法规汇编》,三秦出版社2010年版,第3页。

课军事化、编制军队化、生活集体化,加强军事技能学习等一系列具体要求。[①]

为进一步贯彻国防教育方针,1938 年年初,边区教育厅又颁布《边区国防教育的方针和实施办法》,规定边区施行以抗战为中心的国防教育,规定了国防教育的任务和实施原则。延续了前述《边区国民教育实施办法》中要求学校开展军事体育训练的要求,“一切课程内容都应与抗战联系,不适应战时需要的课程,应取消或减少”。[②] 按照该规定,边区大、中、小学根据学生特点,开展了不同的军事体育教学,小学体育教学包括刺杀、投掷等;中学则为侦察、通讯等;大学在中小学的基础上增设军事体育理论等军事体育项目。[③]

以《边区国民教育实施办法》确定的国防教育宗旨及其实施原则为指导,边区教育厅于 1938 年又相继制定了《陕甘宁边区小学法》《暂行中学规则草案》等法规。其中《陕甘宁边区小学法》把体育列为小学主要科目,将体育作为培养民族意识和为抗战做准备的重要课程;而《暂行中学规则草案》则规定中学必须有相应的运动场地和运动设施。

以上法规发挥了积极作用,有效提高了在校学生的军事素养和身体素质。1938 年 12 月,边区教育厅总结指出:“实行军事化的训练,为适应战时环境的需要,中等以上的学校实行军事训练,小学生应实行军事化的组织,使学生在必要时可直接参与抗战。”[④]边区教育厅在 1939 年又指出:“1. 学校班级采取军队的编制,加强学生生活纪律。2. 注意行动军事化,集合解散等迅速。3. 加强军事学习,基本动作、游击战术、防空防毒,更随时灌输浅近的军事知识……”

---

① 参见陕西省体育文史工作委员会编:《陕甘宁边区体育史料》,内部资料 1986 年版,第 6 页。

② 参见陕西省体育文史工作委员会编:《陕甘宁边区体育史料》,内部资料 1986 年版,第 8 页。

③ 参见党挺:《延安体育之研究(1935—1948)》,上海体育学院 2009 年博士学位论文。

④ 朱雪颖、苏浩斌、毛亚敏:《旨在全面抗战:陕甘宁边区体育发展特征与历史贡献》,载《南京体育学院学报》2021 年第 9 期。

边区教育厅在1943年颁布《陕甘宁边区战时教育方案》，要求体育课应与军事训练相结合，培养学生基础军事技能，并要求教员和学生具备最低限度的自卫能力。[①]

此外，边区教育厅颁布的《国际教育的方针与实施办法》，也规定在教育中把知识训练、技能训练和军事体育训练相结合，“提高民众的民族觉悟、胜利信心和增加抗战的知识技能，以动员广大民众参加抗战”。

（3）体育行政管理类法律、法规

边区并未设置统一的体育行政管理机构，因此所颁布的涉体育管理的法律法规较少。理论上各县政府教育部门有管理体育活动的权力，但具体实践中往往由军队、教育部门和群众性体育组织分别管理军队、学校和群众体育。

1940年11月颁布的《陕甘宁边区民众教育馆组织规程》（以下简称《边区民教馆规程》）规定，各县市开设民众教育馆，并报教育厅审核备案。该文件第3条规定民众教育馆有开展体育运动的职责，[②]并规定，民众教育馆需设置娱乐卫生组，办理关于群众娱乐及体育卫生等事项。

1942年6月颁布的《陕甘宁边区县务委员会暂行组织条例》则规定，各县政府的教育部门掌管民教馆[③]及其他文化建设事项。这从制度上规定了各县政府教育部门相应的体育管理职责。

2. 体育管理制度

边区无统一的体育行政管理机构，依据社会体育、军队体育和学校体育的不同特点，分别采用不同的管理模式。其中，社会体育，在边区教育

---

① 参见宗有智：《抗战时期陕甘宁边区的体育》，载《体育文化导刊》2009年第4期。

② 第3条规定：民教馆为进行社教之机关，其任务为消灭文盲，宣传政治常识科学常识，发展经济建设，提倡卫生，破除迷信，组织与提高群众文化娱乐工作。方法如下：……办理公共体育卫生事宜。如开辟并管理体育运动场，组织各种球队、国术团及其他体育团体，动员群众举行清洁卫生运动等。参见王建明主编、陕西省档案局编著：《陕甘宁边区法律法规汇编》，三秦出版社2010年版，第127页。

③ 民教馆为民众教育馆的缩写，是民国时期对民众进行启蒙教育的地点，是一个集体育场、图书馆、博物馆等功能在内的场所。

厅的指导下，由群众性体育组织履行管理职责；军队设立专门机构管理体育；学校体育则由边区教育厅直接管理。

(1)社会体育管理制度

边区的群众性体育组织，在一定程度上行使管理边区社会体育的职责。相较中央苏区时期的群众性体育组织，边区的群众性体育组织数量更多、结构更完善、发挥的作用更大。抗战时期边区主要群众性体育组织有青年俱乐部、苏区体育运动委员会、延安体育运动委员会、陕甘宁边区体育委员会、延安新体育学会等。

1937年5月，在党中央的支持下，在延安成立了青年俱乐部，这是边区最早成立的群众性体育组织。同期成立的苏区体育运动委员会，由朱德任名誉会长，负责组织和指导边区的群众性体育活动和军队中的体育活动，曾举办著名的"八一运动会"。[①]

1940年5月成立的延安体育运动委员会，其宗旨是推进边区体育运动的发展，开展各类体育活动。

1942年1月，在1940年成立的延安体育运动委员会的基础上，由朱德等领导人倡议成立延安新体育学会。延安新体育学会统一领导边区的体育活动，不仅贯彻党中央以赢得抗日战争为中心的体育政策，还积极开展各项体育科学研究和调查工作，如培养业余体育干部、开展体育理论研究、体育医学研究等研究工作。延安新体育学会的成立，标志着边区体育运动开始有统一领导，并首次开始系统化的体育理论研究工作。边区的体育事业由此进入了新发展阶段。

1942年9月成立的陕甘宁边区体育委员会，旨在加强对学校、军队、工厂、机关等单位的体育指导工作。

这一时期主要的群众性体育组织还有边区文教委员会、体育工作委员会等。

① 参见党挺：《延安体育之研究(1935—1948)》，上海体育学院2009年博士学位论文。

（2）军队体育管理制度

边区时期的军队体育管理制度，基本上沿袭中央苏区时期的做法，在中国共产党领导的抗日军队中设置俱乐部、救亡室、体育会等。[①] 其中，俱乐部是军队中领导和管理体育的主要机构；中央苏区时期的列宁室改名为救亡室，是基层体育管理机构，也是军队中的体育组织。在八路军中，则设立专门的体育管理部门和专职管理干部，如在师级单位教育科下设体育股；纵队、旅、团级单位设专职体育参谋；营、连级单位设教育干事、文化教员，负责组织基层体育活动。[②]

（3）学校体育管理制度

边区的学校体育管理制度继承了原陕甘宁苏维埃政府的相关管理制度。红军长征胜利到达陕北后，建立陕甘宁革命根据地的苏维埃政府，下设文教委员会，负责体育学校体育管理；同时，陕甘宁省委下设少年先锋队工作委员会和青年部，也负责学校体育管理。[③]

边区建立之后，根据 1939 年《陕甘宁边区政府组织条例》的规定，边区教育厅负责管理各级学校；并负责管理公共体育娱乐场所以及其他教育文化事项。边区教育厅对学校体育的管理，是通过在各级各类学校中组织俱乐部、学生会等组织实现间接管理。

边区教育厅在小学中建立俱乐部、少先队等组织，通过这些组织间接管理小学中的体育事务。边区教育厅颁布的《关于建立完全小学问题》《建立模范小学暂行条例》中均指出，"课外活动，组织俱乐部、自卫军及儿童团等。训练学生的集体生活、军事行动、遵守纪律的习惯"，"在组织上，应成立俱乐部，且能经常进行工作，学生年龄较小的须参加儿童团，年

---

① 参见陕甘宁边区体育史编审委员会编：《陕甘宁边区体育史》，陕西人民出版社 1990 年版，第 37 页。

② 参见谢武申、王鼎华编著：《共和国体育元勋》，人民体育出版社 1990 年版，第 21 页。

③ 参见陕甘宁边区体育史编审委员会编：《陕甘宁边区体育史》，陕西人民出版社 1990 年版，第 26～27 页。

龄较大的参加少先队”①。

在中学、大学中设立学生会、俱乐部等机构，实现对体育活动的组织和管理。如边区教育厅《1942 年教育工作计划大纲》指出：“健全学生会的组织，活跃学生会的工作，正确的发扬民主，以提高学生自觉、自动的遵守纪律的精神。”②

3. 边区体育法制的特点

(1)军事体育特征鲜明

这是抗战时期边区体育法制最突出的特点。《陕甘宁边区抗战时期施政纲领》《陕甘宁边区施政纲领》《陕甘宁边区保障人权财权条例》这三部宪法性法律均以坚持抗战，争取最后胜利为最高指导原则。

在这一原则的指导下，边区的体育立法和体育管理体制无不体现强烈的军事体育色彩。尤其在体育立法方面，边区将体育立法纳入教育法框架内，并按《陕甘宁边区政府组织条例》第 13 条之规定，将学校体育和社会体育的管理权限交予边区教育厅。在此框架下，边区教育厅在实施国防教育原则的指导下，将军事体育原则贯彻至体育立法和体育管理之中。

以《边区国民教育实施办法》和《边区国防教育的方针和实施办法》为核心，边区制定了涵盖大、中、小学和民众体育教育的法律法规，贯彻国防教育方针，旨在通过体育教育，培养学生和民众的军事素养和坚持抗战的决心与信心。

(2)体育主体充分参与体育治理

尽管在立法上，边区确立了边区教育厅有管理学校体育和社会体育的权力，但在实践中，边区教育厅并不直接管理体育，而是通过各类体育组织实现间接管理，从而借由体育主体直接参与体育治理，实现一定程度

---

① 陕西师范大学教育研究所编辑：《陕甘宁边区教育资料 · 教育方针》(上)，教育科学出版社 1981 年版，第 309 页。

② 陕西师范大学教育研究所编辑：《陕甘宁边区教育资料 · 教育方针》(上)，教育科学出版社 1981 年版，第 309 页。

的体育自治。

学校体育领域，在继承中央苏区时期学校体育管理经验的基础上，边区教育厅在大、中、小学校内建立少先队、学生会、俱乐部等组织，让其承担一定的体育管理职责，从而充分发挥民主，鼓励师生积极参与体育治理，实现学校体育自治。

社会体育领域，主要依靠延安体育会、延安新体育学会等群众性体育组织，组织和开展各项社会体育运动、培养体育人才、进行体育科学研究，充分发挥人民群众的积极性和主动性，实现社会体育自治。

军队体育领域，尽管也设立了若干专门管理部门和管理干部，如体育部等部门专门负责组织军队中的体育活动，但仍然主要由俱乐部、救亡室、体育会等军队中的体育组织履行体育管理管理职责，实现自我管理。

(3)多元化的理论溯源

由于特殊的历史条件，边区体育法制理论溯源呈多元化的特征。

①中央苏区体育法制思想

中国共产党在中央苏区开展的法制建设，是中共早期法制实践的开端。中央苏区时期的体育法制实践，为边区体育法制建设积累了大量经验，在体育管理体制上，苏区确立了以中央人民教育委员会为主管机关，将包括学校体育、社会体育和军队体育在内的一切体育活动统一纳入教育机构管理的模式；立法方面，苏区制定了《小学课程与教则草案》《俱乐部纲要》《红军中俱乐部列宁室的组织工作法则》等一系列文件，基本上也是将体育纳入教育立法之中。

边区建立后，政治、军事形势与中央苏区时期相比发生重大变化。表现为：围绕争取抗日战争的胜利，边区在政治上以建立抗日民族统一战线为基础，军事上以增强军队实力为目的。为此，边区继承和发展了部分中央苏区时期体育法制的优秀经验，表现为：其一，将体育纳入教育立法。以边区教育厅颁布的《边区教育实施办法》和《边区国防教育的方针和实施办法》为核心，将学校体育和社会体育立法纳入体育法律法规之中。其二，教育厅有管理学校体育和社会体育的职责。

②国统区个别体育立法

国统区部分法律法规在边区得以适用,有其政治、法律基础。

政治基础:1937 年 7 月,《中共中央为公布国共合作宣言》指出,遵循孙中山先生三民主义,各根据地服从国民政府领导。[①] 1937 年 9 月,第二次国共合作正式形成,国民政府被迫在形式上承认中国共产党和边区的合法地位,边区则接受国民政府的统一领导。

法律基础:在《陕甘宁边区抗战时期施政纲领》和《陕甘宁边区施政纲领》这两部宪法性法律中,均表示遵循孙中山先生三民主义,接受国民政府的统一领导。在立法上,《陕甘宁边区抗战时期惩治汉奸条例(草案)》则规定,"企图颠覆国民政府所属各级政府,阴谋建立傀儡伪政权者"以汉奸罪论处。[②]

一般来说,边区适用国统区法律有以下几种模式:法律法规规定直接适用;司法机关裁定适用;法律法规规定援引适用以及边区立法吸收国统区相关法律原则、内容。[③] 边区对国统区体育法律方面的适用方式属于上述第 4 类。

1940 年 11 月边区教育厅颁布的《边区民教馆规程》,与国民政府于 1932 年颁布的《民众教育馆暂行规程》及 1935 年颁布的《修正民众教育馆暂行规程》,在内容和立法精神上有一定的相似性。

国民政府颁布的上述两个规程均要求,在全国每个县都设立民众教育馆,且规定民众教育馆的功能是"集中各种教育设施,运用各种社会教育方法以达到民众所需要各种教育的综合社会教育事业",并规定了民众教育馆"事业之种类,办理之方法,以及实施教育区域之划分"[④]。从而确

---

① 参见周恩来著、中共中央文献编辑委员会编辑:《周恩来选集》(上卷),人民出版社 1980 年版,第 77 页。

② 参见韩延龙、常兆儒编:《中国新民主主义革命时期根据地法制文献选编》(第 3 卷),中国社会科学出版社 1981 年版,第 54 页。

③ 参见欧阳湘:《中国共产党领导的抗日根据地援用国民政府法律问题论析》,载《抗日战争研究》2009 年第 3 期。

④ 《制定民众教育馆暂行规程公布之》,载"国民政府教育部公报"1932 年第 4 期。

定了民众教育馆具有组织开展包括体育活动在内的教育活动的职责，并负责管理包括体育设施在内的教育设施。

与国民政府颁布的两个规程类似，《边区民教馆规程》规定边区各县应设置民众教育馆，并规定民众教育馆是各地开展社会教育的机关。①同时还要求民众教育馆设置娱乐卫生组，以办理体育卫生等相关事项。

马列主义法律思想和苏俄法律思想同样是边区体育法制理论的来源之一，但多体现于宏观层面乃至法理层面，在此不再赘述。

四、总结

中国近代体育法制，在战乱和分裂中艰难前行，其间既有中共领导下的革命民主政权体育法制建设的成功探索，也有南京国民政府一系列体育立法成果。这一时期的体育法制建设具有鲜明的时代特征。

（一）体育法制尚未彻底独立，是作为教育法制的一部分出现

1. 体育立法多以学校教育立法的形式出现。从清末新政将体育立法包含于《钦定学堂章程》和《奏定学堂章程》之中，到南京临时政府和北洋政府推行的新学制中对学校体育教育的规定，乃至"伪满""汪伪"傀儡政权将体育作为沦陷区殖民教育一部分加以规定的做法，都体现了这一时期体育法制作为教育法制一部分的特点。中共领导下的革命根据地的体育立法，在形式上也多表现为教育立法。

2. 体育管理体制多元化，教育部门承担了相当多的体育管理职能。与体育立法相似，这一时期没有出现独立的体育管理部门，教育部门承担相当部分的体育管理职能。如清政府将学部作为管理体育的机构；而北洋政府实际上是在教育部门的框架下实现对体育的管理。南京国民政府的体育管理机构几经变迁，多未发挥实质性作用，其教育部领导下的三级

---

① 第 3 条规定，民教馆为进行社教之机关，其任务为消灭文盲，宣传政治常识科学常识，发展经济建设，提倡卫生，破除迷信，组织与提高群众文化娱乐工作。参见王建明主编、陕西省档案局编：《陕甘宁边区法律法规汇编》，三秦出版社 2010 年版，第 127 页。

体育行政管理体制实际上承担了体育行政管理的职能。

(二)军事体育色彩浓厚

由于特殊的历史环境,这一时期的体育法制体现出浓重的军事色彩。无论是清末新政,还是北洋政府、南京国民政府的体育立法,都体现出利用体育实施军事训练的倾向。而中共领导下的革命根据地,也将国防教育的理念贯彻于体育之中,以增强军事实力。

(三)多种不同性质体育法制并存

这一时期国家分裂,全国没有统一的体育法制,曾存在三种性质完全不同的体育法制:中共领导下抗日民主政权革命的体育法制、南京国民政府半殖民地半封建的体育法制、沦陷区殖民地式奴化的体育法制。

(四)体育立法多停留在纸面,未得到彻底贯彻实施

这一时期,尽管出现了一系列体育立法,但由于历史条件制约,大多停留于纸面,未得到完全实施。清末新政推行新学制,未得完全实施清政府便被推翻;南京临时政府实行新学制改革,但很快革命果实为袁世凯窃取;北洋政府、南京国民政府虽制定了一系列体育立法,但由于战乱不断,缺乏实施基础。只有中共领导下的革命根据地,真正贯彻实施了革命的体育法制,有力支援了抗战。

11

第十一章

中国体育法律史研究展望

第一节　治理式研究范式

范式的阐明是体育法学研究创新与理论完善的重要前提。范式的概念由托马斯·库恩(Thomas Kuhn,1922～1996)提出,该词具有两种意义:“一方面,它代表着一个由特定共同体的成员所共有的信念、价值、技术等构成的整体。另一方面,它指谓着那个整体的一种元素,即具体的谜题解答;把它们当作模型和范例,可以取代明确的规则以作为常规科学找寻其他谜题解答的基础。”[①]简言之,范式较之方法,更偏向于方法之方法,是决定方法使用的前提与基础。范式在科学研究中得到了广泛应用,体育法学如是。1995年《体育法》颁布后,国内体育法学研究蒸蒸日上。相较于其他部门法学,作为后发研究的体育法学研究,其基础的范式问题还未得到应有重视。

---

① [美]托马斯·库恩:《科学革命的结构》,金吾伦、胡新和译,北京大学出版社2012年版,第147页。

笔者认为,体育法作为领域法,当前体育法学研究更偏向于米歇尔·福柯(Michel Foucault,1926~1984)的“治理范式”。[①] 体育法学的研究不是循规蹈矩,按照预先设立的模式、理念、方法等进行,而是由其研究实践所成。换言之,不是方法产生了体育法,而是体育法产生了其方法。通过重新审视国内体育法学研究的流派与方法,可以印证“治理范式”,进而明确体育法的研究基础。

一、国内体育法学研究流派

体育法研究的特点之一是研究者具有的多元学科背景,理论法、宪法和行政法、民法、国际法等学科学者均有广泛参与,学者多立足于本学科特色,这在其他部门法与领域法中并不常见。

理论法学科的学者注重体育法历史资源的挖掘,以赵毅教授所著的《罗马体育法要论》为代表。该书发掘了大量体育法的罗马法基础,独树一帜,对体育法具有独特的理论贡献。有学者认为该法“构筑了体育法厚重的历史基础,必然使体育法学界认真审视和客观面对作为古代法律文明巅峰之一部分的罗马体育法”。[②] “罗马法是古罗马的世俗法的整体,现代的世俗社会有什么法,罗马法多数情况下有其对应物”,[③]该书的特别之处在于,在介绍了界定研究内容的范畴论、罗马法制的规范论和一些具体问题的专题论后,在其第四章方法论中提出了意大利体育法研究的范式转换问题,认为该国体育法研究从规范研究走向历史研究对我国启示意义鲜明。[④] 对体育法历史研究的意义在于,只有知道我们从哪里来,才能知道我们向哪里去。[⑤]

---

① 参见翁寒冰:《福柯的治理范式及其方法论启示》,载《江西社会科学》2019 年第 1 期。

② 王家宏:《法律与体育的古典碰撞:评〈罗马体育法要论〉》,载《广西大学学报(哲学社会科学版)》2018 年第 2 期。

③ 赵毅:《罗马体育法要论》,法律出版社 2017 年版,第 3 页。

④ 参见赵毅:《罗马体育法要论》,法律出版社 2017 年版,第 213 页。

⑤ [意]萨拉·朱苿莉、赵毅:《体育史和罗马法:文献与方法——约勒·法略莉教授学术访谈录》,载《体育与科学》2014 年第 1 期。

宪法和行政法学科的学者多研究立法论，分析既存法律制度的问题和立法空缺。田思源教授的研究集中于《体育法》的修改与完善，对重要的体育行政法规作了研究，总结了中国体育法治发展的基本经验，并提出未来体育事业发展的法治对策，其主编的《体育法前沿》系列丛书，紧跟中国特色社会主义新时代体育法治的最新发展方向。

国际法背景的学者多进行国际体育法的比较研究。代表性著作有：(1)黄世席教授所著的《欧洲体育法研究》。该书以欧洲体育法律与政策为研究对象，上编介绍欧盟体育法的规则，下编则介绍欧盟成员国的体育法律制度，涉及的问题广泛，包括体育赛事转播权、反兴奋剂等问题。写作方式上以概述为主，同时亦介绍了个别具体制度。(2)郭树理教授主编的《外国体育法律制度专题研究》对各国典型体育法律制度展开研究，如美国的《业余体育法》和反兴奋剂法制、欧盟足球运动员转会制度、英国足球流氓的法律规制、加拿大的替代性纠纷解决机制(Alternative Dispute Resolution，ADR)，并对意大利的体育法制做了综述①；《国际体育仲裁的理论与实践》则对国际体育仲裁院(Court of Arbitration for Sport，CAS)作了全面系统的研究，在制度借鉴问题上，其认为我国举国体制虽然比较独特，但世界上其实有很多国家实行了政府主导型的体育管理体制，因此，从事体育法律制度的比较借鉴具备可行性。②

教育学背景的学者，如张玉超教授则着重于对体育知识产权的研究，其著作《中国体育知识产权保护制度研究》③广泛结合国内外体育知识产权典型案例的分析和论证，分章论述了奥林匹克、赛事转播、民族传统体育和体育专有技术的知识产权保护并提出构建和完善中国体育知识产权

---

① 参见郭树理主编：《外国体育法律制度专题研究》，武汉大学出版社 2008 年版，第 217～263 页。

② 参见郭树理主编：《国际体育仲裁的理论与实践》，武汉大学出版社 2009 年版，第 307 页。

③ 参见张玉超：《中国体育知识产权保护制度研究》，知识产权出版社 2012 年版。

保护的对策。

体育法律师积极参与体育法研究。不仅法学学者从事研究,执业律师以及其他领域的学者也广泛涉足体育法研究,为学科知识增量提供了独特优势。董双全律师创办的《体育与法》杂志,广泛追踪体育法前沿问题,吸引了众多学者参与讨论。中国体育法学网等网站公布的研究会员列表显示,专职律师和兼职律师的参与比例极高。这表明,国内体育法研究兼容并蓄的群体和开放心态,大量律师参与到体育法学术会议、体育法的制定修改等实践过程。体育法学者广泛认识到案例研究法的重要作用,学界的体育法研究重心逐步从"政策体育法"转换到"案例体育法",体育法案例相关著作颇丰。例如,《体育法案例评析》①总结了乔丹案、世界杯贿选案等典型案例,《体育运动人身损害司法典型案例精析》②的研究则集中在体育运动的人身伤害问题上,总结了我国法院对于该类案件的司法观点和法律适用。

体育法学是体育与法律的交叉学科,这使得研究者必然具有不同的知识背景,从而显现出不同流派之特点。而法学和体育背景的研究者,往往又采用各自领域不同的惯用研究方法。

二、法教义学与社科法学方法之争

目前,传统法学的基本研究方法有多种分类,法教义学和社科法学的方法为一类。体育法学研究即存在二者之争。对于其中的社科法学方法,体育法学的研究以法社会学为重点。

法教义学也可以称为规范分析方法,是指"法律人与实在法打交道时的作业方式"③。一方面,法教义学认为法律是规范而非价值,对法律条文进行批判分析,基于条文进行适用研究,从内部体系与外部体系上进

---

① 参见马宏俊主编:《体育法案例评析》,中国政法大学出版社 2017 年版。

② 参见刘双玉主编:《体育运动人身损害司法典型案例精析》,人民法院出版社 2018 年版。

③ 雷磊:《法教义学的方法》,载《中国法律评论》2022 年第 5 期。

行融贯,属于体系化作业。同时也将规则置于更深层次的抽象制度和理念中进行审查,属于法学建构的概念作业。另一方面,从法律人的基本思维来看,位居核心地位的是三段论,按照大前提、小前提、结论的逻辑思维方式进行事实归入工作,结论是根据小前提即所依据的事实代入大前提得出的结果。法谚云"法律适用须在大小前提间来回穿梭流转",就是指法律推理要来回寻找、发现大前提和小前提。大前提通常是法律规定,重视规范的法教义学的前提正是寻找法律渊源,简称为"法源"。

作为法源,修改后的《体育法》于 2023 年 1 月 1 日生效,《体育法》将成为法教义学研究最重要和最核心的法源。《体育法》自初次颁行以来已历 20 余年,2009 年和 2016 年的两次修改并未从结构安排和实质内容上对其进行全面修订,而是仅删改了少数文本名称和部分行政审批要求。在新《体育法》颁行前,《体育法》的修改一直是学界热点,在法教义学上讨论不休。体育法学研究的法源不限于《体育法》,截至 2019 年,国家体育总局官方网站"现行有效的体育法律法规、部门规章和规范性文件目录",包含 1 部法律、7 件行政法规、32 件部门规章、167 件体育规范文件(其中,群众体育 37 件、竞技体育 18 件、青少年体育 8 件、体育经济 37 件、劳动人事 35 件、其他 32 件)。对此,有学者认为我国已经形成中国特色体育法律制度体系。[①] 除了这些具有正式法律效力的规范之外,相关司法判例和体育行业协会规则等"软法"也是体育法学研究的素材来源。在这些规范的基础上,法教义学研究要求找到具体可以适用的法律,对它们的法律位阶、规范冲突及解决进行研究。小前提则是具体的体育法律事实,须结合个案判断。

社科法学方法并不具有一个清晰、明确的定义。一种观点是强调要重视法律和社会各方面的互动关系,利用其他社会科学如社会学、逻辑学

---

① 参见田思源:《改革开放 40 年体育法治建设的中国化道路》,载《北京体育大学学报》2018 年第 11 期。

等研究法律与生活的联系和制约关系,包含以社会学知识分析法律建构合理性的法社会学,以经济分析的方法分析法律成本和收益的法经济学等新兴的研究方法。另一种观点则认为法律是由社会决定的,根本上不具有天然的内部和内部体系。[①] 如有学者认为,社科法学方法更重要的原因在于,法教义学本身难以自足,无论是自然法的先验规则还是最佳国际实践,都是空谈。[②] 以霍姆斯(Oliver Wendell Holmes Jr. ,1841 ~ 1935)、罗斯科·庞德(Roscoe Pound,1870 ~ 1964)等美国法社会学主流观点为例,他们认为,自然法学的传统权利观念和分析法学派的形式主义均不具备科学性,他们认为社会利益需要法律进行广泛和有效的保护,如庞德指出,"在任何一种情况下,社会控制使(秩序的维持)有可能为最大多数人做最多的事情"[③]。在我国,体育学科背景的学者在进行体育法学研究时保持着体育社会学与体育文化学的研究方法的惯性,将社会学、文化学等知识融入了体育法研究,这与法学背景学者常用的社科法学的研究方法不谋而合。笔者认为,体育学科背景的学者的方法运用值得借鉴,故有必要展开论述。关于体育社会学,卢元镇教授指出,"体育社会学是运用社会学的社会视角和研究方法研究体育与其他社会现象、体育与人之间的关系,以及作为一种社会制度的体育内部结构和作为一种社会文化活动的体育的发展规律的社会学分支学科"[④]。体育社会学研究注重实践,经常使用问卷、访谈的社会调查方法,主张将思辨和实践研究相结合。有学者强调,在体育法研究中,思辨虽然是最重要的研究方法,但仍然存在缺陷,应当与实践方法并重。[⑤] 除社会调查方法之外,体育社会学还经常

---

① 参见谢晖:《论法学研究的两种视角——兼评"法教义学和社科法学"逻辑之非》,载《社会科学文摘》2022 年第 3 期。

② 参见贺欣:《社科法学与法教义学的初步比较——从"儿童最佳利益"谈起》,载《中国法律评论》2021 年第 5 期。

③ [美]罗斯科·庞德:《通过法律的社会控制》,沈宗灵译,商务印书馆 1984 年版,第 34 页。

④ 卢元镇、于永慧:《给体育社会学一个准确的学科定位》,载《体育科学》2006 年第 4 期。

⑤ 参见孙国友:《体育法学研究方法之研究》,载《四川体育科学》2012 年第 6 期。

利用社会学的结构功能主义理论、中层理论、冲突论、符号互动论等,通过实践去构建抽象的理论叙事。关于体育文化学,薛有才教授指出,其是"融健身、游戏娱乐、竞技、教育于一体的人类身体活动的一种文化模式"。[①] 体育文化学"综合运用现代科学技术哲学、现代社会学、现代文化学……对现有体育文化的资料、观点、理论进行全面的梳理"[②],在范式上有趋向于对体育进行"互动、批判、建构"的文化学方法的转换的趋势。关于体育法学的研究方法,体育学科背景的学者受到体育研究重视社会学方法的影响,认为体育的属性最终将发展到社会性,故而在市民社会理论框架下的体育法也将彰显出社会法的本质属性[③]。事实上,法律学科背景的研究者也主张在体育法研究中运用体育文化学的方法,提出"以体育人文视角写就体育法"[④],凸显体育法的人文关怀价值。

在方法选择问题上,体育法学界有观点[⑤]认为,"我国体育法学研究范式存在政治法学、立法法学、解释法学和社科法学四种研究方法"。但仔细观察不难发现,政治法学存在自我矛盾,政治与法治精神不易协调一致;立法法学本身并非严格意义上的法律方法,而更像是法学的任务、目的;解释法学仅对现行有效的法律进行研究,只是作为法教义学的一部分,除解释法学外,法教义学还包含法律续造等内容。因此,体育法学在研究方法上的纷争就是法教义学和社科法学之争。对于二者,法教义学代表性观点认为,"体育法学的方法论基础是法教义学。尽管在晚近,社科法学向法教义学发出诘难,但后者仍然是且应当是体育法学的主流研

---

① 薛有才:《体育文化学》,航空工业出版社 2013 年版,第 18 页。

② 王岗:《立足中国的体育文化基础理论建构——评薛有才著〈体育文化学〉》,载《浙江科技学院学报》2014 年第 2 期。

③ 参见胡旭忠、汤卫东:《论体育法的社会法属性——基于黑格尔法哲学的体育法本质解读》,载《成都体育学院学报》2014 年第 11 期。

④ 田思源主编:《体育法前沿》(第 3 卷),中国政法大学出版社 2019 年版,第 244 页。

⑤ 参见孙国友:《回顾与瞻望:我国体育法研究范式之研究》,载《浙江体育科学》2013 年第 1 期。

究方法”[①],主张在与大陆法系成文法传统相近的中国特色社会主义法律体系背景下仍然要以法教义学为基。主张法教义学为主的学者的价值考量和基本立场是,当今法学领域研究的基本方法仍然是法教义学,故体育法的研究亦然应因循于此。社科法学代表性观点认为,“制度性研究本身存在着难以克服的缺陷……对体育法律规范本身的关注居多,而从体育法律现象赖以产生和存在的广阔的背景中考察活动中的体育法较少”“未能引用和吸收当代法哲学、社会法学、分析法学……已有的研究成果和方法论”。他们普遍主张体育法学研究方法应从法教义学为主转向社科法学为主,[②]“未来中国体育法学发展应直面现实的体育法律现象、规律,可依循一条从实践出发的社科法学进路前行,以扩展研究体育法学问题的知识界限和方法论”[③]。由此可见,主张社科法学为主的学者基于体育法之社会参与性,强调现实的和灵活的体育法研究,力求从社会体育活动中进行体育法研究。笔者认为,二者各有其必要性,不宜偏废。法教义学对于一国法的确信、法秩序的规范性与体系性以及法律解释都有重要意义;社科法学则能在既有法律规则之外,更多关注体育的社会规则和体育本身的社会价值,对于法教义学的研究基础——法律规范存在的不完善、缺乏对快速发展的体育产业的针对性和实效性的问题有改善作用。对体育法研究而言,这两种方法在根本上是统一的,即二者均以解决作为新晋法律部门的体育法的众多独特问题以及促进体育法的发展为目的,因此,应同时重视法律规范、体育现实以及实践案例的联系,加强社会利益和社会政策的分析。

总之,当前体育法学领域的研究方法主要是法教义学和社科法学主次的争论。除了以上两种方法外,历史分析的方法在挖掘体育法的本土

---

① 赵毅:《晚近的体育法教材写作与体育法方法论变革——兼评刘举科、陈华荣主编〈体育法学〉》,载《体育成人教育学刊》2015 年第 6 期。

② 韩勇:《中国体育法学研究:从法解释学到法社会学》,载《体育科学》2010 年第 3 期。

③ 汤卫东、张剑威:《直面体育实践:体育法学研究的社科法学进路》,载《武汉体育学院学报》2017 年第 7 期。

资源上也无可替代。这要求立足本土体育法治,挖掘传统体育法治资源,同时应当重视体育法东西方的起源与发展,重视对希腊、罗马体育法资源的学习和借鉴。

第二节　我国体育法学研究概况

一、研究内容

(一)立法、修法研究

《体育法》的修改是体育法学界历来的重点,如田思源从宪法角度提出对体育基本法到体育促进法的立法建议,“体育权利目前仍为推定权利,由宪法第 21 条第 2 款和第 47 条推定而来,属 47 条之其他文化事业”,提出《体育法》修改的核心是保障公民体育权利的实现。黄鑫、符丁友认为“修改《体育法》应从宪法着手,明确体育权的内涵”。对比日本、美国等体育立法发达的国家,我国体育立法的进程稍显滞后,可以预见,未来体育立法、修法仍是体育法学研究的重要内容。

(二)体育权利与法理基础

《体育法》并未规定体育权,关于体育权证成及法理基础研究的文献逐渐增多。例如,有学者对体育权的人权基础进行了证成,[①]有学者认为无论是基于基本人权说、宪法权说、受教育权说,还是基于体育本身,体育权至少都是一项基本人权。[②] 有的学者忽略权利证成这一前提,直接探究体育权的保障问题,认为应从法经济学角度入手,在确保公民意思自治的基础上引入政府规制保障体育权。[③]

① 参见姜世波:《论体育权作为一种新型人权》,载《武汉体育学院学报》2018 年第 4 期。

② 参见徐翔:《体育权:一项新兴人权的衍生与发展》,载《体育学刊》2020 年第 4 期。

③ 参见岳红举:《“健康中国”视角下公民体育权利保障的法经济学思考》,载《武汉体育学院学报》2018 年第 3 期。

（三）政府管制、组织自治的关系

理顺政府管制、组织自治的关系是夯实、提高体育发展效率的重要举措。有学者从控制权理论出发分析二者的关系，认为应当从分权化治理、调试性协商、鼓励撑腰、协同联动等方面出发，解决二者的问题。[①]有学者认为应从技术治理逻辑出发理顺二者关系，认为应明确组织性质与角色定位，推进组织脱钩改革、强化组织能力、分步分层建构管理制度。[②] 还有学者从“合法性、权威、支配形式”的分析框架研究二者关系。[③]

（四）比较体育法

法学的学科基础和理论研究相对成熟，对比较法的研究大多是融合式的，很少有专门介绍比较法的文章。体育法领域尚处于制度建立期，目前处于直接大量介绍、吸收比较法经验的时期。该类型的研究有直接介绍国别体育法学的，[④]也有直接介绍体育立法的，[⑤]还有介绍制度经验的。[⑥]

（五）其他

未来的趋势是对体育权利的法理基础、基础理论等内容的精细化研究。此外，还宜关注体育法案例的研究。我国有与大陆法系相似的成文法传统，司法实践中更重视成文法的解释和三段论的适用，而非英美法系

① 参见杨远波、陈丛刊：《“控制权”理论视角下政府与基层体育社会组织互动关系的创新》，载《上海体育学院学报》2020 年第 8 期。

② 参见郑华、何强：《技术治理逻辑下的枢纽型体育社会组织改革研究》，载《成都体育学院学报》2018 年第 6 期。

③ 参见陈丛刊：《论体育社会组织治理的内在逻辑——基于“合法性 · 权威 · 支配形式”的分析框架》，载《西安体育学院学报》2018 年第 6 期。

④ 参见克劳斯 · 费维克、唐志威：《德国体育法导论：协会自治与法律规制之间（上篇）——自我规制与双轨制的视角》，载《体育与科学》2020 年第 4 期。

⑤ 参见李红艳、尹源培：《韩国〈国民体育振兴法〉的解读与借鉴》，载《西安体育学院学报》2019 年第 5 期。

⑥ 参见熊瑛子：《瑞士法框架下体育仲裁“裁决修正”探讨》，载《武汉体育学院学报》2020 年第 6 期。

国家的重视和依赖判例。但最高人民法院的“指导案例”对各级人民法院的司法判决具有指导和促进同案同判的作用，说明判例在我们国家同样具有非常重要的意义。体育法学尚属于年轻的学科，对于司法实践中的体育伤害、运动员劳动合同纠纷等典型案件的分析，有助于体育法学的成长和体育法律案件的准确裁判。在案例的具体研究上要体现精细化的特点，可以按照社会体育、学校体育、业余体育、职业体育等不同体育法律部门研究案例，也可以按照民事体育法律侵权、刑事体育犯罪的传统部门法研究，还可以以某一运动作为判例研究的分类，如美国存在棒球法制的研究和自行车体育法判例的研究。

二、期刊文章数量分布

笔者选取了 2018 ~ 2020 年 CSSCI 体育类来源期刊的体育法文章。[①]经统计，10 本期刊中有 5 本的数量基本维持在 30 余篇，文章数量最少的《首都体育学院学报》仅 12 篇，文章数量最多的《武汉体育学院学报》达到了 66 篇，10 本期刊的近 3 年文章总量是 338 篇，平均每本 33.8 篇。虽然体育法类文章尚未成为该类期刊的主要类型，但与期刊刊载文章总量相比，体育法文章的数量稳定，每个期刊平均一年有 11.3 篇，平均每月至少有 1 篇文章，由此可见，体育法类文章已经占据一定地位。更喜人的态势是《天津体育学院学报》和《武汉体育学院学报》对体育法的重视，反映了体育领域重视、主动参与体育法治，符合国家体育治理体系和治理能力现代化的要求（见图 2、图 3）。

① 统计截止时间为 2020 年 12 月 16 日。由于《中国体育科技》基本未刊登体育法文章，故略去。此外，由于体育法的范围素有争议，笔者仅选取了典型体育法文章。

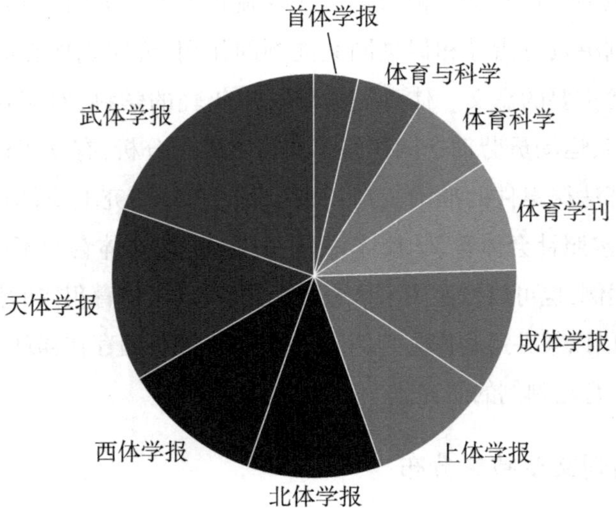

图 2　2018 ~ 2020 年 CSSCI 体育类来源期刊体育法文章数量对比

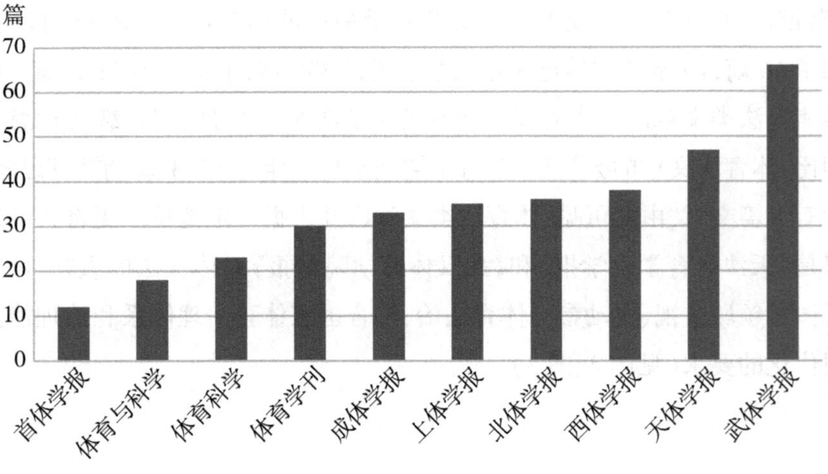

图 3　2018 ~ 2020 年 CSSCI 体育类来源期刊体育法文章数量

笔者选取了 2021 ~ 2023 年 CSSCI 体育类来源期刊的体育法文章。①

---

① 统计截止时间为 2024 年 2 月 27 日。由于《中国体育科技》基本未刊登体育法文章，故略去。此外，由于体育法的范围素有争议，笔者仅选取了典型体育法文章。

经统计，10 本期刊中有 3 本的数量基本维持在 30 余篇，文章数量最少的《首都体育学院学报》仅 12 篇，文章数量最多的《上海体育大学学报》为 39 篇，10 本期刊的近 3 年文章总量是 221 篇，平均每本 22.1 篇。虽然体育法类文章尚未成为体育学核心期刊的主要类型，但与期刊刊载文章总量相比，体育法文章的数量稳定，每个期刊平均一年有 7.37 篇，已经占据一定地位。《上海体育大学学报》、《北京体育大学学报》和《武汉体育学院学报》对体育法相当重视，反映了体育领域重视、主动参与体育法治，符合国家体育治理体系和治理能力现代化的要求（见图 4）。

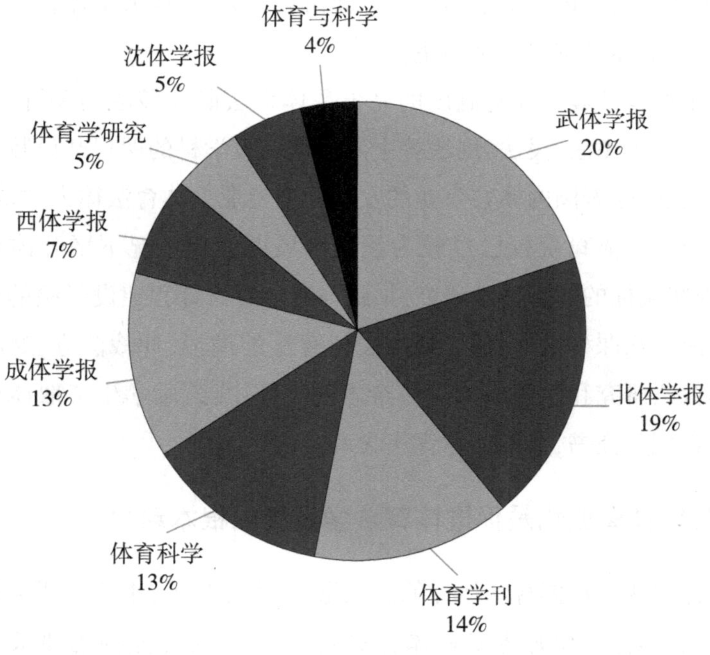

图 4　2021～2023 年 CSSCI 体育类来源期刊体育法文章数量

三、中国高校的体育法学教学与研究

法学院和体育院校教师共同构成体育法学研究群体。但在课程开设上，据统计，国内 24 所开设体育法课程的院校基本是体育院校，主要面向体育专业的学生。[1] 目前专门开设体育法必修课的政法院校或法学院不多，只有山东大学、湘潭大学、武汉大学等具有体育法研究传统的院校开设了专门的体育法课程，学者对此明确提出，应该"在法学院中开设体育法课程……从而促进学科发展"[2]。

国内关于体育法的研究成果主要发表在综合性的体育学刊以及一些综合社科学报上，专门性体育法研究学术期刊匮乏，代表性杂志为《体育与法》，在汇聚体育法前沿情况、关注体育焦点案例方面走在学科前沿。高校创办的体育法研究机构日渐增多，如中国政法大学的体育法研究中心、华东政法大学体育法学与体育产业研究中心、武汉大学体育法研究中心等，研究群体基本以教师为主。

未来课程开展与配套制度的完善是体育法研究破题的关键。当下，国内体育法与宪法、民法、刑法等主流法学二级学科的课程开设数量和规模相差甚远，随着国内体育事业的发展和对专业型体育法律人才的需要，法学院应该在体育院校已经较为领先开展课程的情况下增开体育法课程，重视实质性的体育法学研究，加强与有体育法课程建设经验的体育学院的交流。在课程之外，还应该配套体育法的模拟、仲裁法庭，鼓励学生参与体育法研究和参与到体育法杂志的工作中，鼓励学生考取体育经纪人等体育相关证书，并参加体育法学术会议。

四、体育商业化是促进体育法学发展的根本动力

体育商业化对体育法研究的意义重大，商业化下，市场需要大量的体育经纪人、体育法律师等专业体育法人才，同时对专业性的要求不断提高，体育伤害、体育数据权益、运动员肖像权、劳资纠纷等问题的频繁出现，也为体育法学的研究提供了新的材料。

---

① 高岩：《我国高校体育法课程开设现状与分析》，首都体育学院 2014 年硕士学位论文。

② 杨垠红：《国际化视野下的体育法教学之探索》，载《体育成人教育学刊》2015 年第 6 期。

第三节　我国体育法研究未来的研究趋向

一、新型体育的法治建设——以上海建设电竞之都为例

目前,我国的电竞建设存在以下问题:(1)电子竞技发展环境仍然有待改善;(2)俱乐部还未找到链条完整的盈利模式;(3)俱乐部职业化程度有限;(4)电子竞技运动从业人员的素质普遍不高。

建议:(1)外部因素的改善需要全社会的正确看待,上海具有人口来源广泛、文化背景多元和经济发展水平领先的独特优势,通过政府的政策引导和法律制度的完整架构,快速完成对电竞运动地位的认知转变;(2)俱乐部联盟发挥应有作用,建立行业制度规范;(3)不断提高俱乐部职业化水平,建立完整的劳动合同制度;(4)提高俱乐部管理者的职业素养,建立合理的人才选拔制度;(5)建立明确的规则和职业电子竞技俱乐部的监管制度;(6)上海具备多媒体产业发达的优势,为此应建立与媒体的合作交流制度,迅速推进电竞文化的认同。

二、传统体育的法治建设——以学校体育场馆开放为例

目前,学校体育场馆存在设施资源不足、使用效益不高、体育场馆的教学属性和社会健身要求不匹配等问题,但学校体育场馆向社会开放的主要障碍在于"安全""经费""管理"这三个关键问题。安全问题上,一方面是学生的安全保障问题,另一方面是参加锻炼的人员安全保障问题;经费问题上,一方面是政府"输血"补助与学校自己营收的关系问题,另一方面是企业收入与监督问题;管理问题上,涉及政府、企业、学校人员的安排和调配,现场辅助人员的培训等问题。

《"健康中国2030"规划纲要》是今后15年推进健康中国建设的行动纲领,基本要求是坚持以人民为中心的发展思想,牢固树立和贯彻落实创

新、协调、绿色、开放、共享的发展理念。而探索开放学校体育场馆恰好是健康中国不可或缺的组成部分,是为人民健康谋福祉的重要措施。

学校体育场馆开放的新型资源配置模式是指以政府、学校、企业为促进开放的主体,在系统论方法指导下将既有问题纳入三方结构,厘清三方相互关系并发挥各方所占资源优势以促进学校体育场馆开放的一种新型资源配置模式。该模式符合区域治理现代化的新要求,可以说,新型资源配置模式为区域体育事业的发展提供了更多资源共享、相互交流的机会和发展平台。

在学校体育场馆开放的现有运行模式下,政府、学校、企业三方运行主体尚未产生全面有效的联动,阻碍学校体育场馆开放的几个主要问题可借助新型资源配置模式解决。安全问题方面,一是采用“分区”的办法,即针对场地较大的学校体育场馆设立准确、易识别的区域界限,将学校的教学区域和开放区域进行划分,使学生上课和群众体育锻炼互不影响。二是采用“错时”的方法,即针对场地不大无法同时容纳学生上课及群众锻炼的学校体育场馆,可以采用错开学生上课时间和群众锻炼时间的方法开放学校体育场馆,比如在学生放学后开放学校体育场馆供群众锻炼。三是接入社会上成熟的信用登记系统,即针对学校体育场馆的开放而建立专门的信用登记系统显然会耗费大量的人力和物力资源,借助比如支付宝这种成熟且被普遍使用的信用系统可以有效提高场馆活动人员登记的便利性,同时有效解决学校体育场馆开放带来的安全问题。管理问题方面,第一,场馆预约不局限于采用传统的电话预约及时下流行的软件网上预约,但同样也不必耗费资源开发新的预约系统,借助支付宝信用系统完成场馆预约可以带来便利性。时下流行的共享单车、滴滴打车在使用时都可以借助支付宝的平台而不必专门下载客户端。第二,场馆开放会带来一定的安全问题,通过学生勤助兼职、雇用校外人员可以缓解安全问题,此外还可以促进再就业。经费问题方面,学校体育场馆在本质上属于公共资源,不收费和低收费应该作为场馆开放的基本原则。但体育场馆的开放势必带来管理人员和设施维护费用的增加,如何平衡收支成为一个重要问题。在场馆开放试行初期,应当提供一定的政府补助。

具体措施如下:根据入馆人数和设施使用情况决定补助的具体数额,并采用网络绩效考察机制使体育场馆合理地利用补助,激励改善学校场馆管理和设施的维护和更新,从而避免盲目补助和浪费资源。

此外,在新资源配置模式下,探索组建教育发展联盟有利于学校体育场馆资源的进一步整合。具体措施是以“资源共享、优势互补、共同发展”指导整合辖区学校的资源优势,打破学校“围墙”,加强校际合作,在教育资源共享、学校文化共建、教育教学互助、素质教育共研等方面进行创新。

三、运动员个人信息保护的研究

以数据和算法为中心的数字智能时代,个人信息保护问题突出。概言之,一是在数字智能化的过程中,对数据进行深度分析、挖掘和融合成为必然要求,个人信息被不分时空地自动收集和处理,运动员的数据更是如此。这些数据不仅可以用来分析运动员的竞技能力与状态,还具有商业价值,比如被数据持有者出售,用作游戏底层数据。二是在数字智能化的过程中,一切皆以数据呈现,个人都经由算法生成而具有了所谓的社会画像,裸露于大众视野中,并由此产生了个人信息保护等突出问题。体育领域的个人信息保护问题概莫能外,且还应当看到场景的特殊性。其原因如下:第一,《个人信息保护法》的一般原则和规则难以直接套用。例如,该法第 7 条公开透明原则要求处理个人信息必须遵循公开处理规则,明确了处理的目的、方式和范围。但实际情况却是在算法加持下,数据被自动化处理,俱乐部和运动员也很难说明数据如何被处理。又如,被誉为个人信息保护领域“帝王规则”的知情同意规则,即该法第 13 条第 1 款第 1 项也难以在体育场域适用。运动员个人数据的处理无处无时不在,但运动员从属于俱乐部与运动队,迫于这种从属性,运动员很难作出独立、有效的同意。[①] 第二,特殊体育活动中的运动员数据保护难题。在反兴

---

① 参见徐伟康:《运动员个人数据处理中“同意”原则适用的检视》,载《武汉体育学院学报》2020 年第 12 期。

奋剂和体育仲裁领域如何兼顾数据调取和运动员隐私保护，尚有赖于依据一定的路径构建具体规则。有学者认为，运动员和俱乐部、运动队的关系，犹如客户与律师、医生的关系，这种关系并不同于一般民事主体的平等关系，故应当依托诚信原则，在运动员和俱乐部、运动队间依据信义义务进行规则建构。[①]

四、新《体育法》解释论

2022年6月24日，第三次修订的《体育法》经全国人大常委会审议通过，并于2023年1月1日起正式施行。新修订的《体育法》具有以下特点：一是修改内容广泛，以三大体育为例，首先，将社会体育更名为全民健身，以解决迫切的体育锻炼缺乏和身体素质下降问题；其次，将学校体育更名为青少年和学校体育，突出青少年的体育锻炼重要性；最后，职业体育方面，从运动员权利保护、职业体育规范等方面进行了详细规定，保障职业运动员在役及退役时的权利。二是扩容明显，由原来的8章54条猛增至12章122条，针对新的体育问题作出回应，例如，增加的第9章体育仲裁一章，明确提出要建立国内的体育仲裁制度；又如，针对频发的体育竞赛事故，全面规定体育监督管理部门及其职责；再如，重视对外体育交往，在总则中于第14条增加“弘扬奥林匹克精神，支持参与国际体育运动”的内容。新修订的《体育法》必然带来解释适用的问题，如第102条规定了体育赛事活动组织者的安全保障义务，并创新性地规定了比赛因极端天气、自然灾害、公共卫生事件等突发事件不具备办赛条件而中止的“熔断机制”。虽然该条规定了当赛事组织者未中止时，县级以上人民政府应当中止的兜底规定，但对组织者应当尽到何种合理判断义务以及未予中止比赛是否要承担责任未作进一步具体规定。又如，该法多次提到“信息”“数据”，但对其利用与保护的事前规制不足，同时未对体育领域常用的算法进行规制。

---

① 参见许可：《诚信原则：个人信息保护与利用平衡的信任路径》，载《中外法学》2022年第5期。